Klaus Ottomeyer
Angst und Politik

In der Reihe Psyche und Gesellschaft sind bisher unter anderem folgende Titel erschienen:

**Uli Reiter:** Form und Funktion des Krankhaften. Pathologie als Modalmedium. 2016.
**Dieter Flader:** Vom Mobbing bis zur Klimadebatte. Wie das Unbewusste soziales Handeln bestimmt. 2016.
**Fritz Redlich:** Hitler – Diagnose des destruktiven Propheten. 2016.
**Johann August Schülein:** Gesellschaft und Subjektivität. Psychoanalytische Beiträge zur Soziologie. 2016.
**Tobias Grave, Oliver Decker, Hannes Gießler, Christoph Türcke (Hg.):** Opfer. Kritische Theorie und Psychoanalytische Praxis. 2017.
**Felix Brauner:** Mentalisieren und Fremdenfeindlichkeit. Psychoanalyse und Kritische Theorie im Paradigma der Intersubjektivität. 2018.
**Ulrich Bahrke, Rolf Haubl, Tomas Plänkers (Hg.):** Utopisches Denken – Destruktivität – Demokratiefähigkeit. 100 Jahre »Russische Oktoberrevolution«. 2018.
**Bandy X. Lee (Hg.):** Wie gefährlich ist Donald Trump? 27 Stellungnahmen aus Psychiatrie und Psychologie. 2018.
**Sascha Klotzbücher:** Lange Schatten der Kulturrevolution. Eine transgenerationale Sicht auf Politik und Emotion in der Volksrepublik China. 2019.
**Oliver Decker, Christoph Türcke (Hg.):** Ritual. Kritische Theorie und Psychoanalytische Praxis. 2019.
**Oliver Decker, Christoph Türcke (Hg.):** Autoritarismus. Kritische Theorie und Psychoanalytische Praxis. 2019.
**Rolf Haubl, Hans-Jürgen Wirth (Hg.):** Grenzerfahrungen. Migration, Flucht, Vertreibung und die deutschen Verhältnisse. 2019.
**Caroline Fetscher:** Das Paddock-Puzzle. Zur Psychologie der Amoktat von Las Vegas. 2021.
**Johann August Schülein:** Psychoanalyse als gesellschaftliche Institution. Soziologische Betrachtungen. 2021.
**Steffen Elsner, Charlotte Höcker, Susan Winter, Oliver Decker, Christoph Türcke (Hg.):** Enhancement. Kritische Theorie und Psychoanalytische Praxis. 2021.

Psyche und Gesellschaft
Herausgegeben von Johann August Schülein
und Hans-Jürgen Wirth

Klaus Ottomeyer

# Angst und Politik

## Sozialpsychologische Betrachtungen zum Umgang mit Bedrohungen

Psychosozial-Verlag

Bibliografische Information der Deutschen Nationalbibliothek
Die Deutsche Nationalbibliothek verzeichnet diese Publikation
in der Deutschen Nationalbibliografie; detaillierte bibliografische Daten
sind im Internet über http://dnb.d-nb.de abrufbar.

Originalausgabe

E-Mail: info@psychosozial-verlag.de
www.psychosozial-verlag.de

Umschlagabbildung: Käthe Kollwitz, *Die Mütter*, Bl. 6 der Folge »Krieg« 1921/22,
Holzschnitt
Umschlaggestaltung und Innenlayout nach Entwürfen von Hanspeter Ludwig, Wetzlar
ISBN 978-3-8379-3146-4 (Print)
ISBN 978-3-8379-7833-9 (E-Book-PDF)

# Inhalt

# Einleitung

Mit dem Manuskript für das vorliegende Buch habe ich Ende März/Anfang April 2020 begonnen, als sich mit der ersten Welle der Coronapandemie unsere Welt zu verändern begann und wir noch hofften, dass das Ganze bald vorbei geht. Ich war von den Studierenden des Faches Sozialpsychologie an der Wiener Sigmund Freud PrivatUniversität unverhofft getrennt worden und wollte für den ungewohnten Fernunterricht etwas über die »Wellen der Angst« schreiben, wie sie Leute meiner Generation in den letzten 40 Jahren erlebt, überstanden und zumindest teilweise bewältigt haben. Wenn man sich Ängste in ihrem historischen Kontext genauer anschaut, sieht man auch, was man gegen sie tun kann und muss. Zusätzlich wollte ich dabei deutlich machen, wie unverzichtbar die Psychoanalyse für unseren Umgang mit Angst und für den Kampf gegen den neuen Autoritarismus ist, der uns damals besonders aus Amerika bedrohte. Mitte 2020 war es so, dass die Mehrheit der Befragten in Deutschland laut Umfrage der R+V Versicherungsgesellschaft mehr Angst vor der Politik Donald Trumps als vor dem Virus hatte.[1] Das Schreiben war meine eigene Art, nicht in der lähmenden Angst und der Langeweile der Coronazeit zu versinken und etwas gegen den Rechtsextremismus zu tun, der sich nach einer kurzen Verwirrung und Sprachlosigkeit die Coronawelle zunutze machte, indem er sich an die Spitze der Coronaleugner und Scharlatane[2] setzte.

Obwohl heute jeder weiß, dass die Emotion der Angst beim Menschen, wie auch bei anderen Wirbeltieren, die in ihrem Gehirn über die Alarmanlage der Amygdala verfügen, biologisch sinnvoll und lebenserhaltend

---

1 https://www.ruv.de/presse/aengste-der-deutschen/presseinformation-aengste-der-deutschen (01.07.2021).

2 Aus Gründen der besseren Lesbarkeit verwende ich in vielen Fällen das generische Maskulinum.

ist, wünschen wir uns immer wieder, dass wir die von ihr ausgehende Einschnürung und Beeinträchtigung der Lebensfreude loswerden oder zumindest minimieren können. Politik wird weithin daran gemessen, wie weit sie dem Ideal eines Lebens in der »Freiheit von Angst« (Roosevelt 1941) gerecht wird. Man erwartet heute von PolitikerInnen, dass sie die Angst vor Angriffen auf unsere Sicherheit, auf unsere Gesundheit, auf den Wohlstand, vielleicht auch auf »unsere Art zu leben« mithilfe von funktionierenden Institutionen und intelligenten Maßnahmen begrenzen. In Demokratien werden sie abgewählt, wenn sie das nicht schaffen. Auf der anderen Seite leben viele Politiker und politische Bewegungen von den Ängsten, die in einer Bevölkerung bereits vorhanden sind und die sie oft noch schüren und vereinfachend erklären, um sich dann als Retter in der Not anzupreisen. Die komplexen Ursachen der Verunsicherung werden von rechten Demagogen auf eine bestechende Konkretheit hin verdichtet und personalisiert. Dann kann die angekündigte Beseitigung von Verschwörern und Sündenböcken Abhilfe versprechen. Anhänger erleben auf diese Weise – mit einem Wort Freuds – eine vorübergehende »Schiefheilung« von ihrer Angst. Demagogen müssen dabei versuchen, selbst angstfrei zu wirken. Diese Mechanismen wurden bereits 1954 in einem bahnbrechenden, inzwischen schwer erhältlichen Aufsatz von Franz Neumann über *Angst und Politik* (engl. 1957) beschrieben. Er nennt die Regime, deren Angstpolitik er untersucht hat, *cäsaristisch*. Als ich den Titel *Angst und Politik* für mein zu schreibendes Buch ausgewählt hatte, kannte ich Neumanns Arbeit noch nicht. Ich verstehe die Übereinstimmung der Titel als eine Hommage an Neumann, der als Jurist maßgeblichen Anteil an der Entnazifizierung Deutschlands hatte, und unmittelbar nach dem Abfassen seiner Studie im Jahr 1954 verstarb.

Ist Angst ein guter Ratgeber? Entgegen den Vertretern einer betont furchtlosen (»kontraphobischen«) Männlichkeit à la Trump oder auch Jair Bolsonaro und entgegen den sogenannten Maskengegnern kann man sagen: Ja, Angst ist ein sehr guter Ratgeber, aber nur, wenn es uns gelingt, realistische Angst mit einer menschenfreundlichen Gewissensangst zu verbinden, und wenn es uns gelingt, unsere neurotisch-paranoiden Ängste zu reflektieren und daran zu hindern, in unserem Handeln die Oberhand zu gewinnen. Denen, die in der Außenwelt eine neurotisch-paranoide Angst und ihre Verschwörungstheorien verbreiten, sollten wir ebenso wie den kontraphobischen Angstleugnern das Handwerk legen und das Wasser abgraben, indem wir uns auf das differenzierte Zusammenspiel der menschlichen Ängste einfühlsam einlassen und gezielt etwas gegen ein vermeidbares Übermaß bestimmter Ängste unternehmen. Dazu gehört auch die Solidaritätsverpflichtung gegenüber den zutiefst geängstigten und traumatisierten Menschen, die aus Krisen- und Kriegsgebieten zu uns geflüchtet sind. Traumatisierte Menschen haben eine besonders schwere Angststörung, die von außen, von einer schrecklichen und abnormalen Realität, nicht durch innere Konflikte verursacht wurde. In jeder Traumatherapie fällt (wenn nicht wörtlich, so doch sinngemäß) mindestens einmal der Satz: »Sie sind nicht verrückt oder abnormal – Ihre Symptome sind normale Reaktionen auf eine abnormale Situation.«

Derzeit wird über Angst viel geredet. Man debattiert, ob viel oder wenig Angst gut ist. Die ganz unterschiedliche Qualität menschlicher Ängste bleibt dabei auf der Strecke. Eine Angst gilt hierbei so viel wie die andere. Wenn man sich mit Angst konstruktiv und solidarisch befassen möchte, ist nach meiner Überzeugung die *Freud'sche Unterscheidung* von *Realangst*, *Gewissensangst* und *neurotischer Angst* (von manchen auch »Binnenangst« genannt) von größter Bedeutung. In Diskussionen über das Coronavirus und die Gefahren des Rechtspopulismus spielt die Unterscheidung zwischen den drei großen Ängsten, die das Ich im Umgang mit der Realität, mit seinem Über-Ich und seinem triebhaften Es entwickelt, keine Rolle. Man tut so, als ob es Sigmund Freud nie gegeben hätte. Selbst unter Psychologen wird er kaum noch gelesen. Deshalb wird seine Theorie der Angst im mittleren Teil des Buches von mir ausführlich referiert und gewürdigt. Sie ist aber auch immer wieder der roter Faden durch die anderen Kapitel des Buches. Der rechtspopulistische und rechtsextreme Angstmissbrauch besteht, verkürzt gesagt, darin, dass die Realangst verleugnet, die Gewissensangst lächerlich gemacht und eine neurotisch-paranoide Angst gezielt verbreitet wird.

Eine stillere und eher schleichende Variante der Angst ist die *Sorge*. Manchmal werden beide Begriffe auch synonym verwendet. Die Sorge ist ausgesprochen anhänglich. Man kann sie nicht aussperren. In Goethes *Faust II* kommt sie bekanntlich durchs Schlüsselloch: »Wen ich einmal mir besitze / Dem ist alle Welt nichts nütze / Ewiges Düstre steigt herunter / Sonne geht nicht auf noch unter.« Hier vermengen sich Angst und Depression. Vielen ist eine solcherart belastende Stimmung aus der langen Coronakrise vertraut.

Im Vergleich dazu hat die *Besorgnis* einen guten Ruf. Der Psychoanalytiker Donald W. Winnicott hatte festgestellt, dass es die *capacity of concern*, die Fähigkeit zur Besorgnis, schon bei jüngeren Kindern gibt: »Dabei ist das Kind und im guten Fall auch dessen Umwelt besorgt. Besorgnis bezeichnet den Umstand, dass das Individuum sich um etwas bekümmert oder dass es ihm ›etwas ausmacht‹« (Winnicott 1990, S. 93). Neuere psychologische Forschungen haben belegt, dass Kinder tatsächlich schon im zweiten Lebensjahr damit beginnen, besorgt zu sein und dementsprechend zu kooperieren (Tomasello 2010). Die Entwicklung zum »Gutmenschen« hat also bereits einige Wurzeln in unserer frühen Kindheit. In der ersten Welle der Coronapandemie zeigte sich für einige Wochen, dass auch Menschen, die unterschiedlichen Gruppen und Generationen angehören, untereinander Besorgnis zeigen und sich unterstützen können (Wirth 2020a). Während meiner Beschäftigung mit verschiedenen Krisen und Ängsten der letzten 40 Jahre konnte ich immer deutlicher sehen, dass sich in unserer Gesellschaft als Antwort auf die jeweilige Krise – von der Angst vor dem Atomkrieg 1980 bis zur Coronakrise 2020/21 – regelmäßig zwei große emotionale Lager gebildet und teilweise bekämpft haben: Auf der einen Seite finden sich Besorgte und Hilfsbereite, oftmals als unmännliche Hysteriker oder Gutmenschen verspottet; und auf der anderen Seite äußerlich Furchtlose, kampfbereite Männer, Maskenverweigerer und andere »Kontraphobiker«. Dazwischen gibt es auch noch eine große Gruppe Neutraler oder Ambivalenter.

Eine größere Verwirrung entsteht allerdings, wenn aggressive rechte Bewegungen mit Erfolg unter der Fahne der Besorgnis aufmarschieren. In der beliebten Rede vom »besorgten Bürger« wird, wie Carolin Emcke (2016) gezeigt hat, eine systematische Angstvermischung und Immunisierung gegen Kritik betrieben. Wer besorgt ist, kann kein Rassist oder Egoist sein.

> »Deswegen taugt die Sorge als überdeckendes Gefühl. Die Sorge ummantelt die ihr mitunter innewohnende Fremdenfeindlichkeit und schützt so vor jedweder Kritik. So wird das Tabu erfüllt und zugleich unterwandert. Die gesellschaftliche Absage an Fremdenfeindlichkeit wird bestätigt und zugleich in Frage gestellt. Weil als Sorge ausgegeben wird, was gleichwohl Abscheu, Ressentiment und Missachtung birgt, verrückt es die Schwellen des Akzeptablen« (ebd., S. 41).

Mit der Rede vom besorgten Bürger wird ein rhetorischer Tribut an die Freud'sche Gewissensangt gezahlt, unter dem die Bereitschaft zur Menschenjagd notdürftig niedergehalten wird. Bei den aggressiven Anti-Corona-Demonstrationen 2020/21 geisterte erneut der besorgte Bürger herum. Der österreichische FPÖ-Chef Norbert Hofer berief sich, nachdem Anti-Corona-Proteste Anfang 2021 in Wien aus dem Ruder gelaufen waren, auf »besorgte Bürger«, um von Drohgebärden und Hassparolen rechtsextremer Teilnehmer abzulenken, die aus seiner eigenen Partei stammten: »Corona-Demonstranten sind besorgte Bürger!«[3]

Der Aufbau meines Buches ist, vorsichtig formuliert, unkonventionell (strengere Kollegen würden sogar sagen unprofessionell.) Im ersten Teil folge ich den Wellen der Angst, wie ich sie als politisch aufmerksamer und aktiver Mensch in Deutschland und Österreich ab dem Ende der 1970er Jahre erlebt habe. Ich war in der einen oder anderen Weise ein »teilnehmender Beobachter« des Geschehens, ab 1992 nicht nur als Wissenschaftler, sondern auch als psychosozialer Praktiker und Psychotherapeut mit einem Traumaschwerpunkt. Ich gehörte in den Angstwellen fast immer zur Fraktion der Gutmenschen, die leicht in die Rolle lächerlicher Moralapostel geraten können (und in Wirklichkeit natürlich immer auch mindestens eine dunkle, egoistische Seite haben). Die damit zusammenhängenden Erfahrungen sind in historischen Berichten und theoretischen Analysen eingestreut und hoffentlich auch für andere informativ.

Diese »Wellen der Angst« beginnen in meinem Text mit der Atomkriegs-Angst der 80er Jahre und der Friedensbewegung, bewegen sich dann in etwa chronologisch über eine ganze Reihe von Stationen der Angst, die aus dem Inhaltsverzeichnis ersichtlich sind, und enden vorläufig mit der Flüchtlingskrise, die uns 2015–2019 beschäftigte. 2020 traten die Angst vor den Coronafolgen und die Angst vor dem Sieg des Trump'schen Autoritarismus in den Vordergrund. Wirtschaftlich bedingte Wellen der Angst, etwa die Ängste infolge der Bankenpleite 2007/08 mit der nachfolgenden Griechenland- und Eurokrise, die unter anderem zur Gründung der AfD führten (vgl. Biess 2019, S. 433), kommen in meiner Auswahl der Angstwellen zu kurz. Dafür gibt es aber viele Querverweise auf typische Ängste der Menschen im Kapitalismus und Neoliberalismus. Am Ende meiner subjektiv-historischen Darstellung werden noch drei große Angstkomplexe behandelt, die den weltweiten Erfolg des Rechtspopulismus und des neuen Cäsarismus begünstigen. Es sind dies 1. die Angst vor dem Ausgetauschtwerden (dem »großen Austausch«), 2. die Angst vor dem Verlust von Identität und 3. die Angst vor dem Verlust von Männlichkeit.

3 https://www.youtube.com/watch?v=5w4PRV1BTkk (17.01.2021).

Auf den ersten Teil des Buches, den man unter die Überschrift »Was bisher geschah« stellen könnte, folgt dann im zweiten Teil ein systematisches Kapitel zur Freud'schen Theorie der drei großen Ängste, die dann noch auf den aktuellen Rechtspopulismus, Rechtsextremismus und die sogenannte Flüchtlingskrise hin konkretisiert werden. Wer den ersten, »biografisch-historischen« Teil des Buches etwas langatmig findet, kann zum zweiten theoretisch-modellhaften Teil vorblättern und dann wieder in den ersten zurückkehren. Im dritten Teil des Buches finden sich fünf ergänzende Kapitel: Das erste handelt von den Schwierigkeiten der Empathie gegenüber Menschen, die Opfer von extremer Traumatisierung geworden sind, so wie es bei vielen Geflüchteten der Fall ist. Fritz Breithaupt (2017) hat vor einigen Jahren den Sinn von Empathie überhaupt infrage gestellt. Das ist interessant, aber voreilig und letztlich ignorant; ein Beispiel für die verbreitete angstvolle Abwehr von Empathie, für ein *blaming the victim*. Dann folgt noch ein Kapitel über den Umgang mit Angst in der Fridays for Future-Bewegung und darüber, wie diese Angst vor allem von älteren Männern und von oben herab entwertet wird. Danach kommt ein Kapitel über die Angst in der Coronakrise, unter anderem auch über die Impfangst und darüber, wie unsere berechtigte Realangst gegenüber dem Virus von Verschwörungstheoretikern und Rechtsextremen aufgegriffen und in Paranoia transformiert wird. Im vorletzten Kapitel behandle ich unter der Überschrift »Der Fluch der Marke Ich« die Regierungskrise, in die Österreich im Oktober 2021 geraten ist. Der gescheiterte Bundeskanzler Sebastian Kurz repräsentiert für mich den Inbegriff eines letztlich unlebbaren narzisstischen Identitätsmodells, das mit der neoliberalen Wende gegen Ende des letzten Jahrtausends den Menschen als ein allgemeines Programm gepredigt wurde. Im Schlusskapitel »Was tun?« plädiere ich für eine Dialektik von Anpassung und Widerstand im Umgang mit den großen Bedrohungen und unterziehe den mittlerweile schon inflationär verwendeten Begriff der Resilienz einer kritischen Würdigung.

# I Wellen der Angst

## Angst vor dem Atomkrieg

Ich gehe also zuerst einmal mehr als 40 Jahre zurück. Zu Beginn der 1980er Jahre hatten viele der in Europa lebenden Menschen eine große Angst vor der nuklearen Auslöschung im Gefolge der *Mutually Assured Destruction* (MAD) zwischen dem westlichen und dem östlichen Militärblock, deren Rüstungswettlauf in eine neue Phase eingetreten war. Immerhin hatte kaum 20 Jahre zuvor die Kubakrise beinahe zu einem Atomkrieg zwischen den USA und Russland geführt. Die Nato unter Führung der USA wollte Anfang der 80er eine neue Generation von Atomraketen, genannt Pershing II und Cruise Missile, in Deutschland stationieren. 1979 war der sogenannte »Nato-Doppelbeschluss« gefasst worden. Im Kriegsfall wären Deutschland und teilweise auch Österreich zum atomaren Schlachtfeld geworden. Es entstand die größte Protestbewegung in der Geschichte der BRD. Bei den Protesten in Bonn, die sich gegen die Stationierung der Raketen richteten, versammelten sich 1983 etwa 500.000 Menschen. Auch in Österreich gab es 1982/83 große Friedensdemonstrationen. Die größte mit ungefähr 100.000 Teilnehmenden war 1983 in Wien.

Ein Großteil der deutschen Bevölkerung, auch in der damaligen DDR, hatte Angst vor der Stationierung und dem möglichen Einsatz von Atombomben. In der BRD teilten nach Umfragen 70 % der Befragten diese Angst. Die angesetzten Zivilschutzübungen, der geförderte Bau von Atombunkern und die kriegsmedizinischen Vorbereitungen trugen auch nicht zur Beruhigung bei – im Gegenteil. Die Amerikaner, so glaubten viele, wären von den Verwüstungen im Falle des Raketeneinsatzes nicht gleichermaßen betroffen. »Besuchen Sie Europa solange es noch steht!« So sollen Reisebüros in den USA geworben haben, woraus in Deutschland umgehend der ohrwurmartige Song einer populären Band wurde.

Das Antikriegs-Lied *99 Luftballons* von Nena wurde ohne großes Marketing für Jahre zu einem absoluten Spitzenreiter in den nationalen und internationalen Hitparaden (»99 Jahre Krieg / ließen keinen Platz für Sieger / Kriegsminister gibt's nicht mehr / und auch keine Düsenflieger«). Es mischte sich ein heiterer Spott über die militärischen Wichtigtuer mit einem großen Ernst. Aktuelle Randbemerkung aus dem Reich der Realsatire: Ende August 2020 schickte der weißrussischen Diktator Alexander Lukaschenko tatsächlich mehrere Kampfhubschrauber los, um acht Luftballons abzuschießen, die aus Litauen über die Grenze geflogen waren. Sie sollen »staatsfeindliche Aufschriften« getragen haben.

Die große Angst vor dem Atomkrieg war bei vielen Deutschen mit dem Bewusstsein verbunden, dass der perfekt organisierte Massenmord, den vier Jahrzehnte zuvor die Nazis umgesetzt hatten, eine reale Möglichkeit ist und dass es etwas Vergleichbares nie wieder geben darf. Zu den Schreckens- und Todesbildern aus den Konzentrationslagern, die in Deutschland die Erwachsenen als Teil der Umerziehung durch die Alliierten und später auch fast alle Jugendlichen in der Schule gesehen hatten, kamen noch die Bilder der verstümmelten, verbrannten und entstellten Opfer von Hiroshima und Nagasaki. Zahlreiche fotografische und filmische Dokumente hatten sich so sehr in das bildhafte Gedächtnis der Menschen eingebrannt, dass die verbalen Beschwichtigungs- und Bagatellisierungsversuche der Atomwaffen-Befürworter erfolglos waren. Aus Vietnam waren einige Jahre zuvor noch eindrucksvolle Berichte und Fotos vom großflächigen Napalm-Einsatz sowie von verbrannten und flüchtenden Menschen in die westlichen Medien gekommen. Die Theologin Dorothee Sölle nannte die Pershing II-Raketen »fliegende Verbrennungsöfen« (zit. n. Biess 2019, S. 397). Ein Slogan der Friedensbewegung war: »Die Lebenden werden die Toten beneiden.«

An den politischen Schalthebeln des Westens waren in den 80er Jahren Hardliner wie Ronald Reagan, Helmut Schmidt mit dem Image des schneidigen Wehrmachtsoffiziers, dem ab 1982 Helmut Kohl folgte, und Margaret Thatcher, die »eiserne Lady«. Das Vereinigte Königreich hatte im Frühjahr 1982 in dem kurzen Krieg um die Falkland-Inseln den Angreifer Argentinien besiegt, was Thatcher ungeahnte Zustimmungswerte in der britischen Bevölkerung einbrachte. US-Präsident Jimmy Carter hatte noch gegen Ende seiner Amtszeit im Sommer 1980 die »Direktive 59« über die Führbar- und Gewinnbarkeit eines Atomkriegs ausgegeben und damit einen Rüstungsschub angestoßen. Reagan besuchte 1982 demonstrativ die

BRD und Westberlin. Er bezeichnete die Sowjetunion als das »Reich des Bösen« und redete von dessen notwendiger »Enthauptung«. Er kündigte auch einen »Kreuzzug« an, um »America great again« zu machen. Diese Formulierung griff später Donald Trump auf.

Im Herbst 1983 beschloss der Deutsche Bundestag die Raketenstationierung, obwohl die Bevölkerungsmehrheit in Deutschland und einigen Nachbarländern dagegen war. In der BRD stellten sich bald auch immer mehr SPD-Politiker hinter den Protest; so Willy Brandt Ende November 1983: »Über 70 Prozent der Menschen in der Bundesrepublik, das ist gut so, halten nichts davon, dass Deutschland – und jetzt sage ich Deutschland und nicht nur Bundesrepublik – dass Deutschland immer mehr vollgepackt wird mit atomarem Teufelszeug.«[4]

Es gab (und gibt) in der deutschen Bevölkerung einen starken pazifistischen Grundzug, der damals quer durch Parteien ging und sich der herrschenden Nato-Logik und der »Politik der Stärke« (Konrad Adenauer) nicht fügen wollte oder konnte. Die angstvolle Zukunftserwartung, die später von westlichen Kritikern als »German Angst« bezeichnet wurde, hing, wie der Historiker Frank Biess (2019) gezeigt hat, mit der katastrophischen Erinnerung an den Nationalsozialismus und an den Holocaust zusammen und kann durchaus als realistische Angst, als »Realangst« im Sinne Freuds bewertet werden. Sie beruhte auf einer »Verschränkung von Erinnerung und Zukunftserwartung« (ebd., S. 450). Da der Mensch immer in drei Zeitdimensionen lebt, ist es ein Zeichen von Realismus, wenn er neben der Gegenwart auch die Vergangenheit und die Zukunft in sein Denken einschließt. Dazu kam bei vielen Protestierenden das Gefühl einer moralischen Verantwortung, wie Freud sagen würde, die »Gewissensangst«, ausgelöst vom Gedanken an das grausame Schicksal der menschlichen Opfer in der Vergangenheit und Zukunft.

Michail Gorbatschow stieg im Zuge der Perestroika, seines »neuen Denkens«, aus dem gefährlichen Spiel aus und schlug 1986 die Verschrottung der Mittelstreckenraketen vor. Die Politiker des Westens waren zunächst perplex. Reagan zögerte. Die Amerikaner wollten auf jeden Fall ihr gerade geplantes weltraumgestütztes Atomwaffenprogramm SDI behalten. Ende 1986 wurde zwischen den USA und der Sowjetunion in Reykjavik ein erster Vertrag über den Abzug aller Mittelstreckenraketen aus Europa

4 https://www.deutschlandfunkkultur.de/nachruesten-fuer-die-abruestung.932.de.html?dram:article_id=130653 (23.07.2021).

unterzeichnet. »Das Eingehen westlicher Politiker einschließlich des in der Friedensbewegung verhassten Präsidenten Ronald Reagan auf die Abrüstungsinitiativen Gorbatschows war auch ein Produkt des Drucks von unten auf demokratische Politiker, die ja auf Stimmungen in der Bevölkerung reagieren mussten und müssen« (ebd., S. 410).

Die deutsche Friedensbewegung hatte ihre Vorläufer in den sogenannten »Ostermärschen« und anderen Bewegungen gehabt, die sich ab den 60er Jahren gegen die atomare Aufrüstung gewendet hatten. Initiiert von Gruppen in der evangelischen Kirche gab es die Ostermärsche auch in der DDR. Die größte Berufsorganisation, die auf die Gefahren der atomaren Aufrüstung hinwies, waren die 1980 gegründeten »International Physicians for the Prevention of Nuclear War« (IPPNW), die aus einer besorgten Kooperation zwischen sowjetischen und US-amerikanischen Ärzten entstanden war. Der Vorsitzende der westdeutschen Sektion der IPPNW wurde der Psychoanalytiker Horst-Eberhard Richter. Die IPPNW erhielt 1985 – zum Entsetzen Helmut Kohls – den Friedensnobelpreis. Die Organisation wurde gemäß der Logik des Kalten Krieges als prokommunistisch bespitzelt.

Ich hatte Ende 1981 meine zuvor als sicher angesehene Stelle am Psychologischen Institut der FU Berlin verloren. Meine größte Angst war es, keine neue Stelle zu finden, und das mit zwei kleinen Kindern. Ich erinnere mich an demütigende Bewerbungen. Vielleicht war es deswegen für mich besonders wichtig, mich in der Friedens- und Protestbewegung zu engagieren und mich als junger Psychologe nützlich zu machen. Mit Gruppen, die ich vorher nicht kannte, fuhr ich nach Bonn und anderswohin, schrieb auch mindestens einen Aufsatz, in dem ich besonders auf den Zusammenhang von krisenhafter Männlichkeit und Waffenwahn hinwies. Mit krisenhafter Männlichkeit kannte ich mich recht gut aus; die hatte ich nämlich selbst. Anfang 1983 hatte ich wieder eine feste Stelle, nun in Klagenfurt/Österreich, und fuhr nach Wien zu den Protestveranstaltungen der österreichischen Friedensbewegung. Ich war erleichtert, dass ich nun keine Angst mehr vor Arbeitslosigkeit haben musste und irgendwo dazugehörte. Bald wurde ich eingeladen, am gerade gegründeten Österreichischen Institut für Friedensforschung und Friedenserziehung im burgenländischen Stadtschlaining mitzuarbeiten.

Wenn ich weiter zurückblicke, erinnere ich mich genau an eine Szene während der Kubakrise im Oktober 1962. Ich sitze in der Küche mit meinen Großeltern, die wie immer um 12 Uhr vor dem Mittagessen die

Nachrichten im Radio hören. Sie wirken so ernst und besorgt, dass ich selbst Angst vor einem Atomkrieg bekomme. Und wahrscheinlich waren wir auch im Jahr davor, als am 13. August 1961 die Berliner Mauer gebaut wurde, recht knapp an einem Atomkrieg vorbeigerutscht. An diesem extrem heißen Sonntag verfolgte ich im neu angeschafften Fernseher die Bilder von den einander gegenüberstehenden amerikanischen und russischen Panzern in Berlin. Meine Eltern konnten mich beruhigen.

Was auch zu sagen ist: Der Kalte Krieg und die Nato-Aufrüstung haben mir meinen Schulabschluss in einem teuren Internat und zumindest die ersten Jahre des Studiums finanziert. Mein Vater war ein leitender Vertriebsmanager beim Rheinstahl-Konzern, zu dem auch Hanomag und Henschel gehörten. Nachdem er sich bei Hanomag in Hannover unbeliebt gemacht hatte, wurde er auf den Posten eines Direktors der Firma Henschel Engineering in Belgien gewissermaßen strafversetzt. Dort wurden im Auftrag der Nato Schützenpanzer repariert und instand gesetzt. Mein Vater war von dem neuen Job nicht wirklich begeistert, hat ihn aber für viele Jahre so ausgefüllt, dass alle in der Familie finanziell gut versorgt waren. Als die Friedensbewegung aufkam, hat er das gut gefunden. Er hat mir mehrmals Bücher von Horst-Eberhard Richter geschenkt, den er sehr akzeptierte. Ich bin froh, dass ich die Bücher heute noch habe.

## *Sie fürchten weder Tod noch Teufel:* Kontraphobiker und Besorgte

Das Zurückdrängen des Einflusses der Sowjetunion hatten die Strategen des Kalten Krieges als ein notwendiges aktives *rollback* (statt des bloßen *containment*) bezeichnet. In den 80er Jahren begann aber noch ein zweites Rollback, das die Kultur und die Geschlechtsrollen im Inneren der westlichen Gesellschaften betraf. In den 70er Jahren hatte es massive Erfolge des Feminismus gegeben, die sich unter anderem in Änderungen des Familienrechts (in Österreich 1975, in Deutschland 1976) niedergeschlagen hatten. Männer verloren ihre »Schlüsselgewalt« und die Aufsicht über größere Geschäftsabschlüsse der Ehefrauen. Das Publikum wurde zunehmend von Stars und Role-Models fasziniert, die starke Frauen waren, oder auch von Männern und Frauen, die androgyn wirkten. Man denke an Frauen wie Tina Turner (die sehr gut ohne ihren gewalttätigen Ehemann Ike auskam), an Gianna Nannini, Grace Jones, Alice Schwarzer, an diverse männlichen Pop-Gruppen, deren (halb-)lange Haare ab Mitte der 60er Jahre bei den Älteren zunächst Abscheu ausgelöst hatten, dann aber akzeptiert wurden, an David Bowie, Prince, Michael Jackson usw. In dem Erfolgsquartett ABBA trugen die Männer wie die Frauen lange Haare und eine fantasievolle Glitzerkleidung.

Die extreme patriarchalische Reglementierung der Sexualität, die in der BRD im Zeitalter des »Rheinischen Katholizismus« noch ganz normal war und zum Beispiel in Heinrich Bölls *Ansichten eines Clowns* treffend beschrieben wurde, wurde ab Mitte der 60er Jahre schrittweise aufgehoben. Die Abtreibungsgesetze wurden gegen den Widerstand von konservativen Politikern und vielen Männern gelockert. Evangelikale und katholische Fundamentalisten – z. B. in den USA und in Polen – sinnen bis heute auf Rache. Mit der Verbreitung der Pille wurde viel Angst aus der Sexualität herausgenommen. Seit 1970 feiern in den westlichen Hauptstädten alljährlich schwule, lesbische und andere Demonstrierende den Christopher Street Day, der an eine brutale Razzia der Polizei und eine Straßenschlacht mit Homosexuellen in New York 1969 erinnert. Ende April 1975 sah man die TV-Bilder vom schmählichen Rückzug der letzten amerikanischen Soldaten aus Vietnam, die um ihr Leben rannten und mit Hubschraubern vom Dach der US-Botschaft im damaligen Saigon abgeholt werden mussten. Generäle waren keine Respektspersonen mehr. Viele der heimgekehrten amerikanischen Männer fühlten sich als Angehörige einer betrogenen Generation (Faludi 2001).

Der Dominanzanspruch der traditionellen heterosexuellen Männer war von mehreren Seiten her stark ins Wanken geraten. Viele dürften sich wie in einer Wagenburg gefühlt haben. Mit den 80er Jahren kamen aber die männlichen Hardliner wieder zurück auf die Kommandobrücken. Susan Faludi hat in ihrem Buch *Backlash* (1991) sehr detailreich den neuen »nicht erklärten Krieg gegen die amerikanischen Frauen« im damaligen Kulturbetrieb und in einer frauenfeindlichen Sozialpolitik untersucht. Vor allem die Karrierefrau, die sich auf Kosten der Kinder verwirklicht, wurde als unverantwortliche Person hingestellt. Auch sexuell eigensinnige weibliche Singles, die in heile Familien eindringen, so wie im Hollywood-Film *Eine verhängnisvolle Affäre*, wurden als warnendes Beispiel angeführt. Die erneuerte Pose des starken Mannes wurde durch die aufkommende Fitness-Industrie unterstützt. Bei den männlichen Stars der 60er/70er Jahre – selbst bei denen, die als besonders sexy galten wie Mick Jagger oder den Beatles – hatte ein trainierter Muskelkörper kaum eine Rolle gespielt. In den 80er Jahren gab es eine Parallele zwischen dem planvollen Aufbau von einschüchternden Rüstungsarsenalen und dem gezielten Aufbau des muskelbepackten Männerkörpers, der jetzt mit der Unterstützung durch spezielle Geräte, Spezialnahrung, muskelbildende Drogen und Hormone für jeden möglich schien, der nur den festen Willen dazu hatte. Hier wie dort sprangen Stärkekult und imponierendes Muskelspiel ins Auge. In der Ökonomie setzte sich währenddessen das neoliberale Programm des *survival of the fittest* durch, das die Staatsausgaben- und Fürsorge-Politik des Keynesianismus zugunsten des freien Marktes ablösen sollte. Ein erster Feldversuch für die Kombination von Neoliberalismus und bewaffneter Machomacht erfolgte unter Anleitung der »Chicago Boys« bereits seit 1973 unter der Diktatur von Augusto Pinochet in Chile. Ein kultureller Durchbruch für die Idee des mächtigen und unbesiegbaren Muskelmannes war 1982 der Film *Conan der Barbar* mit Arnold Schwarzenegger, mit dem weitere erfolgreiche Filme folgten. Schwarzenegger wurde später Politiker. Zu seiner Ehrenrettung muss gesagt werden, dass er mit großem Mut gegen die Macho-Politik Trumps angetreten ist. Er traf Greta Thunberg und hielt ihre Hand.

In den 80er Jahren war es so, als würde die Gesellschaft sich zweiteilen. Diese Zweiteilung wirkt bis heute fort. Auf der einen Seite spürten Millionen von Menschen ihre Angst, zeigten sie offen und brachten sie auf die Straßen sowie auch in die Medien und in das Bildungssystem. Auf der anderen Seite herrschten eine Inszenierung der Stärke und eine ostentative Angstfreiheit, die man in psychologischer Terminologie nur als »kontraphobisch« bezeichnen kann. Der Begriff geht auf den Freud-Schüler Otto Fenichel (1954) zurück. Kontraphobisch ist ein Handeln von Individuen und Gruppen, die ihre Ängstlichkeit so überspielen oder verdrängen, dass sie sich ständig in riskante Aktionen begeben müssen. »Oberflächliche Angstfreiheit kann Flucht vor einer sehr tiefen und großen Angst sein«, schrieb Horst-Eberhard Richter (1992, S. 71). Die zwanghafte Abwehr von Angst und Schwäche, bei der Betroffene oftmals ihr eigenes Leben wie auch das anderer aufs Spiel setzen, ist insbesondere bei Männern und in Männerbünden (z. B. den schlagenden Verbindungen) verbreitet. Man kann auch auf das *chicken game* in dem Film *Denn sie wissen nicht, was sie tun* mit James Dean verweisen, bei dem junge Männer in gestohlenen Autos, ohne zu bremsen, nebeneinander auf einen Abgrund zurasen.[5] Wer als erster

5 Siehe auch https://de.wikipedia.org/wiki/Kontraphobie (16.08.2020).

aussteigt, ist das »chicken«, der Feigling. Das Wettrüsten war auch eine Art Chicken Game. Gorbatschow hatte rechtzeitig den Mut, aus einem solchen Spiel auszusteigen. Die punktuelle Berührung mit der Angst, die auch noch in ihrer kontraphobischen Überwindung entsteht, lässt bei den Akteuren eine spezifische »Angstlust« (Balint 1959) entstehen, von der manche auch physisch abhängig werden. Man sucht den »Thrill«, den »Adrenalinkick« usw. Kontraphobische Inszenierungen haben einen hohen Unterhaltungswert, auch für Menschen, die für sich selbst andere Wege der Angstbewältigung bevorzugen. Sie vermitteln ein Gefühl von Lebendigkeit, auch wenn sie unter Umständen das Leben verkürzen.

Die kontraphobische Fantasie vom männlichen Kämpfer zeigte sich nach dem noch relativ harmlosen Streifen *Conan der Barbar* in weiteren, teilweise sehr brutalen Hollywood-Filmbestsellern, die in den 80ern produziert wurden. Es war vor allem der Film *Rambo II* von und mit Sylvester Stallone, der 1985 zum absoluten Hit wurde (*Rambo I* von 1982 hatte noch einen eher verstörten und traumatisierten Vietnam-Veteranen gezeigt). In *Rambo II* wird der Held von einem verräterischen Vorgesetzten im vietnamesischen Dschungel abgesetzt, um dort versteckt festgehaltene US-Soldaten aufzuspüren. Er soll sie aber »nur fotografieren«. Rambo findet tatsächlich eines der Lager und befreit mithilfe einer unverhofft aufgetauchten vietnamesischen Mitkämpferin, aber gegen den Willen des militärischen Vorgesetzten, der keinen Ärger haben will, die qualvoll eingesperrten Gefangenen. Die vietnamesische Kameradin muss dabei leider sterben, was den Helden für etwa eine halbe Minute in Trauer und dann aber erst recht in eine wütende Kampfstimmung versetzt. Der amerikanische Psychiater Chaim Shatan (1989) hatte von einer von oben geförderten »Militarisierung der Trauer« bei den in Vietnam eingesetzten US-Soldaten gesprochen. Statt Tränen fließt Blut. Rambo führt die befreiten Gefangenen in ein US-Camp, das sich in einem Nachbarland befindet. Dort bedroht Rambo den Vorgesetzten Murdock, der als Beinahe-Mörder und extremer Feigling um Gnade wimmert und dann verschont wird. Auf dem Rückweg vom Gefangenenlager zum US-Stützpunkt veranstaltet Rambo, nachdem er zum Beispiel aus dem Wasser springend einen niedrig fliegenden russischen Kampfhubschrauber erobert hat, eine unglaubliche Schieß- und Explosionsorgie, bei der nicht nur vietnamesische und russische Soldaten, sondern auch zivile Dorfbewohner getroffen werden und durch die Luft fliegen. Das Publikum darf diesen triumphalen Durchmarsch fasziniert verfolgen. Der Held trägt wie üblich nur kleine Kratzer davon. Die Handlung knüpft an eine beliebte, inzwischen aber mehrfach widerlegte Verschwörungstheorie an, die behauptet, dass es im Nachkriegsvietnam noch heimliche Gefangenenlager mit verschollenen US-Soldaten geben würde. Von Ronald Reagan finden sich heute noch im Internet Videodokumente, in denen er vom *spirit of Rambo* schwärmt: »Jungs, ich bin froh, dass ich Rambo gesehen habe. Jetzt weiß ich, was ich das nächste Mal zu tun habe« (zit. n. Hüetlin 1998, S. 167). Der Präsident schwamm auf der Welle der Rambomanie (König 1987). Auch Donald Trump wurde von seinen teilweise bewaffneten Anhängern im US-Wahlkampf 2020 auf Plakaten und montierten Pappfiguren als ein kampfbereit dreinschauenden Rambo mit nacktem Oberkörper und Maschinenpistole im Anschlag präsentiert. Der in den 80er Jahren entstandene amerikanische Archetypus ist lebendiger denn je.

Fast zeitgleich mit *Rambo II* entstand in Hollywood mit dem Hauptdarsteller Tom Cruise ein zweiter höchst erfolgreicher Film mit Namen *Top Gun*, dessen deutscher Untertitel *Sie fürchten weder Tod noch Teufel* ganz direkt an den kontraphobischen Komplex appelliert. Das Zentrum der Handlung ist eine US-Militärbasis mit einem dazugehörigen Flugzeugträger. Der Film lässt das Publikum an den rasanten und riskanten Flugmanövern von zwei befreundeten, aber auch rivalisierenden Kampfpiloten teilnehmen. Sie stehen unter der Anleitung und Beobachtung eines höchst attraktiven weiblichen Ausbildungsoffiziers. Schließlich darf der ebenso charmante wie mutige Held Maverick mit der Ausbilderin ins Bett. Gegen Ende des Films ergibt es sich, dass Maverick Sieger in einem Luftkampf auf Leben und Tod mit einem fremden, wahrscheinlich russischen Piloten verwickelt wird, der die US-Flieger in ihrem Luftraum bedroht. Der fremde Flieger wird abgeschossen.

Hätte es einen solchen Vorfall mit einem russischen Flugzeug in der Realität gegeben, hätte dies der Auslöser für einen Atomkrieg sein können. Im August 1981 hatte Reagan in einer Art John-Wayne-Inszenierung zwei libysche Kampfflugzeuge vor der libyschen Küste abschießen lassen. Die *New York Post* vom 24. August 1981 titelte »Luftkampf hat Reagans Kritiker weggefegt« und zitierte einen hohen Regierungsbeamten: »Dieser Luftkampf hat für uns mehr gebracht als 20 Reden des Präsidenten« (zit. n. deMause 1984, S. 107). Am 1. September 1983 schossen russische Flieger über ihrem Hoheitsgebiet nach mehreren Warnungen die südkoreanische Passagiermaschine KAL 007 ab. Es starben 269 Menschen. Es stellte sich heraus, dass die Maschine auf ihrem gesamten Irrflug von US-

Geheimdiensten begleitet worden war (ebd., S. 203–209).[6] Die Russen rechtfertigten sich damit, dass sie sich nicht sicher sein konnten, dass keine Atombomben an Bord des Flugzeugs waren, und dass sie sich angegriffen fühlten.

Der extrem teure Film *Top Gun* wurde überwiegend von der US-Navy finanziert. Sein Erfolg wirkte, ebenso wie *Rambo II*, noch weit über die Endzeit des Kalten Kriegs hinaus. Es gibt bis heute *Top Gun*-Shops, bei denen man über das Internet *Top Gun*-T-Shirts, -Bomberjacken und anderes martialisches Zubehör bestellen kann; und *Top Gun 2* steht für 2022 in den Startlöchern. Im Sommer 2003 war sechs Wochen nach der US-Invasion im Irak Präsident George W. Bush auf einem US-Flugzeugträger mit der markigen Meldung »Mission accomplished!« vor die Medien getreten, um den Sieg im Irak-Krieg zu verkünden, der sich dann allerdings noch über viele Jahre hinziehen sollte. Das war eindeutig eine Anspielung auf den Film *Top Gun*. Auch Reagan hatte sich kurz vor dem Abschuss der libyschen Flugzeuge 1981 mit einer Kommandanten-Mütze auf einem US-Flugzeugträger fotografieren lassen (ebd., S. 106). Es gibt offenbar bis heute einen regen Austausch zwischen den militärisch-politischen und den medialen Inszenierungen.

Das ideale Getränk für Kontraphobiker und solche, die es werden wollen, wurde übrigens bereits in den 80er Jahren »Red Bull«. Red Bull »verleiht Flügel«, vermag also die lästige Schwerkraft und Bodenhaftung von Körper und Psyche zu überwinden. Der Red-Bull-Konzern des Multimilliardärs Dietrich Mateschitz fördert und instrumentalisiert seit Jahrzehnten sehr werbewirksam alle Sportarten, bei denen es riskant und kontraphobisch zugeht, bis hin zu neuen Disziplinen wie »Air Race« (ein bodennahes Flugzeug-Wettrennen) oder »Base-Jumping«, bei dem der Tod von Sportlern offensichtlich einkalkuliert ist. Auch die Erfindung der letztgenannten Sportart, bei der Menschen ohne Fallschirm, nur mit einer Art Flughörnchen-Anzug bekleidet, aus großer Höhe in die Tiefe springen, geht auf die 80er zurück: »Zwischen 1981 und 2021 starben 409 Personen (Stand: 10. Juli 2021) an den Folgen eines Objektsprungs. Davon entfallen rund 15% auf das Lauterbrunnental in der Schweiz.«[7]

Dass es in den beginnenden 80er Jahren und später auch einen ganz an-

6 Vgl. auch den neutralen Bericht unter https://www.austrianwings.info/2013/08/korean-007-flug-ins-verderben (23.07.2021).

7 https://de.wikipedia.org/wiki/Base-Jumping (16.09.2021).

deren Umgang mit Angst als den der kontraphobischen Machos gab, zeigt der Hollywood-Bestseller *E. T.* von Steven Spielberg, der 1982 auf den Markt kam. Ganze Familie gingen in diesen Film, der für Kinder und offenbar auch für das verängstigte innere Kind in uns allen produziert wurde. Sowohl der junge Held Elliott als auch sein neuer Freund, der Außerirdische, der von seiner Crew bei einem Ausflug auf die Erde vergessen wurde und jetzt »nach Hause telefonieren« möchte, haben Angst und helfen sich gegenseitig. E. T. wird ein einfühlsames telepathisches »Hilfs-Ich« für den Jungen, der sich in seiner chaotischen Familie, in der Beziehung zum getrenntlebenden Vater und im autoritär-sadistischen Schulbetrieb verlassen fühlt. Der Film handelt offenkundig von der Trennungsangst, die Freud neben der Kastrationsangst für die wichtigste menschliche Angst gehalten hatte. Zusammen entwickeln beide Protagonisten magische Fähigkeiten und Größenerlebnisse, die sich gegen eine brutale Autorität richten. Empathisch verbunden befreien sie zum Beispiel Frösche, gerade in dem Moment, als sie auf Geheiß des Biologielehrers von den Schülern seziert werden sollen. E. T. und Elliott sind »umeinander besorgt«, was auch die Sorge um andere Lebewesen einschließt. Bald müssen sie gegen die Verfolgung durch die NASA kämpfen. Diese will ihre Verbundenheit zerstören und versucht, sie mit einem grotesken technischen Aufwand voneinander zu isolieren. E. T., der offenbar als gefährlicher Fremdling behandelt wird, scheint dabei zu sterben. Das Publikum beginnt schon zu trauern. Da erschafft E. T. plötzlich aus seiner inneren Kraft heraus die ersehnte Telefonverbindung, mit der er seine Leute im Weltall erreicht, die ihn nach Hause holen. Elliott geht gestärkt aus der Begegnung hervor (für eine ausführliche Analyse siehe Ottomeyer 1987, S. 203–223). Spielberg soll in dem Film seine eigenen Gefühle nach der Trennung seiner Eltern verarbeitet haben. Der Film war erfolgreich und hilfreich in einer Welt, in der der Druck, der auf Scheidungs- und Broken Home-Familien lastete, immer größer geworden war. Heute wissen Psychotherapeuten, dass geängstigte und traumatisierte Kinder fast immer die Idee eines »inneren Helfers« entwickeln. Dies kann eine Märchenfigur, ein vorgestellter Freund, eine Filmfigur oder ein Stofftier sein. Manchmal ist es auch ein lebendes Tier, das das Kind zu verstehen scheint und Trost spendet. In der Therapie kann man solche Figuren reaktivieren und als Helfer einsetzen.

Ist es übertrieben, Zusammenhänge zwischen den großen Filmbestsellern der 80er Jahre, der Aufrüstungspolitik und dem Umgang mit Angst in der Psyche den westlichen Bevölkerungen herzustellen? Der Soziologe

Siegfried Kracauer hatte in seinem Buch *Von Caligari zu Hitler* (1947) etwas Ähnliches für den deutschen Film der Zwischenkriegszeit versucht. Lässt sich so die »psychische Großwetterlage« der 80er, die heute noch nachwirkt, besser verstehen? Als Beleg für einen vorhandenen Zusammenhang kann man die »Strategic Defense Initiative« anführen, das SDI-Programm, das von Weltraumbasen aus mit einer speziellen Lasertechnologie atomare Interkontinentalraketen abwehren sollte und gleich nach seiner Ankündigung durch Reagan »Star Wars« genannt wurde. Seine Entwicklung lief parallel zur Stationierung der Atomraketen in Europa und war vom Umfang her noch viel größer angelegt, bis es später aus Kostengründen zurückgefahren wurde. Die Reihe der *Star Wars*-Filme, bei denen sich Helden und Schurken des Weltalls besonders gern mit Laser-Schwertern bekämpfen, war bereits 1977 mit großem Erfolg gestartet und hat bis in die Kinderzimmer hinein mehrere Generationen von Konsumenten psychologisch mitgeprägt

Bin ich mit meiner Analyse von Filmen der 80er Jahre einer »kombinatorischen Paranoia« aufgesessen, die Freud einmal als Berufsrisiko des Psychologen erwähnt hat? Hier noch ein letztes Beispiel zur Verteidigung meiner Thesen: Der Film *Ghostbusters* ist sicherlich der erfolgreichste Klamaukfilm jenes Jahrzehnts gewesen, der bis heute bekannt ist und mehrere Remakes hinter sich hat. In dem Streifen kämpfen vier leicht unseriöse männliche Betreiber einer New Yorker Geister-Austreibungs-Firma gegen einen großen Dämon mit Namen Zuul, der aus einer Grabstätte im Vorderen Orient entwichen und in die Stadt gekommen ist, um mithilfe zahlreicher Hilfsgeister und unheimlicher Erscheinungen die Bewohner ins Verderben zu stürzen. Schließlich erscheint Zuul selbst auf dem Dach eines Hochhauses in Gestalt einer riesigen attraktiven Frau, die mit der Geisterstimme eines Mannes spricht. Die Männergruppe ist verzweifelt, weil die Strahlen aus ihren Laserpistolen einfach zu schwach sind, den Geist zu vernichten. Erst als sie auf die geniale Idee kommen, ihre »Strahlen zu überkreuzen«, verschwindet das weibliche Monster in einer gewaltigen Explosion, die dann zu einer atompilzartigen Wolke über der Stadt führt. Die fetzige Musik zum Film haben viele von uns heute noch in den Ohren. Aber: La réalité dépasse la fiction: Anfang April 1986 ging ein Reuter-Funkbild um die Welt, das fröhliche US-Marine-Soldaten auf einem Flugzeugträger zeigte, von dem aus gerade ein mörderischer Bombenangriff auf Libyen geflogen worden war. Ein großes Plakat auf dem Schiff zeigte das bekannte Emblem der Ghostbusters in einer abgewandelten Form. Der

Schrägbalken eines Halteverbotszeichens ging statt durch den Kopf einer Geisterfigur mit Zipfelmütze durch den stilisierten Kopf eines Turbanträgers. Dazu ist auf dem Foto noch ein Plakat mit der Selbstbezeichnung der Mannschaft als »Terroristbusters« zu sehen sowie die Verkündung ihrer aktuellen Stimmung: »Mighty fine!«

Die Gegenüberstellung von mitfühlenden, besorgten Gruppen und kontraphobisch-militanten Gruppen unter Macho-Einfluss, oder von verschiedenen »Psychoklassen«, wie sie Lloyd deMause (1984) genannt hat, macht offensichtlich Sinn. Sie springt auch im Zusammenhang mit der Coronakrise und mit dem US-Präsidentschaftswahlkampf 2020 ins Auge. Im Kontrast zu Donald Trump erscheint Joe Biden wie der Inbegriff eines besorgten, mitfühlenden Menschen. Aber die Gegenüberstellung von Persönlichkeitstypen kann auch trügerisch sein. In der Wirklichkeit ist es oft so, dass auch ein aggressiver Rüstungsbefürworter oder Autoraser zu Hause ein aufmerksamer und liebevoller Familienvater ist. Es gibt genügend hilfsbereite Menschen, die während des Anschauens von Filmen wie *Rambo II* oder *Ein Mann sieht rot* in sich durchaus eine lustvolle Aufregung und Faszination verspüren. Wo stand ich eigentlich damals zwischen den Extremen der Empfindsamkeit und den Verlockungen der Macho-Kultur? In Frank Biess' Buch *Republik der Angst* (2019) fand ich einen Satz, in dem ich mich wiedererkannte: »Indem man sich selbst als sensibel, gefühlsbetont und an den vermeintlichen Gefahren geradezu körperlich leidend zeigte, kultivierte man das Ideal einer sensiblen Männlichkeit, von der man sich zumindest erhoffte, dass sie beim anderen Geschlecht gut ankommen werde« (ebd., S. 9).

Fast alle Psychotherapeuten gehen heute davon aus, dass wir aus mehreren Teilpersonen bestehen, die abwechselnd und getrennt die Kommandobrücke betreten können (z. B. Schwartz 1997). Der Psychiater Robert K. Lifton (1988) hatte bei den Nazi-Ärzten, die er interviewte, eine erstaunliche Fähigkeit zur Spaltung innerhalb der eigenen Person festgestellt. Es ist, als hätten sie »auf zwei Planeten« gelebt: Auf der einen Seite stand die heile Privatwelt mit Familie, Hausmusik und Weihnachtsfeiern, auf der anderen die Welt des Konzentrationslagers, des »Planeten Auschwitz«, auf dem die Regeln der Pflichterfüllung, der Karriere und der Grausamkeit herrschten. Lifton und Eric Markusen (1990) haben später diese Spaltung mit der Spaltung verglichen, die Verantwortliche und Mitarbeiter in der Nuklear- und Rüstungsindustrie betreiben müssen, die mit Perfektion die massenhafte Vernichtung von Menschen planen, aber auf der anderen Seite umgängliche Mitbürger und liebevolle Familienmenschen sind. Für Wirtschaftskapitäne und Manager in umweltzerstörerischen Großkonzernen dürfte etwas Ähnliches gelten.

## Umgang mit Angst: Horst-Eberhard Richter

Der Psychoanalytiker Horst-Eberhard Richter war ein wichtiger Wortführer der Friedensbewegung in den 80er Jahren. Er hat immer wieder das Tabu-Thema Angst behandelt. Und zwar auf eine Weise, die Konservativen und Rüstungsbefürwortern sowie auch manchen Linken, die sich gern als angstfreie heroische Barrikadenkämpfer sahen, wenig gefiel.

Der angesehene Philosophieprofessor Odo Marquard hatte 1986 in der *Zeit* (Nr. 51, 12.12.1986) der erstarkenden Friedensbewegung vorgeworfen, dass sie eine »arbeitslose Angst« verbreite, eine Angst, die nicht gebraucht werde, weil die Gesellschaft heute doch viel sicherer sei als früher. Die Friedensbewegung würde ähnlich der 68er Bewegung in Wirklichkeit ein unfriedliches, militantes Programm gegen den Fortschritt der Moderne vertreten: »Je mehr Lebensvorteile die Chemie der Menschheit bringt, desto mehr gerät sie in den Verdacht, ausschließlich zur Vergiftung der Menschheit erfunden zu sein; je länger Kriege vermieden werden, desto bedenkenloser gilt die vorhandene Friedensvorsorge als pure Kriegstreiberei« (ebd., S. 47f.). Richter (1990 [1987]) antwortete Marquard mit einer Erklärung, die sich auf Freuds grundlegende Unterscheidung zwischen neurotischer Angst und Realangst bezog. Angst beruht nicht nur auf Fantasien, Einbildung und ungelösten inneren Konflikten, sondern hilft uns, die Welt besser zu verstehen. Insofern ist sie auch ein wichtiger Ratgeber:

> »Hat man an den sozialen Ängsten bislang hauptsächlich den Anteil an neurotischen Projektionen studiert, würdigt man jetzt betont ihre kognitiven Fähigkeiten. In der neueren psychosozialen Perspektive nimmt man die soziale Blickrichtung Geängstigter allemal ernst und läßt sich auf sie ein. Eines der Ergebnisse ist, daß Offenheit für Angst in dem Sinne, daß Angst ausgehalten und durchgehalten werden kann, als wesentliche Bedingung zur Erfassung von hintergründigen sozialen Problemen anerkannt wird. Sogar Ängsten von klinischem Ausmaß wird eine bislang oft unterschätzte Komponente von Hellsichtigkeit zugesprochen« (ebd., S. 41).

Die Hellsichtigkeit, die nicht immer gleich zu verstehen ist, gelte auch für die Kunst. Richter verweist auf das Bild *Der Schrei* von Edvard Munch.

Ein solches Verständnis von Angst war dem des männlichen Kontraphobikers und der Logik des Kalten Krieges total entgegengesetzt. Wenn Richter hier von der »neueren psychosozialen Perspektive« und einer »Offenheit für Angst« spricht, dann muss man dazu sagen, dass er selbst es war, der die neue Sichtweise für den deutschen Sprachraum ganz wesentlich mitgestaltet hat. Der Historiker Biess schrieb in einem Rückblick auf die BRD in der Zeit des Kalten Krieges:

> »Es dominierte die ›Angst vor der Angst‹. Seit den 1970er Jahren kam es jedoch zu einer deutlichen kulturellen Aufwertung der Angst. Sowohl die normative Bewertung der Angst als einer grundsätzlich funktionalen Emotion als auch die emotionale Praxis, Angst in privaten und öffentlichen Zusammenhängen offen auszudrücken, nahm deutlich zu. Die Umwelt und Friedensbewegung beruhte auf einem positiven Angstverständnis« (Biess 2020, o.S.).

An diesem Angstverständnis hatte Richter einen maßgeblichen Anteil. Er hatte die »Blickrichtung Geängstigter« im Kontext von sozialen Systemen schon sehr früh eigenommen, zum Beispiel als er darüber schrieb, dass auffällige Kinder immer auf eine Angst und Spannung im größeren Eltern- und Familiensystem verweisen, in dem sie zum Beispiel ungeliebte oder ungelebte Selbstanteile der Erwachsenen ausleben, und dass man als Therapeut und Berater die Familie immer mitbehandeln muss (Richter 1969). Kinder können in unbewusste Rollen hineingeraten, etwa als »Gattensubstitut« oder »Sündenbock«, die überfordernd sind und eine neurotische Angst produzieren, die später auch noch Erwachsene begleitet.

Als Experte für Psychosomatik zeigte Richter, dass es sich bei den verbreiteten Herzattacken oder der »Herzunruhe« ohne somatischen Befund, die während der Nachkriegsjahrzehnte vor allem bei erfolgreichen Männern auftraten, bei näherem Hinsehen um eine verdrängte Angst vor der eigenen Endlichkeit handelte (Richter 1964, Richter & Beckmann 1969). Man sollte dieses körperliche Leiden, so Richter (1992, S. 92), eigentlich als eine »Sterbeangst-Krankheit« bezeichnen, die sehr häufig Anhänger des »Stärkekults« befällt, die zur kontraphobischen Position neigen. Die Erkrankten erreichen interessanterweise oft ein hohes Alter und sterben nicht am Herzinfarkt. Dank der Pionierarbeit Richters versteht man die Zusammenhänge heute besser. Seine Entdeckungen wurden zum medizinischen und psychologischen Allgemeinwissen.

Im Buch *Patient Familie* (1970) hatte Richter über drei in den 60er und 70er Jahren verbreitete Typen von relativ stabilen (»charakterneurotischen«) Familien geschrieben, die jeweils für eine spezifische Form des Angst-Managements stehen: *1.* Der angstneurotische Familientyp *Sanatorium*, dessen Mitglieder um ein krankes oder als krank angesehenes Familienmitglied (z. B. den herzneurotischen Vater) herum eine ständige Harmoniestimmung oder Pseudoharmonie schaffen. »Die Familie schafft sich eine sanatoriumsartige Schonwelt, die sie mit allen möglichen Mitteln gegen angstauslösende Reize abzuschirmen versucht« (ebd., S. 75). *2.* Im Familientyp *Festung* wird die Angst paranoid auf Außenfeinde umgelenkt. Hier finden sich »oft Paare oder mehrköpfige Familien, die sich immer wieder erfolgreich darum bemühen, unerträgliche wechselseitige Impulse nach außen gegen einzelne, Gruppen oder Weltanschauungen abzuleiten« (ebd., S. 91). Bei den »Gruppen und Weltanschauungen« kann man sich für die Zeit vor dem Ende des Kalten Krieges gut vorstellen, welche Rolle die Kommunisten oder die Russen für die Ableitung von Angst und Aggression gespielt haben. Heute sind es eher Geflüchtete und ihre Unterstützer. *3.* Der Familientyp *hysterische Familie:* »Eine hysterische Zentralfigur organisiert die Familie nach ihren Bedürfnissen in der Weise, dass die übrigen Familienmitglieder, die persönlich nicht hysterisch sein müssen, das hysterische Arrangement mehr oder weniger mitspielen. Sie selbst erhält sich dadurch gut kompensiert.« Die umgebenden Familienmitglieder müssen ihre persönliche Identität zurückzustellen, »indem sie sich mehr oder weniger ausschließlich in den Chargen verwirklichen, die ihnen die regieführende hysterische Zentralfigur zuweist.« (ebd., S. 108). Eine cartoonartige Illustration einer solchen Familiendynamik sieht man, wenn man an die öffentliche Aufführung denkt, die uns der frühere US-Präsident und Show-Master Trump zusammen mit seinen Familienangehörigen bietet. Die zentrale Angst der hysterischen (in heutiger Terminologie eher: histrionisch-narzisstischen) Zentralfigur und ihres Ensembles ist die Angst vor der absoluten Depression und Bedeutungslosigkeit, die eintritt, wenn die glänzende Show nicht aufrechterhalten werden kann. Heute ist es so, dass der Markt und die Gesellschaft noch mehr als vor dem Ende des Kalten Krieges von den Menschen einen ständigen erfolgreichen Selbstverkauf als unverwechselbare »Marke Ich« und als ein glänzender Star, der vor allem von sich selbst begeistert ist, verlangen. Das betrifft natürlich auch die Familien.

In den Familien entstehen unsere persönlichen neurotischen Muster und Ängste. Teilweise sind unsere Muster auch Antwortmuster auf die Familie, in denen wir versuchen »ganz anders« zu sein als unsere Eltern und Geschwister. Familien verlangen ein je spezifisches Angstmanagement. Sie helfen uns aber auch, eine bedrohliche äußere Realität zu bewältigen. Sie dienen, so lässt sich aus einer Marx'schen Sicht ergänzen, der Reproduktion der Arbeitskraft und stellen innerhalb einer kalten Geld- und Karrieregesellschaft einen Raum zur Verfügung, in dem ausreichend Wärme und Bindung erfahren wird, damit sich Erwachsene darin immer wieder erholen und Kinder darin aufwachsen können. Sichere und unsichere Bindungen sind seit einigen Jahrzehnten zu einem Hauptthema der Entwicklungs- und Klinischen Psychologie geworden (Ainsworth & Bowlby 2001). Wenn Bindungen bedroht sind oder zerbrechen, entsteht bei Menschen wie bei anderen Säugetieren auch eine Trennungsangst, die oft mit einer typischen Suchbewegung verbunden ist: »Nach Hause telefonieren!« Diese Suchbewegung kann wiederum von Sekten, politischen Bewegungen usw. aufgenommen und missbraucht werden. Alle rechten Bewegungen versprechen in der einen oder anderen Form die Wiederherstellung der von finsteren Kräften bedrohten heilen Familie. Damit wird in illusionärer Weise eine Reduktion von Angst bewirkt.

Die relative Stabilität oder »Pseudoharmonie« der Familien gegen Ende der 60er Jahre, wie Richter sie beschrieben hat, dürfte sich in den folgenden Jahrzehnten infolge der Krise des Patriarchats, der Familienrechtsreformen, der Emanzipation von Frauen, von Jugendlichen und von Menschen mit einer nicht-heterosexuellen Orientierung in Richtung auf eine »Verhandlungsfamilie auf Zeit« (Beck 1986) stark abgeschwächt und diversifiziert haben. Erwachsene Partner und Jugendliche können heute das »soziale Gefängnis Familie« (Riesman 1950) leichter verlassen. Dabei müssen sie aber oftmals immer noch ein beträchtliches Maß an Trennungsangst und »Ausbruchsschuld« bewältigen.

Die individuellen Ängste (auf der Mikroebene), die familialen und gruppalen Ängste (auf der Mesoebene) und die globalen Ängste (auf der Makroebene) wirken zusammen. Einmal tritt der eine, dann wieder der andere Aspekt in den Vordergrund. Richter hat unseren *Umgang mit Angst* (1992) auf allen Ebenen untersucht. Zu den globalen Ängsten, denen wir letztlich nicht ausweichen können, gehört für Richter vor allem die »Weltangst«. Es ist eine Angst vor einer totalen Ungeborgenheit des Menschen, die zuerst am Ende des römischen Reiches aufgekommen ist. Richter

(1982b, S. 136) zitiert hierfür das Johannesevangelium: »In der Welt habt ihr Angst, aber seid getrost, ich habe die Welt überwunden.« Christentum und Kirche geben zunächst einen gewissen Halt. Sie tragen dazu bei, dass der Gedanke an den Tod keine heillose Angst auslöst. Doch mit dem Niedergang dieser Institutionen, mit der Aufklärung und der industriellen Revolution, verschwindet das Gefühl des Gehaltenwerdens in einer von Gott gewollten Welt. Stattdessen sucht

> »der Mensch [...] Schutz vor seiner Weltangst im Vertrauen auf *sich selbst* und *seine Macht*, die Welt zu berechnen und nach seinen Berechnungen den Weltlauf zu steuern und das Böse im Sinne von unverstehbarem Verhängnis in Schach zu halten. Man vertraut auf den ewigen Fortschritt im Sinne einer immer vollständigeren Berechnung und damit Beherrschungsmöglichkeit der Welt. Der Glauben an die Allmacht Gottes ist dem Glauben an die Allmacht des eigenen Intellekts gewichen« (ebd., S. 137).

Diesen Aspekt hat Richter in seinem Buch *Der Gotteskomplex* (1979) ausgeführt. Der Gotteskomplex scheitert aber immer wieder an der Realität von Schwäche, Gebrechlichkeit und Tod. »Anstatt die unerlässliche Todesidee zu akzeptieren, hat unsere Kultur als Ersatz das Phänomen eines absoluten Weltfeindes erfunden, den man mit einer gigantischen Rüstung in Schach halten will« (Richter 1990, S. 10f.). Dem politischen Außenfeind als »Zentrum des Bösen« wird regelmäßig ein Plan der Vernichtung, der Ausrottung der eigenen Gruppe oder des eigenen Volkes unterstellt, was dann natürlich die schärfsten Notwehrmaßnahmen bis hin zur präventiven Vernichtung des Gegners erforderlich macht.

Richters These von der Weltangst nach dem Ende des Mittelalters kann sich auf die Untersuchung Erich Fromms stützen, der in seinem Buch *Die Furcht vor der Freiheit* (zuerst 1941: *Escape from Freedom*) von der Auflösung der alten »primären Symbiosen« spricht, die den Individuen Halt gaben. Es entsteht in der Neuzeit eine Überindividuation des Menschen, die schwer auszuhalten ist. Die daraus resultierende Angst führt nach Fromm dazu, dass die Menschen nach »sekundären Symbiosen« suchen, die sie erleben, wenn sie beim Autoritarismus, Faschismus oder einer der neueren Religionsgemeinschaften unterschlüpfen. Auch die Technikgläubigkeit kann vorübergehend Unterschlupf gewähren.

An die Weltangst des neuzeitlichen Individuums und den Gotteskomplex lagern sich nach Richter (1992, S. 69) weitere Ängste und kulturelle

Bewältigungsmuster an. »Es ist eine Welt des Machismo, des Stärkekults, in der diejenigen dominieren, die in der Konkurrenz um wirtschaftliche und militärische Macht die anderen niederringen, die Natur achtlos wie eine Beute ausplündernd, wenn es nur den eigenen Machtvorteilen dienlich scheint.« Richter bringt auch mehrfach den Raketen- und Waffenwahn mit der unsicheren sexuellen Potenz vieler Männer zusammen. Dieser Hinweis erscheint manchem vielleicht niveaulos oder banal, ist aber angesichts des großen Einflusses, den Waffenlobby und Rüstungsindustrie in den USA und überall auf der Welt haben, immer noch aktuell. Männer klammern sich an große und kleine Waffen wie an eine Krücke oder ein Suchtobjekt. Es blieb Donald Trump vorbehalten, die Impotenzangst aus dem Halbdunkel der männlichen Pseudowitze auf die offizielle politische Bühne von Nuklearverhandlungen gehoben zu haben. Bekannt ist seine Botschaft auf Twitter vom 3. Januar 2018 an Nordkoreas Diktator Kim Jong-un, sein »Nuclear Button« sei nicht nur »much bigger & more powerful«, sondern auch: »[M]y Button works!«

Ich referiere Richter so ausführlich, weil – wie im weiteren Text noch deutlich wird – seine älteren Analysen zu Angst und Politik auch Jahrzehnte später noch wichtige Anregungen geben. Dies gilt auch für den Beitrag »Neun Faktoren, die die Verleugnung der Atomkriegsdrohung fördern« (Richter 1982a, S. 100–123): Der *erste Faktor* ist die Ungeheuerlichkeit der drohenden Vernichtung. Es ist einfach nicht vorstellbar, dass die gelagerten nuklearen Sprengköpfe jeden Erdbewohner gleich mehrfach pulverisieren oder verglühen lassen können. Die entsprechenden Informationen erreichen uns nur wie auf einer fremden Wellenlänge. Günter Anders hatte von der »Apokalypseblindheit« der neuzeitlichen Menschen gesprochen.

Der *zweite Faktor* ist die Verleugnung und Bagatellisierung der Bedrohung durch Schutzprogramme und Überlebenstraining. Ein Unterstaatssekretär aus dem US-Verteidigungsministerium erklärte: »Jedermann kann überleben, wenn wir nur genügend Spaten haben. Man muss ein Loch graben, ein paar Türen obendrauf legen und dann einen Meter Erde draufwerfen. Die Erde, die macht's« (ebd., S. 103). Das ist ähnlich der seit einigen Jahren bei uns verbreiteten Idee, dass wir mit einer ausreichenden »Resilienz«, die zum Beispiel von psychologischen Experten trainiert werden kann, kommende Umweltkatastrophen überstehen werden (vgl. medico international 2017).

Der *dritte Faktor* bei Richter (1982a) ist die Abstumpfung, die auf der Annahme beruht, dass nach Jahrzehnten der wiederholten Warnung vor dem

Atomkrieg immer noch nichts passiert ist und deshalb wohl auch weiterhin nichts passiert. Einen ähnlichen Effekt gab es – bis zum Auftreten von Fridays for Future – in Bezug auf den Klimawandel. Ein *vierter Faktor* ist der Glaube an die kalkulierende Vernunft. »Entgegen allen historischen Lehren gibt es noch immer die einfältige Erwartung, dass die Wirklichkeit niemals total unvernünftig werden kann« (ebd., S. 106). Die Warner werden als irrational hingestellt. Der *fünfte Faktor*, der zur Verleugnung der Gefahr beiträgt, ist die Verdinglichung und Quantifizierung des Denkens. Ein Nuklearingenieur und Berater des US-Präsidenten schreibt: »Menschen kamen in diesen Abtauschrechnungen nicht vor. […] Eine Nadel mit rosa Kopf für Minsk bedeutet 200 000 Tote.« Richter spricht vom »Stecknadelkopfdenken«. Die zur grauenhaften Maske entstellten Gesichter und verbrannte Körper von Menschen sollen möglichst nicht vorkommen. Das wäre zur erschütternd. Man könnte die Fassung verlieren. Vielleicht erklärt dies auch, warum Überlebende von Hiroshima und Nagasaki bis vor Kurzem keine Stimme und keine Interessenvertretung hatten und sozial ausgegrenzt wurden. Opfer mit Brandnarben durften bekanntlich nicht in Schwimmbäder (Lifton 1967). Auch in der gegenwärtigen Corona-Berichterstattung droht die Verdinglichung des Denkens, wenn uns täglich Kurven, Zahlen und epidemiologische Landkarten mit ihren stecknadelkopfähnlichen Markierungen vom Elend der Sterbenden ablenken, die menschlich isoliert und auf dem Bauch liegend langsam ersticken. Unser Gehirn ist vor allem mit dem Entziffern der präsentierten Daten befasst und dadurch bereits erschöpft.

Als *sechsten Faktor* nennt Richter die Aufspaltung von Rollen und Teilidentitäten, zu der wir im Laufe des Erwachsenwerdens gezwungen werden. Wir dissoziieren und zerfallen in Zuständigkeiten. Die Verantwortung für das Ganze der eigenen Person wie auch der Gesellschaft fällt aus. »Eine der wirksamsten Verleugnungshilfen […] ist die antrainierte Vorstellung, dass man selbst inkompetent für die Beurteilung des ganzheitlichen Zusammenhanges ist« (Richter 1982a, S. 108). Der *siebte Faktor* ist die »Verschiebung des Angstgrundes«. Die Angst vor der totalen Vernichtung ist nicht aushaltbar. Sie wird zerlegt und verschoben in die Beschäftigung mit zahlreichen kleineren Ängsten, die zu immer neuen Versicherungsabschlüssen, perfekten Alarmsystemen, Einbruchsicherungen usw. führen. Angstberuhigung ist in kleinen Portionen käuflich. Der *achte Faktor* ist die offenbar unausrottbare »Verleugnung durch Autoritätsgläubigkeit«. Politiker werden wie Eltern fantasiert und idealisiert, denen wir vertrauen können und die uns vor der destruktiven Macht der Atombombe beschützen. In

Ländern, in denen Politiker über ein eigenes atomares Arsenal verfügen, können sie mit der »Liebe zur Bombe« noch ihr eigenes Prestige vergrößern. Am Gefühl der Wichtigkeit können dann zumindest Teile der von ihnen repräsentierten Bevölkerung partizipieren. Damit hängt der *neunte Faktor* zusammen: der Nationalismus, der vor allem durch den Appell an die »Ehre der Nation« unterstützt wird. Als Richter dies schrieb, war gerade der Falklandkrieg vorbei. »So verwandelte sich für viele Linke der verhasste Diktator [in Argentinien] für einige Wochen in eine unangreifbare integrative Symbolfigur. Und ganz England – bis hin zum linken Labour-Flügel – scharte sich um seine ›Eiserne Lady‹« (ebd., S. 112).

Durch Protestbewegungen und Diplomatie ist es zwar gelungen, die Anzahl der Atomwaffen seit dem Ende des Kalten Krieges deutlich zu reduzieren. Aber es sind weltweit noch über 13.000. Es reicht für den Overkill. Ein Teil davon befindet sich unter dem Zugriff von Politikern, deren psychische Gesundheit infrage gestellt werden kann. 1.800 Atomwaffen sind in ständiger Höchstalarmbereitschaft: *launch on warning* – LOW.[8] Die Angst vor einem Atomkrieg ist immer noch berechtigt und wird von uns zugunsten neuerer Ängste eigentlich nur weggeschoben. Noam Chomsky wies Ende Januar 2021 darauf hin, dass die USA unter Trump die zuvor laufenden Atomwaffenkontrollverhandlungen unterlaufen haben und dass wir möglicherweise bei Trumps Abgang noch großes Glück gehabt hätten. »Es wäre doch möglich gewesen, dass er in einem Anfall von psychotischer Angst plötzlich sagt: ›Okay, ich mache es.‹ Ich bin sicher, dass die oberste Militärführung sehr erleichtert ist, dass die Situation jetzt berechenbarer ist« (zit. n. *Der Standard* 26.01.2021, S. 6). Während der Diskussion über das Impeachment-Verfahren gegen Trump wurden Aufnahmen aus dem Kapitol vom 6. Januar 2021 gezeigt, auf denen Vizepräsident Mike Pence mit einem der drei Startkoffer für den Atomangriff auf der Flucht vor dem rechtsextremen Mob zu sehen ist. Unter den Verfolgern waren Leute, die dazu aufgerufen hatten, Pence zu ergreifen und aufzuhängen.

## Angst vor AIDS

Etwa zeitgleich mit der gesteigerten Angst vor der atomaren Vernichtung kam in den 80er Jahren eine ganz andere Angst auf, die sich auf die persön-

8 https://www.icanw.de/fakten/weltweite-atomwaffen (01.09.2020).

liche Gesundheit und die Sexualität bezog: die Angst vor einer HIV-Erkrankung. Viele können sich das heute kaum noch vorstellen. Bald erschienen immer mehr dramatische Berichte in den Medien, teilweise auch mit beunruhigendem Bildmaterial. Diese Angst kam unerwartet und führte bei vielen Jüngeren zu einer Art Aufwachen mit Schrecken nach den vorangegangenen Jahren einer weitgehend risikofreien sexuellen Liberalisierung, wie es sie zuvor nicht gegeben hatte. »Vögeln ist schön« war einst ein Motto der Frankfurter Studentenbewegung gewesen (Haider 2014). Die neue Viruserkrankung forderte während der folgenden Jahrzehnte weltweit Millionen von Menschenleben. Vor allem im subsaharischen Afrika entstanden bald riesige Populationen von Kranken, Sterbenden und AIDS-Waisen. Medikamente, die den Fortgang der tödlichen Krankheit zumindest abbremsen und die Folgen lindern konnten, waren dort nicht erhältlich. Das neue Virus verstärkte in den armen Regionen noch das Leid, das zuvor schon durch Krankheiten wie Malaria unter die Menschen gebracht worden war. Bewusst und unbewusst wurde die Ausbreitung wie eine Strafe Gottes für ein Leben in Sünde empfunden. Viele Kirchen (vor allem in Afrika) hielten in dieser Situation auch noch am Verbot jeglicher Verhütungsmittel fest, was die Ansteckung beschleunigte. Nicht nur Ronald Reagan war zunächst der Meinung, dass AIDS die Rache der Natur an den Schwulen sei, die erst ein paar Jahre zuvor auf die Straße gegangen waren, weil sie ihre Unterdrückung nicht mehr akzeptieren wollten. Es war der Virologe Anthony Fauci, der Reagan damals eines Besseren belehrte – derselbe Fauci, der 2020 im Konflikt mit Donald Trump in Bezug auf eine realistische Coronapolitik stand.

Über die Gefährlichkeit von AIDS und die Übertragungswege existierten teilweise aberwitzige Vorstellungen, wodurch die AIDS-Angst mit Realangst nicht mehr viel zu tun hatte und ins Paranoide und Neurotische kippte. In einigen afrikanischen Ländern entstanden auch magische Vorstellungen über Möglichkeiten der Heilung, zum Beispiel durch Vergewaltigung von nicht infizierten Frauen und Kindern. Der Hollywood-Film *Philadelphia* von 1993 mit Tom Hanks in der Hauptrolle reflektiert die neurotisch-paranoide Angst vor AIDS in den westlichen Ländern. Die Bayrische Landesregierung mit ihrem damaligen Chef Franz Josef Strauß beschloss Anfang 1987 unter Federführung von Staatssekretär Peter Gauweiler einen AIDS-Maßnahmen-Katalog, der Zwangstests von AIDS-Verdächtigen, Razzien in Einrichtungen wie Schwulensaunas, Hygiene-Auflagen und Kontrollen bei Prostituierten beiderlei Geschlechts,

Drogenabhängigen usw. vorsah (vgl. Osel 2017). Die Aufregung über benennbare Sündenböcke war darauf angelegt, die Ängste für die Angehörigen der Mehrheit, die sich zur Gruppe der Anständigen zählten, handhabbarer zu machen. Als letztes Mittel bleibe – so Gauweiler damals im *Bayernkurier* – nur die »Absonderung der Verdächtigen«. Der Angstpegel mit einem hohen Anteil neurotischer Angst um das AIDS-Thema herum hat sich zum Glück in den Jahren danach stetig gesenkt. Auch Gauweiler beruhigte sich. Die Erkrankung gilt inzwischen als zwar nicht heilbar, aber doch als behandelbar. Die von ihr ausgehende Gefahr beschäftigt Menschen der wohlhabenden westlichen Welt in ihrem Alltag fast nicht mehr. Vielleicht wird es mit COVID-19 einmal ähnlich sein.

In der ersten Reaktion hatte AIDS das Thema der Sterblichkeit von der Projektion auf den Außenfeind in die Mitte des westlichen Vergnügungsbetriebs und der »Okay-Gesellschaft« (Richter) zurückgebracht.

> »Der AIDS-Schock durchbrach für eine Weile die Panzerung der Todesverdrängung. Die Unangreifbarkeit des Virus und seine rätselvollen destruktiven Aktivitäten im Organismus erwecken eine Stimmung schwer erträglicher Unheimlichkeit. In eine Welt, in der alles berechenbar geworden zu sein schien, drang das Virus als Symbol der absoluten Unberechenbarkeit und Unbeherrschbarkeit ein und erschütterte zutiefst die trügerische Selbstsicherheit unseres Fortschrittsglaubens, der solche eklatanten Rückschritte oder Niederlagen nicht mehr einkalkulierte« (Richter 1992, S. 172).

Die AIDS-Angst brachte paradoxerweise auch eine gewisse Beruhigung. Jedenfalls für Menschen, die manchmal Angst vor der freien, durchaus nicht immer monogamen Sexualität bekamen, wie sie uns die Studentenbewegung nahegelegt hatte: »Wer einmal mit derselben pennt, gehört schon zum Establishment.« Man konnte jetzt wieder leichter an die Vorzüge der Treue glauben. Freunde und Kollegen, die tatsächlich mit AIDS-Kranken arbeiteten, begegneten mir oft in sehr ernster Stimmung. Ende der 80er Jahre machte ich einen langen Spaziergang mit einem etwa gleichaltrigen Kollegen aus der Friedensforschung, der infiziert war. Er wollte mit mir sprechen. Er wusste, dass er sterben würde. Es fragte sich nur, wann. Ich war berührt und hilflos. Über einen älteren Freund in Deutschland, der homosexuell und vermutlich infiziert war, wurde mir eines Tages berichtet, dass er von einer Autobahnbrücke gesprungen war. Er hatte in Frankfurt mit Theodor W. Adorno gearbeitet und war eine Art informeller Lehrmeister von mir gewesen. Es tat mir leid, dass wir lange nicht mehr miteinander geredet hatten. Ich begegnete damals nicht vielen von AIDS Betroffenen.

Mehr als zehn Jahre später, bei Aufenthalten mit meiner Frau in Südafrika und in Tansania war es anders. Dort begegneten wir fast täglich Menschen, die AIDS hatten. Im Krankenhaus von Mariannhill, das in der südafrikanischen Provinz KwaZulu-Natal liegt, besuchten meine Frau und ich meine jüngere Kollegin Silke-Andrea Mallmann aus Kärnten, die eine katholische Ordensschwester ist. Sie zeigte, während wir durch die Räume gingen, kranken Müttern, wie man am besten ein sterbendes Baby hält. Das war zum Heulen, aber wir behielten irgendwie die Fassung und besichtigten kurz darauf nahe dem Krankenhausgelände einen gut funktionierenden Handwerksbetrieb mit zufriedenen jungen Mitarbeitern, der für einen wachsenden Markt produzierte: eine Sarg-Tischlerei. In Tansania trafen wir ein paar Jahre später in einer Tagesstätte ältere Kinder ohne Eltern, die uns stolz ihre selbst gemalten *memory books* und *heroe books* zeigten. Diese waren eine kreative Erfindung von Sozial- und Gesundheitsarbeiterinnen, die von Uganda ihren Ausgang genommen hatte. Meistens waren es die Mütter, die noch den Baustein für die Erinnerungsbücher gelegt hatten. Die vermutlich infizierten Kinder in Daressalaam wurden gar nicht erst getestet. Man wollte ihnen das ersparen. Meine Klagenfurter Doktorandin Zena Mabeyo schrieb 2012 eine eindrucksvolle Dissertation über die psychische Situation von AIDS-Waisen in Tansania und die Möglichkeiten, ihnen zu helfen. Die Kinder kamen darin selbst zur Sprache. Ihre gemalten Bilder halfen ihnen selbst und den Erwachsenen, ihre Situation besser zu verstehen. Zena wurde später Direktorin der Hochschule für Sozialarbeit in Daressalaam. Wie so oft halfen mir Wissenschaft und Förderung eines gemeinsamen Projekts, die Schrecknisse, die mir nahegingen, etwas besser zu bewältigen.

Weltweit hat im Umgang mit AIDS die Realangst in Verbindung mit dem medizinischen und pharmakologischen Fortschritt einen Sieg über die neurotisch-paranoide Angst und über die Tendenz zur Ausgrenzung der Erkrankten errungen. Sozialarbeit und Psychologie haben auch einen Beitrag dazu geleistet.

## Tschernobyl und die Folgen

Die Angst vor einem Massenmord durch einen bevorstehenden Atomkrieg, die die Friedensbewegung, den westlichen Kulturbetrieb und viele prominente Wissenschaftler angetrieben hatte, trat im Vergleich zur AIDS-Angst ab 1986 etwas zurück. Die Friedensforschung und die -pädagogik gingen zum Glück trotzdem weiter, aber jetzt ohne größere Endzeitstimmung. An dieser Front wurde es ruhiger. Ganz unerwartet löste jedoch der zivile Super-GAU im ukrainischen Atomkraftwerk Tschernobyl am 26. April 1986 einen Schock mit einer neuen Angstwelle aus. Für mehrere Monate galten in Europa alle Outdoor-Flächen für Kinder als verseucht und lebensgefährlich. Eltern kleinerer Kinder waren tief verstört. Der Sand auf Spielplätzen musste ausgewechselt, die Erde in Gärten abgetragen werden. Noch heute sind Böden, Pilze und Wildtierbestände in Ost- und Mitteleuropa kontaminiert. Bösartige Erkrankungen wie Schilddrüsenkrebs vermehrten sich in Europa nachweislich. Es kursierten Bilder von schrecklichen Missgeburten. Die genaue Zahl der direkt und indirekt durch den Unfall zu Tode gekommenen Menschen blieb unklar. Die Perestroika Gorbatschows war offenbar noch nicht durchgedrungen. Die anfangs große Angst wurde erstaunlich schnell zugunsten einer Normalisierung des Alltags weggeschoben und verdrängt. Sie flackerte im April 2020 noch einmal kurz auf, als es in der Umgebung von Tschernobyl zu Waldbränden kam, die aber von einer angeblich gut funktionierenden Feuerwehr rasch gelöscht worden sein sollen.

Die »Normalisierung des Alltagslebens« kann in Bezug auf eine katastrophische Realität eine beruhigende Bewältigungsstrategie sein, sie kann aber auch zu einem riskanten Abwehrmechanismus werden (Bettelheim 1960). Bau und Ausbau von Atomkraftwerken, wie zum Beispiel des Kraftwerks Krško, das in Slowenien genau auf einer Erdbebenspalte liegt, konnten nach Tschernobyl jedenfalls unbehindert fortgeführt werden, sodass dann die Katastrophe von Fukushima im Jahr 2011 wiederum wie aus heiterem Himmel zu kommen schien. Immerhin führte diese neue Schockwelle in Deutschland zu einem Ausstieg aus der zivilen Nutzung der Atomkraft, wobei die Frage der Endlagerung des gefährlichen Atommülls weiterhin völlig ungeklärt ist. Im direkt betroffenen Japan gab es keinen Ausstieg. In Österreich hatte es gegenüber der Nutzung der Atomkraft bereits in den 70er Jahren viele Befürchtungen und Proteste gegebenen, sodass es 1978 aufgrund einer Volksabstimmung zu einem Abbruch der Arbeiten am Atomkraftwerk Zwentendorf und zu einem völligen Ausstieg aus der Atomenergie gekommen war. Der damalige Bundeskanzler Bruno Kreisky war tief enttäuscht, trat aber – entgegen seiner vorherigen Ankündigung – nach dem Negativ-Votum doch nicht zurück. Der Widerstand ging von linken wie von rechten Aktivisten aus. Aus ihm entstanden erste Ansätze einer grünen Bewegung in Österreich. Ein weiteres Beispiel dafür, dass eine realitätsbezogene Angst in Verbindung mit massenhafter Solidarität zur Veränderung der Welt beitragen kann.

An dem Tag, an dessen Abend in den Nachrichten der Bericht von der Tschernobyl-Katastrophe kam, hatte es in Kärnten einen warmen Frühlingsregen gegeben. Wir hatten uns mit den Kindern stundenlang im Freien bewegt. Die Angst vor radioaktivem *fall out* beschäftigte uns noch wochenlang. Was in den Gärten und auf den Feldern gewachsen war, konnte man nicht mehr essen. Die Natur war aber erstaunlich grün. Das haben viele so erlebt. Im Juni leitete ich zusammen mit einer Kollegin ein Psychodrama-Seminar für Sozialarbeiter am Wolfgangsee. Weil es regnete, gingen wir die ganze Woche nicht hinaus. Ein Gruppenthema war ein massiver Verlust von Vertrauen, auch in die Erde, die bisher so etwas wie eine mütterliche, tragende Instanz war. Und das zweite Thema war, dass wir uns auf unsere schützenden Väter, von denen viele als Traumatisierte und Verstümmelte aus dem Zweiten Weltkrieg zurückgekommen waren, auch nicht verlassen konnten. Nach ein paar weiteren Wochen oder Monaten war die Angst dann verschwunden. Ich weiß nicht, ob es nur ein »Aufmerksamkeitsphänomen« ist, aber etliche Jahre später stellte ich fest, dass immer mehr Leute unter meinen Verwandten und Bekannten wegen Veränderungen an der Schilddrüse behandelt werden mussten. In einigen Fällen waren die Veränderungen lebensgefährlich und mussten operiert werden, in anderen waren die Folgen durch eine Dauermedikation relativ leicht behandelbar. Ich gehöre zu den harmlosen Fällen. Mein Schilddrüsen-Arzt, immerhin ein anerkannter Experte für Nuklearmedizin und Chefarzt im Krankenhaus, murmelte bei der ersten Untersuchung so etwas wie: »Na ja, seit Tschernobyl haben diese Sachen einfach zugenommen.«

Wiederum viele Jahre später, im Jahr 2011, nach den ersten Nachrichten über Fukushima, erlebte ich neben der aufkommenden Angst so etwas wie eine rechthaberische Schadenfreude und verkündete meinen Studierenden in der nächsten Vorlesung ganz entschieden, sie sollten bloß nicht glauben, dass das Leben nun so weitergehen könnte wie bisher. Alles würde sich ändern. Möglicherweise habe ich sogar den inzwischen abgenutzten Spruch »Nichts wird wieder so sein wie vorher« von mir gegeben. Ich musste bald feststellen, dass ich mich mit meiner dramatischen Ankündigung geirrt hatte. Aber immerhin stieg die Regierung Angela Merkels aus den Verträgen mit der deutschen Atomindustrie aus.

Die Psychoanalytikerin Thea Bauriedl hat 1986, einige Monate nach der Katastrophe von Tschernobyl, einen Beitrag verfasst, in dem sie auf eine kollektive Verlassenheitsfantasie hinweist, die unserer Erfahrung in der erwähnten Psychodrama-Gruppe ähnelte: »Der gute Vater (die Regierung, der Staat, die Wissenschaftler, die Techniker) schützt nicht mehr, die Mutter (die Erde, die Natur, die Umwelt) ist vergiftet« (ebd., S. 233). Das Eigenartige an der Bedrohung war ihre völlige Unsichtbarkeit. Nur mit Geigerzählern, die überall zum Einsatz kamen, und über Analysen der Experten, die sich zum Teil widersprachen, konnte die Gefahr wahrgenommen und eingeschätzt werden. Die Arbeitsweise der Naturwissenschaften wurde respektiert. Die empfohlenen Einschränkungen lösten eine realistische Angst und Traurigkeit aus. Die Entwicklung neurotischer und paranoider Ängste (z.B. in Bezug auf unzuverlässige Elternfiguren, Verschwörungen usw.) hielt sich insgesamt in Grenzen. Die wissenschaftsgestützten Maßnahmen und Verlautbarungen der Regierungen zielten auf eine Mobilisierung von Realangst und wurden als solche weitgehend akzeptiert. Allerdings gab es Leute, die sie für übertrieben hielten, und solche, denen sie nicht weit genug gingen. Direkt nach der Katastrophe hatte es eine Verleugnung von oben begeben. Der deutsche Innenminister hatte verkündet: »Eine Gefährdung der Bevölkerung ist absolut auszuschließen« (zit. n. Wirth 2017, S. 138). Dann zog der Realismus ein. Einige Monate nach dem Eintritt der Katastrophe sah Bauriedl (1986, S. 239) »die Gefahr einer Spaltung der Bevölkerung in solche, die nur noch die Gefahr sehen, und solche, die die Gefahr nicht mehr sehen. Das führt zur gegenseitigen Blockierung.« Eine größere Spaltung ist damals nicht eingetreten, sie versank in allgemeinem Vergessen und Verleugnen der Bedrohung. Wir erleben eine vollentwickelte Spaltung heute im Umgang mit dem Coronavirus.

Es gab nach Tschernobyl keine größeren Auseinandersetzungen und Proteste, aber viel inneren Zweifel. Viele Österreicher konnten ihre Angst vor einem Atomkraftwerk als berechtigt ansehen. In Deutschland kam es zu einem ersten größeren Einbruch in der Zustimmung zur zivilen Atomkraftnutzung. Die Angst dürfte als ein Langzeitfaktor zum Ausstieg 2011 beigetragen haben: »Waren im März 1982 noch 53% der Deutschen für den Bau neuer Atomkraftwerke, sank dieser Wert im Mai 1986 auf 29%; zwei Drittel aller Deutschen, sprachen sich dafür aus, alle Kernkraftwerke sofort oder nach einer Übergangszeit stillzulegen« (Biess 2019, S. 408). Die schon ältere Kritik der Atomkraftgegner aus den 70er und 80er Jahren, die zum Beispiel mit dem Aufkleber-Spruch »Der Strom kommt aus der

Steckdose« als ängstliche Spinner verspottet wurden, hatte sich als realistisch und zukunftsweisend erwiesen.

Zumindest in Deutschland, weniger in Frankreich, wo man die Deutschen für überängstlich hielt, war mit Tschernobyl eine Utopie zerplatzt, nämlich die auch von Albert Einstein geteilte Utopie einer unerschöpflichen und sauberen Versorgung »aus dem ewigen Feuer der Atomenergie« (Wirth 2017, S. 132). Sie war für Einstein ein Gegengewicht gegen die Atombombe, für deren schreckliche Wirkung er sich mitverantwortlich fühlte. Auch sozialistische Länder hatten auf diesen »Weg ins kommunistische Paradies« gesetzt (ebd.). Die Japaner lebten noch bis Fukushima und lebten darüber hinaus in der für uns schwer verständlichen Spaltung in eine böse und eine gute Welt der atomaren Energie.

## Ein benötigter Schurke: Der zweite Golfkrieg

Der »Zweite Golfkrieg«, den heute schon viele vergessen haben, begann im August 1990 mit dem willkürlichen Einmarsch irakischer Truppen in Kuwait und führte nach einer UN-Resolution im Januar 1991 zu einer Militärintervention der USA, die nach etwa sechs Wochen erfolgreich zu Ende ging. Dabei kam ein gewaltiger militärischer Apparat zum Einsatz. Die BRD war logistisch beteiligt. Bilder von Invasionsopfern und Massakern an der irakischen Zivilbevölkerung kamen nicht in die westliche Öffentlichkeit, weil Medienberichte perfekt kontrolliert und nur sogenannten *embedded journalists* ermöglicht wurden (CNN war hier Vorreiter). Es sollte anders als in Vietnam das Bild eines schnellen, sauberen und gerechten Krieges vermittelt werden. Herzzerreißende Berichte von brutalen »Brutkastenmorden« an kuwaitischen Babys, die die irakischen Truppen bei ihrer Invasion begangen haben sollen, wurden allerdings zugelassen. Sie stellten sich später als grobe Fälschung heraus. Die Geschichte war von einer PR-Agentur in den USA erfunden worden.[9]

Saddam Hussein, der im »Ersten Golfkrieg« 1980–1988 gegen den Iran noch vom Westen unterstützt worden war, obwohl er für den Einsatz von Giftgas und für Massenmorde an der kurdischen Bevölkerung im eigenen Land (z. B. in der sogenannten Anfal-Operation) verantwortlich war, fungierte im Zweiten Golfkrieg als der »benötigte Schurke« (deMause)

9 https://de.wikipedia.org/wiki/Brutkastenlüge (15.04.2021).

für den Westen. Moskau hatte dank Gorbatschow als das Zentrum des Bösen, gegen das die westliche Bevölkerung zusammenhalten sollte, ausgedient: »Daher nun die Propagandaoffensive, die Saddam flugs in den Rang Hitlers beförderte und seine militärische Bedrohungskapazität – wie später eingestanden wurde – um ein Vielfaches übertrieb« (Richter 1992, S. 186). Nach dem öffentlich verkündeten Sieg wurde er aber »erneut als Chef des irakischen Bollwerks gegen den nun wieder stärker verdächtigten schiitischen Iran akzeptiert« (ebd., S. 187), bis er mehr als ein Jahrzehnt später als Reaktion auf 9/11 von den USA wieder als benötigter Schurke aus der Mottenkiste geholt und gestürzt wurde. In Deutschland hatten sich prominente Intellektuelle wie Hans Magnus Enzensberger und Wolf Biermann zu Beginn des Zweiten Golfkriegs der Extrempropaganda aus den USA angeschlossen.

In den USA herrschten während des Irak-Feldzuges zunächst eine »trancehafte Realitätsverleugnung« (Berghold 2002, S. 182), ein massives Schwarz-Weiß-Denken und eine auch von Medien geteilte Empathie-Abwehr in Bezug auf die Opfer des US-Angriffs. Immerhin 45 % der Befragten waren nach einer Gallup-Umfrage in den USA dafür, im Irak Atomwaffen einzusetzen, »wenn dies das Leben von amerikanischen Soldaten retten würde« (ebd., S. 178). Der Raketenangriff auf Bagdad am Ende des Krieges wurde wie ein wunderbares Feuerwerk gefeiert. Der Krieg wurde als eine Heilung vom Vietnam-Trauma begrüßt. Nach dem Sieg konnte Präsident George H. W. Bush feststellen: »Das Gespenst von Vietnam wurde für immer im Wüstensand der arabischen Halbinsel begraben« (zit. n. *Die Zeit* 08.03.1991).

In Deutschland gab es neben den prominenten und weniger prominenten Befürwortern des Krieges gegen den Irak, hinter dem mehr als zwei Drittel der Bevölkerung standen (Biess, 2019, S. 417), auch einen erheblichen Widerstand, Mahnwachen und Proteste der Friedensbewegung. Über zwei Drittel der Deutschen gaben an, Angst vor dem Krieg zu verspüren (ebd.). Am 26. Januar demonstrierten fast 200.000 Kriegsgegner in Bonn. Viele hatten Angst vor einem Übergreifen des Krieges auf Deutschland. Vor allem solche, die in der Nähe der US-Militärbasen lebten, die Drehscheiben für Material- und Truppentransporte in den Irak waren. Es stand die Gefahr von Terroranschlägen im Raum. In den USA und bei konservativen Kommentatoren in der BRD kam damals die Rede von der »German Angst« auf. Diese beruhte auf der »Kritik an der Nicht-Teilnahme am Irakkrieg« (ebd.). Der Begriff wurde bis in die jüngste Zeit hinein immer wieder verwendet, um

Linke und Grüne als unrealistische Angsthasen hinzustellen. Doch die Argumente der Friedensbewegung zeigten Resonanz, es gab im Jahr des Zweiten Golfkriegs in Deutschland um 169 % mehr junge Männer, die den Wehrdienst verweigerten. Niemand widersprach dem zuständigen Staatsekretär, der dies auf den Krieg im Irak zurückführte (Richter 1992, S. 242).

## Jugoslawienkriege und ihre Opfer

Etwa zeitgleich mit dem Zweiten Golfkrieg entwickelte sich in Europa eine andere kriegerische Bedrohung, mit der niemand gerechnet hatte. Diesmal drang die Angst direkt zu uns durch: Es war die Angst vor einem konventionellen Krieg auf europäischem Boden. Etwa 30 Kilometer entfernt von unserem Wohnort, jenseits der Grenze zu Jugoslawien begann ein Bürgerkrieg, der bald Hunderttausende von Opfern forderte, Tote, Verletzte, Traumatisierte, und der Millionen von Frauen, Männern, Kindern und alten Leuten in die Flucht nach Mittel- und Nordeuropa trieb.

Neben den geopolitischen Interessen des Westens war der serbische Nationalismus eine der Ursachen für die Unabhängigkeitskriege, die mehr als ein Jahrzehnt dauern sollten. 1989 hatte Slobodan Milošević im Zusammenhang mit den pompösen Gedenkfeiern zum 600. Jahrestag der opferreichen Schlacht gegen die Türken am Amselfeld dem serbischen Volk einen Aufstieg zu neuer Größe versprochen. Im kosovarischen Pristina, wo es einen antiserbischen Widerstand der albanischen Bevölkerung gab, hatte er bereits 1987 den versammelten serbischen Anhängern zugerufen: »Niemand soll euch je wieder schlagen!«, woraufhin er zum Idol der nationalistischen Serben wurde. Sein Versprechen dürfte angesichts von Menschen, die in einer der patriarchalischen Balkanfamilien (Kaser 1992) aufgewachsen waren, in denen Schläge durchaus zur Erziehung gehörten, eine große Wirkung gehabt haben. Milošević sprach tiefsitzende Kränkungen und den Wunsch nach Wiederherstellung der männlichen Ehre an. Bei den späteren Feierlichkeiten zum 600. Jahrestag der Schlacht am Amselfeld ließ er zur Steigerung der Trauer- und Rachegefühle die Mumie des Fürsten Lazar, des serbischen Heerführers in jener Schlacht, aus dem Grab holen und quer durch Serbien fahren. Eine Art heiliger Krieg war in Vorbereitung. Ein historischer Schönheitsfehler war allerdings, dass die Albaner im Jahr 1389 noch überwiegend christlich waren und auf der Seite der Serben gegen die islamischen Türken gekämpft hatten.

Der Psychoanalytiker Hans-Jürgen Wirth (2002, S. 284–334) hat sich mit Milošević beschäftigt, der aus einem traumatisierenden Elternhaus kam, später stark unter dem Einfluss seiner fanatischen Frau Mira stand und in dessen Persönlichkeit sich narzisstische und paranoide Züge vereinigten. Sein langjährige Erfolg sei, so Wirth, ohne Bezugnahme auf den über die Jahrhunderte gepflegten Mythos der Schlacht am Amselfeld nicht verständlich. Wirth knüpft damit an das Konzept des *chosen trauma* Vamık Volkans (1999) an:

> »Das alte Trauma von der Niederlage auf dem Amselfeld wurde reaktiviert, und gleichzeitig schürte Milošević nationalistische Gefühle. In der folgenden Zeit wurde der 600 Jahre alte Hass auf die Türken verschoben auf die Muslime im eigenen Land. Nach und nach setzte sich immer mehr die Wahnidee durch, dass man die Muslime ausmerzen müsse, um die eigene Schande wieder gut zu machen. Den Muslimen sollte das angetan werden, was den Serben von den osmanischen Türken seinerzeit angetan worden war« (Wirth 2002, S. 323).

Die Aufhetzung, die Instrumentalisierung alter Ängste, schritt voran. Ein jugoslawisches Bundesland nach dem andern setzte sich ab. Alte Ängste, auch solche aus dem Zweiten Weltkrieg, wurden wie in einem Fahrstuhlschacht aus dem Keller heraufgefahren. Im Frühjahr 1990 kam in Kroatien Franjo Tuđman an die Macht, der den Kroaten eine neue nationale Größe versprach, und dabei die Verbrechen, die die kroatisch-faschistische Ustascha-Regierung an Juden und Serben begangen hat, bagatellisierte. Bald wurde die serbische Bevölkerung in Kroatien mit militärischer Gewalt attackiert und vertrieben. Der bekannte Psychoanalytiker Paul Parin, der noch am Ende des Zweiten Weltkriegs als junger Chirurg bei den jugoslawischen Partisanen gekämpft hatte, zögerte nicht, sowohl dem kroatischen als auch dem serbischen Regime früher als andere Kommentatoren eine »faschistische Ideologie« zu bescheinigen (Parin 1996). Schon im Juli 1989 hatte er als Protest gegen den erwachenden Nationalismus seinen hohen jugoslawischen Orden öffentlich an die jugoslawische Regierung zurückgegeben. Das dazu gehörende Interview in der Zeitung *Delo* (20.07.1989, S. 5) hat damals Helga Mračnikar, meine spätere Ehefrau, vermittelt. Manche fanden das übertrieben und dachten, Parin würde das Gras wachsen hören. Aber der Nationalismus war bereits zu spüren. Bald breitete er sich in allen Landesteilen, auch in Bosnien, unaufhaltsam aus. Menschen, die jahrzehntelang friedlich neben Nachbarn und Familienmitgliedern anderer ethnischer Herkunft gelebt hatten, bekamen Angst voreinander und mussten sich plötzlich zu einer der einander bekämpfenden Ethnien bekennen. Wer sich nicht bekannte oder nicht rechtzeitig flüchten konnte, geriet in Gefahr, ermordet zu werden. Viele Geflüchtete, die nach Österreich kamen, hatten ethnisch oder religiös gemischte Familienverhältnisse oder wollten mit Religion und ethnischer Zugehörigkeit überhaupt nichts zu tun haben.

In den Worten des Gruppenanalytikers Wilfred Bion (1971) kann man Jugoslawien unter Josip Broz Tito als eine große und relativ stabile »Abhängigkeitsgruppe« beschreiben, in der die Bewohner ihre vielfältigen Ängste dadurch bewältigen konnten, dass sie an einen zwar autoritären, aber als überwiegend freundlich wahrgenommenen Führer glaubten. Sie waren von ihm abhängig, weil sie darauf vertrauten, dass er ihre Angelegenheiten regeln würde. Der außenpolitische Respekt, den Tito und das Land jahrzehntelang genossen, hat das sicherlich unterstützt. Es gab auch keine sozialistische Mangelwirtschaft. Ethnische Spannungen, Vernichtungsängste und Traumata aus der Zeit der Zweiten Weltkriegs brachen zwar manchmal auf, wurden aber immer wieder erfolgreich zugedeckt.

Nur wenige Jahre nach Titos Tod 1980 begann sich die große Abhängigkeitsgruppe in Richtung auf eine Gruppe aufzulösen, die Bion als »Fight-or-Flight-Gruppe« beschrieben hätte. Entlang der alten ethnischen Bruchlinien entwickelten sich Fraktionen und Teilgruppen mit Unterführern, die einander entwerteten. In Fight-or-Flight-Gruppen kommen vor allem narzisstisch-paranoide Unterführer an die Macht (vgl. Wirth 2002, S. 323f.). Wenn man nicht sterben wollte, stand man im zerfallenden Jugoslawien buchstäblich vor der Alternative *fight or flight*. Wer im Land blieb, musste kämpfen oder sich zumindest demonstrativ zu einer der kämpfenden Gruppen bekennen. Der Schaden, der durch die Ethnisierung der Identität erreicht wurde, ließ sich bis heute nicht reparieren.

Die Rede von der »ethnischen Säuberung« machte die Runde und wurde anfangs von Kommentatoren und Befürwortern der Vertreibungsaktionen durchaus »wertfrei« verwendet. Die Säuberungen führten auf allen Seiten zu furchtbaren Massakern. Am bekanntesten wurde der Genozid von Srebrenica im Juli 1995, bei dem holländische UN-Truppen untätige Zuschauer waren. Auf die Menschen im belagerten Sarajevo wurde von den umliegenden Hügeln aus monatelang ein Zielschießen wie bei der Hühnerjagd veranstaltet. Melisa Erkurt, heute Autorin und Bildungsexpertin in Wien, konnte aus Sarajewo entkommen:

> »Meine Mutter flüchtete mit mir als Baby vor dem Bosnienkrieg nach Österreich. Sie war damals ungefähr so alt wie ich heute, als sie mit mir im Arm zur Busstation rannte. Wir hätten auf dem Weg dorthin jeden Moment von Snipern erschossen oder von einer Bombe getroffen werden können. Die ersten Male, als sie es versuchte, fuhr der Bus nicht oder war schon überfüllt, sodass sie Tag für Tag wiederkommen musste, immer der Gefahr ausgesetzt, auf dem Weg zur Busstation zu sterben, wie die Frauen und Kinder, deren Leichen sie in den Gassen liegen sah« (Erkurt 2020, S. 35).

Im Zuge der Säuberungsaktionen entstanden regelrechte Konzentrationslager, vor allem auf serbischer Seite. Bald tauchten Fotos von halbverhungerten Opfern hinter Stacheldrahtzäunen auf. Sie erinnerten an die Bilder der Nazi-Opfer und hatten eine entsprechende Wirkung. Prominente westliche Besserwisser meinten, die Bilder könnten auch gefaked sein. So eine Behauptung mildert vor allem die eigene Angst und das Gefühl der Mitverantwortung. So wird die Freud'sche Gewissensangst in Schach gehalten. Es erschienen aber bald detaillierte schriftliche Berichte von Zeugen, die Haft und Folter überlebt hatten (z.B. Šarić 1994). Vergewaltigungsangst und massenhafte reale Vergewaltigung waren zur Kriegswaffe geworden. Die Angstfantasie vom Gegner, der vergewaltigen will, rechtfertigt den Angriff, der dann mit realen Vergewaltigungen verbunden ist, die nach Racheaktionen rufen, die wieder die schlimmsten Fantasien als berechtigt erscheinen lassen.

Mehrere Millionen Menschen flüchteten aus den jugoslawischen Ländern. Hunderttausende landeten in Deutschland und Österreich. Im Rückblick betrachtet haben beide Länder das gut verkraftet. Viele dieser Menschen sind heute bestens integriert. Eine von ihnen, die als Kind aus Bosnien kam, Alma Zadić, wurde 2020 – trotz wütender Proteste von rechts – Justizministerin in Österreich.

Wie entwickelte sich in den 90er Jahren die psychologische Aufnahmebereitschaft in den Nachbarländern in Bezug auf die Geflüchteten? Gab es damals eine »Flüchtlingskrise« wie im Jahr 2015? In Deutschland und Österreich waren das Mitgefühl und die Hilfsbereitschaft zunächst sehr groß – von »Willkommenskultur« zu sprechen, wäre übertrieben. Aber auch die Angst vor den Fremden war beträchtlich. Die Angst wurde so groß, dass Jörg Haider und seine rechtspopulistische freiheitliche Partei in Österreich (die FPÖ) für 1993 ein »Ausländervolksbegehren« ansetzen konnten. Das offizielle Motto »Österreich zuerst« (zutreffender war die volkstümliche Bezeichnung »Ausländer-raus-Volksbegehren«) appellierte an die Angst der Inländer vor einem Zurückgesetztwerden: im Kampf um Arbeitsplätze, um günstige Wohnungen, um finanzielle Unterstützung, aber auch um öffentliche Aufmerksamkeit und um das große Mitgefühl, das Geflüchtete von vielen Seiten bekamen. Manche steigerten sich damals schon in die Extremformulierung: »Die kriegen alles und wir kriegen nichts.« Fremdenfeindliches Ressentiment lässt sich am besten durch das Aufstöbern von Rivalitätsängsten und Neid schüren. Jemandem offen »Neid« vorzuwerfen, gilt in unseren Breiten als unfein oder riskant, vor allem wohl, weil Neid in der christlich-katholischen Tradition eine der sieben schrecklichen Todsünden ist. Der Vorwurf könnte leicht auf jeden von uns zurückfallen. Keiner möchte zugeben, dass er neidisch ist. Umso besser lässt sich der Neid ins Unbewusste wegdrängen und der abgespaltene Neidkomplex politisch bewirtschaften. Meines Wissens war Haider hier der Pionier für spätere populistische Erfolgsparolen wie das »Die Italiener zuerst« Matteo Salvinis, das »America first« Donald Trumps oder das »Frankreich zuerst« Marine Le Pens sowie auch für die antiislamische »Britain-first«-Bewegung.

Die Unterstützung für Haiders Volksbegehren erwies sich im Februar 1993 allerdings mit 7,35 % als eher bescheiden. Die Angst vor den Angstmachern und vor dem Ausbruch einer Verfolgungsstimmung erwies sich vorläufig noch als stärker. Das »Lichtermeer«, das Ende Januar 1993 als Protest gegen das Volksbegehren auf dem Wiener Heldenplatz stattfand, wurde zur größten Demonstration, die es im Österreich der Zweiten Republik je gegeben hat. Organisatoren aus Politik, Kultur, Kirchen, verschiedenen NGOs, vor allem SOS Mitmensch, und an den Universitäten wurden für Jahre zum bevorzugten Feindbild der Haider-FPÖ, die nun erst recht nach rechts rückte und dabei ihren liberalen Flügel verlor. Haider ließ einen der Hauptproponenten des Lichtermeeres, André Heller, jahrelang bespitzeln. Ein führender Polizist packte aus. (Kleindienst 2000, sowie Kleindienst im BBC-Film *The Haider Show* von 2000). Damals kursierte bereits die verächtliche Bezeichnung »Gutmensch« für Flüchtlingsunterstützer in den Medien und in der politischen Rhetorik. Als ob Gut-Sein (oder unser Bemühen, gut zu sein) etwas Schlechtes wäre. In der sogenannten Flüchtlingskrise ab Sommer 2015 tauchte dann das Wort Gutmensch ein zweites Mal auf und schaffte es diesmal sogar, zum »Unwort des Jahres« gewählt zu werden.

Die Geflüchteten aus Jugoslawien wurden in Österreich nicht mithilfe ordentlicher Asylverfahren integriert bzw. aussortiert und wieder zurückgeführt. Das wäre viel zu aufwendig gewesen. Stattdessen wurden sie mit einem anderen rechtlichen Konstrukt als »De-facto-Flüchtlinge« behandelt, von denen ein Teil in Österreich bleiben konnte, ein anderer Teil als zu alt, zu krank oder wegen einer »mangelnden Aufenthaltsverfestigung« nach einigen Jahren wieder in die nur notdürftig befriedeten Herkunftsländer zurückgeschoben wurde. Wie sehr sich die Rückschiebetendenzen durchsetzten, hing von der jeweiligen politischen Stimmung im Land und von der Entscheidungsmacht bzw. Willkür zuständiger Beamter ab. Manche agierten wie kleine Könige, die unverhofft zu Herren über eine große Schar von Bittstellern geworden waren. NGOs, Kirchenvertreter und private Paten kämpften um jeden Einzelnen, der Angst vor Abschiebung hatte. Für einige drohte in Jugoslawien erneut Lebensgefahr, für andere der Absturz in ein soziales Elend.

Ich kann mich noch gut an den 26. Juni 1991 erinnern, als der Krieg vor unserer Haustür begann. Wir waren gerade von einem befreundeten Paar zu einer Kutschfahrt in einem Unterkärntner Waldgebiet eingeladen worden. Die Grenze zu Slowenien, an der an diesem Tag die Kämpfe begannen, war vielleicht 10 Kilometer entfernt. Es waren schon einige beunruhigende Informationen zu uns durchgedrungen und gegen Ende des Tages gab es auch noch Regen und ein heftiges Gewitter. Ich bilde mir ein, dass ich von Süden her Explosionen gehört und dort auch Kampfflieger gesehen habe. Als wir am Abend nach Hause kamen, musste ich erst einmal unseren halbwüchsigen Hund beruhigen, der sich vor dem starken Gewitter und Regen in ein Versteck zurückgezogen hatte, wo er uns zitternd erwartete. Er behielt seine extreme Gewitterangst sein Leben lang. Dieser Hund wurde bald ziemlich groß, freundlich und wachsam und vermittelte denen, die sich ihm verbunden fühlten, das Gefühl, dass man in seiner Gegenwart vor nichts Angst haben musste – außer vielleicht vor Gewitter. Beim ersten Abfassen des Manuskripts war mir zunächst nicht bewusst, warum ich gerade diese Erinnerung aufgeschrieben habe. Aber sie zeigt, wie die großen Ängste und unsere kleinen Ängste im Privatleben immer nebeneinander existieren und auch gegeneinander wirken. Die Angst um die Erhaltung unseres privaten Schrebergartens und Streichelzoos sowie unserer mehr oder weniger fragilen Familienidylle lenkt uns von den großen Gefahren ab und ist bis zu einem gewissen Grad sogar ein Resilienzfaktor. Wenn es uns gelingt, im Umgang mit kleinen Ängsten das Schlimmste zu verhindern und Lösungen zu finden, ist das eine Kraftquelle und gibt immer wieder Hoffnung.

Niemand glaubte, dass der im Sommer 1991 ausgebrochene Krieg fast zehn Jahre dauern würde. In den nächsten Wochen beruhigte sich die kriegerische Situation wieder. Slowenien erhielt eine erste Autonomie ohne viele Todesopfer. Aber bald brachen umso schlimmere Kämpfe mit brutalen Vertreibungsaktionen in Kroatien, Bosnien und anderen Teilen Jugoslawiens aus. Es waren vor allem bosnische Familien und Alleinstehende, die über die Grenze nach Kärnten kamen und in Massenquartieren mitten unter uns untergebracht wurden. Sozial- und GesundheitsarbeiterInnen, ÜbersetzerInnen, PsychologInnen und PsychotherapeutInnen taten sich zu einer Gruppe zusammen, um den traumatisierten Menschen zu helfen. An manchen Tagen verwandelten wir das Foyer und einige große Räume der Universität Klagenfurt in eine Art Basar, wo es Informationsaustausch, Kuchen und Getränke für alle und Mal- und Spielmöglichkeiten für die Kinder gab. Dem Flüchtlingsbeauftragten des Landes Kärnten gefiel das gar nicht. Er wollte die Kontrolle behalten. Wir haben vielen Geflüchtete organisatorisch, medizinisch, sozial, transporttechnisch und auch finanziell ein Gefühl von Unterstützung vermitteln können, aber eher nicht durch die von uns angebotene Traumatherapie. Besonders absurd erscheint heute die Idee, vergewaltigten Frauen gleich einmal die Möglichkeit zur Aussprache über ihre Erlebnisse anzubieten. Ich kann mich noch gut an einen Versuch der Gruppentherapie erinnern, den einige Gruppenteilnehmer dadurch abbrachen, dass sie sagten, sie seien doch keine Labormeerschweinchen. Insbesondere die Männer wirkten sehr stolz und abweisend, manchmal arrogant. Vielleicht auch deswegen, weil einer ihrer Hauptverfolger der bekannte Psychotherapeut und Kinderpsychiater Radovan Karadžić gewesen war. So haben wir uns das damals erklärt. Die Wahrheit war aber wohl auch, dass wir das traumatherapeutische Handwerk damals noch nicht beherrschten. Wir brauchten ein paar Jahre, um es zu lernen. Als 1998/99 in der letzten Welle von Geflüchteten Hunderte von Menschen aus dem Kosovo nach Kärnten kamen, hatten wir es gelernt. Zu dieser Zeit gründeten wir einen Verein und eine Trauma-Beratungsstelle (ASPIS) mit mir als »Obmann«, mit Cornelia Seidl als erster Geschäftsführerin und mit Maria Lind als ihrer Nachfolgerin. Finanziert wurden die Therapien vor allem aus EU-Mitteln und von der Krankenkasse.

Viele Menschen waren damals schwer verängstigt und verzweifelt. Auch wenn es zunächst schwierig war, reguläre Psychotherapien zu beginnen, reichten die Geschichten, die wir von ihnen hörten, bereits für jede Menge schlafloser Nächte und Albträume aufseiten der Helfer. Hier nur einige der erzählbaren Beispiele: Die 18-jährige Mirsada war Hals über Kopf aus ihrem Dorf geflüchtet und völlig verwirrt in Kärnten angekommen. Ihre Mutter war in ihrer Abwesenheit beim Einmarsch serbischer Einheiten mit Messern zu Tode gebracht worden. Nachbarn hatten sie gewarnt, noch einmal ins Haus zu gehen, wo die Mutter lag. Braco, der zunächst Klient in unserer Betreuung und dann ein guter Freund wurde, musste mit seinem Vater und seinem kleinen Bruder aus dem von serbischen Truppen eroberten Heimatort zu Fuß flüchten, weil sie als Muslime oder Mischlinge galten, dabei aber die stark gehbehinderte Mutter, die Serbin war, zurücklassen mussten. Diese musste dann in einem provisorischen serbischen Lager die Misshandlung und Vergewaltigung muslimischer Frauen und die Ermordung eines Mitgefangenen ganz aus der Nähe miterleben und wurde trotz ihrer Behinderung ebenfalls gequält und gedemütigt. Die männlichen Familienmitglieder gingen in einer Gruppe, immer bedroht, hungernd, Gepäck schleppend und auf der Suche nach einem halbwegs sicheren Ort zu Fuß durch halb Bosnien. Sie erlebten zahllose Schrecknisse. Wie durch ein Wunder trafen sie die Mutter Jahre später in Österreich wieder. Eine der Geschichten von Braco ist mir besonders in Erinnerung: In der Flüchtlingsgruppe ging ein Elternpaar, in der Mitte ein kleines Kind an den Händen von Vater und Mutter gehalten. Sie gingen auf einem Waldweg auf ein Dorf zu, aus dem unerwartet Granatenbeschuss kam. Im Bruchteil einer Sekunde ließen die Eltern die Hände des Kindes los und lagen rechts und links neben dem Weg im Graben. Das Kind blieb in der Mitte des Weges stehen und weinte. Zum Glück überlebten alle drei.

Das Trauma, so haben Fachleute gesagt, besteht aus *shattered assumptions* (Janoff-Bulman 1992). Es sind vor allem die Grundannahmen eines jeden Kindes, auch unseres eigenen inneren Kindes, über prinzipiell gute, haltende Instanzen, zwischen denen wir aufwachsen und uns bewegen, die dann vom Trauma mit einem Schlag oder auch mehreren Schlägen zerstört werden. Noch belastender als das Anhören dieser Geschichten war es damals für uns, dass wir mit Beamten und Politikern zu tun hatten, die den Geflüchteten erst einmal Übertreibung, Lügen und das Erschleichen sozialer Vorteile unterstellten, und die Experten für das *blaming the victim* zu sein schienen. Wenn man diese (Möchtegern-)Autoritäten offen kritisierte – was wir gelegentlich taten – konnte es passieren, dass unsere Klienten, die von ihnen abhängig waren, danach erst recht in Schwierigkeiten gerieten. Ebenso schwierig konnte es mit einigen Angehörigen und Verwandten auf unserer Seite werden, die sich darüber ärgerten, dass Geflüchteten so viel Aufmerksamkeit, Energie und Zeit gegeben wurde, dass sie als die doch eigentlich Näherstehenden zu kurz kamen. Wenn man in einer Freizeitrunde, etwa beim abendlichen Treffen in der Pizzeria, von dem berichtete, was man tagsüber in der Arbeit mit Geflüchteten gehört oder getan hatte, fühlte man sich zumeist ganz schnell als Spaßbremse oder Spielverderber. Im Team aber hatten wir oft das Gefühl, die Begegnung mit dem Bedrohlichen irgendwie teilen zu können, miteinander etwas Wichtiges aufzubauen und uns dabei auch den einen oder anderen Witz erlauben zu dürfen. Und wir vernetzten uns bald mit anderen österreichischen Beratungseinrichtungen für Geflüchtete, mit NGOs, mit Leuten aus den Kirchen und sogar mit dem Flüchtlingshilfswerk der Vereinten Nationen. Natürlich streifte uns auch manchmal das durchaus angenehme Gefühl, für längere Zeit mit dem Rückenwind unseres Über-Ichs zu handeln. Nur böse Zungen würden von einem Helfer-Narzissmus oder Helfer-Syndrom sprechen. Der Kampf gegen die Rückschiebungen war manchmal erfolgreich, endete aber auch oftmals in einer Niederlage mit einem traurigen Abschied. Bracos Eltern mussten wegen »mangelnder Aufenthaltsverfestigung« wieder zurück nach Bosnien, wo sie genau in dem Ort landeten, aus dem die Nachbarn sie zuvor vertrieben hatten. Beide sind inzwischen verstorben. Von Bracos Mutter habe ich noch eine selbstgestrickte Weste aus einer graubraunen Wolle von bosnischen Schafen, die auch bei einem extremen Kälteeinbruch so sehr wärmt wie kein anderes Kleidungsstück. Sie hat auch eine zwischenzeitliche Motteninvasion in unserem Kleiderschrank unbeschadet überstanden.

Eine intensivere Psychotherapie, die leider nur für ein paar Monate hilfreich war, ist mir in besonderer Erinnerung. Herr P. war in einem Flüchtlingsbus, der an der Grenze zwischen Slowenien und Kärnten warten musste, in winterlicher Kälte für mehrere Tage hängen geblieben und gewissermaßen auch innerlich erstarrt. Er hatte aufgehört zu sprechen und war dann für viele Monate in der Klagenfurter Psychiatrie, bevor er mit mir eine Therapie begann. Eine Studentin mit kroatischen Wurzeln half uns als Dolmetscherin. Die Sprache von Herrn P. kam zurück und wurde immer flüssiger. Ich wusste inzwischen, dass es wichtig ist, am Anfang einer Traumatherapie persönliche Ressourcen und gute Erinnerungsbilder zu aktivieren. Das gelang auch. Herr P., der in Bosnien technischer Zeichner gewesen war, brachte während der Stunden sehr anschauliche farbige Bilder zu Papier, unter anderem von seiner Freizeitbeschäftigung in Bosnien, dem Fischen und Grillen an einem Fluss. Auch aus anderen Quellen hatte ich den

Eindruck, dass das Fischen, Grillen und natürlich auch Weintrinken am Fluss vor dem Krieg überhaupt die Lieblingsbeschäftigung jugoslawischer Männer gewesen war. Herr P. zeichnete zwischen den Ressourcenbildern bald auch einen wiederkehrenden Angsttraum von einem Schacht, durch den eine Person, er selbst, nach unten stürzt (Abb. 1). Der Schacht ist unten offen und nie zu Ende. Sein Traum endete immer so, dass er schweißgebadet oder zitternd aufwachte.

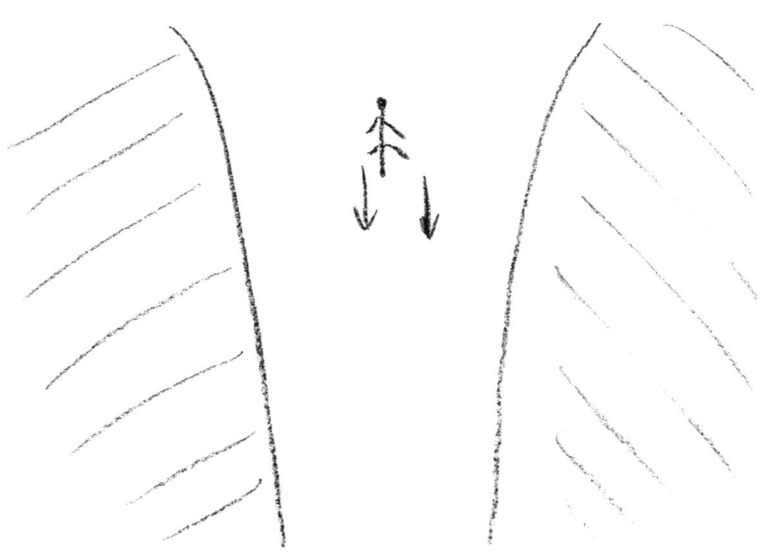

Abb. 1: »Sturz im Schacht«. Der Traumaforscher Wilson (2004) hat die Belastung von extremtraumatisierten Menschen als *abyss experience* (Abgrunderfahrung) beschrieben.

Herr P. war im Krieg Rettungsfahrer in einer von serbischen Truppen belagerten größeren Stadt gewesen. Er war schon vor dem Krieg durch ein persönliches Ereignis traumatisiert worden. Er war verheiratet und hatte einen kleinen Sohn. Ein Freund erzählte ihm eines Tages, dass seine Frau einen Liebhaber hätte. Er brach umgehend die Beziehung zu ihr und dem Kind ab. Obwohl er bald danach erfuhr, dass es sich bei der Mitteilung des Freundes nur um einen »Scherz unter Männern« gehandelt hatte, war die Trennung irreparabel. Im Krieg versuchte er dann mit seinem Rettungsteam Bewohner der beschossenen Stadt, darunter viele Kinder und Frauen, aus den Trümmern und Flammen zu retten, was manchmal gelang und manchmal nicht. Ein Freund, mit dem er im Rettungswagen fuhr, war in der Situation, dass seine Frau und seine zwei Kinder im serbisch besetzten Gebiet in einem Gefangenenlager festgehalten wurden. Eines Tages gab es einen Deal über einen Gefangenenaustausch zwischen Belagerten und Belagerern. Frau und Kinder von Herrn P.s Freund waren schon über die Frontlinie gekommen, als Herr P. und sein Freund in ihrem Rettungswagen von einer Granate getroffen wurden und der Freund dabei starb. Dann wurde die Stadt erobert und es gelang Herrn P., zusammen mit anderen Geflüchteten in einem Bus bis zur österreichischen Grenze zu gelangen. Als es dort so schien, als wären sie in einer Sackgasse gelandet, waren bei ihm offenbar eine tiefe Verzweiflung und ein Totstellreflex durchgebrochen. Im klinischen Manual ICD-10 heißt es, eine Posttraumatische Belastungsstörung entstehe durch »ein belastendes Ereignis oder eine Situation außergewöhnlicher Bedrohung oder katastrophischen Ausmaßes, die bei fast jedem eine tiefe Verzweiflung hervorrufen würde«.

Herr P. hatte genügend Gründe für eine tiefe Verzweiflung. In unserem Setting konnte er immer besser über seine Geschichte reden und fing langsam an, sich über die Lebensqualität in Kärnten zu freuen. Zu diesem Thema malte er unter anderem ein Bild über die vielen wunderbaren Gebäcksorten, die es bei uns im Supermarkt zu sehen gab. Er fing sogar an, an dem nahe seiner Wohnung gelegenen Wörtherseeabfluss als Schwarzfischer zu angeln. Dort traf er auch andere Männer aus Bosnien. Er freute sich, uns jede Woche zu sehen, und drehte am Anfang jeder Sitzung jedes Mal meine Handflächen nach oben, weil er sehen wollte, ob der Ausschlag, den ich dort hatte, besser geworden war. Dann gab es ein Ereignis, dass so schlimm war, als hätte es sich der bösartigste Hollywood-Regisseur ausgedacht. In seinem Wohnblock gab es in einer Nacht einen Brand. Herr P. wurde von Sirenen, Blaulicht und Geschrei geweckt. In einer benachbarten Wohnung verbrannte ein Kind aus einer kosovarischen Familie. Ein paar Tage später besuchte ich Herrn P. in der Psychiatrie. Er lag zitternd im Bett und wollte weder mit den Ärzten, noch mir mehr reden. Spätere Angebote zur Fortführung der Psychotherapie lehnte er ab. Ein paar Jahre später traf ich ihn beim Spaziergang mit meinem Hund an einem Waldsee, wo er als erfolgloser Schwarzfischer am Ufer saß. Er freute sich, mich zu sehen, und sagte, dass die Zeit unserer regelmäßigen Treffen für ihn gut gewesen sei. Später hörte ich, dass er in ein Kloster nach Bosnien gegangen war, in dem kriegsverletzte Menschen betreut wurden. Noch etwas später bekam ich die Information, dass er dort gestorben ist.

## Jagd auf Geflüchtete und Einwanderer

Auch in Deutschland stiegen Anfang der 90er Jahre die Flüchtlingszahlen stark an, wobei der Krieg in Jugoslawien ein Hintergrund war. Aber auch andere Einwanderergruppen, wie Geflüchtete aus Rumänien, Afrikaner, während der DDR-Zeit ins Land gekommene vietnamesische Gastarbeiter und türkische Migranten wurden wie Fremdkörper behandelt, die ausgestoßen werden müssten. CDU und rechte Medien hatten eine aggressive Asyldebatte vorangetrieben und wollten das Fremdenrecht restriktiver machen.

Am 24. November 1990 taten sich im brandenburgischen Eberswalde einige Dutzend Rechtsextreme zu einer Menschenjagd zusammen. Sie wollten »Neger klatschen«. Zwei Männer aus Mosambik und ein Mann aus Angola, Amadeu António Kiowa, Familienvater und Arbeiter in einer Fabrik, hatten das Pech, dem Mob zu begegnen. Die beiden Männer aus Mosambik überlebten schwer verletzt. Herr Kiowa wurde zusammengeschlagen und dadurch tödlich verletzt, dass einer der Täter ihm mit beiden Füßen auf den Kopf sprang. 20 bewaffnete Polizisten hielten sich in der Nähe auf, ohne einzugreifen. Einer von ihnen hielt drei Zivilpolizisten zurück, die eingreifen wollten, »da er verhindern wollte, dass diese mit der Gruppe in Konflikt geraten.« Die Täter erhielten milde Strafen, nicht wegen Mordes, sondern wegen Körperverletzung mit Todesfolge. Eine Anklage gegen die Polizisten wegen des Unterlassens einer Hilfeleistung wurde vom Landesgericht Frankfurt/Oder zurückgewiesen.[10]

Das war der Auftakt für eine ganze Reihe brutaler Attacken auf Fremde und Geflüchtete. Ende September 1991 kam es in Hoyerswerda zu einer mehrtägigen Menschenjagd und zu pogromartigen Angriffen auf eine Flüchtlingsunterkunft. Hunderte von Anwohnern schauten zu und bejubelten die Aktionen. In Rostock-Lichtenhagen wurden Ende August 1992 ein Flüchtlingsaufnahmezentrum und ein zehnstöckiges Haus mit vietnamesischen Bewohnern mehrere Tage lang von etwa tausend rechten Angreifern belagert und mit Brandsätzen beworfen, wobei eine doppelt so große Menge zuschaute und applaudierte. Man brüllte Parolen wie »Deutschland den Deutschen!« und »Ausländer raus!« Der Ort des Geschehens wurde dabei wie für ein Großevent oder eine Reality-TV-Sendung hergerichtet und mit Scheinwerfern ausgeleuchtet. Für das Publikum

**10** https://de.wikipedia.org/wiki/Amadeu_Antonio_Kiowa (23.07.2021).

und die Aktivisten stellte man Imbiss- und Getränkestände auf. Bald folgten in Deutschland weitere Anschläge, Brandstiftungen und Menschenjagden, die Todesopfer forderten.

Auch wenn in Österreich weniger Gewalttaten eines rechten Mobs, so wie in Deutschland, bekannt wurden, schwappten die Aufregung und die Wut über Geflüchtete und Ausländer in Deutschland doch ins Nachbarland herüber und wurden zu einem Hintergrund für die Haider'sche »Österreich zuerst«-Kampagne, aber auch für den erfolgreichen Widerstand gegen diese Kampagne in Gestalt des »Lichtermeeres« im Winter 1993. Ab Dezember 1993 gab es eine Reihe von mörderischen Briefbomben- und Rohrbombenanschlägen gegen Geflüchtete, ihre Unterstützer, Roma und Einrichtungen der Kärntner Slowenen, zu der sich eine »Bajuwarische Befreiungsfront« bekannte, hinter der der erst später gefasste rechtsextreme Einzeltäter Franz Fuchs stand. Es gab vier Tote und mehr als ein Dutzend Verletzte. Der damalige Wiener Bürgermeister Helmut Zilk verlor einen Teil seiner Hand. Auch in Kärnten wurde die Stimmung unangenehm. Ein Mitarbeiter eines slowenischen Verlags entkam nur knapp einer Briefbombe. Ich war beruhigt, dass ich in einem etwas auffälligen Brief, der an meine Uni-Adresse ging, nur Menschenkot in Klopapier fand. In Klagenfurt hatte eine Bombe einem Polizisten beide Hände weggerissen. Als ich in dieser Situation um Polizeischutz für ein Konzert bat, das unsere Gruppe für Geflüchtete aus Jugoslawien organisiert hatte, wurde dies abgelehnt.

Die Ausländer- und Flüchtlingsfeindlichkeit im Land bekam in den folgenden Jahren immer mehr Aufwind und wurde von Haider und seinen Leuten mit Erfolg instrumentalisiert und verstärkt. Den Nigerianer Marcus Omofuma, der am 1. Mai 1999 auf einem Abschiebeflug von Polizisten durch Ersticken zu Tode gebracht wurde, bezeichnete Haider als Drogendealer – was überhaupt nicht stimmte. Bald wurden alle Schwarzafrikaner in Wien als potenzielle Drogendealer und »Mörder unserer Kinder« (O-Ton Haider) wahrgenommen. Die Erregung kulminierte im Sommer 1999 in einer erfolgreichen Wahlkampfrhetorik der FPÖ, die so offenkundig rassistisch war, dass Mitgliedsländer der EU über Österreich für mehrere Monate die bekannten »Sanktionen« verhängten, die zumindest einen Eintritt Haiders als Person in die im Jahr 2000 gebildete Bundesregierung einer FPÖ-ÖVP-Koalition unter Wolfgang Schüssel verhinderten.

In sozialpsychologischen Lehrbüchern wird seit Jahrzehnten regelmäßig das »Bystander-Experiment« vorgestellt, das zeigt, dass Menschen in einer Menge, die Zeugen einer Gewalttat und der Notlage eines Opfers werden, den Tätern nicht in den Arm fallen oder anderweitig eingreifen, wenn die Gruppe der Zuschauer nur groß genug ist, dass der Einzelne seine Tatenlosigkeit mit dem Nicht-Eingreifen der anderen rechtfertigen kann (Latané & Darley 1970). Auslöser für die Forschung war die Ermordung Kitty Genoveses in New York im Jahr 1964, die sich über längere Zeit hinzog und von vielen Nachbarn beobachtet wurde. Je größer die Gruppe, desto geringer die Wahrscheinlichkeit, dass jemand eingreift. Allerdings ist das Phänomen der »Verantwortungsdiffusion« kein ehernes Gesetz, sondern kann durchbrochen werden, wenn man das Problem kennt und wenn mehrere Personen sich verabreden, um mit wechselseitiger Unterstützung und Zivilcourage einzugreifen. Auch dazu gibt es sozialpsychologische Experimente und Erfahrungen in der Realität. Das Bystander-Modell der Lehrbücher ist aber im Grunde noch eine Verharmlosung der Realität. Experimentalpsychologen haben sich an den schlimmsten Erkenntnissen vorbeigedrückt. Spätestens die Vorgänge in Hoyerswerda und Rostock zeigen, dass viele der Bystander nicht nur aus Hilflosigkeit und wegen der Verantwortungsdiffusion in der Gruppe, sondern mit einer Mischung aus Sensationslust und voyeuristischem Sadismus beim Angriff auf Schwache zuschauen.

In den letzten Jahren gab es nach Autounfällen bekanntlich immer wieder die Situation, dass Zuschauer mit ihren Handys unbedingt Schwerverletzte und Sterbende filmen wollten und dabei Retter behinderten. Der Historiker Raul Hilberg nannte sein zusammenfassendes Werk über die Vernichtung der europäischen Juden nicht zufällig *Perpetrators – Victims – Bystanders* (1990). Er zeigt darin, dass ohne die wichtige Rolle der Zuschauer (zu denen er auch ganze Nationen zählt), die sich zwischen Tatenlosigkeit und Zustimmung zu den Übergriffen bewegte, der Holocaust nicht hätte geschehen können. Die »Wehrmachtsaustellung« des Hamburger Instituts für Sozialforschung über die Verbrechen der deutschen Wehrmacht, die ab 1995 begleitet von Protesten durch Deutschland und Österreich ging, erbrachte ebenfalls den Beleg dafür, dass es bei vielen der Soldaten, die das Leiden und die Ermordung der Opfer fotografiert haben, einen sadistischen Voyeurismus gegeben hat. Auch mein Vater hat als Soldat fotografiert. Diesen Aspekt hatte man jahrzehntelang heftig bestritten.

In der Aufwind-Stimmung für die rechte Gewalt zu Beginn und in der Mitte der 90er Jahre hielten es meine Kollegin Jutta Menschik-Bendele und ich für angebracht, an unserer Universität ein größeres Forschungsprojekt zur *Sozialpsychologie des Rechtsextremismus* (Menschik-Bendele & Ottomeyer 2002 [1998]) zu organisieren. Zusammen mit zehn jüngeren Kollegen, die psychotherapeutisch und gruppenpsychologisch ausgebildet waren, organisierten wir begegnungsorientierte und kreative Workshops mit etwa 200 Schülern zwischen 12 und 19 Jahren und arbeiteten auch mit einigen offen rechtsradikalen Jugendlichen außerhalb der Schule, um mehr über die Verbreitung und Faszination des Rechtsextremismus zu erfahren. Es sollte auch um die Entwicklung von alternativen Angeboten für die Jugendlichen gehen. Dabei kooperierten wir mit Kärntner Schulen sowie mit der Kärntner und der steirischen Geschäftsstelle der österreichischen Bewährungshilfe. Ein beruhigendes Ergebnis war, dass nur etwa 10–15 % der Schüler (nur Jungen) als rechtsextrem einzustufen waren. Weniger beruhigend war der Umstand, dass offensichtlich ältere Neonazis mit einer spaßig aufgemachten rassistischen Jugendzeitung jahrelang auf den Kärntner Schulhöfen ein- und ausgehen konnten. Die neuen sozialen Medien waren damals noch nicht so wichtig.

Bei »unseren« Jugendlichen, die von rechtsextremen Inszenierungen und von der Verfolgung von Geflüchteten begeistert waren, wie sie in Deutschland in großem Stil stattgefunden hatten, fanden wir ein bestimmtes Muster des Umgangs mit Angst. In der überschaubaren Gruppe von den etwa zwölf Jugendlichen, über die wir mehr erfahren konnten, gab es keine starken, strengen oder brutalen Väter, die, wie im bekannten psychologischen Modell vom Autoritären Charakter, in der Familie anwesend waren, sondern eher Väter, Stiefväter oder aktuelle Lebensgefährten der Mutter, auf die man sich nicht verlassen konnte. Einer der Jungen, der bei einer Kollegin unseres Teams in Therapie war, drückte es so aus: »Es ist, als ob ich an einer Bushaltestelle stehe und kein Bus kommt, um mich mitzunehmen.« Es hilft offensichtlich, die eigene Angst vor Nicht-Zugehörigkeit so zu bewältigen, dass man anderen eine ähnliche Angst einjagt, sie bedroht und ihn Panik versetzt. In der Wendung vom Angst-Haben in das Angst-Machen kann man sich dann auch als ganzer Mann und Mitglied einer starken Gruppe fühlen. Auch viele Täter von Rostock dürften sich nach der euphorischen deutschen Wiedervereinigung nicht wirklich zugehörig gefühlt haben. Die Verfolgung der Fremden, die abwechselnd als bedrohlich stark und als schwach fantasiert werden, hilft gegen das Aufsteigen von Angst und Depression in der eigenen Person. Wenn ein Publikum für lautstarke Gewaltandrohung oder gewalttätiges Handeln

Abb. 2: Aus dem Forschungsprojekt: Die eigene Angst und die eigene Niedergeschlagenheit werden dadurch bewältigt, dass man sich vorstellt, einen Ausländer niederzuschlagen und über ihn zu triumphieren.

vorhanden ist, verstärkt das den Effekt der »Schiefheilung« (Freud) nur noch.

Bei den Workshops mit fünf oder sechs jungen Rechtsradikalen, die ich zusammen mit meiner Kollegin Sigrid Zeichen in einem Klagenfurter Jugendzentrum gemacht habe, hatte ich anfangs Angst, weil die Jungen in ihrem martialischen Outfit gekommen waren und ihre Baseballschläger hinter uns in der Ecke standen. Außerdem hatten sie gerade in einem pädagogischen Rollenspiel einen Erzieher, den sie als »Ausländer« jagten, ernsthaft verletzt. Aber ich wurde doch akzeptiert, unter anderem wohl, weil ich Hochdeutsch sprach und für die Jungen ein »richtiger Deutscher« war. Außerdem gab es außer uns wohl kaum jemanden, der sich für ihre schwierigen Familienhintergründe interessierte. Zumindest in den ersten Workshops dürften wir wie ein gutartiges Elternpaar gewirkt haben, das jedem Gruppenmitglied dieselbe Aufmerksamkeit zuteilwerden ließ. Mehrere Jungen hatten Vorstrafen. Wir konnten in nachfolgenden Helferkonferenzen mit Bewährungshelfern etwas von unseren Erfahrungen zur Entwicklung von Exitstrategien für zumindest einige der Jugendlichen beitragen. Zwei oder drei schafften den Ausstieg.

## Genozid in Ruanda

Eine Wirkung der Jugoslawienkriege ganz in unserer Nähe war, dass wir dahinter den Genozid in Ruanda, der sich im Frühjahr 1994 ereignete, kaum wahrnahmen. Fast eine Million Menschen, zumeist aus der Tutsi-Bevölkerung, wurden von Tätern getötet, die der größeren Gruppe der Hutu angehörten. Und zwar nicht, wie später einige sozialwissenschaftliche Autoren (z. B. Welzer 2005) meinten, von irregeleiteten Tätern, die glaubten ihre Pflicht zu erfüllen und eine notwendige Säuberungsarbeit für ihr Land zu erledigen, sondern mit ausgesuchter Grausamkeit, mit sadistischer Fantasie und fetziger Begleitung durch neueste kongolesische Popmusik und gut gelaunten Sprecher (darunter auch eine Frau) des Radiosenders Mille Collines (Rau 2011, Theweleit 2015). Töten mach Spaß – das wollen wir nicht hören, aber dies ist die Realität. Die Vorgänge waren so grauenhaft und angstmachend, dass die ganze Welt umgehend auf Verleugnung und Abwehr schaltete. Die UNO und die vor Ort stationierten UN-Truppen versagten völlig, ebenso wie sie ein Jahr später angesichts des Massakers von Srebrenica in Bosnien versagten. Auch die Franzosen, die die Möglichkeit dazu gehabt hätten, griffen nicht ein. Beendet wurden das Foltern und Morden erst durch bewaffnete Gruppen der Tutsi, die aus ihrem Exil in Uganda einmarschierten. Erst viel später konnten sich westliche Kinobesucher und Mediennutzer, abgemildert durch einen Weichzeichner und das Hollywood-Narrativ im Film-Bestseller *Hotel Ruanda* mit dem absoluten Schrecken und der Angst auseinandersetzen, die eigentlich im Frühjahr 1994 hätten aufkommen müssen. Einige Leute, die ich kenne, sind aus diesem Film auch mit Übelkeit im Leib hinausgelaufen. Immerhin hat das zu spät gekommene Weltgewissen in Ruanda in den folgenden Jahren zu einer Art Wiedergutmachung und einer großzügigen finanziellen Wiederaufbauförderung geführt (Spitzer 2010). Ruanda wurde unter dem Präsidenten Paul Kagame zu einem afrikanischen Vorzeigeland mit einer Art von Erziehungsdiktatur, in dem jede Wiederholung von Diskriminierung oder Revanche zwischen den zuvor ethnisch unterschiedenen Gruppen verboten ist und im Keim erstickt wird. Sogar die verbale Bezeichnung von Menschen als Hutu oder Tutsi ist untersagt. Kagame scheint sich leider in den letzten Jahren zu einem autoritären Herrscher enzwickelt zu haben.

Ruanda hängt mit Deutschland zusammen. Wer meint, dass es sich bei diesem Völkermord um einen typischen afrikanischen Stammeskonflikt handelte, der mit dem der Westen nichts zu tun hat, unterliegt einem

Irrtum. Die Unterscheidung zwischen Hutu und Tutsi war zuerst von der deutschen und dann von der belgischen Kolonialmacht systematisch gepflegt worden, wobei die Tutsi als Helfer der Kolonisatoren bevorzugt wurden. Die Belgier hatten in den 1930er Jahren sogar die Vermessung der Körpergröße zur Grundlage von Identitätskarten gemacht, in denen die »Rasse« der Inhaber festgehalten wurde. Man gehörte entweder zu den über 1,80 Meter großen Tutsi, zu den kleineren Hutu oder zu den kleinwüchsigen Twa. Nach dem Abzug der Kolonisatoren wurden die Tutsi als angebliche Kollaborateure von den nun dominierenden Hutu pauschal unter Verdacht gestellt und diskriminiert (Mamdani 2002).

Etwa 2002 traf ich in Kärnten eine junge Frau, die in Wien bei den Vereinten Nationen arbeitete und als Kind in Ruanda ein Massaker an ihrer Familie überlebt hatte. An Monique fiel eine Narbe auf, die oben seitlich am Hals begann, in den Ausschnitt des Pullovers führte und dann, wie sie erzählte, über den ganzen Oberkörper bis zur Hüfte ging und sie behinderte. Man hatte sie als Kind mit einer Machete aufgeschlitzt und dann liegen lassen, weil man dachte, sie sei tot. Monique wollte nie wieder nach Ruanda zurück, aber sie wollte sich ausbilden lassen, damit sie als UNO-Beamtin etwas zu Verhinderung von Kriegsverbrechen auf der ganzen Welt beitragen könne. Während einer Autofahrt, ich weiß noch genau den Streckenabschnitt, erzählte ich ihr von unserer Arbeit in Kärnten, dass wir dort auch eine unterdrückte ethnische Minderheit hätten und dass auch viele unserer Klienten in einem Krieg auf schreckliche Weise Angehörige verloren hätten. Ich hörte mich reden, fand mich plötzlich absolut peinlich und wichtigtuerisch und wechselte in ein anderes Thema.

Natürlich haben wir Ruanda auch an der Uni behandelt. In einem Seminar brachten Studierende so viel Geld zusammen, dass davon, über eine Kontaktadresse mit Spendenkonto, eine ganze Kuh gekauft werden konnte. Ich stellte mir eines der großen braunen ostafrikanischen Watussirinder mit den unglaublich langen Hörnern vor, wie ich sie schon als Kind im Zoo bewundert hatte. Ein solches Rind, so hieß es, konnte in Ruanda eine Frau mit mehreren Kindern ernähren. Einige Studierende misstrauten der Spendenaktion. Sie witterten Betrug und fanden das Ganze überhaupt komisch.

Eine Gruppe hatte sich in unserem Seminar mit dem Buch *Ein Leben mehr* (2002) von Esther Mujawayo und Souâd Belhaddad beschäftigt. Mujawayo hatte außer ihren drei kleinen Töchtern, mit denen sie sich verstecken konnte, im Genozid alle Angehörigen verloren und später in Ruanda eine sehr erfolgreiche Selbsthilfeorganisation für überlebende Witwen gegründet, an die auch die Spende für die Kuh gehen sollte. Während ihrer Praxis in Ruanda machte sie noch eine Ausbildung als Traumatherapeutin in England. Es ist für mich eine große Ehre, dass ich später zusammen mit ihr auf einer Tagung in Düsseldorf auftreten durfte und dass sie mir später bei einer großen und anspruchsvollen Vorlesung (der Sir Peter Ustinov-Vorlesung 2015/16) an der Uni Wien geholfen hat. Ich kann mich noch an eine Antwort erinnern, die sie einer Studentin gegeben hat, die sie fragte, wie sie nach all dem erlebten Leid noch so viel Kraft aufbringen konnte, sich in viele andere Menschen einzufühlen und ihnen zu helfen. Sie erklärte, dass dies mit den guten Erfahrungen in ihrer Familie zusammenhängt, vor allem mit dem Vater, der ein engagierter Prediger war und den Töchtern immer vermittelt hatte, dass sie besonders wertvoll sind und geliebt werden. Das war in einer patriarchalischen Gesellschaft nicht selbstverständlich. Sie meinte, sie habe diese Kraft getankt und wie in einem Rucksack mit in ihr Leben genommen. Die Begegnung mit jemandem wie Esther Mujawayo kann einem selbst Kraft geben.

## Afghanistan kommt zu uns

Auch der Krieg in Afghanistan, der in den 80er und 90er Jahren eskalierte und vor dem bis heute Millionen von Menschen fliehen, wurde in Europa zunächst kaum wahrgenommen. Wovor sollte man bei uns Angst haben? Es war eher wie im »Osterspaziergang« in Goethes *Faust:* »Wenn hinten weit in der Türkei / Die Völker aufeinander schlagen / Man steht am Fenster, trinkt sein Gläschen aus / Und sieht den Fluss hinab die bunten Schiffe gleiten / Dann kehrt man abends froh nach Haus.« Afghanistan lag aus mitteleuropäischer Sicht nicht nur »hinten weit in der Türkei«, sondern noch einmal mehrere tausend Kilometer dahinter.

Allerdings ist inzwischen auch die früher relativ ruhige Türkei zu einem großen Sammelplatz für afghanische Geflüchtete geworden, die dem jahrzehntelangen Krieg und den traumatisierenden Bedingungen, die in ihrem Heimatland seit über 40 Jahren herrschen, in Richtung Europa entkommen wollen. In diesen Warteraum sind seit einigen Jahren noch Millionen von Geflüchteten aus Syrien und aus dem Irak dazugekommen. Es gibt in Afghanistan eine ganze Generation oder bald zwei Generationen von Menschen, die gar nichts anderes kennen als eine einzige Abfolge von Bedrohungen durch Bomben, Fanatismus, Krieg und Terror.

Bis in die Mitte der 70er Jahren waren noch westliche Hippies auf der Suche nach hochwertigem Haschisch (dem »schwarzen Afghanen«) und nach einem alternativen Leben in ihren klapprigen VW-Bussen nach Afghanistan gepilgert. Sie hatten keine Angst. Die sich danach ausweitende Gewalt in dem Land, das später ein wichtiger Nährboden für den weltweiten Terror werden sollte, war im Kontext des Kampfes um Einflusszonen zu verstehen, der sich bis zum Zusammenbruch der Sowjetunion zwischen den Atommächten USA und Russland abspielte. Es war die letzte Phase des Kalten Krieges. Die russische Regierung wollte den Islam diesseits und jenseits der südlichen Grenzen schwächen. Gewissermaßen unter dem Motto »Der Feind meines Feindes ist mein Freund« und im Geiste eines primitiven Antikommunismus förderten die USA jahrelang den militanten Islamismus, der sich dem sowjetischen Einfluss und den russischen Invasionstruppen, die Ende 1979 ins Land kamen, entgegenstellte. Folgerichtig kämpfte 1988 dann auch Sylvester Stallone, das muskelbepackte Idol für den neuen westlichen Mann der 80er Jahre, im damals aktuellen Hollywood-Bestseller *Rambo III* aufseiten der heldenhaften Islamisten gegen die bösen russischen Truppen. Im Filmabspann fand sich ursprünglich noch eine ausdrückliche Danksagung der Filmemacher an die im Kampf gefallenen Helden der Mudschahidin. Der lokale Partner von Rambo in Gestalt des guten Islamisten wurde im Film von der Hollywood-Legende Omar Sharif gespielt, was diesem später offenbar so peinlich war, dass diese Rolle aus seiner offiziellen Filmografie getilgt wurde.

Auf die islamistischen Mudschahidin folgten dann in Afghanistan 1996, nach der Belagerung und Beschießung von Kabul, die noch fanatischeren Taliban, unter deren Schutz und Gastfreundschaft Osama bin Laden und die arabische al-Qaida während der nächsten Jahre ungehindert den Anschlag auf die Twin Towers in New York vom 11. September 2001 und andere Terrorangriffe planen konnten. Im Oktober 2001 begann als Antwort auf 9/11 die Invasion der US-Truppen in Afghanistan, denen sich britische und bald auch deutsche Einheiten anschlossen. Heute sind die Taliban erneut so stark, dass sich die USA erst zur Aufnahme von Friedensgesprächen entschlossen und Ende August 2021 zusammen mit den anderen NATO-Partnern das Land verließen. Schon Anfang Mai 2021 wurden, wie beinahe zu erwarten, bei einem Anschlag auf eine Mädchenschule in Kabul 58 Mädchen getötet und 150 weitere verletzt.

Die erste größere Gruppe schutzsuchender Geflüchteter aus Afghanistan war etwas vor und nach der Jahrtausendwende nach Österreich gekommen. Sie waren vor den Taliban geflüchtet, zumeist über abenteuerliche Fluchtwege durch Zentralasien und Osteuropa, nicht wie heute über die Türkei und das ägäische Meer. Auf dem Landweg waren viele von Schleppern bedroht und ausgeplündert worden. Manche waren Schiiten und gehörten zu der schon länger diskriminierten ethnischen Gruppe der Hazara, deren Schicksal im Roman *Der Drachenläufer* von Khaled Hosseini und im gleichnamigen Hollywood-Film behandelt wird. Die Mehrheit der Geflüchteten waren aber sunnitische Tadschiken oder Paschtunen. Die meisten dieser Menschen empfanden wir als sehr angenehm. Wir konnten uns mit ihnen, unterstützt von unseren iranischen Dolmetscherinnen, von denen einige zuvor selbst aus dem Iran geflohen waren, gut unterhalten und erfolgreich Therapien durchführen. Das afghanische Dari ist eine Variante des im Iran gesprochenen Farsi. Ganz anders als heute bekamen diese Geflüchteten der »ersten Generation« leicht Asyl, allen voran Frauen, die schon aufgrund ihrer erwiesenermaßen unterdrückten Stellung im afghanischen Patriarchat von den meisten der damaligen Asylbeamten und Richtern als politisch verfolgt anerkannt wurden. Für die wenigen Kopftuchträgerinnen unter ihnen waren die Chancen deutlich schlechter. Es waren dann oft die Männer, die gewissermaßen sekundär über den Weg eines sogenannten »Erstreckungsantrags« auch Asyl oder humanitären Schutz erhielten. Für das männlich Ego war das nicht immer leicht zu ertragen.

Die Frauen, mit denen ich arbeitete durfte, hatten zumeist in der prosowjetischen Zeit und der Zeit der russischen Besatzung eine recht gute Schulbildung bekommen. Sie arbeiteten gern mit den angebotenen Aquarellfarben (was unter den Taliban ebenso wie das Tanzen oder Märchenerzählen bereits als strafbare Sünde gegolten hätte) und konnten sich mit uns über ihre Traumata, ihre Ressourcen und die Sorge um ihre Kinder gut verständigen. Alle konnten lesen und schreiben, viele in arabischer, lateinischer und kyrillischer Schrift. Diese Frauen hielten untereinander zusammen, wenn es zum Beispiel um den Kampf gegen schlechte Behandlung in den Unterkünften ging. Das gab ihnen Kraft. Wir wussten inzwischen, dass die Arbeit mit individuellen Ressourcen (»Kraftquellen«) und guten Erinnerungen mindestens ebenso so wichtig ist wie die Arbeit an den Traumatisierungen, die die Menschen erlebt hatten (Reddemann 2001, 2011).

Bei den afghanischen Geflüchteten, die im letzten Jahrzehnt kamen, also etwa ab 2010, war alles viel schwieriger. Sie standen in Österreich und Deutschland durchweg unter Verdacht, keine »echten« politisch Verfolgten zu sein, und bekamen in der ersten Instanz des Asylverfahrens fast immer einen negativen Bescheid, oftmals auch in der zweiten. Unser Ärger galt und gilt immer noch den teilweise grotesken Begründungen in den Negativbescheiden, die diese Menschen auf ihre Asylanträge hin erhielten, auf die sie zuvor lange gewartet hatten. Das Abfassen von gutachtenähnlichen »psychotherapeutischen Befundberichten«, die gegen diese Bescheide helfen sollten, wurde zu einer ungeliebten Hauptbeschäftigung der TherapeutInnen. Oft wurden diese fachlichen Berichte (ebenso wie ärztliche Atteste) einfach beiseitegeschoben, was juristisch durchaus an den Tatbestand der »Beweismittelunterdrückung« grenzt. Manchmal aber wurden sie von den Beamten und Richtern nicht nur gelesen, sondern auch verstanden und konnten so zu einem positiven Asylbescheid beitragen. Ich fasse diese Berichte immer so ab, dass sie von einem durchschnittlichen Beamten, von einem Psychiater, von mir und vor allem auch vom Klienten selbst gut verstanden werden können. Dazu werden sie Satz für Satz von unseren DolmetscherInnen übersetzt.

Die TherapeutInnen und andere Helfer kamen immer öfter in die Lage, dass sie über Wochen oder Monate mit einem Klienten oder einer ganzen Familie, die sie mehr oder weniger in ihr Herz geschlossen hatten, »mitzitterten« und deswegen manchmal schlecht schliefen. So kam die Angst vor Abschiebung auch in unsere Küchen und Schlafzimmer. Wer glaubt, dies sei unprofessionell, darf das ruhig denken. Angesichts der zunehmenden Einfühlungsabwehr in der sozialen Umgebung der Geflüchteten fanden wir wenig Möglichkeiten, uns gegen ein übergroßes Mitgefühl zu schützen. Zur Unterstützung der Behauptung, dass Afghanistan inzwischen ein sicheres Land war, in das man Geflüchtete wieder zurückschicken könne, wurden von den Behörden jahrelang Sachverständige herangezogen, die man nur als höchst fragwürdig bezeichnen kann. Eine erwiesenermaßen wissenschaftlich qualifizierte landeskundliche Gutachterin, Friederike Stahlmann, wurde konsequent ignoriert.[11]

Aber auch die geflüchteten Menschen hatten sich verändert. Das Bildungssystem in Afghanistan war bis auf wenige gefährdete Ausnahmen inzwischen völlig zusammengebrochen, für Frauen noch mehr als für Männer. Mädchen, die in die Schule gingen, riskierten ihr Leben. »Wissen Sie, bei uns gibt es viele Malalas«, erklärte mir ein Patient, der in Afghanistan wegen einer Schulbuch-Spendenaktion für Mädchen als angeblicher

11 https://www.ecoi.net/en/file/local/1431611/90_1527075858_gutachten-afghanistan-stahlmann-28-03-2018.pdf (28.11.2021).

christlicher Missionar von den Taliban mit dem Tod bedroht worden war. Malala Yousafzai ist das pakistanische Mädchen, das wegen ihres von den Taliban missbilligten Schulbesuchs 2003 Opfer eines Mordanaschlags wurde und 2014 als junge Frau den Friedensnobelpreis erhielt. Es war offensichtlich, dass eine rigide Religiosität und ein gewalttätiges Patriarchat auch wieder stärker in die Flüchtlingsfamilien eingedrungen waren. Dass ein männlicher Therapeut eine Frau behandelt, ist inzwischen fast undenkbar. Für viele junge Männer, die als »unbegleitete Minderjährige« nach Österreich und Deutschland kamen, waren zuvor die Straße und ein sozialer Dschungel, in dem das Recht des Stärkeren gilt, die wichtigsten Sozialisationsinstanzen gewesen. Einige der jungen afghanischen Männer wurden im Exil gewalttätig und begingen Straftaten, auch Sexualdelikte und Frauenmorde – was der rechten Propaganda entgegenkam, deren Vertreter nur darauf warteten, von den angstmachenden Einzelfällen sofort auf die Gefährlichkeit der ganzen Population schließen zu können. Von CSU-Politiker Horst Seehofer wurde der ihm 2018 herausgerutschte Spruch zur Ausländerkriminalität bekannt, er sei »froh über jeden, der bei uns in Deutschland straffällig wird.«[12] Zu seinem 69. Geburtstag am 10. Juli 2018 freute er sich über das Geschenk, dass an diesem Tag genau 69 Flüchtlinge nach Afghanistan abgeschoben wurden (*Der Spiegel* 28.11.2021).

Diese Aussagen verraten viel darüber, wie mit Angst Politik gemacht wird. Die Frage der Integration afghanischer Geflüchteter mit ihren traditionellen Geschlechterrollen-Vorstellungen erscheint uns manchmal schwierig. Aber die Dinge bewegen sich. Im Sommer 2020 berichtete unser Teammitglied Siegfried Stupnig, dass sich im Rahmen seines langjährigen Sportprojekts (siehe nachfolgend) eine afghanische Frauen-Fußball-Gruppe mit über 20 Teilnehmerinnen gebildet hat. Er organisiert nur die Logistik. Leitung und Training hat inzwischen eine afghanische Frau aus der Gruppe übernommen. Die neueste Idee ist eine Federball-Gruppe für Frauen.

Afghanistan droht nach dem Abzug der Amerikaner und der rapiden Machtübernahme durch die Taliban Ende August 2021 in einem anhaltenden Inferno zu versinken. Während Deutschland und andere EU-Länder in dieser Situation auf die Abschiebung von Flüchtlingen nach Afghanistan verzichteten, plante Österreich zur selben Zeit absurderweise immer noch, Flüchtlinge nach Afghanistan abzuschieben. Damit biederte sich die

12 https://www.tagesspiegel.de/politik/innenminister-seehofer-ueber-auslaender-froh-ueber-jeden-der-bei-uns-straffaellig-wird/23009740.html (30.09.2021).

Regierung bei einer von ihr selbst angeheizten flüchtlingsfeindlichen Stimmung an, die nach einem Sexualmord an einem 13-jährigen Mädchen Ende Juni 2021 entstanden war, für den vier junge afghanische Flüchtlinge verantwortlich gemacht werden. Regierungsvertreter hatten nach der Tat die Angststimmung gegenüber allen Afghanen verstärkt und versprochen, ab jetzt Härte zu zeigen und konsequent abzuschieben. Nach dem Truppenabzug aus Kabul war das Versprechen völlig unsinnig, wurde aber zunächst noch aufrechterhalten. Auch die Aufnahme von neuen Flüchtlingen, insbesondere auch von Frauen, wurde in Österreich, anders als in anderen westlichen Ländern, von Kanzler Kurz und seiner Regierungsgefolgschaft strikt verweigert. Schließlich hatte Kurz als »Kanzler Gnadenlos« zuvor viele Wählerstimmen bekommen. Wie viel Angst müssen Menschen haben, die sich im Räderwerk eines abfliegenden Flugzeugs festhalten und wenig später in den Tod stürzen?

Der noch von Trump eingefädelte Deal der Amerikaner mit den Taliban war in mehrfacher Hinsicht ein Sieg für die großen und kleinen patriarchalischen Machthaber in aller Welt und ein Schlag gegen die Emanzipationsbewegungen der Frauen. In Afghanistan wurden die Frauen, die schon erfolgreich begonnen hatten, ihr Haupt zu erheben, einer besonders finsteren Machotruppe ausgeliefert. Das machte über die Grenzen von Afghanistan hinaus Angst und hat einen Abschreckungseffekt. Es führt dazu, dass andere patriarchalische Regime und weniger auffällige Machos ihre »patriarchale Dividende« (Raewyn Connell) einstreichen können. Putin, Lukaschenko, Orbán, Trump, Erdoğan und Millionen von gewaltaffinen Familienoberhäuptern in den westlichen und anderen Gesellschaften stehen im Vergleich plötzlich wie Frauenfreunde da, denen man noch dankbar dafür sein darf, dass die von ihnen praktizierte Diskriminierung und Unterdrückung von Frauen nur selten tödlich endet. Ganz zu schweigen von den westlichen Normalo- oder Softi-Männern, die es jetzt durch den Kontrasteffekt noch leichter haben, sich als pazifistische Lichtgestalten bewundern zu lassen.

In der praktischen Arbeit mit Geflüchteten aus Afghanistan haben sich die Belastungen ab dem Spätsommer 2021 verschoben. Wir müssen jetzt nicht mehr wegen der ständig drohenden Abschiebungen nach Afghanistan mitzittern. Selbst die österreichische Regierung hat die Abschiebungsidee inzwischen aufgegeben. Aber viele Flüchtlinge im Exil haben nun furchtbare Angst um Angehörige und Freunde, die den Taliban wehrlos ausgeliefert sind. Dazu kommt noch ein Hungerchaos, das unabwendbar scheint.

## Terror in Tschetschenien, Verfolgung und Mord im Exil

Etwas später als die erste größere Gruppe afghanischer Geflüchteter kamen immer mehr Menschen aus Tschetschenien nach Österreich, die vor dem Terror und der Diktatur in ihrem Land flohen. An den beiden Tschetschenienkriegen (1994–1997, 1999–2009) war der Westen nicht aktiv beteiligt, auch wenn Gerhard Schröder 2004 und noch einmal 2012 dem Mit- oder Hauptakteur Wladimir Putin den Persilschein ausgestellt hatte, ein »lupenreiner Demokrat« zu sein. Es gab und gibt im Westen wenige Politiker, die sich mit Putin anlegen wollen. Aber auch wer zuschaut, kann mitschuldig werden. Die sadistischen Attentate tschetschenischer Terroristen in Moskau und in der nordossetischen Stadt Beslan mit Hunderten von Toten, auch Kindern, von denen Bilder durch die Medien zu uns kamen, bewirkten bei uns nur ein kurzes Erschrecken. Auch die Ermordungen von Kritikerinnen der Regierungspolitik in Tschetschenien wie Anna Politkowskaja 2006 und Natalja Estemirowa 2009 lösten im Westen wenig Schrecken und nicht die Empörung aus, die angemessen gewesen wäre. Auf Politkowskaja wurde erst ein Giftanschlag verübt, den sie knapp überlebte. Dann wurde sie erschossen. In den folgenden Jahren passierten in Putins Reich noch Dutzende solcher Morde.

2004 war in Tschetschenien nach einem tödlichen Attentat auf seinen Vater der junge Diktator Ramsan Kadyrow an die Macht gekommen, der von Putin bald danach die Auszeichnung »Held der russischen Föderation« entgegennehmen durfte und vor allem in der Hauptstadt Grosny einen Wiederaufbau mit glänzenden Fassaden und großen Bauprojekten vorantrieb, der anfangs als ein Potemkinsches Dorf belächelt wurde. Unter den Geflüchteten, die nach der Machtübernahme Kadyrows nach Österreich kamen, befand sich Umar Israilow, der ein Mitglied von dessen Leibgarde gewesen war und als Zeuge für brutale Foltervorgänge im persönlichen Umfeld Kadyrows vor dem Europäischen Gerichtshof für Menschenrechte aussagen wollte. Er hatte bereits umfangreiches Beweismaterial vorgelegt. Israilow wurde 2009 in Wien auf offener Straße ermordet. Er hatte zuvor die Polizei um Schutz vor Kadyrows Agenten gebeten. Der ausführende Mörder wurde verurteilt. Die Staatsanwaltschaft in Wien versucht bis heute vergeblich, Kadyrow als den eigentlichen, im Hintergrund wirkenden »Bestimmungstäter« vor Gericht zu bringen.

Im Februar 2012 besuchte eine Delegation der österreichischen FPÖ mit Johann Gudenus Tschetschenien, die sich vor Ort davon überzeugen konnte, dass in Bezug auf tschetschenische Geflüchtete in Österreich »keine Verfolgung seitens Kadyrows vorliegt«. Gudenus' Parteikollege Johannes Hübner ergänzte: »Es gibt keine Anzeichen von Krieg oder Diskriminierung aus nationalen, religiösen oder ethnischen Gründen. Wir sind davon überzeugt, dass die Führung der Region auf soziale Probleme besondere Aufmerksamkeit richtet. Deshalb würden wir uns über eine Kooperation mit Tschetschenien freuen« (*Der Standard* 12.02.2012). Ende 2016 wurde in Moskau eine offizielle Kooperation der FPÖ mit der Partei Putins beschlossen. Die Spitzenvertreter Harald Vilimsky, Heinz-Christian Strache, Johann Gudenus und Norbert Hofer unterzeichneten ein Abkommen mit Putins Partei, durch das in Österreich wie in Russland eine »Erziehung der jungen Generation im Geiste von Patriotismus und Arbeitsfreude« gefördert werden sollte. Hofer wäre ein paar Monate später beinahe Bundespräsident in Österreich geworden. Sebastian Kurz hatte kein Problem, sich 2017 mit Leuten aus dieser Truppe zusammenzutun, um eine Koalitionsregierung zu bilden.

Im Sommer 2020 gab es in Wien wieder einen Mord an einem Exiltschetschenen, der offene Kritik an Kadyrow angekündigt hatte. Einige mutige Mitglieder der tschetschenischen Community in Wien demonstrierten öffentlich, weil sie sich ebenfalls bedroht fühlten. Anfang Juli 2021 kam in Gerasdorf bei Wien ein weiterer Tschetschene zu Tode, der zuvor Kadyrow kritisiert hatte. Kadyrow selbst ist inzwischen unter anderem dafür bekannt, dass er für sein Land den Umgang mit den Menschen, die sich zu Angehörigen des gleichen Geschlechts hingezogen fühlen, rigoros geklärt hat. Erst wurde Homosexualität in Tschetschenien verboten. Nach Protesten von Menschenrechtsaktivisten gegen das Verbot kam die einfache Erklärung, dass man Homosexualität in Tschetschenien gar nicht verbieten muss, weil sie in diesem Land einfach nicht vorkommt.

Tschetschenische Geflüchtete in Österreich wurden zeitweise zum Hauptfeindbild in der xenophoben und rechtsextremen Rhetorik, auf die sich vor allem Jörg Haider spezialisiert hatte (Ottomeyer 2009). Nach dem bewährten Prinzip wurden einige Fälle von Kriminalität verallgemeinert und zu einer großen Angst vor der ganzen Bevölkerungsgruppe aufgeblasen. Tschetschenen erschienen eine Zeitlang noch gefährlicher als Afghanen. Bereits im Herbst 2006 wurde auf einer Pressekonferenz Haiders, die er zusammen mit seinem Sprecher Stefan Petzner gab, angekündigt, dass Kärnten bald »tschetschenenfrei« gemacht werde. Anfang 2008 ließ Haider parallel zum extrem fremdenfeindlichen Wahlkampf im benachbarten Graz (»Wir säubern Graz«) in einer Art Sheriff-Aktion mehrere tschetschenische Familien als angebliche Kriminelle per Bus aus Kärnten deportieren. Mitglieder dieser Familien sollten in der vorangegangenen Silvesternacht in einer Villacher Diskothek inländische Gäste brutal verletzt haben. Die Fahrt ging in Richtung des Aufnahmelagers Traiskirchen, von wo aus die Familien, die keiner haben wollte, monatelang in Österreich herumirrten. Die Vorwürfe waren aus der Luft gegriffen; die »Kriminellen« waren zum großen Teil minderjährig, einige im Volksschulalter, der jüngste von ihnen zum Zeitpunkt der Aktion vier Monate alt. Es gab einen größeren medialen Wirbel und Proteste. Haider und sein willfähriger Flüchtlingsreferent Gernot Steiner wurden von der österreichischen NGO »SOS Mitmensch« und von unserer Flüchtlingseinrichtung Aspis wegen Amtsmissbrauchs angezeigt. Federführend war die Menschenrechtsanwältin Nadja Lorenz. Die Anzeige hatte dann nach einem längeren Weg durch die Instanzen tatsächlich eine Verurteilung des Landes Kärnten samt einer Strafzahlung durch das zuständige Höchstgericht zur Folge. Diese Verurteilung hat Haider leider nicht mehr erlebt, weil er sich selbst einige Wochen zuvor mit einem extrem hohen Alkoholpegel und mit Höchstgeschwindigkeit in den Tod gefahren hatte.

Weitere Abschiebungen wurden schon im Sommer 2008 von der Bundesregierung als rechtswidrig gestoppt. Aber aus Pietät für einen der letzten Wünsche Haiders wurde im Herbst 2008 von seiner Nachfolgeregierung in Kärnten eine von Sicherheitskräften mit Hunden bewachte »Sonderanstalt« in einer abgelegenen Bergregion (der »Saualm«) errichtet, in dem die Festsetzung und »konzentrierte Unterbringung« von unerwünschten Geflüchteten möglich war. Als Beispiel für die Haider'sche Angstpropaganda sei hier ein Auszug aus einer Presseerklärung zitiert, die er anlässlich der gewalttätigen Vertreibung von Roma-Familien 2008 aus Neapel gab:

> »Kärntens Landeshauptmann hat am Sonntag verstärkte Kontrollen an den Grenzen zu Italien gefordert, um eine ›Völkerwanderung der Zigeuner Richtung Kärnten und Österreich‹ mit allen Mitteln zu verhindern. [...] Sollte der Innenminister nicht sofort handeln, werde man im Falle des Falles mit illegalen Zigeunern aus Italien ›genauso hart verfahren wie mit den gewalttätigen Tschetschenen‹, welche auf Anordnung des Landeshauptmanns aus Kärnten nach Niederösterreich gebracht worden waren. Haider: ›Bei uns herrschen Recht und Ordnung‹« (*APA* 18.05.2008).

Die Bedrohung war frei erfunden und die Wortwahl offenkundig rassistisch. Dies blieb ungeahndet, weil Haider von allen Seiten als »Ausnahmepolitiker« und als weitgehend unantastbar betrachtet wurde. Zur selben Zeit, als er die Angst vor kriminellen Tschetschenen in die Welt setzte, verstrickte er sich selbst als Hauptverantwortlicher in wirtschaftskriminelle Großprojekte im Zusammenhang mit dem Hypo Alpe Adria-Skandal, der den Kärntnern und den österreichischen Steuerzahlern einen Schaden von weit über 10 Milliarden (nicht Millionen!) Euro hinterließ. Aber das ahnte damals noch niemand. Man kann es fast zu einer Regel erklären, dass Politiker, die diktatorische Neigungen haben und sich selbst in kriminellen Gefilden bewegen, zur gleichen Zeit mit Vorliebe auf einer äußeren Bühne zur Jagd auf ausgewählte Kriminelle blasen. Es scheint ähnlich abzulaufen wie in Fritz Langs Film *M – eine Stadt sucht einen Mörder* von 1931. Von diesem Film gab es im Jahr 2019 ein mehrteiliges österreichisches TV-Remake, das in der Jetztzeit spielt und bei dem auch Geflüchtete eine Rolle als Sündenböcke spielen.

Begegnungen mit tschetschenischen Geflüchteten bescherten allerdings auch uns Betreuern Situationen, die mit Angst vor unseren Klienten verbunden waren. Zum ersten Mal in unserer Traumaarbeit mussten wir Mitarbeiter gegen einen möglichen Übergriff absichern: Wir installierten eine Bürotür, die nur von innen eine Klinke und auf Gesichtshöhe einen »Spion« hatte, sowie einen präventiven Telefonkontakt zur nächsten Polizeistation. Ein Mann, der behauptet hatte, in Tschetschenien Kommandant eines Mordkommandos gewesen zu sein, hatte unter Androhung unangenehmer Konsequenzen von einer Therapeutin eine sofortige Vorzugsbehandlung eingefordert. Ich wurde Zeuge, als der unangenehme Klient erneut zu Besuch kam und von der mutigen Therapeutin und unserer ebenso couragierten Dolmetscherin mit deutlichen Worten wieder hinauskomplimentiert wurde. So etwas hat sich zum Glück nie wiederholt. Mit den meisten tschetschenischen Patienten kamen wir sehr gut aus. Viele brachten entsetzliche Verlust- und Foltergeschichten mit. Väter waren verschwunden oder gedemütigt worden. Kein Wunder, dass viele der Jungen sich als »Wölfe« fantasierten, die die Ehre des männlichen Kämpfers zurückgewinnen wollten (Zeichen 2010). Der Wolf ist ein Symboltier für die unzerstörbare Identität der Tschetschenen.

Wir wurden für unsere nicht leichte Arbeit immer wieder durch Berge von süßem tschetschenischem Gebäck entschädigt, das die Frauen mitbrachten und mit dem wir dann zu Hause unsere Familienangehörigen überraschen konnten. Ich hatte schon vorher die Erfahrung gemacht, dass das Essen, vor allem auch von Süßigkeiten, gegen zu viel Aufregung kurzfristig helfen kann. In wechselseitigen Kurzsupervisionen zwischen Tür und Angel tauschten wir schlimme Geschichten aus. Ich erinnere mich, dass mir eine Kollegin nach einer Therapiestunde mit stockendem Atem von einem Mann berichtete, der ihr gerade unter Tränen erzählt hatte, dass er sich schuldig am Tod eines Mitgefangenen fühle. Die Folterer wollten von ihm den Aufenthaltsort eines Menschen wissen, den sie suchten. Als sie den Namen nicht bekamen, erhöhten sie den Druck. Ein anderer Gefangener, der an eine Heizung gefesselt war, wurde mithilfe von zwei hereingebrachten Kampfhunden bedroht und flehte in Todesangst unseren Patienten an, den Folterern doch den Namen des Gesuchten zu verraten. Als dieser den Namen nicht sagen konnte oder wollte, wurden die Hunde losgelassen und brachten den Gefesselten in Anwesenheit unseres Patienten zu Tode.

Wenn jetzt Lesende denken, dass es irgendwie unanständig oder erfunden ist, so etwas zu erzählen, kann ich das gut verstehen. Aber es wäre ein Leichtes, noch zwei oder drei ähnlich grausame Geschichten anzuschließen, die ich in den Therapiestunden von Patienten direkt gehört habe, die in russischen »Filtrationslagern« oder in Gefängnissen der Kadyrow-Leute gefoltert wurden (vgl. Ottomeyer 2011a, 2014b). Die Ermordung eines Mitgefangenen in Anwesenheit eines Menschen, der verhört wird, scheint eine gängige Praxis gewesen zu sein. Ebenso üblich waren Erdlöcher, in die man Gefangene steckte, die nach oben gegenüber Sonne und Regen offen und bald voll von Kot und Urin der Gefangenen waren.

Parallel zu der Arbeit in den Therapien begann mein Kollege Siegfried Stupnig mit großer Ausdauer ein erfolgreiches Fußballprojekt mit tschetschenischen Männern aufzubauen, das unter dem Namen FC Kaukasus und später FC International auch in der Kärntner Öffentlichkeit beliebt wurde und bis zum heutigen Tag viel dazu beigetragen hat, im Land Kärnten die Angst vor aggressiven und gewalttätigen Tschetschenen abzubauen. Stupnig, der auch Aufklärungsarbeit in Schulklassen betreibt und gewaltpräventiv mit gefährdeten tschetschenischen Familien arbeitet, wurde mit mehreren Menschenrechtspreisen (z. B. dem Ute-Bock-Preis) gewürdigt. 2010 entstand auch ein Film über seine Arbeit mit dem Titel *FC Chechnya*.[13] Heute sind die meisten Tschetschenen gut integriert. Einige sind al-

**13** https://www.film.at/fc_chechnya (30.09.2021).

lerdings unter den Einfluss fundamentalistischer (wahhabitischer) Geistlicher geraten und praktizieren eine Abschottung der Familie, was spätestens dann ein Problem wird, wenn die Kinder schulische oder psychologische Hilfe brauchen. Das traditionelle Solidaritätspotenzial der tschetschenischen Frauen zeigte sich nicht auf dem Fußballfeld, aber in den therapeutischen Gruppen für tschetschenische Frauen, die mit einem nachweislichen (»klinisch-messbaren«) Erfolg von unserer Kollegin Maria Lind angeboten wurden (Lind et al. 2006).

Der erste tschetschenische Patient, mit dem ich um das Jahr 2000 herum gearbeitet habe, war in seinem Heimatland ein Opfer der damals erstarkten wahhabitischen Fundamentalisten gewesen, die aus Saudi-Arabien unterstützt wurden. (Heute versteht sich der vorgebliche Sufi Kadyrow als Gegner der Wahhabiten.) Mein Patient war ein Journalist, der wahrheitsgemäß geschrieben hatte, dass die Tschetschenen noch vor einigen hundert Jahren gar keine Muslime waren, sondern einer heidnisch-christlichen Mischreligion anhingen. Er war als Strafe für diese Beleidigung des Islam bzw. der Tschetschenen mit seiner vierjährigen Tochter entführt und im Beisein des Kindes tagelang geschlagen und gefoltert worden. Vater und Tochter wurden gerade rechtzeitig zur Trauerfeier für die Totgeglaubten, die die Familie schon angesetzt hatte, wieder freigelassen. Wir versuchten, auch für das Kind eine Psychotherapie zu organisieren, was die Eltern aber ablehnten. Sie hatten dem Mädchen erzählt, dass seine schlimmen Erinnerungsbilder nur aus einem bösen Traum kämen, der jetzt vorbei war. Sie wollten lieber einen Kindergartenplatz für sie. Den konnten wir organisieren. Auch der Vater hatte dadurch eine Tagesstruktur. Er ging jeden Morgen mit seiner Tochter auf den Schultern zum Kindergarten und holte sie am Mittag wieder ab. Nach einigen Monaten wurde die kleine Familie gegen ihren Willen – und obwohl ein traumatherapeutischer Befundbericht sowie ein ärztliches Attest vorlagen – vom Flüchtlingsreferenten aus Kärnten in ein steirisches Heim abgeschoben, weil der Familienvater sich unbotmäßig verhalten hätte. Er hatte gegen die gewässerte Milch für die Kinder in der Flüchtlingspension protestiert und war im Besitz eines alten Computers, den ihm ein Bekannter geschenkt hatte. Die Familie hat es überlebt und landete in Wien. Die Eltern haben uns später noch einmal als inzwischen gut integrierte Sprach- und Kulturdolmetscher besucht und für uns ein Fortbildungsseminar über die tschetschenische Kultur durchgeführt.

Mitte Januar 2008 hatte ich im Zusammenhang mit der Flüchtlingsarbeit zum ersten Mal eine größere Angst um meine Person, die mir auch körperlich so in die Knochen fuhr, dass es beinahe in einem physischen Knock-out endete. Die von Sheriff Haider deportierten tschetschenischen »Kriminellen« waren zum Teil unsere Patienten gewesen. Wir mochten sie und kannten ziemlich genau ihre schrecklichen Trauma- und Foltergeschichten. Nachdem ich Haiders Aktion in einer Presserklärung, die am Nachmittag ausgesendet worden war, noch cool und mutig als »ethnische Säuberung« bezeichnet hatte, bekam ich am Abend eine heftige Angstattacke und hätte die Presseerklärung am liebsten zurückgerufen. (Zum Glück war sie aber schon hinausgegangen.) Ich hatte das sichere Gefühl, nun doch zu weit gegangen zu sein und mich und das Team unserer Einrichtung Aspis endgültig geschädigt zu haben. Die *Kronen Zeitung* hatte bereits Interna über Personen und Spender in unserer Einrichtung veröffentlicht, von denen eigentlich niemand etwas wissen konnte. Einige Unterstützer wurden an den Pranger gestellt. Angeblich hatten wir die tschetschenischen Täter für ihre kriminellen Aktionen auch noch sportlich auftrainiert. Das behauptete Haiders Pressesprecher und »Lebensmensch« Petzner. Aspis stünde auf der Seite der Täter, nicht der inländischen Opfer. Man wusste, dass Haider Menschen, die er als Gegner im Visier hatte, sehr schnell mit falschen Anschuldigungen vernichten konnte. Einige im Team hatten sich bereits vorübergehend zurückgezogen. Aber es passierte nichts wirklich Schlimmes. Ich kam wieder auf die Beine und wir erlebten, dass der öffentliche Protest doch eine Wirkung hatte. Wir freuten uns über die eintreffende Unterstützung von kritischen Medien, von kirchlichen Aktivisten und von einigen hohen Politikern in Wien. Die Ordensfrauen aus der Kärntner Filiale der Mariannhiller Schwestern vom Kostbaren Blut (zu denen auch Schwester Silke Mallmann gehört; siehe das Kapitel »Angst vor AIDS«) standen in ihrer Tracht medienwirksam mit Protestplakaten auf einer Mahnwache im Zentrum Villachs. Auf einem ihrer Plakate stand: »Früher die Roma, heute die Tschetschenen«, was ein Hinweis darauf war, dass in Villach während der Nazi-Zeit ein Sammelzentrum für Transporte von Roma und Sinti in die Konzentrationslager gewesen war.

Dazu kam die gut vorbereitete Anzeige wegen Amtsmissbrauchs, die nach vielen Monaten und mehreren Instanzen zu einem juristisch eindeutigen Erfolg führen sollte. Eine tschetschenische Familie mit zwei kleinen und drei größeren Kindern, die wir betreuten, kämpfte bei den Prozessterminen um ihr Recht. Es entstanden der Film *Ausquartiert* (von Gerda

Amenitsch und Daniel Hollenberger 2008) und eine preisgekrönte Radiosendung des ORF von Doris Stoisser. Die Familie lebte in Wien, als das Urteil des Höchstgerichts eintraf. Die Mutter konnte sich allerdings nur kurz darüber freuen. Sie starb an einem plötzlichen Herzversagen. Der Vater mit den fünf Kindern konnte in Österreich bleiben. Ich traf ihn noch ein paar Mal in Klagenfurt. Ich glaube, die tschetschenische Community in Wien hat ihm sehr geholfen, mit der Situation fertig zu werden.

## 11. September 2001 und die Folgen

Eine gewaltige Schockwelle in der ganzen westlichen Welt und darüber hinaus war die Folge des Anschlags vom 11. September 2001 – 9/11. Für ein paar Monate sah es so aus, als werde »nichts wieder so sein wie vorher« – um eine journalistisch beliebte Traumafloskel zu verwenden. Auf den Bildschirmen sahen wir immer wieder Filmsequenzen von den zusammenstürzenden Türmen. Diese Bilder wurden schon in den ersten Tagen von CNN mit einem melancholischen Song der irischen Pop-Gruppe U2 unterlegt, bei dem zum Beispiel ein Hauptakkord genau zum gezeigten Aufprall des zweiten Flugzeugs passte (Theweleit 2002, S. 63ff.). Angesichts dessen versprach ganz Hollywood, man werde aus Pietät gegenüber den Opfern nie wieder Katastrophenfilme produzieren. Das Versprechen war bald vergessen.

Wer durch ein Trauma wirklich erschüttert ist, ist eher sprachlos, er stammelt oder er schreit, fühlt sich gelähmt, manchmal wie tot. Der Schrecken ist unsäglich und unsagbar. Nach einer kurzen Ergriffenheit und Sprachlosigkeit fingen aber westliche Journalisten, Intellektuelle und Kommentatoren aller Art bald wieder damit an, ihre vertrauten »Plappermaschinen« (Theweleit) anzuwerfen. Mit den ausgeworfenen Fachbegriffen der jeweiligen Denkschule und einer vertrauten Larmoyanz wurde die Angst überspielt und scheinbar bewältigt. Klaus Theweleit (ebd., S. 82) zitiert den Filmkritiker Georg Seeßlen, der bereits am 13. September schrieb: »Merkwürdigerweise allerdings kommen die Bilder dieses so radikal neuen Ereignisses in Form eines bizarren Déjà-vu über uns. Eine Katastrophe, die schon längst in *unseren* Bildwelten spukt, im Kino sowieso.« Es kam zu einer wochenlangen »Generaldiskussion über das Thema ›Was ist Realität überhaupt?‹« (ebd., S. 84). Experten bewegten sich auf vertrautem Terrain. In einem späteren Artikel schreibt Seeßlen:

> »Aber die Gleichsetzung von Katastrophe und Kino sitzt offenbar schon so tief, dass es uns auch als willkommene Maskierung dienen mag. Weil es so sehr Kinobild ist, können wir das ›Eigentliche‹ des Geschehens gar nicht mehr wahrnehmen. Auch deswegen sprechen alle Kommentatoren von den Bildern und nicht von einem Geschehen« (zit. n. ebd., S. 89).

Mit dem Wort »Maskierung« wird hier treffend die Angst-Abwehr-Funktion im medialen Diskurs angesprochen. Theweleit merkt zum Zitat Seeßlens aufmerksam an, dass dieser das Eigentliche, um das es geht, selbst in Anführungsstriche setzt, weil wir es »nicht mehr wahrnehmen können«. Es schoben sich Berichte über Berichte, die sich referierend oder kritisch auf Berichte bezogen. Auch unsere Katastrophilie kam dabei zum Zuge, dieses seltsame Gefühl von Aufgekratztheit und Lebendigkeit, das man erleben kann, wenn die Katastrophe einen verfehlt und man sie von einem sicheren Platz aus beobachten kann. Die reale Traumatisierung und extreme Angst von Menschen, die Opfer und unmittelbare Zeugen von Verbrennungen, Fensterstürzen aus großer Höhe, Verschüttung, Verstümmelung werden, kann kaum in Sprache gefasst werden. Sie ist trotzdem Realität und verlangt nach einer Antwort und Zuwendung. Auch bloßes Schweigen ist falsch. Eine mögliche Antwort ist eine rasche, sehr praktische Hilfe: medizinisch, notfallpsychologisch, traumatherapeutisch und natürlich auch materiell, mit Geld- oder Sachspenden. Barbara Preitler, die später meine Kollegin in Klagenfurt wurde, war am 11. September gerade auf einer Tagung von NGOs in New York. Sie schloss sich sofort einer Hilfsinitiative an, die für Menschen, die verzweifelt ihre Angehörigen suchten, Informationen sammelte und weitergab. Sie hat davon nur erzählt, wenn man sie fragte.

Es ist schon fast zu einem Gesellschaftsspiel geworden, sich daran zu erinnern, wo man am 11. September 2001 war und was man gemacht hat. Ich hatte meine 2½-jährige Enkelin aus dem Ruhrgebiet zu Besuch. Die Erwachsenen sahen den ganzen Tag die TV-Berichte über New York, tranken, aßen und machten nebenbei den Haushalt. Wahrscheinlich haben wir immer wieder gesagt, wie unfassbar und schrecklich die im Fernsehen gezeigten Vorgänge sind. Von diesem Tag ist mir das Bild in besonderer Erinnerung, dass ich plötzlich das aus dem Mittagsschlaf aufgewachte Enkelkind ganz allein vor der Haustür im Garten stehen sehe, mit nur einem Strumpf und Nase an Nase mit meinem großen Hund (derselbe, der zuvor im Zusammenhang mit dem Ausbruch des Jugoslawienkrieges erwähnt wurde). Ich bekam einen Schrecken, weil ich öfter gehört hatte, dass es gefährlich ist, kleine Kinder mit Hunden allein zu lassen, war aber dann gerührt, als ich sah, dass der Hund dem Mädchen offenbar nur zur Begrüßung die Nase abschleckte und dabei vorsichtig mit dem Schwanz wedelte.

Die durch 9/11 in der Bevölkerung der USA und in anderen westlichen Ländern ausgelösten Ängste waren heftig, aber teilweise irrational. Bekannt ist die statistisch abgesicherte Studie von Gerd Gigerenzer (2013) über das veränderte Verkehrsverhalten und tödliche Unfälle in den USA nach diesem Terrorangriff. Viele geschockte Amerikaner wollten nicht mehr fliegen und stiegen auf Autos oder andere Landfahrzeuge um. Durch eine Verkehrsverstopfung auf den Straßen starben während der folgenden zwölf Monate 1.600 Amerikaner zusätzlich, gemessen an den Werten der vergangenen Jahre: »Obwohl stets berichtet wird, bei den Anschlägen seien 3.000 Amerikaner ums Leben gekommen, müsste man also eigentlich noch einmal die Hälfte dazurechnen« (ebd., S. 22). Gigerenzer spricht von einer spezifisch menschlichen Furcht, die auf ein Schockrisiko oder ein »Dread Risk« (Slovic 1987) zurückgeführt werden muss. Die Dread Risk-Furcht beruht nach Gigerenzer (2013, S. 23f.)

> »auf einer unbewussten Faustregel, die lautet: ›Wenn viele Menschen gleichzeitig sterben, reagiere mit Furcht und vermeide die Situation.‹ – Dabei gilt die Furcht nicht dem Sterben an sich, sondern dem Umstand, dass viele Menschen *zur gleichen Zeit* – oder in kurzen Zeitabständen – und am gleichen Ort gemeinsam ihr Leben verlieren. Bei solchen Anlässen reagiert unser evolutionär geprägtes Gehirn mit großer Angst. Doch wenn genauso viele oder mehr Menschen *über einen längeren Zeitraum verteilt* sterben, zum Beispiel bei Auto- und Motorrad-Unfällen, bleiben wir eher gelassen. Allein in den Vereinigten Staaten von Amerika sterben jedes Jahr rund 35 000 Menschen bei Verkehrsunfällen, trotzdem haben nur wenige Menschen Angst beim Autofahren.«

Islamistische Terroristen, so Gigerenzer, arbeiten systematisch mit der Verbreitung von Schock-Angst und Dread Risks. Bewohner der westlichen Welt überschätzen dadurch beständig das Risiko, selbst zu einem Terroropfer zu werden. Es handelt sich hier nicht um eine neurotische Angst oder um eine einfache Realangst im Anschluss an Freud, sondern um eine Angst eigener Qualität, die durch ein Realereignis ausgelöst wird und durch eine heftige autonome Reaktion in einem älteren Areal des Gehirns, der Amygdala als Teil des limbischen Systems bewirkt wird. Die Reaktion ist ein blitzartiges Flüchten vor der Gefahr, ein Kampfreflex oder ein Sich-tot-Stellen (ebd., S. 97). Die Schnelligkeit und Autonomie dieses »Reptiliengehirns« (Levine 1998) kann lebenserhaltend sein, aber auch das Gegenteil davon, weil sie dazu führt, dass komplexere Gefahrensituationen mithilfe des Großhirns und des logischen Denkens nicht analysiert und bewältigt werden können. Diese Zusammenhänge sind aus der neueren Trauma-Forschung gut bekannt (auf die sich Gigerenzer nicht ausdrücklich bezieht). Gigerenzer betont, dass die einseitige Wahrnehmung und die Überschätzung der Gefahren, die durch die Dread Risk-Furcht oft vorschnell zustande kommt, durch Aufklärung und Vermittlung von logischen und statistischen Kompetenzen korrigiert und kompensiert werden kann. Er tritt für die Vermittlung von »Risikokompetenz« in unserem Bildungssystem ein, wozu eine Grundausbildung in Statistik gehören sollte. Intuitive Wahrnehmung (das Bauchgefühl) in Bezug auf Risiken und logisch-statistische Untersuchungen der Risiken sollten einander ergänzen. Erst aus dem Zueinander beider Funktionen würde dann eine realistische Angst oder in unserer Sprache die Freud'sche Realangst entstehen. Dieses Zueinander entsteht nicht automatisch. Im Falle einer posttraumatischen Belastungsstörung sind beide Funktonen entkoppelt. Jeder kleine Trigger, zum Beispiel ein Flugzeug am Himmel, kann eine panische Reaktion auslösen. Traumatherapie besteht dann unter anderem darin, dass die auf quälende Weise selbstständig wirkende amygdaloide Angst von Patienten wieder mit der Realitätsprüfung des Ichs und der erzählbaren Lebensgeschichte verbunden und abgemildert wird.

Es ist Gigerenzer sicherlich recht zu geben, wenn er sagt, dass Terroristen bei ihrer effektiven Verbreitung von Schockangst die Schreckwirkung einer großen Zahl von Opfern zur selben Zeit am gleichen Ort benutzen. Aber er ist etwas zu quantitativ orientiert. Man muss Gigerenzers »Faustregel« modifizieren. Denn es geht nicht nur darum, *wie viele* Menschen gleichzeitig oder direkt nacheinander zu Tode gebracht werden, sondern auch darum, *auf welche Weise* dies passiert. Albtraumartige Bilder, die über die rechte Gehirnhälfte in direkter Verbindung zur Amygdala, zu unserem »Reptiliengehirn« stehen, sind mindestens so wirksam wie erschreckende Zahlenangaben über Opfer. Wenn die Tötung von menschlichen Opfern mit Schlachtmessern geschieht und wenn Täter vorher noch das Meckern einer Ziege imitieren, wie auf manchen IS-Videos, reichen einige wenige Beispiele aus, um einen tiefgreifenden und nachhaltigen Schrecken zu verbreiten.

Ich schlage vor, die Terminologie von Gigerenzer aufzugreifen und abzuändern: Die Übersetzung von Dread Risk als »Schockrisiko« scheint mir etwas schwach. »Dread« ist im Englischen mit »schaurigen Entsetzen oder »Grauen« verbunden. Die Dread Risk-Furcht oder Dread Risk-Angst wäre dann als »Angst vor etwas Grauenvollem« zu verstehen. Es scheint sinnvoll, von einer Angst *vor* dem Grauenvollen oder von einer Angst *vor* Traumatisierung zu sprechen, die durch die Wahrnehmung von Terror (und andere Extremerfahrungen) entsteht. Sie wäre noch einmal zu unterscheiden von der Angst *durch* Traumatisierung, von der Angst einer unmittelbar traumatisierten Person, die während oder nach ihrer Traumatisierung auftritt und ihr als Todesangst durch Mark und Bein geht und sie dann als posttraumatische Belastungsstörung nicht mehr verlässt.

Die unmittelbare Traumatisierung von Tausenden von Menschen sowie die realitätsbezogene Angst vor Traumatisierung bei vielen Millionen Bewohnern der westlichen Welt, die sich vor weiteren Anschlägen fürchteten, wurden schon bald nach 9/11 von Politikern in den USA und aus der sogenannten »Koalition der Willigen« (darunter Tony Blair) missbraucht, um ohne eine wirksame innere Opposition die westlichen geopolitische Einflusszonen in einer längst gewünschten Richtung zu vergrößern. Unter dem Motto »Nie wieder 9/11« entstanden ein neuer Nationalismus, ein Kult um nationale Symbole, wie die jetzt wieder heilige US-Fahne und die Nationalhymne, sowie das erhebende Gefühl, ab jetzt eine unbezweifelbare »Lizenz zu töten« zu besitzen. Die traumatische Angst und die Realangst nach 9/11 wurden in eine neurotisch-paranoide Angst transformiert. Dabei konnte die Gewissensangst, die uns normalerweise davon abhält, bei anderen Menschen einfach einzubrechen oder sie zu töten, durch die Betonung des eigenen Opferstatus neutralisiert werden.

Noch im Oktober 2001 begann der Angriff auf Afghanistan, der weder die Terrorherrschaft der Taliban beseitigen noch Osama bin Laden und die Terroristen der al-Qaida wirksam außer Gefecht setzen konnte. Diese gewannen erst danach in vielen arabischen Ländern und weltweit an Einfluss. Statt Frieden zu bringen, verlängerte die westliche Invasion den Kriegszustand in Afghanistan um mehr als zwei Jahrzehnte, um dann das Land endgültig dem Terror der Taliban zu überlassen.

## Irak-Invasion und Entstehung des IS

In der im Anschluss an das Trauma von 9/11 politisch geförderten Angst- und Rachestimmung (bei der sich die deutsche Regierung dankenswerterweise zurückhielt) kam es im März 2003 auch zum Angriff auf den Irak unter Saddam Hussein, den man nach dem Zweiten Golfkrieg wieder hatte herrschen lassen. Da das baathistische irakische Regime mit den Taliban, der al-Qaida und den Anschlägen auf die Twin Towers für jeden auch nur halbwegs informierten Beobachter nun wirklich nichts zu tun haben konnte, musste für die Bevölkerung der USA und gegenüber der Weltöffentlichkeit die ältere Angst vor den atomaren Massenvernichtungswaffen aus der Abstellkammer geholt und mobilisiert werden.

Man weiß inzwischen, dass es das dazu gehörende Waffenarsenal damals im Irak gar nicht gab, und dass die Beweise, die im Februar 2003 vor den Vereinten Nationen präsentiert wurden, samt und sonders gefälscht waren, so wie die Berichte über die Brutkastenmorde irakischer Truppen im Zweiten Golfkrieg. US-Außenminister Colin Powell, der das Beweismaterial vor der UNO präsentiert hatte, gestand im Herbst 2005, dass er sich »furchtbar fühle«, wenn er an seine damalige Rede denke, und dass es sich bei dieser Aktion um den größten Schandfleck in seinem Leben handele (*Der Spiegel* 09.09.2005). 2016 erschien in Großbritannien der offizielle »Chilcot-Bericht«, der die damalige Mitläufer-Politik der britischen Regierung und das Handeln Tony Blairs als fahrlässig kritisierte – was noch milde ausgedrückt ist. Letzen Endes war es den Invasoren um den Zugang zu den irakischen Ölquellen und die daran hängenden Industriemärkte gegangen. Vielleicht auch um eine strategische Absicherung Israels. Die Angst der westlichen Bevölkerung vor einem Terrorangriff und vor Massenvernichtungswaffen war missbraucht worden. Im Irak entstand ein bis heute anhaltendes Chaos mit Hunderttausenden von Toten, das unter anderem die extremen Grausamkeiten im Gefängnis von Abu-Ghuraib, das Einsickern von al-Qaida und dann den Aufbau der Terrororganisation des IS möglich machten.

Die US-Invasoren schafften es, ein Land, in dem es etwa 1.400 Jahre lang eine bemerkenswerte religiöse Toleranz zwischen verschiedenen Gruppen, darunter auch Christen und Jesiden, gegeben hatte, innerhalb kürzester Zeit in eine Hölle des religiösen Fanatismus zu verwandeln. Heute müssen zum Beispiel Studierende, die die Darwin'sche Evolutionstheorie befürworten oder sich zum Atheismus bekennen, damit rechnen, umgehend in das Visier einer schiitischen oder einer sunnitischen Miliz zu geraten, gefoltert und umgebracht zu werden. Die USA haben den religiösen Fanatismus im Irak gefördert, weil sie nach der Invasion eine schiitische Regierung einsetzten, die vielen Sunniten das Gefühl gab, verfolgt zu werden. Man weiß inzwischen, dass es vor allem von den USA entlassene und dann abgetauchte Experten aus dem Militär- und Geheimdienstapparat Saddam Husseins waren, die sich mit den ihnen eigentlich fremden sunnitischen Fanatikern des IS verbündeten, um auf diese Weise am Westen und an den Schiiten, die nach dem Sturz von Saddam Hussein im Irak an die Macht gekommen waren, blutige Rache zu nehmen und erneut Macht auszuüben (Reuter 2015, S. 20–40). Sie verfügten aufgrund ihrer alten Positionen über das entsprechende informationstechnische und logistische Knowhow.

Ab 2004 kam es in mehreren europäischen Ländern, unter anderem in Spanien, Großbritannien, Frankreich, Belgien und Deutschland zu einer großen Anzahl terroristischer Anschlägen mit Hunderten von Toten, zu denen sich al-Qaida-Angehörige und später der IS bekannten. Der IS konnte sich im Irak und bald auch in Syrien etablieren. Die perfekt inszenierten und sadistischen Hinrichtungs- und Schreckensbilder aus der Propagandamaschinerie des IS versetzten die gesamte westlich Welt in Angst und Schrecken. Bereits die Propagandavideos führten dazu, dass reguläre Regierungseinheiten, die den IS bekämpfen sollten, im Vorfeld einer angekündigten Eroberung die Flucht ergriffen. Der Terror faszinierte aber auch junge, haltsuchende Männer im Westen wie in arabischen Ländern, die sich lieber – statt in der angeblichen westlichen Dekadenz zu »verweichlichen« – mit der Waffe in der Hand als todesmutige Glaubenskämpfer fühlen wollten (Lohlker 2016, Ebner 2018). Der Islamwissenschaftler Rüdiger Lohlker hat einen auch ins Internet gestellten Werbeflyer des IS übersetzt und analysiert. Die IS-Kämpfer müssen sich und anderen immer wieder versichern, dass sie richtige Männer sind. Es geht um den Kampf gegen »diese schamlose Frauenbewegung, die angeführt wird von Erneuerern und solchen, die sich als Erneuerer ausgeben, weibischen Männern und Frauen, die sich als Männer ausgeben« (zit. n. Lohlker 2016, S. 111). Einer der aggressiven Neo-Machos war »Deso Dogg« alias Denis Cuspert, ein ehemaliger Rapper aus Hamburg, der zum IS ging und dessen Witwe im Frühjahr 2020 in Deutschland als Mittäterin vor Gericht gestellt wurde. Das Ehepaar soll sich unter anderem eine jesidische Sklavin gehalten haben.

Im Westen wie im Orient zerbröckelt seit Jahrzehnten unumkehrbar die patriarchalische Familie unter dem Druck von Marktwirtschaft, Arbeitslosigkeit und regionalen Kriegen (vgl. auch Harari 2011). Ein Produkt dieses globalen Familienwandels sind geschwächte Väter, die unter Plausibilitätsverlust leiden und manchmal deswegen erst recht ihre Autorität betonen und brutal durchsetzen müssen. Ein weiteres Produkt sind junge Männer, die ohne gute väterliche Role-Models sind und ihre eigene Männlichkeit durch Gewalt in Fantasie und Tat überbetonen müssen (Mansour 2015). Hier können sich rechtsextreme und islamistische Machos eigentlich die Hand reichen. Fast alle unsere PatientInnen aus muslimischen Ländern haben – zusätzlich zur politischen Verfolgung – Gewalt und Übergriffe durch patriarchalische Machthaber innerhalb und außerhalb der engeren Familie erlebt. Manche sind dadurch doppelt traumatisiert.

## Tsunami und Bürgerkrieg in Sri Lanka

Unsere Beschäftigung mit Geflüchteten, die aus Kriegsgebieten wie Afghanistan, Tschetschenien und dem Irak kamen, wurde am Ende des Jahres 2004 durch eine Katastrophe ganz anderer Art unterbrochen. In den Weihnachtstagen erschütterte ein gewaltiges *natural disaster* in Gestalt eines Seebebens die Küstenländer Südostasiens und Südasiens bis hin zur Küste Ostafrikas. Der Tsunami forderte mindestens 250.000 Menschenleben. Vonseiten der westlichen Länder wurde ein ganzes Arsenal an Maßnahmen der Katastrophenhilfe aktiviert. Staatliche und nichtstaatliche Organisationen schickten materielle Hilfe samt Logistik und Rettungsexperten aus verschiedenen Berufssparten. Die Versorgung überlebender Touristen funktionierte schnell, fast perfekt und nach neuesten Standards der Notfallmedizin, der Notfallpsychologie und der Psychotraumatologie. Auch Rückholungen per Flugzeug wurden nach anfänglichen Orientierungsproblemen bei den Fluggesellschaften bestens organisiert. Die Kosten spielten im Falle akut traumatisierter Menschen aus dem Westen kaum eine Rolle. So sollte es eigentlich immer sein – auch in Bezug auf Kriegsflüchtlinge. Doch im Vergleich dazu gab es für einheimische Opfer in den Tsunami-Gebieten kaum eine Versorgung.

Der österreichische Schriftsteller Josef Haslinger, der mit seiner vierköpfigen Familie auf Ko Phi Phi, einer Inselgruppe in der thailändischen Andamanensee, den Weihnachtsurlaub 2004/05 verbringen wollte, hat über die Flutwellen und ihre äußeren wie inneren Nachwirkungen ein lesenswertes Buch geschrieben (Haslinger 2007). Er *musste* es schreiben, weil zurück in Wien und Leipzig seine schriftstellerische Kreativität völlig blockiert war. Die Bilder vom Sterben und Überleben in der Katastrophe schoben sich immer wieder vor die literarischen Figuren und Entwürfe, an denen er arbeiten wollte. Im Jahr darauf entwickelten alle Familienmitglieder auf unterschiedliche Weise posttraumatische Symptome. Ende des Jahres 2005 reiste Haslinger mit seiner Frau und den beiden halbwüchsigen Kindern noch einmal nach Ko Phi Phi. Er tat dies offenbar, um den albtraumartigen Schrecken – diesmal von einem sicheren Boden aus – besser in die Lebenserzählung zu integrieren und die Geschichte hinter sich lassen zu können. Aus Sicht eines Traumatherapeuten könnte man es nicht besser machen. In einer Therapie würde man auch, nachdem man den Patienten stabilisiert und mit ihm einen »sicheren Ort« eingerichtet hat, von diesem festen Grund aus noch einmal – in diesem Fall imaginativ – auf eine Reise an den Unglücksort gehen, um die Schrecknisse zu ordnen und erträglicher zu machen. Wenn es beim ersten Mal nicht reicht, dann zwei- oder dreimal. Wir arbeiten in einem solchen Fall mit der »Bildschirmtechnik«.

Es wird manchmal gefragt, ob ein *natural disaster* genauso schlimm und traumatisierend wirkt wie ein *man-made disaster*. Das ist schwer zu beantworten. Was bei einem *natural disaster* zumeist fehlt oder schwächer ist, ist der tiefgreifende Verlust von Vertrauen in Menschen oder in die Menschheit, der bei der Traumatisierung durch ein *man-made disaster* geradezu die Regel ist und von dem Opfer oftmals ein Leben lang verfolgt werden. Natürlich erlebten die Haslingers auch ein Gerangel um die knappen lebensrettenden Plätze inmitten der Flut, um Trinkwasser und Nahrungsmittel, Plünderungen von zurückgelassenem Gepäck, Diebstähle usw. Haslinger muss sich auch mit seinem Gewissen auseinandersetzen, nachdem er für den Transport der letzten Habseligkeiten der Familie eine herrenlos herumstehende fremde Reisetasche an sich genommen hatte. Aber als Leser seines Buches erfährt man auch viel von einer wirksamen spontanen Hilfe der überlebenden Touristen untereinander und vor allem durch die einheimische Bevölkerung. Man spürt in seiner Erzählung keine Verbitterung oder Erschütterung der Grundannahme, dass man sich auf das Gute im Menschen grundsätzlich verlassen kann, wie wir sie aus Berichten von Kriegsflüchtlingen und politisch Verfolgten kennen. Den größten Anlass zum Misstrauen bot den Haslingers noch das Verhalten des Fundamts in Wien, in dem aus dem sorgsam gepackten feuchten Päckchen mit dem Tresorinhalt, das aus dem Hotel auf Ko Phi Phi nach Wien nachgeschickt wurde, das Bündel mit Euro-Noten verschwunden war, während von dem thailändischen Geld nichts fehlte. Nachdem Haslinger sich im Amt beschwert hatte, tauchte das Geld plötzlich wieder auf.

In einem *natural disaster* kann aus der erfahrenen Hilfsbereitschaft vieler Menschen leichter neue Zuversicht entstehen. So sind die Menschen in Kärnten und im benachbarten italienischen Friaul, wo es im Mai 1976 eines der schlimmsten europäischen Erdbeben gegeben hat, einander durch grenzüberscheitende Hilfe freundschaftlich viel nähergekommen. Die positiven Erinnerungen sind auf beiden Seiten heute noch lebendig. Petra Rainer, Absolventin unseres Psychologie-Instituts und Notfallpsychologin beim Roten Kreuz, hat nach dem Tsunami in Thailand gearbeitet und war erstaunt über die unglaubliche Sorgfalt und Genauigkeit, mit der die überlebenden Opfer und die Angelegenheiten der Vermissten und Verstorbenen von den einheimischen Helfern behandelt wurden (Rainer 2010). Ich schreibe dies unter anderem, weil wir bei der ersten Coronawelle im Frühjahr 2021 uns zunächst auch einem *natural disaster* gegenüber fanden, in dem menschliche Beziehungen vor allem durch Rücksicht und eine teilweise unerwartete Hilfsbereitschaft bestimmt wurden. Erst nach einigen Monaten dominierten bei uns Gezänk und Verschwörungstheorien.

Auf der anderen Seite des Golfs von Bengalen, in Sri Lanka, hatte ebenfalls der Tsunami gewütet. Aber hier lagen die Dinge anders als in Thailand. Unsere Klagenfurter Trauma-Arbeitsgruppe wurde involviert. Barbara Preitler, die ich zuvor als 9/11-Helferin erwähnt habe und die inzwischen in unserer Universitätsabteilung arbeitete, begann gleich nach der Flutkatastrophe in Sri Lanka ein psychologisches Hilfsprojekt für die Opfer aufzubauen. Sie hatte schon früher Kontakte nach Sri Lanka gehabt, die mit ihrer Arbeit als Projektreferentin für die »Dreikönigsaktion« zusammenhingen. Das Projekt sollte nachhaltig sein (keine Hit and Run-Aktion von eingeflogenen Traumaexperten) und zielte deshalb auf eine berufsbegleitende Ausbildung von einheimischen Traumahelfern ab, die an der Basis Hilfe leisten sollten. Eine medizinische, psychiatrische oder psychotherapeutische Versorgung war im Land selbst so gut wie nicht vorhanden. Barbara Preitler hatte gute Beziehungen zu kirchlichen Aktivisten und verschiedenen NGOs in Sri Lanka. Die Diakonie Österreich und »Nachbar in Not« sprangen sofort als großzügige und unbürokratische Sponsoren eines Ausbildungsprogramms ein, an dem Angehörige aus den unterschiedlichen kulturellen Gruppen der Tamilen, der Singhalesen und der (muslimischen) Moors teilnehmen sollten. Die österreichische Regierung hatte dagegen ihre ursprünglich zugesagte großzügige Anschlussfinanzierung für die Tsunami-Opfer in Übersee nach drei Jahren vergessen.

Vor der Flutkatastrophe hatte sich der jahrzehntelange Bürgerkrieg zwischen den Regierungstruppen und den tamilischen Rebellen beruhigt. Wer gehofft hatte, dass die Notwendigkeiten einer gemeinsamen Bewältigung der Tsunami-Folgen zum Frieden in Sri Lanka beitragen würde, wurde bald enttäuscht. Die Kämpfe flackerten wieder auf und endeten erst im Frühjahr 2009 mit der grausamen Einkesselung und Vernichtung der letzten Kämpfer der Tamil Tigers sowie vieler tamilischer Zivilisten mit Frauen und Kindern im Norden der Insel. Ähnlich wie bei den Massakern in Ruanda kann in Sri Lanka die Spannung zwischen den Bevölkerungsgruppen nicht ohne die koloniale Vorgeschichte des Landes verstanden werden. Die Engländer hatten für ihre Verwaltung Tamilen aus höheren Kasten bevorzugt und auch tamilische Arbeiter aus Indien ins Land geholt. Nachdem Sri Lanka ganz ohne Kampf unabhängig geworden war, machte man 1956 mit der Parole »Sinhala only!« das Singhalesische zur allgemeinen Amtssprache, nicht etwa Englisch wie in Indien. Die tamilische Minderheit fühlte sich zunehmend benachteiligt und verfolgt. Heute weiß man: Wenn man in einem ethnisch und sprachlich gemischten Land anhaltende Spannungen oder einen Bürgerkrieg anzetteln will, dann muss man nur eine der Sprachen zur Amtssprache erklären. Genau das ist noch 1991 in der Ukraine mit der ukrainischen Sprache geschehen, wo etwa ein Drittel der Einwohner Russisch spricht und bis heute kriegerische Zustände herrschen.

In unserem Traumaprojekt *Center of Psychosocial Care* (CPC) wurde sehr genau darauf geachtet, das Singhalesisch und Tamil gleichermaßen verwendet wurden. Alles wurde dreimal gesagt, zunächst in der Sprache des Sprechers, dann in der jeweils anderen einheimischen Sprache und dann auch auf Englisch für die Trainer, deren Statements dann wieder in beide einheimischen Sprachen übersetzt wurden. Als ich mit meiner Frau im Februar 2006 für einen mehrtägigen Block am Projekt teilnahm, bewunderte ich den Übersetzer. Es war ein ruhiger älterer Mann, der von seinem Vater den Auftrag übernommen hatte, neben dem Englischen auch die beiden anderen Landessprachen perfekt zu lernen, damit es möglichst nie zum Krieg kommt. Barbara Preitler achtete auch sehr darauf, dass die religiösen Rituale der Hindus, der Buddhisten, der Moslems und Christen, die zur Traumabearbeitung als ebenso wichtig angesehen wurden wie unser westliches Know-how, gleichberechtigt in das Seminar integriert wurden. Zu dem Block, an dem wir teilnahmen, mussten die Teilnehmenden von der Region Ampara an der Ostküste, wo ein größeres Treffen zu gefährlich gewesen wäre, in die alte Hauptstadt Kandy im Zentrum Sri Lankas reisen. Sie freuten sich über den sicheren Ort mit gutem Essen im Park eines wohlhabenden Philanthropen und darüber, dass sie im Workshop »wie die Kinder« spielen und zeichnen konnten. In ihrem Helferalltag und in ihrem Familienleben mussten sie ständige Unterbrechungen ihrer Tätigkeit in Kauf nehmen und sich verstecken, weil es bewaffnete Überfälle und Anschläge von beiden Kriegsparteien gab. Helene Pek, eine Klagenfurter Praktikantin, hat sich 2005/06 unter ihnen bewegt und in ihrer Diplomarbeit *I heard the feet shout* (2009) die Angststimmung der Helfer, in der dennoch viel Kreativität möglich war, anschaulich beschrieben. Sie und unsere Projektchefin Barbara Preitler bewegten sich für meine Begriffe erstaunlich angstfrei durch das Land.

Die Unterscheidung von menschengemachten und nicht menschengemachten Katastrophen ist sinnvoll. Aber wie das Beispiel Sri Lanka zeigt, haben wir es immer häufiger – zum Beispiel in der Klimakrise oder einer Pandemie – mit dem Fall eines multikausalen Desasters zu tun. Das muss für Erklärungen, Präventionen und Interventionen berücksichtigt werden.

## Syrien bringt das Fass zum Überlaufen

Zurück zu den *man-made disasters* und zu den Folgen der Kriege im Nahen und Mittleren Osten, aus denen Millionen Menschen zu uns flüchten: Zu den Kriegsherden in Afghanistan und im Irak war 2011 noch der Krieg in Syrien gekommen. Hier regiert seit Jahrzehnten der Diktator Bashar al-Assad. Sein Regime erfährt schon lange Unterstützung durch Russland, das im Land, zum Beispiel an der Küste in Latakia, Marine- und Luftwaffenstützpunkte aufgebaut hat. Man fühlte sich früher vielleicht auch durch eine Art Pseudosozialismus, den panarabischen Baathismus, verbunden. Den westlichen Regierungen schien Assad dadurch unterstützungswürdig, dass er sunnitische Islamisten von der Macht fernhielt. Bereits sein Vater, Hafiz al-Assad, hatte 1982 nach einem Aufstand der syrischen Muslimbrüder Tausende von Islamisten abschlachten lassen. Das Ehepaar Assad pflegte einen modernen und aufwendigen Lebensstil, der es für die internationale Glamour-Berichterstattung und Diplomatie interessant machte. Zwischen russischen und westlichen Interessen lebte das Regime in einer Art Windschatten. Die Niederhaltung der syrischen Opposition mit Terror und Folter regte niemanden auf. Bereits vor 2011 kamen immer wieder einzelne Geflüchtete aus Syrien in unsere Einrichtung, die Opfer schwerster Folter geworden waren (vgl. Lackner 2014).

Der arabische Frühling, der Ende 2010 als ein Volksaufstand in Tunesien begonnen hatte, erreichte im Frühjahr 2011 auch Syrien und führte dort zu einer besonders brutalen Antwort. Ein syrischer Militärfotograf mit dem Decknamen »Caesar« brachte nach seiner Flucht aus Syrien im August 2013 fast 30.000 Fotos von 6.786 Menschen in die Öffentlichkeit, die zwischen 2011 und 2013 in den Gefängnissen der Regierung mit unvorstellbarer Grausamkeit gefoltert und zu Tode gebracht worden sind. Einigen hatte man dabei die Augen herausgedrückt. Darüber gibt es eine kaum aushaltbare Wanderausstellung (*Der Falter* 35/2020, S. 12f.) und Bilder im Internet. Im April 2021 begann in Koblenz ein Prozess gegen zwei syrische Geheimdienstmitarbeiter, denen die Mitwirkung an der Staatsfolter in Syrien vorgeworfen wird. Das Verfahren folgt dem »Weltrechtsprinzip«, nach dem schwere Menschenrechtsverletzungen an jedem Ort der Welt verfolgt werden können.

Der Auslöser für den großen Aufstand im Frühjahr 2011 war, dass die Assad-Truppen auch protestierende Kinder von einflussreichen Familien gefoltert hatten. Auf der anderen Seite öffnete Assad als Reaktion auf den Aufstand die Gefängnisse für islamistische Häftlinge. Bald konnten radikale sunnitische Gruppen wie die al-Qaida und deren Nachfolge-Organisationen sowie der IS in immer mehr Regionen des Landes die Macht übernehmen. Es gab geradezu eine Kooperation Assads mit den radikalen Islamisten und dem IS. Beide kämpften gegen syrische Aufständische. »Gleichzeitig verschonte die syrische Luftwaffe den Herrschaftsbereich des IS mit ihren Angriffen, während die IS-Kämpfer von ihren Emiren angehalten wurden, auf keinen Fall ihre Waffen gegen die Soldaten der syrischen Armee zu richten« (Reuter 2015, S. 12). In den ihm überlassenen Gebieten gründete der IS eine Art oberflächlich gut funktionierendes und penibel verwaltetes Staatengebilde, das sich über die alte Kolonialgrenze zwischen Irak und Syrien hinweg erstreckte und so viel Angst verbreitete, dass es weithin als unbesiegbar galt. Die professionell gemachten Videos des IS, die das Abschlachten von Gefangenen zeigten, lösten eine so große Angst aus, dass zahlenmäßig stärkere reguläre Truppen und Milizen, die die Städte halten sollten, schon vor der Eroberung kampflos flüchteten. Die Freien Rebellen in Syrien gerieten immer mehr an den Rand. Der Iran betrachtete das alawitische Regime um Assad als Verbündete der Schiiten und griff bald als ein Hauptakteur aktiv auf dessen Seite ein. Die Kurden, unter Assad lange unterdrückt, konnten zeitweise autonome Gebiete mit demokratischen Strukturen bilden, was zum Einmarsch türkischer Truppen führte. Russische Flugzeuge zerstörten auf der Seite Assads ganze Städte. Bei den Bombardements wurden regelmäßig als Erstes Krankenhäuser zerstört. In Gebieten, die gezielt von Nahrungslieferungen abgeriegelt wurden, verhungerten Kinder. Sie fungierten als Geiseln.

Aufseiten des Assad-Regimes wurde schon in den ersten Kriegsjahren Giftgas eingesetzt. Dies wurde zuletzt noch einmal von der Organisation für das Verbot Chemischer Waffen (OPCW) bestätigt. (*Süddeutsche Zeitung* 04.04.2020). Die USA hatten (noch unter Barack Obama) zunächst den Giftgas-Einsatz zu einer roten Linie erklärt, deren Überschreiten eine militärische Intervention des Westens zur Folge haben würde. Die Drohungen erwiesen sich als zahnlos. Nach einer symbolischen Versenkung von Giftgasvorräten im Mittelmeer im August 2014 gingen die Gasangriffe in Syrien weiter. Als Donald Trump am 17. April 2017 als Vergeltung für einen größeren Giftgas-Einsatz in Chan Schaichun einen Vergeltungsangriff auf den Militärflughafen asch-Scha'irat fliegen ließ, wurden syrische und russische Stellen zuvor gewarnt, sodass nur ein geringer Schaden entstand. Die syrische Bevölkerung wird in der Pattsituation zwischen Russland und den USA sowie unter Mitwirkung des Irans und der Türkei nunmehr für mehr als zehn Jahre zum hilflosen Opfer. Und die Menschen, die nicht flüchten konnten, gerieten in Syrien zwischen die Fronten.

Über die Begegnung mit einem der Geflüchteten, die als Patienten ab Sommer 2015 in unsere Einrichtung kamen, habe ich noch eine Stundenaufzeichnung in meinen Unterlagen: Herr N. hatte zunächst in einem der Zeltlager gewohnt, wie sie im Sommer in Kärnten entstanden waren. Wir begrüßten uns mit Unterstützung der Dolmetscherin: »Wie geht's?« »Ja, danke gut und Ihnen …« Dann wurde er realistischer: »Gut und schlecht. – Was wollen Sie zuerst hören?« »Das Gute.« Er berichtete, dass er Aufnahme in einer Kärntner Familie gefunden habe und sogar ein Arbeitsplatz in seinem Beruf in Aussicht sei. Die Behörden hätten geholfen. Dann kam das Schlechte. Er habe gestern mit seiner Familie telefoniert, die in einem umkämpften Gebiet wohnt. Vor einigen Tagen seien Flugzeuge gekommen, die man vorher nie gesehen habe, und hätten den sehr belebten Marktplatz bombardiert. Viele Bekannte seien zu Tode gekommen. Fast gleichzeitig seien ein Cousin und eine Cousine von den IS-Leuten hingerichtet worden, »von den Daesh-Leuten«, wie er sagte, weil er die Verwendung des Wortes »islamisch« in der Bezeichnung der Terroristen für eine Beleidigung des Islam hielt. Der Cousin habe angeblich mit den freien Rebellen sympathisiert und die Cousine wurde umgebracht, weil Leute verbreitet hätten, sie habe eine außereheliche Liebesbeziehung gehabt.

Jahre später hatten meine Kollegin Helene Pek und ich einen ehemaligen Soldaten aus dem Assad-Militär in Therapie. Er war zwangsrekrutiert worden und später desertiert. Jetzt wirkte er schwer depressiv und konnte sich über nichts freuen, auch nicht darüber, dass er gerettet und gut versorgt war. Erst nach Monaten erzählte er uns und der Dolmetscherin eine Geschichte, die er noch niemandem erzählt hatte. In Syrien war Herr S. an einer Straßensperre eingesetzt worden, die man am Rande einer Stadt auf beiden Seiten einer Zufahrtsstraße errichtet hatte. Auf beiden Seiten der Straße standen in Sichtweite voneinander Gebäude für die Mannschaften. An einem Tage wurde Herr S. Zeuge, wie die Wachen auf der gegenüberliegenden der Straße ein Ehepaar kontrollierten und in ihrem Gebäude verschwinden ließen. Die Frau wurde tagelang vergewaltigt. Herr S. wurde per Feldtelefon eingeladen, an der Vergewaltigung teilzunehmen. Er lehnte das Angebot ab und war so entsetzt, dass er beschloss, sobald es möglich war, zu desertieren, was ihm auch gelang. Das Ehepaar überlebte und wurde freigelassen. Herr S. sagte uns, dass er sich seitdem nicht mehr freuen könne, weil er durch das Nicht-Eingreifen eine schwere Schuld auf sich geladen habe. Wir waren sehr betroffen, haben Herrn S. aber in keiner Weise verurteilt. Durch sein Eingreifen hätte er die Frau kaum retten können und er hätte beim Rettungsversuch möglichweise sein Leben verloren. Herr S. fühlte sich etwas erleichtert und verlor langsam seine schwermütige Stimmung. Er wollte nicht, dass wir ihm einen therapeutischen Befundbericht zu seiner Traumatisierung für sein Asyl-Interview mitgaben. Er bekam einen positiven Asylbescheid, doch leider noch während der Therapie auch die Nachricht, dass sein Bruder, der ebenfalls nicht zum Militär wollte, von regierungsnahen Tätern erschossen worden war und dass sich der Rest der Familie auf den Weg in die Nordprovinz Idlib gemacht hatte, die damals noch etwas sicherer war.

Die Zahl der Binnenflüchtlinge, die sich zum Beispiel nach Idlib zu retten versuchten, und die Zahl der Geflüchteten, die über die Landesgrenzen nach Süden, Norden und Westen (in den Libanon) gingen, wurde während des Krieges immer größer. Nach Schätzung der Vereinten Nationen und anderer Organisationen gab es 2016 bereits 400.000 und 2018 mindestens 500.000 Kriegstote. 2015 waren bereits 11,6 Millionen Syrer auf der Flucht, davon 5 Millionen außerhalb Syriens. Für die meisten wurde die Türkei zum Auffanglager oder Exil, wohin zuvor auch viele Iraker und Afghanen geflohen waren. Von dort brachen dann Hunderttausende in Richtung Europa auf und kamen über Ungarn, wo Viktor Orbán sie nicht haben wollte und entwürdigend behandelte, nach Deutschland, wo sie im Sommer 2015 unter der Regierung von Angela Merkel die »Flüchtlingskrise« auslösten. Viele, die eigentlich weiter nach Norden wollte, blieben in Österreich, wo ebenfalls bald die Krise ausgerufen wurde. Schon im Herbst 2015 begann die anfänglich große Hilfsbereitschaft hierzulande zu kippen.

## Eine arabische Gruppe

Ab 2016 trafen sich in unserem Kärntner Beratungszentrum neben den AfghanInnen immer mehr schwer traumatisierte Geflüchtete aus Syrien und dem Irak. Alle hatten den Weg über das ägäische Meer hinter sich. Mit einigen dieser arabischsprachigen Patienten arbeiteten meine Kollegin Helene Pek und ich in einer psychotherapeutischen Gruppe (ausführlich geschildert in Pek 2018). Es kam zu intensiven Begegnungen, in denen die Männer ihre Leidensgeschichten miteinander teilten. Zwei kamen aus Mossul, das vom IS besetzt und später heftig umkämpft war. Der eine der beiden, B., der durch einen Unfall in der Kindheit eine geringfügige Behinderung hatte, war auf der Flucht über den Nordirak nach Österreich, dann wieder zurück in den Nordirak und später wieder nach Österreich, im kurdischen Gebiet des nördlichen Irak von Polizisten festgehalten, wochenlang gefesselt und gefoltert worden. Die kurdischen Polizisten wollten auf diese Weise von B.s arabischer Familie, die auf der Flucht aus Mossul im irakischen Kurdengebiet gelandet war, Geld erpressen, was auch gelang. Während seiner Erzählung in der Gruppe fiel B. plötzlich auf den Boden, wo er uns seine Fesselungsposition so vorführte, als würde er sie wiedererleben. In Österreich glaubten die Behörden das Hin und Her in B.s Geschichte zunächst nicht. Mein Befundbericht, in dem ich fachlich, aber auch möglichst verständlich darzulegen versuchte, dass eine »dissoziative Fugue« (ein Weglaufen mit Erinnerungsverlust) und eine »intrusive Symptomatik« (anfallsartiges Wiedererleben schrecklicher Erinnerungen) als Traumasymptome zu verstehen sind, konnte erstaunlicherweise zu einem positiven Asylbescheid in der ersten Instanz beitragen. Die Beamtin zitierte sogar die Fachbegriffe »Intrusion« und »Flashback« in ihrer Begründung. Offenbar war der B. auch im Büro des Asylamtes zu Boden gegangen.

Anders erging es M., der ebenfalls aus Mossul kam: Er hatte unter der IS-Besetzung seinen Bruder verloren, den er erst nach tagelanger Suche in den Krankenhäusern der Stadt fand. Man übergab ihm einen Leichensack. Als M. ihn öffnete, fand er darin den abgeschnittenen Kopf des Bruders neben dem Rest des Körpers. Er löste sich fast auf vor Schrecken und Angst und versteckte sich in der Erwartung, ebenfalls abgeholt zu werden, tagelang hinter zugezogenen Vorhängen in seiner Wohnung. Seine Frau musste am Fenster Wache halten. M. führte diese Situation in der Gruppe in einer Art von spontanem Psychodrama vor. Da er sehr schlank war, konnte er nach ein paar Wochen des Schreckens in einen leeren Tankwagen schlüpfen, der aus Mossul hinausfuhr. Kurz vor der Abbiegung zur syrischen IS-Hochburg ar-Raqqa, dem Ziel der Fahrt, ließ ihn der Fahrer aussteigen und es begann eine Odyssee, die ihn nach Österreich führte. Auch M. bekam einen ausführlichen Befundbericht mit auf den Weg ins Bundesamt für Fremdenwesen und Asyl; doch erhielt er einen negativen Asylbescheid, weil man seine Verfolgungs- und Fluchtgeschichte nicht glaubte. Es sei alles so unwahrscheinlich. In diesem Amt ging es wirklich zu wie in einer Lotterie. M. hätte wahrscheinlich in der zweiten Instanz des Asylverfahrens gute Chancen gehabt, war aber jetzt so verzweifelt und traurig, dass er lieber gleich zurück Richtung Mossul fahren wollte. Ich war froh, dass ich wegen einer Erkrankung zu Hause geblieben war, als er sich von der Co-Therapeutin und unserer Dolmetscherin weinend verabschiedete. Kleines Happy End: Viele Monate später – Mossul war inzwischen befreit – bekam unsere Dolmetscherin einen Anruf aus dem Irak. M. hatte überlebt und seine Frau in Syrien wiedergefunden, von wo aus er sie unter großen Schwierigkeiten über die Grenze in den Irak holen konnte.

Und noch eine Geschichte von einem jungen Mann aus dieser arabischen Gruppe möchte ich erzählen: K. war offensichtlich ein »Wirtschaftsflüchtling« und kam aus Marokko, wo er in einem bitterarmen Haushalt mit vielen Kindern, die sein Vater mit zwei Frauen hatte, aufgewachsen war. Er wollte unbedingt weg, auch deshalb, weil er in der Schule und in anderen Gruppen wegen seines Stotterns immer wieder verspottet wurde. Eine Überfahrt von Libyen aus scheiterte. In Libyen wurde er Opfer eines Raubüberfalls, von dem er eine Narbe zurückbehalten hatte. Es folgten eine Wanderung nach Osten rund um das südliche Mittelmeer, mit Überfahrt über das ägäische Meer, durch den Balkan, in ständiger Angst vor Überfällen, und dann eine Zurückweisung an der slowenisch-österreichischen Grenze, wo man ihm aufgrund seines nordafrikanischen Akzents nicht glaubte, dass er ein syrischer Geflüchteter sei. Als er es dann doch über die Grenze nach Österreich geschafft hatte, hatte er einen Asylantrag gestellt und mit großem Elan angefangen, Deutsch zu lernen. Alle Gruppenmitglieder mochten ihn, auch meine Co-Therapeutin und ich sowie die Dolmetscherin. Wir bewunderten seine Ausdauer und den heldenhaften Mut, den er auf seiner einsamen Wanderung an den Tag gelegt hatte. Als absehbar war, dass K. wegen des zu erwartendes negativen Asylbescheids bald aus Österreich weggehen würde, wahrscheinlich nach Italien, hatten wir mit ihm noch eine Abschiedssitzung in der Gruppe. Er hatte nun etwas Deutsch gelernt und in Österreich einige interessante und freundliche Menschen getroffen. Als wir noch einmal auf sein Stottern zu sprechen kamen, bestätigten die Gruppenmitglieder und die Dolmetscherin unseren Eindruck, dass er während der letzten Gruppentreffen das Stottern offenbar »verlernt hatte«. Er bewegte sich flüssig im Gespräch mit den anderen. Auch er selbst wunderte sich. Nur beim Beten sei dies schon vorher manchmal der Fall gewesen. Offenbar waren Vertrauen und Freundschaft eine gute Medizin gegen das Stottern.

## Willkommenskultur und Flüchtlingskrise

Die Geflüchteten begegneten in Deutschland, Österreich anderen Ländern Mittel- und Nordeuropas zunächst der sogenannten »Willkommenskultur«. Sie ist nicht erst 2015 oder durch Angela Merkel entstanden, sondern war schon einige Jahre zuvor in einigen Regionen Europas ein gut gemeintes Programm für eine verbesserte Aufnahme Geflüchteter in Gemeinden. Im Herbst 2014 veranstaltete das Land Salzburg eine größere Tagung für Bürgermeister, Vertreter aller Parteien im Land und NGOs zum Thema einer wirksamen Willkommenskultur für die bereits steigende Zahl Geflüchteter, bei der ich einen Eröffnungs-Vortrag halten durfte und im Publikum wie auch in den Arbeitsgruppen keine Anzeichen von Flüchtlingsfeindschaft bemerken konnte.

Im Verlauf des Jahres 2015 stieg die Anzahl der Geflüchteten, die nach Europa kamen, stark an, wobei die Syrer mit 40 % das größte Kontingent stellten. Aus Afghanistan kamen 12 %, aus dem Irak 9 %.[14] Die Willkom-

14 https://www.bpb.de/apuz/217302/ein-rueckblick-auf-die-eu-fluechtlingskrise-2015 (10.04.2021).

menskultur hielt der »Flüchtlingskrise«, die im Herbst 2015 ausgerufen wurde, zunächst noch Stand. Im Sommer und Herbst applaudierten an den deutschen und österreichischen Bahnhöfen die Menschenmengen und skandierten: »Refugees welcome!« (Später nannte man sie abfällig die »Willkommensklatscher«.) Es wurden improvisierte medizinische und hygienische Versorgungszentren, Essensausgabestellen, Schlafstätten und Spielzimmer für Kinder eingerichtet und von ehrenamtlichen HelferInnen am Laufen gehalten. Helferinnen und Helfer in Uniform, kirchliche Initiativen, Vertreter von Blaulicht-Organisationen und Tausende von Privatpersonen arbeiteten Hand in Hand. Alle lernten dazu und wussten bald gut, was gebraucht wurde, zum Beispiel Unmengen von Salbe für wunde Babypopos und Windeln. Wochenlang war Zeitungspapier verwendet worden. Drogeriemärkte und andere Geschäfte spendeten großzügig. Die Freude beim Helfen und ein gutes Gewissen verbreitete sich als ein inspirierendes Gefühl und zog, nachdem die ersten erschöpft waren, weitere HelferInnen und Helfer an. Manche waren erschüttert von der Not, der sie begegneten. Profi-Organisationen und private PsychotherapeutInnen boten kostenlos Supervision an.

Parallel zu den Hilfsaktionen eskalierte in Deutschland die Gewalt gegen Flüchtlingsunterkünfte. Ab dem 21. August 2015 kam es im sächsischen Heidenau zu heftigen Protesten von etwa 1.000 Teilnehmenden gegen eine Gruppe von neu angekommenen Geflüchteten, für die ein Willkommensfest veranstaltet werden sollte. Etwa zwei Dutzend Polizisten, die Übergriffe auf die Geflüchteten verhindern wollten, wurden verletzt. Als kurz darauf Angela Merkel den Ort des Geschehens besuchte, wurde sie mit Hassbotschaften und Protestgeschrei empfangen. Aus dem allgemeinen Gebrüll war deutlich eine weibliche Stimme herauszuzuhören. »Dort unten ist sie! Volksverräterin! Du blöde Schlampe, zeig dein hässliches Gesicht! ... Du elende Fotze!« (stern.de 28.08.2015). Das war der Ton, an den man sich fortan gewöhnen musste. Als Sigmar Gabriel, zu diesem Zeitpunkt der Vizekanzler Deutschlands, von einem in Heidenheim versammelten »Pack« sprach, wurde er darauf hingewiesen, dass man so über »besorgte Bürger« nicht reden dürfe. Die Demonstranten skandierten später: »Wir sind das Pack!«

Am 31. August 2015 fiel Merkels Satz »Wir schaffen das«, der ihr später als der entscheidende Auslöser der Flüchtlingskrise vorgehalten wurde. Er stand in einem Kontext:

> »Ich sage ganz einfach: Deutschland ist ein starkes Land. Das Motiv, mit dem wir an diese Dinge herangehen, muss sein: Wir haben so vieles ge-

> schafft – wir schaffen das! Wir schaffen das, und dort, wo uns etwas im Wege steht, muss es überwunden werden, muss daran gearbeitet werden. Der Bund wird alles in seiner Macht Stehende tun – zusammen mit den Ländern, zusammen mit den Kommunen –, um genau das durchzusetzen.«[15]

Zunächst regte sich kaum jemand über das Statement auf. Erst Wochen später wurde es immer wieder als Beleg für die Leichtfertigkeit von Merkels Politik zitiert. Doch ab Ende August 2015 gab es noch weitere Ereignisse, die zur Wende in der Flüchtlingspolitik und zu einer anhaltenden Krisenrhetorik beitrugen.

Ein Ereignis, das die Abwendung von vielen Österreichern und Deutschen gegenüber der Not der Geflüchteten verstärkte, war der grausige Fund von Parndorf, das nicht weit von Wien liegt und wegen seines großen Outlet-Zentrums ein Konsum- und Ausflugsort ist. Am 27. August fand man in einem neben der Autobahn abgestellten Kühllastwagen die bereits in Verflüssigung übergegangenen Leichen von 71 Menschen, von Frauen, Kindern und Männern aus Syrien, dem Irak, Afghanistan und dem Iran. Die Bilder konnten nicht fotografiert oder gefilmt werden. Es muss unvorstellbar gewesen sein. Der damals zuständige oberste Polizist des Burgenlandes und spätere Spitzenpolitiker der SPÖ Hans-Peter Doskozil sprach noch fünf Jahre später davon, dass sich bei ihm manchmal heute noch der entsetzliche Geruch einstellt, der von den Leichen ausging. Die Medienberichte lösten in den Köpfen und in den Fantasien der Menschen eine schwere Erschütterung aus. Es dürfte eine massive »Dread-Risk«-Furcht im Sinne Gigerenzers entstanden sein, eine Angst vor dem absolut Grauenvollen, verbunden mit einem spontanen Reflex des Zurückschauderns und der Vermeidung.

Der Schrecken war offensichtlich so groß, dass er gleich wieder abgewehrt werden musste. Das große Shopping- und Konsum-Zentrum nebenan lief weiter. Nur eine abendliche Super-Party wurde abgesagt. *Der Kurier* vom 28. August zog umgehend per Ferninterview eine Gerichtsmedizinerin zu Rate, die die Opfer nie gesehen hatte, aber zur allgemeinen Beruhigung versicherte, dass man bei einem Erstickungstod dieser Art gegen Ende keinerlei Schmerzen spüre. Auch in unseren *Tatort-* und sonstigen Krimis bekommt die Figur der coolen, halbwitzigen und skurri-

15 https://www.bundesregierung.de/breg-de/aktuelles/pressekonferenzen/sommerpresse konferenz-von-bundeskanzlerin-merkel-848300 (15.11.2021).

len Gerichtsmedizinerin oder des Gerichtsmediziners regelmäßig die Aufgabe, uns die Angst vor dem Grauen, die das Sterben gequälter Menschen umgibt, wieder erträglich(er) zu machen, sodass sich die zunächst große Angst bald wieder in die vertraute Angstlust des Zuschauers verwandeln kann. Es erwies sich, dass diejenigen, die (so wie ich) meinten, dass das Grauen nun endlich zu einer verstärken humanen Zuwendung zu den Geflüchteten führen würde, Unrecht hatten. Die Empathie-Abwehr obsiegte bereits nach kurzer Zeit, nicht obwohl, sondern wahrscheinlich gerade weil der Schrecken so groß war. Politiker und Medien begaben sich umgehend in das vertraute Skript des Kriminalfilms, bliesen zur verstärkten Jagd auf kriminelle Schlepper und machten sich Gedanken über ein möglichst effektives Blockieren der Reiserouten über den Balkan.

Wenige Tage danach, am 1. September, also kurz nachdem Merkel ihr »Wir schaffen das« verkündet hatte, löste ein weiterer Bericht vom Tod eines Menschen auf der Flucht große Beunruhigung aus. Diesmal gab es verstörende Fotos, die eine türkische Fotografin gemacht hatte, die aber zunächst nur mit Zögern in den Medien präsentiert wurden: Es waren die Bilder des zweijährigen Alan Kurdi, der tot mit dem Kopf in den flachen Wellen eines türkischen Strands aufgefunden wurde. Die Gesichter leidender Kinder, egal welcher Hautfarbe und Herkunft, lösen bei allen Menschen ein Mitgefühl, massive Unruhe und große Hilfsbereitschaft aus. Weil ein Zuviel an Erschütterung und Hilfsbereitschaft politisch unerwünscht war – nicht aus Pietät, wie manche sagten –, wurde der kleine Alan zunächst immer nur von hinten gezeigt. Erst später tauchten Fotos auf, die das anrührende Kleinkind-Profil des toten Jungen zeigten. Das Gesicht blieb tabu. Der ehemalige österreichische Bundeskanzler Sebastian Kurz hatte guten Grund, die Kinder und ihre Gesichter inmitten der Masse derer zu fürchten, die er pauschal »illegale Migranten« nennt: »Es wird nicht ohne hässliche Bilder gehen« (*Die Welt* 13.01.2016). Auch im Fall des ertrunkenen Alan wurde die anfängliche Welle der Empathiebekundungen (oder der Neugier?) bald durch eine Flut von Verdächtigungen und der Beschuldigungen der Opfer sowie der Helfer abgelöst. Mutter und Geschwister Alans waren ebenfalls ertrunken, der Vater hatte überlebt. Im Internet wurde bald verbreitet, er sei ein Schlepper; er habe nur nach Deutschland reisen wollen, um sich dort seine Zähne richten zu lassen usw. Auch andere bösartige Gerüchte machten die Runde. Sie alle hatten die Funktion, den Menschen die Zumutung einer tiefergehenden und nachhaltigen Empathie vom Leibe zu halten. Die Unterstellungen wurden bereitwilligst übernommen.

Am 4. September 2015, nur wenige Tage nach Veröffentlichung der Bilder von dem kleinen Jungen am Strand und nach dem grausigen Fund von Parndorf, öffnete Angela Merkel, ohne zuvor eine Befragung des deutschen Bundestag vorgenommen zu haben, die Grenze für Geflüchtete in Ungarn, die unter Orbán als unerwünschte Personen schikaniert wurden und sich zu Fuß mit Kindern und Rollstuhlfahrern auf der Autobahn in Richtung der österreichischen Grenze bewegten. Vor allem Vertreter ihrer eigenen Partei waren empört. Noch größer wurde die Empörung, nachdem sich Merkel in einem Berliner Flüchtlingslager auf einem Selfie mit einem syrischen Flüchtling hatte fotografieren lassen, der zunächst gar nicht wusste, dass es sich bei der Besucherin, die er um ein Foto bat, um die Bundeskanzlerin handelte. Das Foto, der Geflüchtete und Merkel wurden umgehend zu Objekten eines Shitstorms im Internet, aber auch von Kritik in eher seriösen Medien. Noch Jahre später machten Fotomontagen und falsche Behauptungen die Runde, wobei Merkel zum Beispiel unterstellt wurde, sie habe sich mit einem bekannten islamistischen Attentäter fotografieren lassen. Neben anderen Hassmotiven dürfte der soziale Neid wegen der zuvorkommenden Aufmerksamkeit eine Rolle gespielt haben, die die Kanzlerin hier einem »dahergelaufenen« fremden Mann und darüber hinaus allen gerade angekommenen Geflüchteten hatte zukommen lassen.

Innenminister Horst Seehofer von der CSU wurde umgehend der Sprecher der Merkel-Kritiker. Beschimpfungen und Kritik wurden immer lauter. Am 14. September rechtfertigte sich Merkel auf einer Pressekonferenz in einer für sie ungewohnt emotionalen Weise: »Ich muss ganz ehrlich sagen: Wenn wir jetzt anfangen, uns noch entschuldigen zu müssen dafür, dass wir in Notsituationen ein freundliches Gesicht zeigen, dann ist das nicht mein Land.« Der anwesende österreichische Bundeskanzler Werner Faymann war auf ihrer Wellenlänge. Merkel bezog sich in dieser Pressekonferenz unter anderem auf die unsäglichen Bilder des angreifenden Mobs von Heidenau, die sich in der Welt verbreitet hatten. Auf der anderen Seite gebe es aber auch die Bilder von den applaudierenden Helfern an den Bahnhöfen: »Da hat die Welt gesagt, das ist aber eine schöne Geste. Das kam aus dem Herzen der Menschen.« Es handle sich einfach um eine Notsituation.

Seehofer insistierte weiter auf der Unrechtmäßigkeit der von Österreich unterstützten Öffnung der deutschen Grenzen und auf der Unbewältigbarkeit der Probleme, die mit der Aufnahme einer so großen Zahl Geflüchteter verbunden seien. Er fand später zu der Formulierung: »Wir haben im Moment keinen Zustand von Recht und Ordnung. Es ist eine Herrschaft des Unrechts« (*Zeit online* 09.02.2016). Bald forderte man auf der rechten Seite immer lauter, den Andrang der Asylsuchenden – entgegen dem international garantierten Menschenrecht auf Asyl – im erwarteten Notfall durch eine »Obergrenze« einzudämmen und den Familiennachzug zu verhindern. Der größte Schlag gegen die Merkel'sche Willkommenskultur in Deutschland waren aber die Ereignisse in der Kölner Silvesternacht 2015/16, in der große Gruppen Geflüchteter, zu denen vor allem nordafrikanische junge Männer gehörten, die zur Silvesterfeier auf dem Domplatz anwesende Frauen sexuell belästigten und teilweise sogar vergewaltigten. Das verstärkte genau die Fantasien, die zuvor schon von rechts über testosterongesteuerte junge Geflüchtete verbreitet worden waren. Realangst und neurotische Angst gingen ineinander über. Der russische Außenminister Sergei W. Lawrow und russische Medien versuchten die aus der Silvesternacht entstandene Angst noch weiter mit Paranoia aufzuladen. Sie verbreiteten die Falschmeldung, dass in Berlin ein junges Mädchen deutschrussischer Herkunft von Geflüchteten entführt und brutal missbraucht worden sei. AfD, Pegida und Russlanddeutsche demonstrierten gemeinsam gegen Geflüchtete in Deutschland.

Im weiteren Verlauf der Flüchtlingskrise wurden in immer lauteren Tönen Geflüchtete selbst, »kriminelle Schlepper«, übertrieben hilfsbereite Politiker, Mitarbeiter der NGOs und Privatpersonen als Urheber der Notsituation hingestellt und attackiert. Vom Opferstatus der Geflüchteten war bald keine Rede mehr. Aus notleidenden und verfolgten Menschen mit weinenden und verletzten Kindern, wie man sie gerade noch in den erschütternden Kriegsreportagen und TV-Länderberichten gesehen hatte, wurden durch die Bank gefährliche Gesetzesbrecher: »illegale Migranten«. Die Verwandlung musste irgendwo in der Ägäis oder anderswo auf dem Mittelmeer stattgefunden haben. Anfang 2016 verkündete der damalige österreichische Außenminister Kurz mit Stolz, er habe durch geschickte Verhandlungen mit Mazedonien und mit benachbarten Ländern für Geflüchtete die »Balkanroute geschlossen.« Diese Behauptung gehörte fortan zu seiner Marke. In Wahrheit war es eher das von Merkel mithilfe des Migrationsexperten Gerald Knaus verhandelte Türkei-Abkommen vom März 2016, das die erwartete horrende Steigerung der Flüchtlingszahlen deutlich bremste. Gegen Milliardenzahlungen verpflichtete sich Erdoğan, Geflüchtete an einer weiteren Migration nach Europa zu hindern. Drei bis dreieinhalb Millionen Syrer wurden in den nächsten Jahre in der Türkei vergleichsweise gut versorgt sowie gesundheitlich, schulisch und beruflich zumindest teilweise integriert. Währenddessen gingen die Anträge auf Asyl in Deutschland und Österreich zurück:

> »Zwischen Januar und Dezember 2016 zählte das BAMF 745.545 Erst- und Folgeanträge auf Asyl und damit mehr als im Vorjahr. [...] Seitdem sind die Antragszahlen wieder zurückgegangen. Zwischen Januar und Dezember 2017 nahm das Bundesamt insgesamt 222.683 Erst- und Folgeanträge auf Asyl entgegen, im selben Zeitraum des Jahres 2018 waren es noch 185.853 Anträge, 2019 noch 165.938.«[16]

Der soziale Notstand und die Einführung der »Obergrenze« blieben ebenso wie der geplante Bau von großen, streng kontrollierten Transfer- und Transitlagern sowohl in Deutschland als auch in Österreich aus. In Ermangelung von Geflüchteten war es in beiden Ländern zu einem teuren Leerstand der bereitgestellten Flüchtlingsunterkünfte gekommen. »Erst wurde gebaut, dann blieben die Flüchtlinge aus« (*Zeit online* 10.08.2017).

Trotzdem hielt sich in der Bevölkerung zunächst noch ein hoher Angstpegel. Es waren offenbar nicht nur die bloßen Zahlen, sondern auch die ethnische Zusammensetzung und die fremde Religion der Geflüchteten, die in der Krise ab 2015 die Angst ansteigen ließen. Immerhin hatte die BRD in den 80er Jahren beinahe klaglos etwa eine Million Aussiedler aus Osteuropa und der Sowjetunion aufgenommen, dann weitere etwa zwei Millionen in den 90er Jahren und noch einmal eine halbe Million im ersten Jahrzehnt nach der Jahrtausendwende (Biess 2019, S. 428). Diese Einwanderer waren zwar teilweise deutschsprachig, aber mit der BRD-Kultur und westlichen Moral auch nicht wirklich vertraut.

Die große Angst vor den Geflüchteten aus muslimischen Ländern ist als eine subjektive Reaktion zunächst verständlich. Nicht nur die traumatische Silvesternacht hatte Nachwirkungen. Ab dem Jahr 2015 wurde die Angst vor den islamistischen Tätern, die nicht nur im Nahen Osten, sondern auch in den europäischen Metropolen, wie 2015 in Paris, 2016 in Brüssel und Berlin, Terror und Massenmorde praktizierten, mit der Angst vor den Geflüchteten vermengt, die zu Hunderttausenden aus Syrien, aus dem

16 https://www.bpb.de/gesellschaft/migration/flucht/zahlen-zu-asyl/265708/asylantraege-und-asylsuchende (20.07.2021).

Irak und aus Afghanistan nach Mitteleuropa kamen. Anfangs behaupteten gutwillige Linke (auch ich), dass Geflüchtete sicher nicht zu Terroristen würden, da sie ja gerade vor dem Terror geflüchtet waren. Aber unglücklicherweise waren einige der später dingfest gemachten islamistischen Terroristen tatsächlich als Geflüchtete über die Grenze gekommen. Dasselbe gilt für verwirrte jüngere Männer, die im Aufnahmeland Sexual- und Tötungsdelikte begingen und deren Opfer inländische Frauen und Mädchen waren. Die Angst vor einem allgemeinen Anstieg der Kriminalität aufgrund der Flüchtlingskrise erwies sich aber als unberechtigt. Aus dem Haus des Innenministers Seehofer wurde im Mai 2020 in einem Rückblick erklärt: »Die PKS [Polizeiliche Kriminalstatistik] verzeichnete 2019 weniger als 5,3 Millionen Straftaten, ausländerrechtliche Verstöße nicht mitgezählt. Das ist der niedrigste Wert seit 2005. 2009 gab es noch mehr als 6 Millionen Straftaten. Die Zahl der Straftaten sinkt damit im 3. Jahr infolge, während die Bevölkerung wächst. Die Aufklärungsquote lag 2019 bei 56,2 %.« Und der Minister selbst musste im gleichen Bericht feststellen: »Die größte Bedrohung geht weiterhin vom Rechtsextremismus aus. Wir haben allen Grund, hier mit größter Wachsamkeit vorzugehen. Wir müssen Tag für Tag das Menschenmögliche tun, um den Schutz unserer Bevölkerung zu gewährleisten.«[17]

Die subjektiv erlebte Angst vor Geflüchteten hatte sich gegenüber einer realistischen Angst weitgehend verselbstständigt. Eine ungestrafte Hasspropaganda führte allerdings zu einer großen Zahl von Brandanschlägen auf Flüchtlingsunterkünfte und Angriffen auf Geflüchtete: »Allein von 2015 auf 2016 stieg in Deutschland die Anzahl der rechtsextremen Gewalttaten um 60 % an, von 1000 auf 1600. Im Jahr 2016 gab es in Deutschland 995 Angriffe auf Flüchtlingsunterkünfte, 2017 waren es 312. Im Jahr 2018 gab es 173 Angriffe auf Unterkünfte. Im selben Jahr gab es laut Polizeiberichten 1775 fremdenfeindliche Angriffe auf Personen.«[18] Ende 2017 hatte das deutsche Bundeskriminalamt gemeldet, dass über das Jahr gerechnet jeden Tag ein Anschlag auf eine Asylbewerberunterkunft verübt worden war (*Zeit online* 06.11.2017).

Nur wenige der Straftaten von rechts wurden aufgeklärt. Zu den tätlichen Angriffen kam noch eine Flut verbaler und medialer Hassattacken

17 https://www.bmi.bund.de/SharedDocs/pressemitteilungen/DE/2020/05/fallzahlen-politisch-motivierte-kriminialitaet-2019-vorgestellt.html (20.07.2021).

18 https://www.lpb-bw.de/fremdenfeindlichkeit (01.01.2021).

auf Geflüchtete sowie auf Politiker, Journalisten und psychosoziale Helfer, die wegen ihrer Zuwendung und Hilfe für Geflüchtete grob beschimpft wurden. Die Bezeichnung als »Gutmensch« ist noch die freundlichste Variante. Wer sich engagierte, dem wurde und wird immer noch regelmäßig die Gruppenvergewaltigung durch Geflüchtete an den Hals gewünscht. Derlei wurde lange Zeit als bloß verbale Angstmacherei und Angeberei bagatellisiert. Aber nachdem es in Deutschland mittlerweile einige Mordversuche von rechts und am 1. Juni 2019 den Mord an dem liberalen CDU-Politiker und Flüchtlingsunterstützer Walter Lübcke gegeben hat, nehmen die politisch Verantwortlichen das Problem inzwischen ernster.

Die Kombination von Angst und Hass ist durch die Rede vom »besorgten Bürger« oder von »den Ängsten der Menschen«, auf die auch die Demokraten Rücksicht nehmen sollten, verharmlost worden. Jürgen Habermas wurde im Herbst 2016 gefragt, was er davon halte, dass in der AfD wie auch von Stimmen in der CDU eine Rehabilitation des Völkischen gefordert und vor der »Umvolkung« Deutschlands gewarnt werde. Er meinte: »Daraus dürften demokratische Parteien für den Umgang mit Leuten, die solchen Parolen nachlaufen, eigentlich nur eine Lehre ziehen: Sie sollten diese Art von ›besorgten Bürgern‹, statt um sie herumzutanzen, kurz und trocken als das abtun, was sie sind – der Saatboden für einen neuen Faschismus« (Habermas 2016).

Carolin Emcke (2016) hat sich die Rede von den besorgten Bürgern genauer angeschaut:

> »Der Begriff vom ›besorgten Bürger‹ […] fungiert mittlerweile als ein diskursiver Schild, der Fragen nach rationalen Gründen für Sorgen abwehren soll. Als seien Sorgen an sich schon ein triftiges Argument in einem öffentlichen Diskurs und nicht bloß ein Affekt, der berechtigt oder unberechtigt, angemessen oder unangemessen, vernünftig oder übertrieben sein kann« (ebd., S. 40).

Emcke hat auch die fremdenfeindlichen Ereignisse im sächsischen Clausnitz am 18. Februar 2016, bei denen gerade angekommene Geflüchtete in ihrem Reisebus vor ihrer neuen Unterkunft von einem protestierenden Mob belagert und geängstigt wurden, als Teil einer Menschenjagd analysiert. »Wie geht das? Wie ist es möglich, das weinende Kind, die beiden verschreckten Frauen in der ersten Reihe des Busses zu sehen – und ›weg‹ zu brüllen?« (ebd., S. 47). Das in allen Medien verbreitete Video von der

Belagerung, das aus der Menge der Protestierenden heraus aufgenommen wurde, war ein paar Tage nach den Übergriffen als Teil einer Facebook-Seite »Döbeln wehrt sich – meine Stimme gegen Überfremdung« publik gemacht worden. Döbeln liegt etwa 60 Kilometer nördlich von Clausnitz. Beide Orte liegen wiederum etwa 50 Kilometer westlich von Dresden. Die Initiativen der wachsamen Bürger in der Region waren offenbar miteinander verbunden. In dem Facebook-Beitrag »erscheint der kurze Film wie der vorläufige Höhepunkt einer ganzen Sequenz aus elf Bildern und zahlreichen Kommentaren, die sich auf den Transport von Geflüchteten beziehen« (ebd., S. 51) und den Eindruck einer Dokumentation der erfolgreichen Jagd auf eine unerwünschte Gruppe vermitteln. Die Busse mit den Geflüchteten werden gewissermaßen aufgestöbert und gestellt. Ein Bus wurde dabei fotografiert, wie er bei leerstehenden Gebäuden der Firma »Autoliv« ankommt. Autoliv war ein großer schwedischer Hersteller von Sicherheitstechnik, der zwei Jahre zuvor Döbeln verlassen hatte, um mit billigeren Arbeitskräften in Osteuropa zu produzieren. 2015 wurde ausgehandelt, dass in den verlassenen Gebäuden eine Erstaufnahmestelle für Geflüchtete entstehen sollte. In diesem Zusammenhang ist eine zynische Bildunterschrift des Fotos mit dem ankommenden Bus zu verstehen: »Still und heimlich in Döbeln. [...] Kurz nach 6h. Die neuen Fachkräfte für Raub und Diebstahl werden gebracht« (ebd.). Hier zeigt sich eine Verschiebung des Affekts.

> »Was für eine eigenwillige Verschiebung: Weil die Wut auf das Unternehmen, das sein Werk in Döbeln geschlossen hat, keinen Adressaten mehr finden kann, richtet sie sich auf diejenigen, die die ursprüngliche Leerstelle des Adressaten füllen? Nicht diejenigen, die das Werk geräumt haben, werden zum Ziel des Zorns, sondern diejenigen, die das ungenutzte Werksgelände brauchen. Nicht die Manager von Autoliv werden als ›Fachkräfte für Raub und Diebstahl‹ verleumdet, sondern die Geflüchteten, die in die überflüssig gewordene Immobilie einziehen müssen« (ebd., S. 52).

Man sieht in der Geschichte von Clausnitz und Döbeln, wie eine Gruppe demagogischer Aktivisten die Realangst vor der kapitalistischen Zerstörung einer Region aufgreift, um sie in eine Angst vor Geflüchteten zu überführen. Gegen diese richtet sich die Empörung der Menge. Die Versammelten steigern sich über skandierte »Wir sind das Volk«-Rufe in eine Jagdstimmung hinein. »Die Bildsequenz rahmt das zentrale Video ein in die Erzählung einer Art Jagd, als ob ein Bus mit Geflüchteten, wie ein Tier, verfolgt und schließlich doch gestellt worden wäre« (ebd., S. 54). Die Objekte der Jagd werden für zwei Stunden eingekesselt und müssen sich zusammen mit der Jagdgesellschaft filmen lassen, in der sich offenbar niemand schämt, dass in der Gruppe der Angegriffenen Kinder und Frauen geängstigt und zum Weinen gebracht werden. Besorgte Bürger haben offenbar die Lizenz dafür, sich so zu verhalten.

Die Lust an der Menschenjagd ist das tabuisierte Zentrum des aggressiven Rechtspopulismus. Offene Menschenjagden, zu denen auch das »Ausräuchern« der Fremden mithilfe von Brandsätzen gehört, hatte es schon im Deutschland der 1990er Jahre gegeben. Die Jagdstimmung erstreckt sich offensichtlich auch auf die HelferInnen der Geflüchteten, allen voran Angela Merkel. Als bei den Bundestagswahlen Ende September 2017 die AfD hohe Stimmengewinne erzielte und ins Parlament einziehen konnte, verkündete der Spitzenkandidat Alexander Gauland vor laufenden TV-Kameras in freudiger Erregung: »Da wir ja nun offensichtlich drittstärkste Partei sind, kann sich diese Bundesregierung warm anziehen. Wir werden sie jagen, wir werden Frau Merkel oder wen auch immer jagen – und wir werden uns unser Land und unsere Volk zurückholen« (*ORF ZIB* 24.07.2017). Dazu trug Gauland seine berühmte Jagdhund-Krawatte.

Darf man die öffentliche Verfolgung von Geflüchteten und anderen missliebigen Menschen in Deutschland als »Hetzjagd« bezeichnen? Diese Bezeichnung spielte nach den Übergriffen in Chemnitz Ende August 2018 eine Rolle. Bei der Großdemonstration von rechten Gruppen – an der Spitze AfD, Pegida und »Identitäre« – waren ein jüdisches Restaurant demoliert, der Besitzer bedroht und Migranten auf offener Straße in Angst und Schrecken versetzt worden. Der Leiter des Verfassungsschutzes Hans-Georg Maaßen kritisierte Merkels Verurteilung der »Hetzjagden« in Chemnitz und in mehreren kritischen Berichten, indem er erklärte, es lägen »dem Verfassungsschutz keine belastbaren Informationen darüber vor, dass [...] Hetzjagden stattgefunden haben« (*Zeit online* 10.09.2018). Merkel ließ dies nicht durchgehen. Man kann vermuten, dass Maaßen damit die AfD vor einem Verbotsantrag schützen wollte. Jedenfalls wurde er zu deren Helden. Innenminister Seehofer hatte schon bald nach den Übergriffen von Chemnitz sein Verständnis für die sächsische Bevölkerung geäußert: »Die Migrationsfrage ist die Mutter aller politischen Probleme in diesem Land. Das sage ich seit drei Jahren« (*Der Tagesspiegel* 06.09.2018). Er stellte sich zunächst hinter Maaßen, der erst mit einem

Gehaltssprung nach oben zu Seehofer ins Innenministerium versetzt und schließlich entlassen wurde. Maaßen hatte seine Kritik an Merkel wiederholt und sich zum Opfer einer Verschwörung stilisiert. Dieser Ausgang des Skandals führte zusammen mit massiven Stimmenverlusten der CSU bei den bayrischen Landtagswahlen im Oktober 2018 zu einer Schwächung von Seehofers Position gegenüber Merkels Linie.

Die extreme Angststimmung infolge der Flüchtlingskrise ab 2015 begann im Jahr 2018 deutlich zu verebben. 2018 zeigten die Deutschen laut der alljährlichen, repräsentativen Studie der R+V Versicherung bereits mehr Angst vor der Politik Donald Trumps als vor der Flüchtlingskrise.[19] 2019 kam im Ranking die Angst vor einer Überforderung der Politik durch Geflüchtete zwar wieder nach vorn, knapp gefolgt von der Angst vor Trump, aber die Deutschen waren insgesamt laut R+V-Analyse »viel gelassener« geworden. Der Angstindex (der Durchschnittswert aller abgefragten Ängste) war 2019 von 47 auf 39 % gesunken. Im Coronajahr 2020 landeten die Ängste vor Geflüchteten und vor der Flüchtlingspolitik auf der Liste weit hinten auf Platz 6 und 7. Angst vor der Trump-Politik war Spitzenreiter, knapp gefolgt von der Angst vor steigenden Lebenshaltungskosten, die wohl als Angst vor den Corona-Folgekosten zu verstehen ist.

Die Asylanträge waren zurückgegangen. Der Sozialstaat hatte standgehalten. Der Angstpegel in Bezug auf Geflüchtete in der Bevölkerung begann langsam schwächer zu werden. Trotzdem oder gerade deswegen wurde von rechten Politikern und von konservativen Journalisten ein Zuzug von Geflüchteten immer wieder wie eine schwere Schädigung und Traumatisierung der inländischen Bevölkerung heraufbeschworen, dramatisiert und reinszeniert. Man müsse alle Vorkehrungen treffen, damit sich das Trauma von 2015 niemals wiederholt. Das angebliche Trauma sollte offenbar zu einem Baustein einer neuen Kollektividentität werden – ganz so, wie es Vamık Volkan (1999) in seiner zuvor erwähnten Theorie vom *chosen trauma* analysiert hatte. Ende Juni 2018 ließ der FPÖ-Innenminister Herbert Kickl am völlig ruhigen österreichisch-slowenischen Grenzübergang Spielfeld, wo es drei Jahre zuvor zu einem großen Ansturm und Stau Geflüchteter gekommen war, die Bedrohungssituation von damals durch Polizeitruppen mit Radpanzern und anderem schweren Gerät nachspielen, um für die Zukunft gewappnet zu sein. Polizeischüler duften randalierende

19 https://www.ruv.de/presse/aengste-der-deutschen/presseinformation-aengste-der-deutschen (10.08.2021).

Geflüchtete spielen. Angesichts der Machtübernahme der Taliban in Afghanistan im Spätsommer 2021 wurde das sorgsam gepflegte Trauma von 2015 erwartungsgemäß von rechten Politikern (z. B. Sebastian Kurz) aus der rhetorischen Kiste geholt, um jegliche Aufnahme von Asylsuchenden, auch von verfolgten Frauen, zu blockieren.

Trotz aller Versuche, die Flüchtlingskrise von 2015 als ein schweres Trauma hinzustellen und Angela Merkel als die Schuldige an der großen Krise anzugreifen, kann man aus der Sicht der Jahre 2020/21 sagen, dass Merkel »es geschafft hat«. Sie ist immer noch oder wieder mit Abstand die beliebteste Politikerin Deutschlands. Bayerns Markus Söder, der 2018 in der Flüchtlingspolitik noch auf einer Linie mit Salvini, Kurz und Orbán gewesen war, erklärte im April 2021: »2018 habe ich Fehler gemacht – in der Flüchtlingsfrage und im Umgang untereinander in der Union. Angela Merkel hat mir das nie nachgetragen« (*Der Spiegel* 10.04.2021, S. 16). Zugleich kritisierte er die AfD: »Für mich ist es inakzeptabel, dass Menschen wegen ihrer Herkunft, ihres Glaubens oder ihrer Orientierung diskriminiert werden« (ebd.).

## Ein transatlantisches Cluster und die Logik des Cäsarismus

Später milderte sich auch Seehofers Hardliner-Position ab. Er ist, so wie die gesamte CSU, auf Distanz zur AfD gegangen, statt mit ihr zu wetteifern, und akzeptierte Merkel. 2020 plädierte er sogar, anders als Kurz in Österreich, dafür, einige Hundert Flüchtlingskinder aus dem Elend des Lagers auf Lesbos nach Deutschland zu holen. Bis in das Jahr 2019 hinein war Seehofer aber noch Mitglied eines rechtspopulistischen und rechtsextremen Clusters von europäischen Politikern gewesen, deren Geschäftsgrundlage eben seine These von der »Migrationsfrage als Mutter aller politischen Probleme« war: Die Flüchtlinge sind das Hauptproblem und sollen es bleiben! Die damit verbundene Angst versprach Wählerstimmen und bindet die Anhänger an die Führer, die sich selbst als angstfreie Vorkämpfer gegen Überfremdung geben. Das gilt für Orbán in Ungarn, Kurz und die FPÖ-Führung in Österreich, Marine LePen in Frankreich, Geert Wilders in Holland, Salvini und seine Lega in Italien, die AfD-Vertreter in Deutschland, die Kaczyński-Partei in Polen, Janez Janša in Slowenien, der Orbán und Kurz freundschaftlich verbunden ist, sowie auch für die Politik Trumps auf der anderen Seite des Atlantik. Auf diesen konnten sich ab

Herbst 2016 alle der zuvor genannten Personen und Gruppen zum Zwecke der Rückenstärkung beziehen. Auch Boris Johnsons »Brexit« war eine Antwort auf die britischen Ängste vor Einwanderern.

Es bildete sich ein transatlantisches Cluster des Rechtspopulismus und Rechtsextremismus. Salvini begrüßte Trump im Kreise seiner europäischen Freunde: »Good luck and good job, Mister Trump! Er bringt Sehnsucht all jenen, die erniedrigt worden sind durch ein ruinöses Modell, das ihnen eine Globalisierung ohne Regeln auferlegte« (Konferenz der Nationen und der Freiheit, Koblenz 21.01.2017, zit. n. Rabinovici 2018, S. 32f.). Vor allem Trumps Berater Steve Bannon wurde als Verbindungsmann zwischen Rechtsextremen in den USA und in Europa tätig. Nach einem vorübergehenden Zerwürfnis und einer Verurteilung wurde er Ende 2020 noch rasch von Trump begnadigt und ausdrücklich belobigt. Auch militante Rechtsextreme haben sich in den letzten Jahren transatlantisch vernetzt. »Das Auftauchen der Konföderierten-Fahne aus den Südstaaten der USA oder Symbole des Ku-Klux-Klan bei einem Treffen von Rechtsradikalen in Thüringen, zeigt, dass auch hier eine transatlantische Verbindung im Gange ist« (Biess 2019, S. 450). Biss bezieht sich auf einen Bericht der *New York Times* vom 26. September 2018. Dieselbe Zeitung berichtete am 8. Februar 2021 unter der Überschrift »The Far Right's Global Connection« von einer regen Kooperation der Rechtsextremen in den USA und in Europa. Der Sturm auf den deutschen Reichstag im August 2020 ging dem Sturm auf das Kapitol am 6. Januar 2021 voraus. Deutsche Rechtsextreme waren unter Trump auch in die USA gereist, um an Scharfschützen-Wettbewerben teilzunehmen (*New York Times* 08.02.2021). Als Trump Ende Februar 2021 mit seinen rechtsextremen Anhängern aus der Republikanischen Partei bei einer Konferenz in Florida einen triumphalen Neustart des Trumpismus ankündigte, beeilten sich Vertreter der österreichischen FPÖ und der Fraktion der rechten Parteien im Europäischen Parlament mit dem Namen »Identität und Demokratie«, daran teilzunehmen. Ab 2019 hat auch Brasiliens Präsident Jair Bolsonaro mit seinen rassistischen und sexistischen Äußerungen sowie mit der Leugnung des Klimawandels und wenig später der Coronagefahr die amerikanische Fraktion des transatlantischen Rechtsextremismus maßgeblich verstärkt.

Masha Gessen (2020, S. 205ff.) hat gezeigt, dass in Trumps politischen Statements bei all ihrer Widersprüchlichkeit und Rätselhaftigkeit der aggressive Abwehrkampf gegen Migranten und Geflüchtete ein konstantes und grundlegendes Prinzip war. An der geforderten Einreisebehinderung für Muslime und am Projekt des Mauerbaus an der mexikanischen Grenze im Süden hielt er gegen alle Kritiker fest. Auch Trump versuchte, die Migrationsfrage zum größten aller Probleme hochzustilisieren: »Tag für Tag verlieren Menschen durch jene, die unsere Grenzen verletzen, vorzeitig ihr Leben [...]. Wie viel amerikanisches Blut müssen wir noch vergießen, bis der Kongress endlich seine Arbeit macht?« (Fernsehansprache aus dem Weißen Haus, Anfang Januar 2019, zit. n. ebd., S. 212). Trump wollte aus dem Einwanderungsland USA einen sich abschottenden Nationalstaat machen, in dem die Staatsbürgerschaft nicht mehr nach dem Geburtsortprinzip, sondern nach den Kriterien der Familienherkunft vergeben wird (ebd., S. 193ff.). Zu diesem Zweck verbreitete er die Lüge, dass die USA das einzige Land seien, das denen, die im Land geboren werden, automatisch die Staatbürgerschaft gebe. Mit der neuen Regelung würden Menschen aus den von Trump sogenannten »Drecksloch-Ländern« die Einwanderung erschwert. Die Käfige für Kinder und die Trennung von Flüchtlingsfamilien an der mexikanischen Grenze erfüllten in Trumps Konzept dieselbe Abschreckungsfunktion für die USA wie die Elendslager für Geflüchtete auf den griechischen Inseln für Europa. Der neue Präsident Joe Biden hat sofort nach seiner Amtseinführung am 20. Januar 2021 per Dekret sowohl den Einreisetop für Muslime als auch den Mauerbau gestoppt.

Man kann die angeführten rechten Bewegungen und Parteien, deren Erfolgskurs bereits schon einige Jahre vor 2015 in Ungarn begann und die in der »Flüchtlingskrise« bis hin zum Ende der Trump-Regierung einen allgemeinen Höhenflug erlebten, in Anlehnung an die klassische Studie *Angst und Politik* von Franz Neumann (1954, englisch 1957) als *cäsaristische Bewegungen* bezeichnen. Cäsaristische Führer haben ein Gespür für die Ängste, die in einer bestimmten Epoche in der Bevölkerung herrschen. Der Politikwissenschaftler und Jurist Neumann stützte sich bei seiner Analyse des Cäsarismus auf die Freud'sche Unterscheidung von Realangst *(true anxiety)* und neurotischer Angst *(neurotic anxiety)*. Voraussetzung für die Wirksamkeit des Cäsarismus ist, dass die Menschen in einer Situation sind, in der sie selbst »entfremdet« sind, das heißt, sich selbst und ihren Unmut nur teilweise verstehen. Cäsaristische Führer greifen angstmachende Gefühle eines Mangels, von Anarchie und Ausbeutung oder eines drohenden Krieges auf. Ängste haben immer ihre Basis in realen gesellschaftlichen Problemen. Der Führer bringt es zuwege, dass die zu einer Großgruppe oder Masse verbundenen Anhänger in eine »affektive Identifizierung« mit ihm geraten, an der nach Freud (1921) immer auch eine »zielgehemmte

Libido«, also Liebesregungen beteiligt sind. Liebe macht bekanntlich blind. Um das zu verstärken ruft Trump zum Beispiel seinen Anhänger immer wieder »We love you« oder »I love you« zu, ein Statement, das diese dann wieder an ihn zurückgeben. Auch hypnotische Fähigkeiten des Führers kommen wie in einem Freud'schen Lehrbuch zum Zuge: Ein oder zwei Mantras (»Make America great again!« MAGA, »America first!«) werden ständig wiederholt, als Baseball-Kappen-Aufdruck von den Anhängen auf der Stirn getragen und verinnerlicht.

In einem solchen Zustand der Identifizierung gelingt es dem Führer, die Realangst, die Gründe hat und eigentlich komplexe Erklärungen und Lösungen verlangen würde, in eine neurotische Angst zu transformieren, die konkretistisch ist. Die von den Menschen gefühlte Unzufriedenheit mit ihrer sozialen Position und ihre Angst wird auf die Bedrohung durch benennbare Personen oder eine Gruppe umgelenkt, die sich angeblich zu dem Zweck verschworen haben, der vom Führer vertretenen Gruppe oder Nation Schaden zuzufügen. Mindestens so wichtig wie Sündenböcke, auf die man Aggression abladen und die man dann verjagen kann, so zeigt Neumann an einer Fülle von historischen Beispielen, sind die Verschwörer, von denen man annimmt, dass sie raffinierte und machtvolle Figuren sind, die von einer sicheren Hinterbühne aus immer neue Vernichtungspläne schmieden. Für die Geschichte der Neuzeit führt Neumann (1954, S. 27) die angeblichen Verschwörungen der Jesuiten, der Freimaurer, der Kommunisten (man denke an McCarthy), der Kapitalisten und der Juden an. In unserer heutigen Situation sind die Verschwörer die kosmopolitischen Eliten und privilegierte Cliquen, die auf Kosten des verachteten einfachen Volkes leben, die LGBT-Communities, die Impfmafia, das Ehepaar Gates und Leute wie George Soros, die mithilfe eingeschleuster Flüchtlinge angeblich die ethnische Zusammensetzung der Nationen ändern wollen. Man hört auch heute immer noch oder wieder den verhaltenen Hinweis, dass sich in den genannten Gruppen der Verschwörer Juden befinden.

Sogar bis zu Erdoğan ist inzwischen die Soros-Theorie durchgedrungen. Er nennt den wohlhabenden demokratischen Kritiker Osman Kavala, den er lebenslang hinter Gitter bringen möchte, den »roten Soros«. Hinter ihm stehe »der berühmte ungarische Jude Soros. Das ist der Mann, der Leute um die Welt schickt, um Nationen zu spalten« (Nau.ch 24.06.2019). Und als Trumps Anwalt Rudy Giuliani im Dezember 2020 gar nichts mehr zur Beeinspruchung von Trumps Wahlniederlage einfiel, machte er eine eigentümliche Verschwörung zwischen Soros, der Demokratischer Partei und dem längst verstorbenen Präsidenten von Venezuela, Hugo Chávez, für den angeblichen großen Betrug verantwortlich.

Die Transformation von Realangst in neurotisch-paranoide Angst gelingt dann besonders gut, wenn es in der neurotischen Angst einen Realangst-Kern gibt – reale Ausbeutung, eine Regel- und Normenverwirrung, Manipulation, Abgehobenheit einer Oberschicht, Hinterzimmerpolitik usw. –, an den die Demagogen dann anknüpfen können. Die angstmachenden und teilweise schwer greifbaren Probleme landen durch ihre Transformation in einer »falschen Konkretheit« (Neumann), so als bräuchte es nur ein paar zur Tat entschlossene Männer, um sie in kurzer Zeit zu beseitigen. In vielen Fällen ist es allerdings so, dass cäsaristische Führer das von ihnen entworfene Geschichts- und Gesellschaftsbild mit ihren Anhängern nur zum Schein teilen und daneben ganz eigene, zumeist finanzielle Interessen verfolgen. In Bezug auf die Herrschaft des Ehepaars Peron, das sich in Argentinien bereichert hat, wurde dies nach dem Ende des Regimes deutlich. Auch der über viele Jahre selbstlos auftretende, rechtspopulistische Führer der FPÖ, Hans-Christian Strache, wurde im Gefolge des Ibiza-Skandals im Herbst 2019 als absolut habgieriger Spesenritter enttarnt.

Interessant ist noch ein weiterer Hinweis Neumanns: Wenn cäsaristische Regime länger anhalten, tendieren sie dazu, Restbestände eines autonomen Über-Ich oder eines Gewissens in den Followern und Unterworfenen zu korrumpieren, indem sie diese dazu zwingen, sich an kriminellen oder gesetzeswidrigen Handlungen der Führung zu beteiligen oder diese zumindest ohne Einspruch zuzulassen. Dabei entsteht zunächst in der Psyche der meisten Follower ein innerer Protest aufgrund ihrer älteren moralischen Überzeugungen, die nicht ohne Weiteres ausgerottet werden können. Damit ist eine spontane Angst verbunden, eine »Gewissensangst« im Sinne Freuds, die aber dann durch eine verstärkte Unterwerfung unter den Führer und seine besondere Moral überdeckt wird, der dann als Beweis für die aufrechterhaltene Identifizierung neue Missetaten verlangt.

Für die Mitglieder der SS bestand die neue moralische Handlung eben darin, den »inneren Schweinhund« eines weichlichen humanistischen Gewissens zu überwinden. Sebastian Haffner (2000) hat beschrieben, wie im Berlin des Jahres 1934 junge Juristen seiner Generation den Hinauswurf jüdischer Kollegen aus den Gerichten widerstandslos zuließen, sich dabei teilweise zunächst sehr schlecht fühlten, dann aber gleich wieder besser, fast euphorisch, nachdem sie der NSDAP beigetreten oder anderweitig ihre Loyalität gegenüber dem Nationalsozialismus bekundet hatten. Trump hatte in den letzten Monaten und Wochen seiner Amtszeit Hunderte oder Tausende seiner Parteigänger dazu gezwungen, wider besseren Wissens für seine Wahlbetrugsthese zu kämpfen und zu lügen, und zwar auch dann, als die Betrugsthese von allen Gerichten widerlegt war. Bei einem Teil der Republikaner dürfte dies eine Jetzt-erst-recht-Identifizierung oder »Identifizierung mit dem Angreifer« (Anna Freud) hinterlassen haben, bei anderen, zum Beispiel bei Trumps Vizepräsidenten Mike Pence, nicht.

Dieser ist buchstäblich in letzter Minute der völligen Korrumpierung seines Über-Ichs durch Trump entkommen, indem er die Wahl Bidens für rechtmäßig erklärte. Das war mutig und wohl lebensgefährlich. Ebenso war die Entsendung des rechten Mobs in den Kongress ein Versuch, am Ende noch Zehntausende von Anhängern in Schuld zu verstricken und sie dadurch umso stärker an den Führer zu binden. Wie Videos zeigen, die bei der Diskussion über ein Impeachment-Verfahren gegen Trump Mitte Februar 2021 vorgeführt wurden, gab es bei einigen rechten Gruppen bereits den festen Plan, Pence aufzuhängen.

## Angst vor dem großen Austausch

Ein Beispiel für die aktuelle Angstpolitik rechter Politiker im Westen, in der eine im Kern berechtigte Realangst und eine neurotische Angst systematisch vermengt werden, ist die Theorie vom »großen Austausch«, die von der rechtsextremen Bewegung und allen voran von den »Identitären« verbreitet wurde: Die Verbreitung der Angst vor dem großen Austausch steht im Zentrum ihres Programms. »Wir Identitäre wissen, dass dieser Bevölkerungsaustausch kein Naturschicksal ist, sondern von den eigenen Politikern verschuldet ist. Wir nennen ihn mit den Worten des französischen Theoretikers Renaud Camus den ›Großen Austausch‹«.[20]

Hier geht es um die Vorstellung, dass es einen finsteren Plan gibt, in den europäischen Nationalstaaten die alteingesessenen Völker oder Ethnien, die einen christlichen Hintergrund haben, gegen einwandernde muslimische und farbige Gruppen auszutauschen. Einige Jahre zuvor sprach man, zum Beispiel in der österreichischen FPÖ, noch von der »Umvolkung« und vom drohenden »Negerkonglomerat« (Andreas Mölzer) in unserer Gesellschaft. Gefürchtet wird die Dominanz der eingewanderten

20 https//iboesterreich.at/der-große-austausch (20.03.2018).

Gruppen und die Entstehung einer Mischkultur, in der die alten Bewohner ihre Identität verloren haben. Identität wird höchst einseitig immer als ethnische Identität verstanden. Der Vorgang des Austauschs wird nach dieser Vorstellung von einer verschwörerischen Elite organisiert, die aus dem Hintergrund agiert und deren Führer George Soros ist. Das visionäre Gegenkonzept gegenüber dem bereits fortgeschrittenen großen Austausch wird »Ethnopluralismus« genannt. Es besagt, dass alle Völker dieser Welt sich in ihrem eigenen geografischen und kulturellen Raum entwickeln sollen. Multikulturelle Tendenzen und Vermischungen der Völker müssen unbedingt verhindert werden. Wenn man nur einen Schritt weiterdenkt, ist Ethnopluralismus ein vornehmeres Wort für Rassismus oder eine weltweite Apartheid. Denn wie will man Zwischenheiraten verhindern, wenn nicht durch Verbote und Vertreibung?

Orbán warnt ausdrücklich vor der »Rassenmischung«, die von EU-Politikern in Brüssel – mit dem Drahtzieher Soros im Hintergrund – betrieben würde: »Sie schaffen Nationen mit gemischten Rassen« (*FAZ.net* 11.02.2019). Seine Ideen, die auf eine Reinerhaltung einer ungarisch-christlichen Identität zielen, stimmen schon seit Jahren völlig überein mit dem Programm der »Identitären«, die den »großen Austausch« militant bekämpfen. Orbáns Konzept von ethnischer Identität ist biologistisch:

> »In der Welt bleiben nur jene Gemeinschaften erhalten, die zumindest im biologischen Sinne in der Lage sind, sich selbst zu erhalten […]. Es gibt keine kulturelle Identität ohne eine stabile ethnische Zusammensetzung. Die Veränderung der ethnische Zusammensetzung ist identisch mit der Veränderung der kulturellen Identität.«

Orbáns Idee ist es, das »Weltungarntum zu einer Gemeinschaft zu vereinen« (Offene Universität und Studentencamp, Rumänien 2017, zit. n. Rabinovici 2018, S. 32f.). »Wir werden nicht zulassen, dass Soros zuletzt lacht« (27.06.2017, zit. n. ebd., S. 30). Um dem beginnenden Schwund der angeblich rein ungarischen Bevölkerung entgegenzuwirken, wurde in Ungarn den Frauen ein Art Gebärprämie in Aussicht gestellt, ein Kredit bei jeder Geburt, der ab dem dritten Kind nicht mehr zurückgezahlt werden muss.

Der Massenmörder von Christchurch lobte nicht nur Trump als Retter der weißen Rasse, sondern befand auch sich ausdrücklich auf der Linie der

Identitären. Er erwies dem Chef der österreichischen identitären Bewegung, Martin Sellner, einige Monate vor der Mordaktion nicht nur seine große Anerkennung, sondern spendete ihm auch Geld. Auch der Attentäter von Halle glaubte an die Theorie vom großen Austausch. Als der Richter ihn fragte, warum er nicht den Weg in eine weiterführende Ausbildung gefunden habe, antwortete er: »Ich wollte nichts mehr für diese Gesellschaft tun, die mich durch Neger und Muslims ersetzt.« Er wollte in die Synagoge der Stadt Halle eindringen, um sich an den Juden zu rächen, von denen er glaubte, dass sie den großen Austausch organisieren (*Der Spiegel* 07.11.2020, S. 58). Matteo Salvini hatte vom »ruinösen Modell« gesprochen, »dass den Menschen eine Globalisierung ohne Regeln auferlegt« und behauptet, ganze Völker würden »skrupellos durch unkontrollierte Einwanderung ausgetauscht« (Rabinovici 2018, S. 32f.). H.C. Strache von der FPÖ, der sich nach dem Christchurch-Attentat im Frühjahr 2018 wegen der nachgewiesenen Verbindung zwischen dem Attentäter und den Identitären von diesen hatte distanzieren müssen, betonte noch kurz vor dem Auffliegen des Ibiza-Skandals, dass er trotz allem weiter an der wichtigen Theorie vom großen Bevölkerungs-Austausch festhalten werde. Inzwischen hat sich die FPÖ wieder an die Identitären angenähert und die Fraktion der rechten Parteien im europäischen Parlament hat sich vielsagend den Namen »Identität und Demokratie« gegeben. Die Identitären treiben immer noch oder wieder alle rechten Parteien vor sich her. Im Herbst 2018 hatten sie durch medialen Druck die österreichische Regierung dazu gebracht, den wichtigen »Migrationspakt« der Vereinten Nationen, der einen international geregelten Umgang mit Einwanderern sicherstellen sollte, nicht zu unterzeichnen. Dieser integrationsfeindlichen Linie folgten unter anderem auch Ungarn, Polen und die USA.

Das Makabre ist, dass die Theorie vom großen Austausch eine gewisse Plausibilität hat. Den Demagogen gelingt es, sehr tiefsitzende und im Kern realistische Ängste der Menschen vor dem Ausgetauschtwerden anzusprechen, sie zu bündeln und die damit verbundene Wutreaktion auf Sündenböcke in Gestalt von Einwanderern und Geflüchteten sowie auf finstere Verschwörer im Hintergrund umzulenken. Es liegt auf der Hand, dass der Kapitalismus, besonders in seiner neoliberalen Ausprägung, bei allen arbeitenden Menschen und Bewerbern beständig eine große Angst vor dem Ausgetauschtwerden produziert. Das ist beinahe ein ständiges Hintergrundgeräusch. Die wichtigste Macht, die Menschen austauscht, ist das deregulierte Kapital, das man schwerlich aus dem Land jagen kann. Vor allem dann, wenn es keine Arbeitnehmervertretungen mehr gibt, verlieren Arbeiter und Angestellte immer wieder ihre Arbeit, sobald sie zu alt, zu schwach, zu langsam, zu wenig lernfähig oder zu unangepasst sind, um dann durch preisgünstigere, frischere, angepasste Individuen ersetzt zu werden. Die kapitalistische Austauschdrohung steckt auch in der immer vorhandenen Bereitschaft großer Konzerne, in Länder zu gehen, wo sie billigere Arbeitskräfte und vielleicht auch noch eine günstigere Besteuerung finden. Auf die Angst der Arbeiterbevölkerung im *rust belt* der USA, aus dem die große Industrie abgewandert war, stützte sich der Wahlsieg Trumps im Jahr 2016. Sie bildete den Realangst-Kern in Trumps paranoider Angstkampagne gegenüber finsteren Ausländern und verschwörerischen Eliten. Die Globalisierung wirkt als Austausch- und Überzähligkeitsangst, die dann die Gestalt einer Verschwörungsangst annimmt, bis in die Psyche hinein. Dabei ist es den Managern und Aktionären in Wirklichkeit nicht wichtig, welcher Hautfarbe oder Herkunft die neuen Mitarbeiter sind. Es regiert vor allem der Rechenstift.

Seit etwa 20 Jahren haben wir im Westen als subjektive Antwort das Programm der »Marke Ich«, das bedeutet, dass sich der geängstigte Einzelne als unverwechselbares, einzigartiges, von sich selbst begeistertes Wesen stilisieren soll, damit er in der Konkurrenz der vielen Bewerber nicht als austauschbar erscheint: Die Angst führt zum Leben als Dauercasting. Das ist eigentlich ungemütlich. Aber dabei zuzuschauen, wie andere als Versager ausgetauscht werden, ist dann wieder beruhigend und unterhaltsam. Ein sadistischer TV-Casting-Showmaster mit der Lieblingsparole »You are fired« wurde 2016 zum Präsidenten der USA gewählt. Trump machte »die Entlassung von Menschen zur Massenunterhaltung« (Klein 2017, S. 71). Die ökonomisch verursachte Austauschangst wird bei vielen Männern unbewusst oder halbbewusst auch noch durch die Angst verstärkt, wegen der ins Land geholten Fremden schlechtere Chancen bei den inländischen Frauen zu haben. Die Attentäter von Christchurch und Halle haben sich entsprechend geäußert.

Und dann gibt es noch eine Austauschangst: Am Ende werden wir alle von einem großen Sensenmann unwiderruflich als zu hinfällig ausgemustert und durch die Vertreter einer deutlich vitaleren und frischeren Generation ersetzt, die mit großen Hoffnungen die leer gewordenen Plätze einnimmt. Einen Vorgeschmack davon erleben manche schon mit dem Übertritt ins Pensionsalter. Es gibt durchaus auch einen Neid auf die Jungen, die uns ersetzen.

## Angst vor Identitätsverlust

Einen Realangst-Kern hat auch die Rede von der bedrohten Identität, die verteidigt werden muss. Die meisten Menschen in der gegenwärtigen Gesellschaft erleben wirklich einen Identitätsverlust. Identität ist in der Krise. Auch die Radikalismusforscherin Juliane Ebner meint, dass das Versprechen einer neuen kämpferischen Einfach-Identität, das sich sowohl bei Rechtsradikalen als auch bei gewaltbereiten Dschihadisten findet, darauf verweist, dass es im gegenwärtigen Alltag der meisten Menschen eine reale Identitätskrise gibt:

> »Getrieben von dem Wunsch, die ›einfachen Leute‹ anzusprechen – die Vergessenen und Entrechteten – verfallen Populisten und politische Aktivisten häufig auf die Identitätspolitik. Es ist der *Star-Wars*-Effekt: Viktimisierung und Dämonisierung um der Einfachheit willen. Der gegenwärtige globale Aufschwung der Identitätspolitik hat es Geschichten ermöglicht, die Welt auf der Grundlage konfessioneller oder ethnischer Zugehörigkeit in klar voneinander abgegrenzte Lager zu teilen, um damit die breite Masse zu erreichen« (Ebner 2019 S. 111f.).

Das Konzept der Identität, das, verknüpft mit dem Namen Erik H. Erikson, erst in den 1960er Jahren in die moderne Psychologie und Soziologie kam und dort untrennbar mit der Idee von Emanzipation und Selbstreflexion verbunden ist, wurde im Westen vor etwa einem Jahrzehnt von rechten Gruppen gekapert und dadurch gnadenlos vereinfacht und verfälscht, dass man Identität mit ethnischer Identität und mit der möglichst eindeutigen Zugehörigkeit zu einer Großgruppe gleichgesetzt hat. Die beraubten Wissenschaftler haben nicht protestiert. Wegen des anhaltenden Missbrauchs erlaube ich mir hier eine ausführlichere Richtigstellung. »Identität ist Bullshit« war der Titel eines kritischen Beitrags in der *Zeit* (29.07.2019), aber was bedeutet Identität wirklich und warum haben gegenwärtig so viele Menschen eine so große Angst vor dem Verlust oder Zerfall ihrer Identität?

Die Entwicklung unserer Identität beginnt immer in einer haltenden und vertrauensvollen Beziehung mit den elterlichen und familialen Beziehungspersonen (Erikson 1966). Aus dem Gehaltenwerden heraus entwickelt das Kind seinen *sense of self:* ein erstes *Selbstgefühl*, *Selbstbewusstsein* und ein Gefühl von *Selbstwirksamkeit* oder Autorenschaft (Stern 1992). Bald erfährt es über die ersten Schritte in die Welt persönliche Identität und Autonomie. Wenn die Autonomie zu viel Angst macht oder das Kind dabei auf die Nase fällt, ist es gut, wenn es zurück in Mamas oder Papas Arme kann (Mahler 1972). Das Kind lernt die Perspektive des Anderen zu übernehmen, aber bald auch die eigene von der fremden Perspektive zu unterscheiden. Das erste »Nein« ist dabei wichtig (Spitz 1970). Mit dem Spracherwerb ab Beginn des zweiten Lebensjahres entstehen qualitativ neue Möglichkeiten der Kooperation und der Verschränkung der Perspektiven und damit bald auch erste Möglichkeiten, über das Gelingen oder Nicht-Gelingen der Kommunikation zu kommunizieren. Die zwischenmenschliche Dimension der Identitätsbildung ist schon sehr früh auch mit der spielerischen und gestaltenden Aneignung von nichtmenschlichen Objekten verbunden, die das Kind in seiner Umwelt vorfindet. (Davon lebt heute eine ganze Spielzeugindustrie, deren Produkte dann als Plastikmüll in den Ozeanen treiben.) Spätestens im Schulalter, aber auch schon vorher entwickelt das Kind laut Erikson einen »Werksinn« als Basis der Identität. Es freut sich, wenn es etwas in Bewegung setzen, malen, aufstellen, bauen und manchmal auch kaputtmachen kann. Wenn Erwachsene dem spontanen Erkundungs- und Gestaltungsdrang des Kindes einen Raum geben und die dabei entstehenden Produkte vielleicht auch noch bewundern, ist das für die Entwicklung von Intelligenz und Identität sowie für das Gefühl, »etwas zu können«, eine wichtige Grundlage.

Die Autoren, die sich in den 60er/70er Jahren in der Psychologie und im westlichen Bildungswesen mit der Identität beschäftigten, haben sich auf die zwischenmenschliche Dimension, die »Interaktion« konzentriert, in der bestimmte Basiskompetenzen oder »Bausteine« einer gelingenden Identitätsentwicklung entstehen. Dazu gehören eine gelingende Einfühlung in den jeweiligen Interaktionspartner (Empathie), eine Fähigkeit, sich in der eigenen Rolle von außen zu sehen und diese manchmal zu relativieren (Rollendistanz), eine gewisse Ich-Stärke und Frustrationstoleranz, die Fähigkeit, Mehrdeutigkeit auszuhalten (Ambiguitätstoleranz) sowie die Fähigkeit zur Metakommunikation (Krappmann 1971). Metakommunikation und Selbstreflexion sind etwas spezifisch Menschliches. Besonders wichtig ist die Metakommunikation für eine gelingende Identitätsbildung in den modernen pluralistischen Gesellschaften.

Ich erlaube mir, etwas unvermittelt Jürgen Habermas zu zitieren, der für die Identitätsdiskussion im Bildungswesen der 70er/80er Jahre prägend war. Das moderne Individuum muss

> »seine Identität sozusagen hinter die Linien aller besonderen Rollen und Normen zurücknehmen und allein über die praktische Fähigkeit stabilisieren, sich in beliebigen Situationen als derjenige zu präsentieren, der auch angesichts inkompatibler Rollenerwartungen und im Durchgang durch die lebensgeschichtliche Folge widersprüchlicher Rollensysteme den Forderungen der Konsistenz noch genügen kann« (Habermas 1976, S. 95).

Ein größerer Kontrast zu dem bekenntnishaften Identitätsbegriff der Identitären und der Ethnopluralisten ist kaum denkbar. Ohne Metakommunikation und kritische Selbstreflexion gibt es keine Identität. Sie ist kein Besitzstück, das man hat oder nicht hat, sondern ein tendenziell unendlicher Prozess der Kommunikation mit anderen und mit sich selbst.

Heranwachsende nehmen sich zunächst als Teil einer Gruppe (der Familie) wahr; bald aber auch als Teil von anderen Gruppen, in denen und zwischen denen sie sich bewegen: im Kindergarten, in der Schule, beim Sport, in der Nachbarschaft, in Hobby-Gemeinschaften, als Angehörige einer *peer group* von Mädchen oder Jungen, als Mitglieder einer religiösen Gemeinschaft oder Trachtengruppe, als Fans einer bestimmten Musikrichtung und heute auch als Mitglied in verschiedenen Internetforen oder »Blasen«. Dazu kommen noch fiktionale Identitäten. Heranwachsende (und auch noch Erwachsene) müssen lernen, zwischen diesen Zugehörigkeiten zu vermitteln, zu balancieren, sich nicht einer dieser sozialen Identitäten völlig zu verschreiben. Man muss immer auch auf seine anderen Zugehörigkeiten Rücksicht nehmen. Zudem grenzen sich die meisten Menschen auch innerhalb der jeweiligen Gruppe ab, indem sie ihre ganz persönlichen Vorlieben und »Sonderwünsche« zeigen und einbringen. So kommt es zu einem beständigen Ausbalancieren von sozialer und persönlicher Identität (Goffman 1963): Zeigen, dass man so ist wie alle anderen und zeigen, dass man nicht so ist wie alle anderen. Das Einbringen bestimmter Aspekte der persönlichen Identität wird für das Funktionieren der meisten sozialen Gruppen von diesen Gruppen sogar eingefordert.

Auf der anderen Seite haben wir alle als negativ empfundene persönliche Stigmata, die wir angesichts der dominanten Gruppennormen verstecken, kaschieren, selektiv offenlegen und mehr oder weniger elegant managen müssen. Dazu können körperliche oder psychische Krankheiten, Schwerhörigkeit, Figur- oder Hautprobleme, Schuppenflechte, biografische Schandflecken, Bildungslücken oder auch von anderen nicht akzeptierte sexuelle Orientierungen gehören. Beim *Stigma-Management* ist viel

Angst vor Ausgrenzung beteiligt. Im Zeitalter der geforderten Selbstoptimierung und der Marke Ich wird für sein Gelingen ein beträchtliches Maß an Zeit, Energie und Geld aufgewendet. Im Jubel über die Zugehörigkeit zu einer großartigen Gruppe kann der individuelle Makel vorübergehend vergessen werden.

Die Identitätsbildung und -erhaltung vollzieht sich also in einer Vielzahl von Spannungsfeldern und ist ein komplexer Prozess. Die zwischen den verschiedenen Aspekten und Identitätsaufgaben vermittelnde und ausbalancierende Instanz wird seit Erikson »Ich-Identität« genannt. Einfache Konzepte von Identität sind verlockend, aber unrealistisch oder gefährlich.

Die »Theorie der sozialen Identität« von Henri Tajfel und anderen aus dem Jahr 1970/71 (siehe auch Tajfel 1982) ist die einzige psychologische Identitätstheorie, auf die sich die Identitären und ihre Follower zur Not berufen können. Sie behandelt die experimentell leicht herstellbare Bevorzugung von Mitgliedern der eigenen sozialen Gruppe in Verbindung mit der Benachteiligung von Mitgliedern einer fremden Gruppe. Dabei reicht es schon aus, dass die beiden Gruppen unterschiedliche Namen bekommen (»Adler« oder »Wölfe«) oder dass ihnen unterschiedliche künstlerischen Vorlieben (in einem bekannten Experiment zum Beispiel für Paul Klee oder Wassily Kandinsky) zugeschrieben werden. Die Autoren sprechen von einem *ingroup bias* oder Eigengruppenfehler der Wahrnehmung. Natürlich gibt es in unserem Kopf und Selbstkonzept immer einen starken Einfluss der sozialen Identität, eine gefühlte starke Zugehörigkeit zu einer Gruppe. Sie tritt vor allem in den Vordergrund, wenn man in dieser sozialen Identität *verfolgt wird* oder *sich verfolgt wähnt* – was von Demagogen durchaus gefördert werden kann. Deren Identitätskonzept hat deswegen immer etwas Paranoides. Aber es gibt in unserem Alltag zumeist wenig Grund, die Dimension der sozialen Identität zu verabsolutieren und unbedingt zu pflegen. Im Gegenteil: Was die Aufteilung einer Bevölkerung in zwei oder mehr Gruppen mit unterschiedlichen Identitätsbezeichnungen anrichten kann, haben die Massaker in Ruanda, die ethnischen Säuberung in Jugoslawien oder auch der Bürgerkrieg in Sri Lanka zur Genüge gezeigt. Die Unterstellung einer einfachen und dominanten sozialen Identität ethnischer oder religiöser Herkunft – nach dem Motto »Du bist vor allem Deutscher (Türke, Hutu, Serbe, Ungar, Hindu, Muslim …) und sonst gar nichts!« – führt regelmäßig in die Irre. Erstens sind die Menschen heute Mitglieder in 15 oder 20 verschiedenen Gruppen, deren Werte und Normen sich zum Teil gegenseitig relativieren und aufheben. Und zweitens entwickelt sich

Identität in der Möglichkeit und Notwendigkeit, der jeweils dominanten sozialen oder Gruppenidentität immer auch ein Stück weit unsere ganz persönliche Identität entgegenzusetzen. Im erlebten Widerspruch und Widerstand spüren wir uns selbst.

Dazu kommt als Drittes, dass wir unsere Identität nicht nur über die Spiegelung in sozialen Beziehungen oder in der »Meinung der Anderen« entwickeln, sondern immer auch über durch Arbeit hergestellte handwerkliche und künstlerische Produkte. Bei Erikson ist die persönliche »Generativität« die wichtigste Identitätschance im mittleren Erwachsenenleben. Unter günstigen Bedingungen eröffnet mir die Brauchbarkeit und Schönheit meines Produkts die Möglichkeit, »im Anschauen des Gegenstandes die individuelle Freude, meine Persönlichkeit als *gegenständliche, sinnlich anschaubare* und darum *über alle Zweifel erhabene* Macht zu wissen« (Marx, 1968 [1844], S. 462).

Der Soziologe Richard Sennett (2008) hat das handwerkliche Können als Basis des Selbstgefühls ausführlich untersucht. Die Produktvermitteltheit unserer Identität wird von vielen »postmodernen« Identitätstheoretikern, erst recht natürlich auch vom Ethnopluralismus, sträflich vernachlässigt. Die neuere amerikanische Psychologie betont allerdings auch die *self efficacy* als wichtige Dimension individueller Entwicklung. Wenn Spiegelung und Selbstverwirklichung im Produkt den Menschen abhandenkommen, wie das in der Arbeitslosigkeit, bei erniedrigender repetitiver Arbeit und teilweise auch in der Digitalisierung der Fall ist, dann ist das ein Grund für die Krise von Identität und für die Angst vor dem Identitätsverlust. Die Entfremdung von uns selbst durch sinnlose Arbeit ist mindestens so bedrohlich wie die Entfremdung der Identität durch Migranten aus anderen Kulturen – gegen die letztere kann man allerdings leichter kämpfen als gegen die erstgenannte.

Die kapitalistische und neoliberale Wirtschaft schafft große Spannungen und Widersprüche zwischen den ökonomischen Teilidentitäten, die dann von unserer zentralen Metainstanz, der »Ich-Identität« (Erikson) integriert werden müssen. Es drohen ständig Zerreißproben für unser Kohärenzgefühl, für unseren *sense of coherence* (Antonovsky 1997). Es treten um uns herum und in unserem Kopf ganz verschiedene Verhaltensanforderungen in den Vordergrund, die man möglichst nicht verwechseln sollte. So muss man im Geschäftsleben den Anderen egoistisch instrumentalisieren und doch wieder gegenüber dem Kunden (oder Verkäufer, von dem man einen Preisnachlass haben möchte) einfühlsam und hochsensibel sein.

Im Arbeitsleben hingegen muss man einerseits mithilfe seiner Ellenbogen karriereorientiert handeln und auf der anderen Seite erkennbar solidarisch sein, sich als zuverlässiger Kumpel verhalten. In der Arbeitswelt wird zudem immer noch oder sogar vermehrt eine asketische Leistungsbereitschaft (»protestantische Ethik«) verlangt, die aber zum Zweck der Burnout-Prophylaxe immer wieder einer Leistungszurückhaltung weichen muss.

Im zeitlich und räumlich separierten Privat- und Familienleben soll es dagegen möglichst konsumistisch statt asketisch zugehen, offen und herzlich statt überlistend. Wärme, Liebe und Entspannung sollen in den sehnlichst erwarteten Abendstunden und am Wochenende an die Stelle der Kälte und Härte der Markt- und Arbeitswelt treten und diese kompensieren – womit dann das Minisanatorium Familie oftmals überfordert ist. Ehen und Familie können leicht zerbrechen. Die klassische patriarchalische Rollenaufteilung, zu der sich die Rechten, aber auch islamische Fundamentalisten zurücksehnen, hilft nicht mehr. Die Teilidentitäten des erfolgreichen geldorientierten Geschäftsmenschen *(homo oeconomicus)*, des Arbeiters *(homo faber)* und des Liebenden *(homo amans)* liegen in einem spannungsreichen Clinch miteinander. Wenn die Balance scheitert, und wenn unser *sense of coherence* bei der Zusammenfügung der Identitätsfragmente versagt, ist die psychische Gesundheit akut bedroht. Die psychologisch fragile Ordnung der kapitalistischen Teilidentitäten wurde in der Coronapandemie zusätzlich durcheinandergebracht, worauf ich im Corona-Kapitel am Ende des Buches noch eingehen werde.

Der gefährliche Schwachsinn des Identitätskonzepts der Identitären und der rechten Populisten besteht darin, dass erstens eine der vielen Identitäten, in deren Spannungsfeld sich der moderne Mensch bewegt, nämlich die ethnische, über alle anderen gestellt und so heftig nach außen verteidigt und verabsolutiert wird, als würde das die vielfältigen Spannungen auflösen; und dass zweitens in der Dialektik von sozialer und persönlicher Identität die soziale verabsolutiert wird, was sonst nur in totalen Institutionen wie einem Gefängnis, auf einem Kasernenhof oder in einem autoritären Regime (wie in Nordkorea) der Fall ist, wo das Individuum aufgefordert wird, sich in einem großen Wir, in einer militanten Masse aufzulösen. Die Last der persönlichen Identität kann damit aber nur vorübergehend abgeworfen werden. Auch in einem totalitären Zwangssystem wird sich die persönliche Identität melden und revoltieren: als Krankwerden, als Verzweiflung oder in Undercover-Sabotageaktionen (Goffman 1961).

In all den Gruppen, zu denen wir gehören, suchen wir Anerkennung, und das möglichst ohne allzu viel Selbstverleugnung, die uns entwürdigt. Zentral für die Erhaltung unseres Gefühls von Identität und Würde ist die Selbstachtung. Sie entsteht vor allem aus wechselseitiger Anerkennung, sie ist verinnerlichte »Selbst-Anerkennung«. Für Erwachsene gibt es, wenn wir dem Philosophen Axel Honneth (1992) folgen, drei große Quellen von Anerkennung (und Selbst-Anerkennung): die *Anerkennung im Recht*, wo wir als freie und gleiche Rechtssubjekte angesehen und auf keinen Fall zu Menschen zweiter oder dritter Klasse gemacht werden wollen; dann die *Anerkennung in der Arbeit* als solidarisches Teammitglied, dessen Produkt gebraucht wird; und schließlich die *Anerkennung in der Liebe*, wo wir als ein nicht austauschbares sinnliches Wesen mit all unseren Skurrilitäten und sexuellen Neigungen anerkannt werden wollen. Man freut sich natürlich besonders, wenn diese Anerkennung auch körperlich in »Streicheleinheiten« zu spüren ist. Die Anerkennung als Liebender oder Liebende, die wir so dringend brauchen, ist unabhängig davon, ob wir heterosexuell, lesbisch, schwul, bisexuell, eine transgender Person oder alles zusammen sind.

Die öffentliche Anerkennung der sexuellen Diversität um uns und in uns ist zwar historisch neu, die sexuelle Diversität selbst ist aber so alt wie die Menschheit. Freud hatte gesagt, dass der Mensch bisexuell und mit einer »polymorph-perversen« Anlage auf die Welt kommt. Das diverse Potenzial wurde in den bisherigen patriarchalischen Kulturen auf unterschiedliche Weise unterdrückt bzw. rituell kanalisiert. Die alten Griechen machten das anders als die katholische Kirche, die Prärieindianer oder die muslimischen Kulturen im Nahen Osten. Bei den letzteren gab es früher durchaus eine akzeptierte Liebe erwachsener Männer zu Jünglingen (die keinen kratzenden Bart haben sollten) sowie überhaupt eine viel größere Toleranz gegenüber den verschiedenen Spielarten der menschlichen Sexualität, als dies im heutigen islamischen Neofundamentalismus der Fall ist (Bauer 2011).

Judith Butler (2020) hat darauf hingewiesen, dass die Kehrseite der Anerkennung der persönlichen Identität eines jeden Menschen dessen *Betrauerbarkeit* nach dem Tod ist. Wenn man über einen Verstorbenen sagt, dass es »um ihn nicht schade war« (so wie man früher über Homosexuelle oder andere Angehörige von Minderheiten geredet hat) oder wenn Menschen anonym verscharrt werden, ist das eine Missachtung ihrer Identität über den Tod hinaus, die dann auch noch die Personen betrifft, die sich dem Verstorbenen verbunden gefühlt haben. Deshalb werden die Opfer von Massakern auch nach Jahren noch exhumiert, als Personen identifiziert und ordentlich begraben. Das Recht auf Anerkennung und auf persönliche Identität gilt auch posthum.

Wer mit seinen Wünschen nach Anerkennung im Recht, in der Arbeit und in der Liebe scheitert oder sich zurückgesetzt und gekränkt fühlt, kann leicht auf das Anerkennungsversprechen der großen Identitätsbewegungen hereinfallen, die bekanntlich »jeden Einzelnen brauchen«, wertschätzen und begrüßen, wenn er zu ihnen stößt. Man darf sich die Einladung so ähnlich vorstellen, wie auf dem bekannten Rekrutierungsplakat aus dem Ersten Weltkrieg mit »Uncle Sam«, der auf den Betrachter zeigend sagt: »I Want You for U.S. Army«. Das Gebrauchtwerden beruhigt die Überzähligkeitsangst. Man fühlt sich dann ganz schnell »great again«. Trump verspricht sogar seinen Anhängern, dass sie dann endlich geliebt werden (»We love you!«). Das Gefährliche am autoritären und ethnizistischen Anerkennungsprogramm ist, dass diese Art der Anerkennung immer mit der Verweigerung der Anerkennung für Fremde, mit der Aberkennung ihrer Rechte verbunden ist, oft genug auch mit der blutigen Verfolgung der zur Bedrohung erklärten Gruppe. Beim fundamentalistisch-religiösen Anerkennungsprogramm – ob schiitisch, sunnitisch, hinduistisch oder christlich – funktioniert es ganz ähnlich: die neue Identität als Extremvereinfachung von Komplexität oder als eine Paketlösung, in der sich eine Kombination aus Heilsversprechen und Sprengstoff befindet (Sen 2006).

Leider trägt die Verwendung des Begriffs »Identitätspolitik«, wie er in den letzten Jahren auch außerhalb der Bezugnahme auf den Rechtsextremismus aufgekommen ist, wenig zu einem tiefergehenden Verständnis des Identitätsproblems bei. Sowohl die Bewegungen für die Rechte der LGBT-Minderheiten, der Frauen und der People of Colour als auch das nationalistische Durchmarschprojekt eines Donald Trump wurden als Identitätspolitik bezeichnet. Dabei warnten konservative Autoren (Lilla 2017, Fukuyama 2019) davor, dass die radikale, aber zersplitterte linke oder liberale Identitätspolitik (bei der typischerweise auch noch die Arbeiterbewegung vergessen wird) die autoritäre Identitätspolitik Trumps geradezu provozieren würde und ihr zum Sieg verhelfen könnte. Das Buch von Francis Fukuyama mit dem Titel *Identität* (2019), von dem manche sich in dieser Situation Klärung erhofft hatten, ist aber ein großer Flop. Er zeigt aus wechselnden Perspektiven, dass Identität etwas mit Anerkennung, Würde und Stolz (dem immer männlich gedachten »Thymós« bei den alten Griechen) zu tun hat, und verweist gleich am Anfang auch auf Erikson als Begründer unseres modernen Identitätsbegriffs (ebd., S. 26), diskutiert dessen grundlegendes psychologisches Konzept aber an keiner Stelle des Buches. Das muss man erst einmal fertigbringen.

Das Problem der linksliberalen wie der rechten Identitätspolitik ist, dass sie beide Identität auf die Zugehörigkeit zu einer sozialen oder ethnischen Gruppe reduzieren. Auf der einen Seite ist es die Zugehörigkeit zu einer unterdrückten Minderheitengruppe (oder zu mehreren) im anderen Fall zur größeren nationalen Gruppe, die von weißen Männern dominiert wird. Identität ist aber viel mehr als Gruppenzugehörigkeit. Sie ist manchmal auch und gerade in der Nicht-Zugehörigkeit zu einer Gruppe zu spüren, in der Begegnung mit einem individuellen Produkt oder Kunstobjekt, in der Arbeit, in der Beziehung zum eigenen Körper, der krank oder gesund sein kann, oder zu einem einzigartigen Menschen, dem man vertraut. Sarah Wagenknecht (2021) hat kürzlich in einem Buch die Identitätspolitik der »Lifestyle-Linken« kritisiert. Sie führt in einem Interview das drastische Beispiel der »Zigeunersoße« der Firma Knorr an:

> »Da gab es eine ungeheure Debatte über den ›Rassismus‹ und zig Initiativen, damit das Wort Zigeuner getilgt wird. Neuerdings steht auf der Packung ›Paprikasauce ungarische Art‹. Was für ein Sieg! Gleichzeitig wurde den Beschäftigten ein schlechterer Tarifvertrag mit niedriger Löhnen und Samstagsarbeit diktiert. Aber dazu schweigt die linksliberale Twitter-Gemeinde« (*Der Standard* 08./09.05.2021, S. 14).

Wünschenswert wäre es natürlich, wenn die Bedrohung von Identität durch ethnische Diskriminierung und die Identitätsbedrohung von Menschen jeglicher Herkunft durch ausbeuterische Arbeitsverhältnisse im Kapitalismus gleichermaßen bekämpft würden. In ihrem Zorn über Aktivisten und Organisationen, die »gelernt haben, auf der Klaviatur des identitätspolitischen Opferdiskurses zu spielen« (Wagenknecht 2021, S. 119) und sich dafür noch staatlich finanzieren lassen, tendiert Wagenknecht aber dazu, das Kind mit dem Bade auszuschütten.

Im Januar 2021 hielt es die AfD plötzlich für nötig, eine »Erklärung zum deutschen Staatsvolk und zur deutschen Identität« abzugeben. Darin heißt es, die Partei bekenne sich »vorbehaltlos zum deutschen Staatsvolk als Summe aller Personen, die die deutsche Staatangehörigkeit besitzen.« Der ethnisch-kulturelle Hintergrund spiele dabei keine Rolle. Jeder Eingebürgerte sei »vor dem Gesetz genauso deutsch wie der Abkömmling einer seit Jahrhunderten in Deutschland lebenden Familie« (*Der Spiegel*

23.01.2021, S. 6). Was war passiert? Haben die AfD-Politiker von der Kritik am ethnizistischen Identitätsbegriff etwas gehört und gelernt? Ganz ausgeschlossen ist das nicht. Wahrscheinlicher ist aber, dass sie einfach Angst bekommen haben, weil der Verfassungsschutz geplant hat, die Partei auch offiziell als rechtsextremen Verdachtsfall einzustufen, sodass sie mit geheimdienstlichen Mitteln, dem Einschleusen von V-Leuten usw. überwacht werden kann. Damit würde ein Verbot der Partei näher rücken.

Die Identitären haben dazu beigetragen, dass das Thema der ethnischen Identität bis weit über den rechtspopulistischen Diskurs hinaus und bis in konservative Parteien – z. B. die österreichische ÖVP – hinein als angeblich sehr dringlich auf die Tagesordnung gesetzt wurde. Sie selbst leben aber in einer Hollywood-Filmwelt, die man nur als leicht irre bezeichnen kann. In offenkundiger Anlehnung an den US-Filmbestseller *300* aus dem Jahr 2006 sehen sie sich in der Nachfolge der 300 Spartaner, die im Jahr 480 v. Chr. ein großes persisches Heer unter Xerxes dem Ersten aufhielten, indem sie an den Thermopylen kämpfend ihr Leben opferten (Weiß 2017, S. 106ff.).

Xerxes wirkt im Film wie ein riesiger narzisstischer Schwuler, der bei einem Treffen vor dem Kampf noch den Spartanerkönig Leonidas umgarnen und auf seine Seite ziehen will. Sein Hofstaat ist eine Bande von Lüstlingen und Perversen. Die Spartaner dagegen sind extrem durchtrainierte halbnackte Männer. Der Kontrast zeigt, dass hinter der Angst vor einer Invasion aus dem Orient im Jahr 2005/06, die einen Bezug zum Irakkrieg hatte, zusätzlich eine große Angst vor Homosexualität und Bisexualität und vor einem Verlust der traditionellen Männlichkeitsrolle steckt. Die Spartaner haben behinderte Babys, die ihrem Männlichkeitsideal nicht entsprachen, getötet. Im Film ist es ein Krüppel, den man offenbar aus falschem Mitleid verschont hat, der die edlen spartanischen Kämpfer an die Perser verrät. Die alten Spartaner sollen auf ihren Schilden den griechischen Buchstaben Lambda getragen haben, der für das Wort »Lakedaimonioi« steht, die Selbstbezeichnung der Spartaner.

Die Identitären von heute haben nicht nur das Lambda als Emblem ihrer Bewegung übernommen, von dem sie sagen, es werde bald bekannter sein als Coca-Cola (ebd., S. 107), sondern auch ihre eigene autoritär-hierarchische Organisation in einer ausdrücklichen Anlehnung an die Gesellschaftsstruktur der Spartaner aufgebaut. Das geht aus einem beschlagnahmten Dokument der Führung hervor (*Der Standard* 12.04.2019). An der Spitze stehen die »Hopliten«, die schwerbewaffnete Elite in den griechischen

Heeren. Man ist Hoplit bis zum Tod. Darunter kommen die »Spartiaten«, die unter 30 Jahren sind und für einen kämpferischen Einsatz trainiert sein müssen. Sie sollten im Einsatz das »Spartiatenhemd« tragen, das es im hauseigenen Merchandising-Shop namens »Phalanx« zum Preis von 19,90 Euro zu kaufen gibt. Darunter oder daneben gibt es bei den Identitären noch einfache Sympathisanten und Förderer, von denen viel Geld kommt. Die »Heloten«, die als unterworfene Leibeigene seinerzeit die arbeitsscheuen spartanischen Herren ernähren mussten und auch nach Belieben getötet werden konnten, kommen im Dokument der Identitären offenbar nicht vor. Die Spartaner sollen laut Auskunft der antiken Kommentatoren (Plutarch und Thukydides) eine beständige »Helotenfurcht« gehabt haben. Sie hatten Angst, dass die Heloten sich erheben, und überlegten sich immer neue Tricks, um sie zu entmutigen und zu quälen (vgl. auch Neumann 1954, S. 39f.). Es könnte sein, dass auch bei den Spartanern die auffallende männliche Furchtlosigkeit eigentlich eine kontraphobische Reaktion war.

Die Identitären treten immer wieder wie eine kreative Happening-Gruppe gegen die Multikulti-Kultur auf, sind aber gewaltbereit. »Glaubt nicht, dies ist nur ein Manifest. Es ist eine Kriegserklärung. Ihr seid von gestern, wir sind von morgen«, heißt es in einer Videobotschaft der französischen Identitären (zit. n. Böhmer in *Der Kurier* 23.04.2019.) Und im Programm der identitären Bewegung heißt es: »Wir sind die Bewegung, die lieber die Thermopylen wählt als die Schlaffheit und die Selbstverleugnung« (zit. n. Weiß 2017, S. 106).

Im Winter 2013 gab es in der Wiener Votivkirche eine Besetzung durch einige Dutzend asylsuchender Geflüchteter, die eine bessere Behandlung forderten. Die österreichischen Identitären witterten die Invasion aus dem Orient und riefen unter dem Motto »Thermopylen in Wien!« ihre Anhänger zu einer Gegenbesetzung auf. Allerdings waren die Temperaturen an und in der Votivkirche so ungemütlich und der Schutz der Geflüchteten durch Polizei und anwesende Flüchtlingshelfer doch so beeindruckend, dass die große Abwehrschlacht für diesmal abgesagt werden musste.

Die Lächerlichkeit des Selbstverständnisses der Identitären macht sie nicht ungefährlicher. Die Wirkung ihrer Theorie reicht bis in alle rechtspopulistischen Bewegungen hinein sowie darüber hinaus und hat extremistische Attentäter motiviert. Heute marschieren sie an der Spitze der »Coronarebellen«.

## Ängste der Männer und Rückkehr des Patriarchats

Zur Identitätskrise, die von den rechten Bewegungen benutzt und angeheizt wird, gehört auch die Krise der modernen Männeridentität. Der neuere Rechtspopulismus bringt wildgewordene Männer hervor, die man sich so ähnlich vorstellen kann wie den Mann, der beim Sturm auf den US-Kongress im Sessel von Nancy Pelosi sitzend die Füße auf ihren Schreibtisch legte und ihre Post herumwarf, oder wie den selbsternannten Schamanen und QAnon-Vertreter mit der gehörnten Büffelmütze. Andere sind nicht ganz so auffällig, aber dafür jahrelang in der Politik tätig.

H.C. Strache präsentierte sich 2006 in einem Buch mit dem Titel *Neue Männer braucht das Land* (gemeinsam mit Andreas Mölzer) als ein tatkräftiger »spiritueller und kultureller Erneuerer« (ebd., S. 177) gegenüber dem Einfluss der dekadenten Nach-68er-Kultur, der für sein Werk unbedingt auch die Hilfe des »waffenstudentischen Lagers« brauche. Die Waffenstudenten wurden dann unter dem österreichischen Vizekanzler Strache 2018/19 tatsächlich zuhauf in der neuen türkis-blauen Regierung und den staatlichen Behörden untergebracht. Björn Höcke von der deutschen AfD konnte man so reden hören: »Wir müssen unsere Männlichkeit wiederentdecken. Denn nur, wenn wir unsere Männlichkeit wiederentdecken, werden wir mannhaft. Und nur, wenn wir mannhaft werden, werden wir wehrhaft« (*Der Tagesspiegel* 03.06.2018). Viktor Orbán hat die Gender-Studies in Ungarn für obsolet erklärt und die entsprechenden Studiengänge nach Wien vertrieben. Donald Trumps Frauenverachtung und Machogehabe sind bekannt. Alle rechten Bewegungen verlangen ein »Ende des Genderwahns« und ein Zurückdrängen des Feminismus. Die Bereitschaft zur körperlichen Gewalt ist ebenfalls Markenzeichen der neuen Männlichkeit. Matteo Salvini kündigte für den Fall seiner Machtübernahme die Selbstjustiz an: »Ich würde gerne das Strafgesetz ändern: es ist kein Verbrechen, wenn Du einen Zigeuner, der klaut, verprügelst. Seid ihr auf meiner Seite?« (21.07.2015, zit. n. Rabinovici 2018, S. 47). In Putins Russland, wo Männergewalt gegen Frauen eine lange Tradition hat, wurde kürzlich nach einer Phase des Gewaltverbots im Familienrecht die Gewalt in der Ehe von einem Straftatbestand wieder auf eine bloße Ordnungswidrigkeit herabgestuft. Der Mann darf die Frau jetzt wieder schlagen, aber bitte nicht so, dass sie ins Krankenhaus muss.[21] Der

21 https://www.mdr.de/nachrichten/osteuropa/politik/russland-frauen-gewalt-100.html (20.07.2021).

türkische Präsident Erdoğan hat im März 2021 das Istanbuler Schutzabkommen für Frauen aufgekündigt, das er im Mai 2011 als erster Staatschef persönlich unterschrieben hatte. Jetzt erhofft er sich unter anderem die Unterstützung der fundamentalistischen Rechten im Land.

Es gibt drei große Ängste des Mannes, die bei der Rückkehr des Machismo eine Rolle spielen. Es sind dies die Ängste, kein guter Ernährer, kein starker Beschützer und kein guter Liebhaber zu sein. Der Anthropologe David Gilmore (1993) hatte in einem Kulturvergleich festgestellt, dass in fast allen Kulturen der Welt den Jungen und Männern – teilweise auf schmerzhafte Weise – diese drei basale Rollen anerzogen werden, die sie introjiziern müssen: die des außerhäuslichen körperkräftigen *Ernährers*, die des *Beschützers*, der Frauen und Kinder mit oder auch ohne Waffen in der Hand gegen wilde Tiere und aggressive Fremde schützt, und die des *Liebhabers* (oder Erzeugers), der sexuell potent ist und für die Fortpflanzung sorgt.

Eine der wenigen Ausnahmen, so Gilmore, sei die traditionelle Gesellschaft auf Tahiti, wo die Männer wegen der geschützten Lage (im Unterschied zu anderen polynesischen Inseln) keine kriegerische Beschützerrolle übernehmen mussten, wo es keine wilden Tiere gab, wo Nahrung innerhalb der von Korallenriffen geschützten Lagunen und in den Gärten von Frauen und Männern gleichermaßen beschafft werden konnte und wo sogar in der Familie, im Sexualverhalten und in der Sprache kaum Unterschiede zwischen der Frauen- und der Männerrolle gemacht wurden.

Gilmore beschrieb die drei Rollen des Mannes, die es auf unserem Planeten in ganz unterschiedlichen kulturellen Ausprägungen gibt, noch als relativ stabil und funktional. Er untersuchte nicht, auf welche Weise die Rollen infolge der Entwicklung von Kapitalismus und Neoliberalismus sowie durch die Kritik der Frauenbewegung in eine Krise geraten sind. Diese Krise ist irreversibel und macht vielen Männern eine beträchtliche Angst, die dann wieder aggressiv überspielt werden kann. Ich gehe darauf anhand einer Zeichnung ein, auf der wir den modernen Mann in seinen drei Rollen als ein Denkmal auf einem brüchigen Podest stehen sehen (Abb. 3).

Alle drei Rollen des Mannes brechen langsam, aber sicher weg – in Schüben. Einen ersten Schub gab es in Europa in der Zeit von der vorletzten Jahrhundertwende bis zum Ersten Weltkrieg. Der Kulturhistoriker Philipp Blom nannte sein Buch über die Verunsicherungen in dieser Epoche *Der taumelnde Kontinent* (2011). Die Ursachen lagen vor allem in den rapiden ökonomisch-technischen Veränderungen, aber auch in den ersten Erfol-

**1. Rolle des „Ernährers"**

***Erosion durch:***

- Lohnarbeit, prekäre Arbeitsverhältnisse
- Karriere und Bildung d. Frauen
- Irrelevanz v. Körperkraft i.d. Arbeit
- Arbeitslosigkeit/„Überzähligkeit"

**2. Rolle des „Beschützers"**

***Erosion durch:***

- Moderne Kriegsführung
- Leben fern der Wildnis
- Unsichtbarkeit von Bedrohungen i.d. „Risiokogesellschaft" (U.Beck)
- staatl. Gewaltmonopol

**3. Rolle des „Liebhabers"**

***Erosion durch:***

- „Stress" durch Arbeit(slosigkeit)
- Sexuelle Liberalisierung/Kommerzialisierung
- Vergleich, Austauschbarkeit, „Adoniskult", Dysmorphophobie
- LGBT-Furcht

**Konfrontative Maskulinität**
**Neo-Patriarchat**

Abb. 3: Drei Krisen des Mannes im Kapitalismus/Neoliberalismus (in Fortsetzung von David Gilmore, *Mythos Mann*, 1993)

gen der Frauenbewegung sowie in den aufsehenerregenden Entdeckungen der Psychoanalyse, die unter anderem die Anlage zur Bisexualität bei allen Männern erforscht hat. Den jungen Schriftsteller Otto Weininger, dessen Werk *Geschlecht und Charakter* (1903) bis in die 1920er Jahre hinein ein absoluter Bestseller wurde, hatte die skandalöse Entdeckung des Weiblichen im Mann buchstäblich den Verstand gekostet. Ich möchte betonen, dass sich die angstmachende Erosion der Männerrollen sowohl in den westlichen als auch in den muslimischen Gesellschaften vollzieht.

Der außerhäusliche Ernährer, der den Acker pflügt, der Forstarbeit leistet, der mit seiner Muskelkraft auf der Baustelle oder im Schlachthof schwere Objekte transportiert, der als Reiter eine Viehherde treibt oder als furchtloser Seemann das Meer befährt, wurde und wird zunehmend zu einer historisch überholten Figur. Eine Hochseekapitänin namens Carola Rackete hat im Sommer 2019 mit ihrem mutigen Einsatz für schiffbrüchige Geflüchtete Italiens Innenminister Salvini in die Knie gezwungen. Ein muskulöser Körper mit großen kräftigen Händen ist in einer von Bildschirmen und Tastaturen dominierten Arbeitswelt überflüssig und eher dysfunktional. Patriarchalische Kleinbetriebe, früher eine Basis der männlichen Dominanz, sind überall der abhängigen arbeitsteiligen Lohnarbeit gewichen, wo die Männer gegenüber einem Chef oder – schlimmer noch – einer Chefin den Kopf einziehen müssen. Arbeitslosigkeit und prekäre Arbeitsverhältnisse drücken das männliche Selbstbewusstsein weiter herunter. Im Bildungswesen und in allen akademischen Berufen sind Frauen auf der Überholspur. Trotzdem und gerade deswegen müssen sie weiterhin diskriminiert werden, indem Männer ihnen, wenn irgend möglich, gleichen Lohn und hohe Spitzenpositionen vorenthalten. Die größere Körperkraft ist in der Arbeitswelt als Unterscheidungsmerkmal des Mannes überflüssig geworden. Trotzdem oder gerade deswegen muss sie in den Fitnesszentren auftrainiert und aller Welt vorgeführt werden.

Die größte Angst jeden Mannes ist die Angst, seine Frau und die eventuell vorhandenen Kinder nicht beschützen zu können, wenn sich ein Angreifer nähert. Die Rolle des männlichen Beschützers ist allerdings heute weitgehend unpraktikabel und obsolet geworden. Anders als in unseren Kino- und TV-Filmen gibt es in der modernen Kriegsführung, in der Streubomben und Gasbehälter vom Himmel fallen und der Beschuss mit Granaten oder Raketenwerfern aus der Ferne kommt, kaum noch einen Kampf Mann gegen Mann oder die Möglichkeit, durch einen Einsatz mit Mut und Körperkraft Kinder und Frauen zu schützen. Wilde Tiere sind bei uns fast ausgestorben und stehen zudem gleich wieder unter Naturschutz, wenn sie einwandern. Die größten Bedrohungen, gegen die wir uns schützen müssen, sind schleichend, ganz leise und mehr oder weniger unsichtbar (Beck 1986).

Zudem herrscht in allen zivilisierten und demokratischen Gesellschaften das staatliche Gewaltmonopol, das letztlich auf die Theorie von Thomas Hobbes zurückgeht. Wir sind angehalten, bei einer körperlichen Bedrohung durch einen Gegner die Polizei zu rufen. Selbst in einer Notwehrsituation dürfen wir uns nur auf eine Weise wehren, die den Gegner nicht gröblich verletzt. Gerichte ahnden den Straftatbestand der »Notwehr-Überschreitung«. Selbstjustiz ist untersagt, auch wenn dies in den USA während der letzten Jahre durch Gesetzesänderungen in mehreren Bundesstaaten unterlaufen wurde (sogenannte »Stand-on-the-Ground-Gesetze«). Vor allem weiße Täter kommen immer wieder ungestraft davon. Dagegen protestierte bekanntlich die »Black Lives Matter«-Bewegung. Die Waffenlobby setzte in den USA in den letzten Jahrzehnten einen zunehmend freieren Zugang zu Waffen durch und hat einen ungeheuren Einfluss auf die Politik. 2018 gab es in den USA die »March For Our Lives«-Proteste, die von überlebenden SchülerInnen eines bewaffneten Amoklaufs organisiert wurden. Nach der Abwahl Trumps erlebten die USA den bisher gefährlichsten Aufmarsch bewaffneter Milizen.

Rechte Bewegungen in Europa verlangen Gesetze, die den Waffenbesitz auf ähnliche Weise erleichtern wie in den USA. »Sheriff Salvini gibt die Schießeisen frei«, konnte *Der Spiegel* Anfang März 2019 vermelden. Auch die österreichische Bruderpartei FPÖ tritt für die Liberalisierung der Waffengesetze ein. Nach dem »Flüchtlingstrauma« von 2015 stiegen die Waffenkäufe in Österreich sprunghaft an. Die Glock-Pistole, die in Kärnten produziert wird, hat in Österreich und in der ganzen Welt Kultstatus. Sie begeistert weltweit unter anderem dadurch, dass sie durch ihren leichten Kunststoffgriff extrem leicht unter der Achselhöhle oder im Gürtel hängt. Der FPÖ-Spitzenpolitiker und Beinahe-Bundespräsident Norbert Hofer steht schon länger zu seiner Glock-Pistole: »Im Wahlkampf betont der blaue Kandidat auffallend oft, dass er gern schießt – und sich notfalls auch gegen Übeltäter wehren kann« (*Der Standard* 12.04.2016).

In dem berühmten Ibiza-Video, dessen Veröffentlichung im Frühjahr 2019 das politische Ende von H. C. Strache und einen Absturz seiner FPÖ einläutete, geht es an einer zentralen Stelle um Glock. Der Industrielle Gaston Glock wird von Strache als einer der Großspender erwähnt: »Die zahlen zwischen 500.000 und eineinhalb bis zwei Millionen.« Bei der Erwähnung des Namens Glock geht ein Ruck durch den anwesenden Johann Gudenus, der als Deutsch-Russisch-Übersetzer im Gespräch mit der angeblichen steinreichen Oligarchinnen-Nichte fungiert. Dann nimmt er die Kampfstellung eines Pistolenschützen ein, formt die Finger einer Hand zu einer Pistole und ruft mit Begeisterung: »Glock, Glock, Glock!« Das dazu gehörende Szenenbild aus dem Video ist zu einer Erkennungsmarke für die Ibiza-Berichterstattung innerhalb und außerhalb Österreichs geworden. Das Video wurde zum ultimativen Desaster für die Person von H.C. Strache und für seine Macho-Partei. Darüber hinaus entstand auch ein großer Schaden für die rechtspopulistischen und rechtsextremen Bewegungen in ganz Europa, denn Österreich war für sie ein Vorbild. Hier saß eine extrem rechte Partei mit Strache selbstbewusst in der Regierung und verfügte zudem noch über beste Beziehungen zu Russland.

Den Beschützerkomplex und Waffenwahn teilen die Rechten mit ihren Gegnern, den radikalen Dschihadisten. Juliane Ebner arbeitet als Extremismusforscherin bei einem renommierten Thinktank in England. Die freundlich wirkende junge Frau konnte sich als undercover sowohl in rechtsextremen als auch dschihadistischen Gruppen bewegen (Ebner 2018). An einem bestimmten Tag war sie am Vormittag bei einer rechtsextremen Demonstration gegen Immigranten und am Nachmittag bei einer Dschihadisten-Versammlung. Am nächsten Morgen fand sie einen Zettel in der Manteltasche, den ihr jemand zugesteckt hatte. Auf diesem stand die Botschaft: »Passen Sie auf sich auf, den wir nähern uns dem Endkampf!« (ebd., S. 28). Ebner konnte nicht erkennen, auf welcher der Versammlungen der Zettel in ihre Tasche gekommen war, weil der Beschützerkomplex in beiden Gruppen sehr ähnlich ist. Die einen wollen Frauen vor gewalttätigen Übergriffen, vor Zwangsverschleierung, sozialer Isolation und sexueller Unterdrückung in der Familie schützen, die anderen wollen sie vor westlichen »Halbmännern«, vor der pornografischen Dekadenz und vor der Kultur des Ehebruchs schützen. Aber immer mehr Frauen wollen sich weder von der einen noch von der anderen Seite beschützen lassen. Manche Männer empfinden Zorn und Angst, wenn ihnen nun auch noch die vertrauteste aller Männerrollen genommen werden soll.

Die sozialen Veränderungen, die sich an der dritten großen Rolle des Mannes, an der Rolle des Liebhabers vollzogen haben, können ebenfalls Angst machen. In den traditionellen patriarchalischen Kulturen wurde der sexuelle Erfolg eines Mannes vor allem an der Zahl der von ihm gezeugten

Kinder gemessen. Heute geht es primär um ein messbares Geschehen im Genitalbereich und beim Sex. Längst wurde der weibliche Orgasmus entdeckt (den Freud kaum kannte oder benannte) und der, besonders, wenn er als multipler Orgasmus auftritt, die Möglichkeiten eines Mannes leicht überfordern kann. Die weibliche Sexualität wurde auf der einen Seite von der Frauenbewegung aus der Unterordnung unter den Mann befreit und auf der anderen Seite hemmungslos kommerzialisiert. Der Kapitalismus hat schon lange den Feminismus als besonders sexy und verkaufsfördernd gekapert (Hausbichler 2021). Pornografie ist weltweit zu einem der wichtigsten Geschäftszweige geworden. Männer können jetzt auch verglichen und, wenn sie in puncto Fitness, Jugendlichkeit, Sex oder Intelligenz nicht genügen, ausgetauscht werden. Früher war das Ausgetauschtwerden etwas, was vor allem den Frauen passierte. Die psychische Störung der »Dysmorphophobie«, die quälende Angst vor körperlichen Fehlern, die die eigene Attraktivität beeinträchtigen, wurde früher hauptsächlich bei Mädchen und Frauen diagnostiziert. Sie findet sich heute auch bei Männern jeden Alters. In den USA gibt es bereits seit Längerem den »Adoniskomplex«.

Was kann ein Mann gegen die Ängste tun? Er kann sich zusätzliche Muskeln antrainieren, Ausdauertraining oder eine Diät beginnen, die physischen Mängel mit Kosmetika, mit entsprechender Kleidung, mit einem Toupet oder Haartransplantaten überdecken, sich Schönheitsoperationen aller Art unterziehen, sich selbst das Ganze mit Humor erträglicher machen, oder aber, wie Donald Trump, Frauen jetzt erst recht als bloße Sexualobjekte ohne eigenen Anspruch instrumentalisieren: »Grab them by the pussy!« Aber da ist inzwischen auch schon die #MeToo-Bewegung angriffsbereit.

Der Frauenhass von verbitterten Männern hat durch die »sozialen Medien« neue Verbreitungsmöglichkeiten gefunden. Im November 2020 führte *Der Spiegel* eine Umfrage unter 64 weiblichen Bundestagsmitgliedern durch: 46 hatten Frauenfeindlichkeit von Kollegen oder Mitarbeitern im Parlament erlebt, 44 hatten sie in ihrer Rolle als Abgeordnete erlebt, 22 erlebten persönliche Angriffe auf sich selbst, auf ihre Büros, ihre Wohnung oder ihr Haus. Besonders gefährdet sind Frauen mit Migrationshintergrund (*Der Spiegel* 13.02.2021, S. 8–15).

Die neue Männlichkeit, der wir in allen drei klassischen Domänen des Mannes begegnen, ist eine *Dennoch-Männlichkeit:* ein mehr oder weniger kontraphobisches Projekt, das aber leider oder zum Glück nie wirklich gelingt. Das führt zu einer reaktiven Depression und zu einer leicht reizbaren, konfrontativen Männlichkeit, die bei anhaltender Kränkung oder bei einer zusätzlichen Kränkung leicht explodieren kann. Eine solche Explosion gab es zum Beispiel am 6. Januar 2021 in Washington.

Kaum ein Mann schafft es heute noch, so in sich selbst ruhend zu wirken wie John Wayne: »Ein Mann muss tun, was ein Mann tun muss.« Die Identität des neuen kontraphobischen Mannes ist mehr noch als die des traditionellen patriarchalischen Mannes durch aggressive Abwehr weiblicher und bisexueller Anteile und Potenziale charakterisiert, die in jedem Mann vorhanden sind. Diese Anteile in der eigenen Person machen Angst und müssen verleugnet werden. Dafür werden sie umso heftiger in der Außenwelt verfolgt, wie dies schon bei den Nazis der Fall war und wie es jetzt wieder in der Beschimpfung und Zurücksetzung von LGBT-Personen geschieht. Eine der ersten Amtshandlungen Trumps im Jahr 2017 war es, die unter Barack Obama eingeführte Regelung für Transgender-Toiletten in öffentlichen Gebäuden aufzuheben. Noch vor wenigen Jahren hätte man es sich kaum vorstellen können, dass die Frage der Integration oder Ausgrenzung von LGBT-Personen in einer Gesellschaft zur zentralen Frage in einem Wahlkampf werden würde, wie es im Juli 2020 in Polen der Fall war. Der rechtskatholische Präsidentschaftskandidat Andrzej Duda konnte mit seiner Hetze gegen LGBT-Menschen, die angeblich Polen gefährden, die Stichwahl für sich entscheiden. Der Vorsprung betrug allerdings nur etwas mehr als 2 % der Stimmen. Im Juni 2021 wurde dieser Skandal von Orbáns Anti-LBGT-Gesetz samt »Volksabstimmung« in Ungarn noch überholt. In Polen wie in Ungarn fehlen inzwischen Geflüchtete als Feindbild. Das macht den Kampf gegen LGBTQI-Personen zusätzlich praktisch: »Das Umschalten von Xenophobie auf Homophobie bedeutet für den rechtspopulistischen und ultrarechten Mindset nur einen kleinen Switch: Die Angst vor ›Homos‹, die ›unsere Kinder verderben‹, vermag einen ähnlichen biologistischen Schauer auszulösen wie die ›Bedrohung durch die Fremden‹« (Gregor Mayer im *Standard* 26.07.2021, S. 2).

In Weißrussland kämpft seit Sommer 2020 der autoritäre Präsident Alexander Lukaschenko gegen eine Demokratiebewegung, die von starken Frauen angeführt wird. Er gibt sich ganz als Mann und zeigt sich gern mit einer Maschinenpistole. Von ihm stammt auch der Spruch »Lieber Diktator als schwul«, mit dem er im Frühjahr 2012 den deutschen Außenminister Guido Westerwelle beleidigen wollte, weil dieser ihn kritisiert hatte. Aber die Dinge ändern sich. Als Joe Biden im Januar 2021 in den USA seine neue Regierung bildete, wurde mit der Kinderärztin Rachel Levine eine Transgender-Person als die neue stellvertretende Gesundheitsministerin vorgestellt.

Eine Ironie des Schicksals besteht darin, dass viele der politischen Führer, die sich gern als unabhängige starke Männer zeigen und dabei die Elemente oder Persönlichkeitszüge überspielen, die wir traditionellerweise unter dem Wort »weiblich« zusammenfassen, von diesen Elementen eingeholt werden. Sie entwickeln Züge, die man sonst (unfairerweise) pauschal Frauen zuschreibt. Es ist wie eine karikatureske Wiederkehr des Verdrängten. Sie sind wehleidig, reagieren mimosenartig auf Kritik, müssen beständig auf ihre Kleidung und auf ihre besonderen Frisuren achten – egal ob mit Haarfestiger, als Modell blonder Struwwelpeter oder glatt nach hinten gekämmt – und täglich eine beträchtliche Zeit vor dem Spiegel verbringen. Bei der Pflege ihrer Marke werden sie zu einer Diva, die peinlich genau darauf achtet, dass immer ihr und nicht etwa jemand anderem auf der öffentlichen Bühne die größte Beachtung entgegengebracht wird.

# II Die drei großen Ängste

## Eine systematische Betrachtung und Analyse von Flüchtlingskrise und Rechtspopulismus

### Das Freud'sche Modell: Realangst, neurotische Angst, Gewissensangst

In vorangegangenen Kapiteln wurden die drei nach Sigmund Freud grundlegenden Ängste: Realangst, neurotische Angst, Gewissensangst schon genannt und in vorläufigen Definitionen vorgestellt. Ich werde das zunächst vertiefen, um dann das Phänomen der Flüchtlings- und Fremdenangst genauer zu analysieren und handhabbarer zu machen.

Manche Leser mögen fragen: Warum so viel Psychoanalyse? Können wir das nicht überspringen? Wenn wir die Angstpolitik des aktuellen Rechtspopulismus verstehen wollen, dann geht es nicht ohne psychoanalytische Grundlagen. Der Soziologe Leo Löwenthal hat in einer klassischen Studie über die Rhetorik faschistoider Demagogen in den USA der 1940er Jahre (Löwenthal & Guterman 1949) die Formulierung gefunden, dass die Demagogie der Lügenpropheten »umgekehrte Psychoanalyse« ist. Mit den Worten des Kulturwissenschaftlers Wolfgang Eismann: »Während die Psychoanalyse die Ängste des Einzelnen aufklärt, um ihn mündiger zu machen, soll Rechtspopulismus die Ängste aller bestärken, um sie unmündig zu machen« (*Der Standard* 24.03.2001). Deshalb bleibt Freud unentbehrlich.

### Realangst

Zum Verständnis von *Realangst* beziehe ich mich auf ein längeres Zitat Freuds, das ich mit einigen Kommentaren unterbreche. Die Realangst

> »ist eine Reaktion auf die Wahrnehmung einer äußeren Gefahr, d.h. einer erwarteten vorhergesehenen Schädigung, sie ist mit dem Fluchtreflex ver-

> bunden und man darf sie als Äußerung des Selbsterhaltungstriebes ansehen. Bei welchen Gelegenheiten, d. h. vor welchen Objekten und in welchen Situationen die Angst auftritt, wird natürlich zum großen Teil von dem Stande unseres Wissens und von unserem Machtgefühl gegenüber der Außenwelt abhängen« (Freud 1915–17, S. 381).

In der Sprache der heutigen Forschung könnte man sagen: Wir verfügen zur Angstbewältigung über wissensbasierte Coping-Strategien und gelernte Antworten, die im Neocortex gespeichert sind und die dem automatisierten *Fluchtreflex* der evolutionär älteren Amygdala als Teil des limbischen Systems korrigierend und steuernd entgegenwirken können. Dieses Wissen und dieses Machtgefühl sind laut Freud allerdings kulturabhängig: »Wir finden es ganz begreiflich, dass der Wilde sich vor einer Kanone fürchtet und bei einer Sonnenfinsternis ängstigt, während der Weiße, der das Instrument handhaben und das Ereignis vorhersagen kann, unter diesen Bedingungen angstfrei bleibt« (ebd.). Wenn sich Leserinnen und Leser hier über Spuren von Rassismus und Kolonialismus in Freuds Vergleich aufregen, kann man dem nicht widersprechen. Wichtig scheint mir aber sein nachfolgender Hinweis darauf, dass wir für die Entwicklung einer Realangst, die den wirklichen Gefahren angemessen ist, in vielen Fällen auf andere Menschen und Experten angewiesen sind:

> »So wird der Wilde vor einer Fährte im Walde erschrecken, die dem Unkundigen nichts sagt, ihm aber die Nähe eines reißenden Tieres verrät, und der erfahrene Schiffer mit Entsetzen ein Wölkchen am Himmel betrachten, das dem Passagier unscheinbar dünkt, während es ihm das Herannahen des Orkans verkündet« (ebd.).

Die *Realitätsprüfung* ist eine der wichtigsten Aufgaben des Ich, das sich auch selbst wie einen Teil der Realität beobachten und kritisieren kann (vgl. Freud 1932, S. 497). Die Tätigkeit der Realitätsprüfung besteht unter anderem darin, das Bild der Außenwelt, von dem fernzuhalten, »was [...] Zutat aus inneren Erregungsquellen ist« (ebd., S. 513), das heißt das Bild der Außenwelt von unserem *wishful thinking* bzw. unseren neurotischen Projektionen und Ängsten zu trennen. Auch zu den automatischen Reaktionen der Amygdala kann die Realitätsprüfung auf kritische Distanz gehen. Heute sprechen wir vom notwendigen »Faktencheck«, der in der Regel auch mithilfe von Experten stattfindet und uns dabei hilft, eine angstmachende Information als realistisch oder unrealistisch zu bewerten. Ohne einen Minimalkonsens über Fakten und den erforderlichen Prozess der Realitätsprüfung ist die Bildung von überlebensfördernder Realangst im Unterschied zur neurotischen Angst oder frei flottierenden Paranoia nicht möglich. Es blieb der Regierung Donald Trumps vorbehalten, diesen Minimalkonsens explizit zu zerstören. Als Trumps Behauptung, es seien zur Amtseinführung eines US-Präsidenten nie mehr Menschen gekommen als zu seiner, durch alte Filmaufnahmen widerlegt wurde, fand seine Pressesprecherin Kellyanne Conway zu der schon legendären Formulierung, dass es ja auch »alternative Fakten« gebe. Im August 2020 verließ sie ihren Job. In der Auseinandersetzung mit dem leitenden Pandemie-Berater der USA, Anthony Fauci, stellte Trump Mitte Oktober 2020 fest, dass er nicht auf ihn hört und auch nicht auf die anderen Forscher »und all diese Idioten«. Als den Experten, der feststellt, ob es Gründe für die Angst gibt oder nicht, setzte er sich selbst ein (*Der Standard* 21.10.2020, S. 5).

Zur Minderung von Realangst angesichts einer großen Gefahr haben wir verschiedene Möglichkeiten: Kämpfen, Flüchten, vorübergehendes Sich-tot-Stellen (denken Sie an das reißende Tier in Freuds Beispiel), aktive Realitätsprüfung mit nachfolgender Arbeit an gezielten Schutzmaßnahmen, Ansteuern des nächsten sicheren Hafen usw. Auf der anderen Seite können wir, auch wenn der Schiffer das Herannahen des Orkans schon verkündet hat oder der Eisberg schon gerammt ist, die Gefahr immer noch ausblenden, verleugnen, bagatellisieren, den Alltag so weiterführen, als ob nichts wäre (»Normalisierung«). Wir können auch, wenn die ersten Vorboten der Gefahr eingetroffen sind, jetzt erst recht »Party machen«. Manchmal bleibt uns kaum etwas anders übrig als eine bestimmte Art von Humor. Freud definiert den Humor als den »Triumph des Narzissmus über die Welt« und erzählt die Geschichte des Delinquenten, der am Montag hingerichtet werden soll und der die Wächter, die ihn abholen kommen, mit den Worten »Na, die Woche fängt gut an!« begrüßt (Freud 1927, S. 277). Dieser Humor ist etwas anderes als das bösartige Witzemachen über Schwache und Geflüchtete, auf das ich später noch eingehe.

Der grundlegende Abwehrmechanismus unseres Ich gegenüber den bedrohlichen Aspekten der Realität ist die Verleugnung. Hans-Jürgen Wirth hat sie an einem Beispiel besonders schön erklärt:

> »Wer seine Post nicht mehr öffnet, weil er verzweifelt versucht, das finanzielle Desaster zu verleugnen, auf das er unaufhaltsam zusteuert, wird über

kurz oder lang mit dem Gerichtsvollzieher Bekanntschaft machen. Und wenn die Menschheit den Klimawandel verleugnet, wird sie eines Tages mit Dürre, Wassermangel, Unwettern, Überschwemmungen und all den dadurch ausgelösten globalen Krisen konfrontiert sein.«[22]

## Neurotische Angst

Unter *neurotischer Angst* ist die Angst nicht vor den äußeren Gefahren, sondern vor unseren inneren und teilweise verbotenen Regungen zu verstehen, die aus dem Es kommen. Freud (1932, S. 513) spricht vom »dunklen, unzugänglichen Teil unserer Persönlichkeit« und fährt fort: »Das wenige, was wir von ihm wissen, haben wir von dem Studium der Traumarbeit und der neurotischen Symptombildung erfahren und das meiste davon hat negativen Charakter, lässt sich nur als Gegensatz zum Ich beschreiben.« In dieser Seelenprovinz wirkt eine Erregung von den Trieben her. Man kann sich das Es »als gegen das Somatische hin offen vorstellen«; das Es hat keinen Gesamtwillen, es dominiert »nur das Bestreben, den Triebbedürfnissen unter Einhaltung des Lustprinzips Befriedigung zu verschaffen« (ebd., S. 511). Im Es wirken neben dem archaisch Triebhaften und dem Lustprinzip auch lebensgeschichtliche Eindrücke und Inhalte, die durch die Verdrängung ins Es hineinversenkt wurden. Die Verdrängung von Impulsen, die als Gefahr empfunden werden, ist eine Art Fluchtversuch des Ich. So wie das Ich sich im Falle der Realangst durch die äußere Flucht entziehen kann, meidet es nun die Berührung durch eine Gefahr von innen, die in Gestalt verbotener, verführerischer oder irgendwie als schmutzig empfundener Impulse auftreten kann:

> »Wie wir wissen, ist die Angstentwicklung die Reaktion des Ichs auf die Gefahr und das Signal für die Einleitung der Flucht […]; da liegt uns denn die Auffassung nahe, daß bei der neurotischen Angst das Ich einen ebensolchen Fluchtversuch vor dem Anspruch seiner Libido unternimmt, diese innere Gefahr so behandelt, als ob sie eine äußere wäre« (Freud 1915–17, S. 391).

22 https://www.spiegel.de/psychologie/coronavirus-bei-toennies-warum-wir-auch-jetzt-keine-vegetarier-werden-a-8afc8b9d-b7c4-46f9-a8e9-3b399be03ee5 (15.03.2021).

Es sind nicht nur Ansprüche der Libido, sondern auch asoziale Größenfantasien, Erniedrigungs- und Rachewünsche, sogar Todeswünsche gegenüber anderen, sogar uns nahestehenden Personen, die im Chaos des Es, »einem Kessel voll brodelnder Erregung« (Freud 1932, S. 511) ihre Heimstatt haben. Das Verdrängte ist unbewusst, obwohl man ihm einen »starken Auftrieb zuschreiben [muss], einen Drang zum Bewußtsein durchzudringen«. Dieser Auftrieb vollzieht sich in Fehlleistungen, peinlichen Versprechern, mehr oder weniger unanständigen Witzen usw., manchmal auch im Spiel und in der Kunst, die einiges über unser geheimes Triebleben verraten. Die Therapie hilft beim Heben eines überstarken Widerstandes, den das Ich gegenüber dem Verdrängten entwickelt hat.

Den Teil des Unbewussten im Es, der durch Anregung von außen oder durch unsere Selbstreflexion »gehoben werden kann«, nennt Freud das »Vorbewusste«. Die Möglichkeit der Hebung, die Reflexion unserer teilweise verbotenen und angstmachenden libidinösen Regungen und asozialen Impulse ist nicht nur für die Therapie wichtig, sondern auch für eine menschenfreundliche Bildungs- und Erziehungsarbeit. Aber nicht nur das Es ist unbewusst, sondern auch das Ich in den Teilen, die mit der Verdrängung, den Abwehrmechanismen beschäftigt sind, sowie auch das Über-Ich, das dem Ich einst die Aufträge zur Verdrängung erteilt hat und immer noch erteilt.

## Gewissensangst

Damit sind wir bei der Freud'schen *Gewissensangst* angelangt, die vom verinnerlichten und zum großen Teil unbewusst gewordenen Einfluss der Eltern und der Großeltern ihren Ausgang nimmt. An die Stelle der Eltern-Instanz ist das Über-Ich getreten, das »nun das Ich genauso beobachtet und bedroht, wie früher die Eltern das Kind« (ebd., S. 501). Ganze Traditionslinien und Kulturen wirken an der Bildung des Über-Ichs mit. Wir wissen heute, dass das Über-Ich kulturell hochvariabel ist, dass es zum Beispiel *guilt cultures* und *shame cultures* gibt, Gesellschaften, in denen das Gewissen individualistisch, und solche, in denen es eher kollektivistisch oder ein »Clan-Gewissen« ist. In westlichen Gesellschaften sind seit Freuds Zeiten die Peergroup und die kommerziellen Medien (heute die »sozialen Medien«) immer stärker an die Stelle der familialen Gewissenbildner gerückt (Marcuse 1968, Ziehe 1975). Als Erster konstatierte Riesman 1950 den neuen »Außengeleiteten Charakter« in Unterschied zum älteren »Innengeleiteten Charakter«. Aber ein Über-Ich, eine verbindliche Moral gibt es in allen Kulturen. Die universellen Anforderungen des menschlichen Gewissen hat man in der »Allgemeinen Erklärung der Menschenrechte« von 1948 festgelegt, die ja eine Antwort auf die Nazi-Gräuel ist. Ein freundliches Über-Ich, das nicht nur auf Angstmachen und Drohungen beruht (Freud 1930), ist ein Geschenk, über das nicht alle Menschen verfügen. Ein solches Über-Ich wäre, wenn man dem späteren Psychoanalytiker Donald W. Winnicott folgt, nicht aufgesetzt, sondern mit der *capacity of concern*, der Fähigkeit, sich um andere zu sorgen, verbunden, die Kinder schon früh entwickeln.

Laut Freud hat das Über-Ich immer zwei Aspekte, den strafenden Teil, der uns Angst macht und unangenehme »Gewissensbisse« austeilen kann, und das Ich-Ideal, »an dem das Ich sich misst, dem es nachstrebt, dessen Anspruch auf immer weiter gehende Vervollkommnung es zu erfüllen bemüht ist« (Freud 1932, S. 503). Im Ich-Ideal wirkt laut Freud das Vorbild der Eltern nach, die vom kleinen Kind einmal sehr bewundert und idealisiert wurden. Aber auch Einflüsse der Gesellschaft, der Kultur und der Mode wirken auf die Bildung des Ich-Ideals ein. In *Massenpsychologie und Ich-Analyse* (1921) hatte Freud gezeigt, dass sich ein Führer gegenüber den Mitgliedern einer Masse, die sich in einem Zustand befindet, der der Verliebtheit und der Hypnose ähnelt, leicht an die Stelle ihres Ich-Ideals und ihres Über-Ichs setzen kann. Wenn der Zustand des realen Ich sich zu weit vom Ich-Ideal entfernt hat, wenn es im Vergleich klein und minderwertig wirkt, entsteht der Affekt der Scham, den Freud kaum behandelt hat (vgl. stattdessen Wurmser 1998). Scham spielt aber in der Angstpolitik von rechten und rechtsextremen Führern eine große Rolle. Sie versprechen den Followern immer ein Ende der Scham (»Man wird euch nie wieder schlagen!«, »America will be great again« usw.) und sind auf die Beschämung und Entwürdigung von Gegnern spezialisiert.

Das Gewissen entwickelt sich in der Kindheit und verändert sich dann – wie man heute weiß – noch einmal erheblich in der Adoleszenz. Seine Inhalte und seine Stärke sind variabel; es kann auch zu Bruch gehen. Freud kann sich einen Seitenhieb auf Kant nicht verkneifen, der das Gewissen in uns mit dem gestirnten Himmel über uns verglich: »Die Gestirne sind gewiss großartig, aber was das Gewissen betrifft, so hat Gott hierin ungleichmäßige und nachlässige Arbeit geleistet, denn eine große Überzahl von Menschen hat davon nur ein bescheidenes Maß oder kaum noch so viel, als noch der Rede wert ist, mitbekommen« (Freud 1932, S. 500). Freud spielt mehrfach auf das verbreitete Phänomen der Verwahrlosung an (ebd., S. 505). In der heutigen Diagnostik spricht man, um eine Abstempelung der Betroffenen zu vermeiden, eher von einer »Dissozialen Persönlichkeitsstörung«. Die Verwahrlosung, die oftmals ans Kriminelle grenzt, springt zunächst als die Freiheit von einem konsistenten Über-Ich ins Auge, eine Freiheit, die bei angepassten Bürgern neben Zorn und dem Ruf nach Bestrafung auch einen unterschwelligen Neid auslösen kann.

Zwei Schüler Freuds, August Aichhorn (1925) und Siegfried Bernfeld (1974 [1929]), beides Pädagogen, die mit Fürsorgezöglingen und anderweitig auffälligen Jugendlichen arbeiteten, haben gezeigt, dass die fragmentarische Gewissensentwicklung und unzuverlässige Impulskontrolle bei Verwahrlosten Gründe haben, die sich mithilfe der Psychoanalyse durchaus verstehen lassen. Es sind vor allem die Enttäuschung durch unzuverlässige, unglaubwürdige Eltern sowie (in der heutigen Sprache) eine »unsichere Bindung«, die dazu führen, dass auch das Über-Ich fragmentarisch bleibt und leicht beiseitegeschoben werden kann. (Auf den Begriff des »epistemischen Misstrauens« bei Wirth gehe ich später im Kapitel »Corona« noch ein.) Es spielen aber für die Entstehung von Verwahrlosung auch die soziale Schicht und der »soziale Ort« (Bernfeld) der Heranwachsenden eine Rolle. Wer in einem heruntergekommenen Vorort lebt und wenig Geld hat, wird leichter dazu angeregt, sich Objekte der Begierde unter Missachtung von Gesetzen zu beschaffen, als ein Kind der Mittelschicht, das keine Existenzsorgen hat. Ganz oben in der Gesellschaftspyramide, wo sich die Reichen und Mächtigen alles kaufen oder oftmals ungestraft nehmen können, was sie gerade haben wollen, kann sich ebenfalls leicht die Verwahrlosung ausbreiten. Bei der Verwahrlosung ist die Konfliktbewältigung »alloplastisch«, das heißt, die innere Spannung infolge von Triebwünschen wird ohne viel Rücksicht auf das Gewissen durch einen Eingriff in die äußere Umwelt vermindert. Dem gegenüber steht die »autoplastische Konfliktbewältigung« in der Neurose, bei der sich die betroffene Person aus Angst vor dem Gewissen selbst verformt und befremdliche Symptome entwickelt, in denen sowohl die Abwehr als auch der verbotene Wunsch in verschlüsselter Form einen Kompromiss eingehen.

Freuds Schwerpunkt waren die neurotischen Störungen. Ein Paradebeispiel für eine große Gewissensangst findet sich beim melancholischen (wir würde heute sagen depressiven) Patienten, vor allem dann, wenn er in einer Krise ist:

> »Während der Melancholiker in gesunden Zeiten mehr oder weniger streng gegen sich sein kann, wie kein anderer, wird im melancholischen Anfall das Über-Ich überstreng, beschimpft, erniedrigt, misshandelt das arme Ich und lässt es schwere Strafen erwarten, macht ihm Vorwürfe für längst vergangene Handlungen, die zu ihrer Zeit leicht genommen wurden, als hätte es das ganze Intervall über Anklagen gesammelt und nur seine gegenwärtige Erstarkung abgewartet, um mit ihnen hervorzutreten und aufgrund dieser Anklagen zu verurteilen« (Freud 1932, S. 499).

Freud macht an diesem Extremzustand deutlich, dass unser »moralisches Schuldgefühl« überhaupt »Ausdruck der Spannung zwischen Ich und Über-Ich ist«. Aus den Fängen eines sadistischen Über-Ich möchten man nur zu gern entfliehen. Freud weist auf die heute sogenannte bipolare Dynamik, die manisch-depressive Störung hin. Bei manchen Patienten findet zwischen melancholischen Anfällen »etwas Gegenteiliges statt: Das Ich befindet sich in einem seligen Rauschzustand, als hätte das Über-Ich alle Kraft verloren oder wäre mit dem Ich zusammengeflossen und dieses freigewordene, mechanische Ich gestattet sich wirklich hemmungslos die Befriedigung aller seiner Gelüste« (ebd., S. 500). Vorgreifend kann gesagt werden, dass es immer wieder Führer von Bewegungen gibt, die sich »wirklich hemmungslos die Befriedigung aller Gelüste« erlauben, wozu auch die Beleidigung von Gegnern und Minderheiten gehört. Dabei schaffen sie es, ihre Anhänger am Höhenflug des vom Über-Ich freigewordenen Ich und am Ego-Kult teilnehmen zu lassen. Die Euphorie kann Monate bis Jahre dauern. Sie endet aber mit einer gewissen Wahrscheinlichkeit in einem Desaster. Die Anhänger brauchen dann viele Monate, oft Jahre, um sich vom verinnerlichten Befreier wieder lösen. Das ist ein Trauerprozess. So war es bei Haider, so ist es bei Trump.

So wie die Realität verleugnet und die Es-Impulse mithilfe von Abwehrmechanismen verdrängt werden können, kann auch das Über-Ich verdrängt, bagatellisiert und abgewehrt werden. Freud hat im Briefwechsel mit seinem Freund, dem protestantischen Pfarrer Oskar Pfister, mit einer gewissen Verwunderung festgestellt, es komme vor, »dass im Gegensatz zur gewöhnlichen Anordnung nicht das triebhaft Böse, Unzweckmäßige verdrängt ist, sondern das Gewissen, die bessere Einsicht, das ›Edlere‹« (Freud & Pfister 1963, S. 136). Derzeit geschieht die Verdrängung weltweit, vor allem mithilfe der Gutmenschenbeschimpfung und über das Lächerlichmachen der *political correctness* und ihrer Repräsentanten. Die Tricks und Mittel zur kurz- oder längerfristigen Ausschaltung des Über-Ichs, über die das Ich verfügt, sind zahlreich. Bekannt ist auch der Satz, dass das Über-Ich alkohollöslich ist. Ich gehe darauf noch ein.

Das Ich kämpft also an den drei Fronten. Oder es ist, wie Freud sagt, Diener »von drei gestrengen Herren, ist bemüht, deren Ansprüche und Forderungen in Einklang miteinander zu bringen« (Freud 1932, S. 514). Es sind dies die Außenwelt, das Über-Ich bzw. Gewissen und das Es. Die Ansprüche und Forderungen der »drei Zwingherren« sind widersprüchlich. Sie machen jeder auf seine Art Angst. Dabei bemüht sich das Ich, bis zur Grenze der Überforderung, ihnen allen dreien gerecht zu werden, eine »Harmonie unter den Kräften und Einflüssen« herzustellen. Das Ich hat nach Freud einen inneren »Zug zur Synthese seiner Inhalte, zur Zusammenfassung und Vereinheitlichung seiner seelischen Vorgänge« (ebd., S. 513) – ein Aspekt, der viele Jahre später von einigen Nachfolgern unter der Rubrik »Identität« oder »Ich-Identität« zu einem eigenen Untersuchungsgegenstand gemacht wurde (vgl. das Kapitel »Angst vor Identitätsverlust«): »Wenn das Ich seine Schwäche eingestehen muss, bricht es in Angst aus, Realangst vor der Außenwelt, Gewissensangst vor dem Über-Ich, neurotische Angst vor der Stärke der Leidenschaften im Es« (ebd., S. 515). Angesichts dieser dreifachen Gefahr kann man, so Freud, »verstehen, warum wir so oft den Ausruf nicht unterdrücken können: Das Leben ist nicht leicht!«

Freud hat für die Zwecke seiner Darstellung das Ich »als ein besonderes Wesen« (ebd., S. 514) personifiziert, mit dem man durchaus Mitleid haben kann. Man kann auch sagen, dass unser (immer nur temporäres) Wohlbefinden sehr stark davon abhängt, dass die drei Ängste, mit denen das Ich zu kämpfen hat, jeweils nicht zu groß werden und dass wir das Empfinden einer gelingenden Balance zwischen den drei fordernden Mächten haben. Wenn wir das Gefühl haben, dass wir mit der Realität, mit unserem Gewissen und mit unseren Leidenschaften freundschaftlich verkehren können, haben wir großes Glück. Wenn wir nur einen größeren Angsteinbruch an einer der drei Fronten erfahren, etwa verursacht durch existenzbedrohendes Scheitern in der Realität, durch einen massiven Vorwurf des Gewissens oder durch den Verlust eines unwiederbringlichen Liebesobjekts, kommen wir ins Wanken und fühlen uns unglücklich. Umso schlimmer, wenn der Einbruch gleich an zwei oder drei Fronten geschieht.

Freud hat die Komödie *Diener zweier Herren* von Carlo Goldoni, erwähnt, um uns die Verstrickung des Ichs in seinem Kampf gegen die »drei gestrengen Herren«, die uns Angst machen, nachvollziehbar zu machen. Wir spielen, wenn man Freud folgt, ein Leben lang in einer Tragikomödie, der man den Namen »Diener dreier Herren« geben kann, wobei es zum Glück hin und wieder auch sehr komisch zugeht. Es wird oft vor Rückschlüssen von der Psychologie des Individuums auf die Sozialpsychologie oder politische Psychologie gewarnt. Ich wage aber die These, dass ein politisches Regime oder eine Gesellschaftsordnung, die den Menschen eine Verleugnung der Realität, permanente Verstöße gegen die Stimme ihres Gewissens und/oder eine zu starke Unterdrückung ihrer Leidenschaften aufnötigt, unsere Unterstützung nicht verdient.

## Psychoanalyse der Flüchtlingskrise und Fremdenangst

Im Folgenden wird das Freud'sche Modell auf die Flüchtlingskrise und darüber hinaus auf die allgemeinere Angst vor dem Fremden hin konkretisiert, wie sie derzeit von Rechtspopulismus und Rechtsextremismus gepflegt wird. Dabei stütze ich mich auf eine von mir angefertigte Zeichnung (Abb. 4), auf der man deutlich das Ich zwischen den drei Fronten oder Feldern der Realität, des Über-Ichs und des Es erkennt. Diesen Feldern sind Realangst, Gewissensangst und neurotische Angst zugeordnet (vgl. auch Ottomeyer 2011b).

Dem Ich steht (eingezeichnet als Ring) ein ganzes Arsenal aus Abwehr- und Bewältigungsmechanismen zur Verfügung, mit denen es die Realangst, die Gewissensangst und die neurotische Angst erträglicher macht und managt. Dazu gehören realistische (Coping-)Strategien, aber auch Verleugnung, Verschiebung, Projektion, Spaltung, Täter-Opfer-Umkehr, Identifizierung mit dem Angreifer, entwertender Humor und viele andere Mechanismen. In allen drei Feldern, die das Ich herausfordern, fungiert die Figur des Flüchtlings (ähnlich wie früher das Bild des Juden) als ein Konstrukt, dessen Verwendung eine kognitive Vereinfachung oder einen *mental shortcut* (Gordon Allport) bei der Erklärung von verschiedenen komplexen Problemen ermöglicht. Auch die Sündenbock-Karte ist als eine Art Joker vielfältig verwendbar.

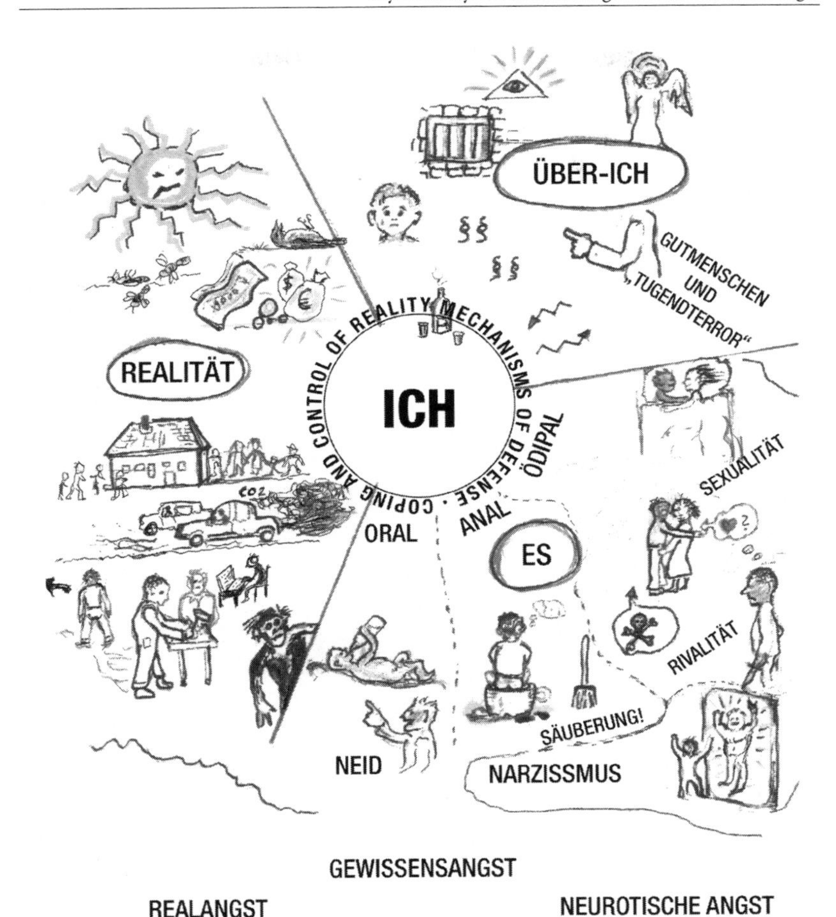


Abb. 4: Das Ich zwischen Realität, Über-Ich und Es

## Realangst: Aktuelle Bedrohungen verleugnet, bagatellisiert, missbraucht

Ich beginne mit einigen aktuellen Problemen unserer Realität, die eigentlich eine angemessene Realangst hervorrufen sollten und die im linken Feld von Abbildung 4 zeichnerisch symbolisiert sind):

*Erderwärmung, Klimakrise:* Oben links sieht man eine wärmespendende Sonne, die böse geworden zu sein scheint und hier als Symbol für die Erderwärmung und den Klimawandel steht. Es ist auffällig, dass alle flüchtlingsfeindlichen und rechten Bewegungen den Klimawandel leugnen oder bagatellisieren. Trump ist im Sommer 2017 aus dem Pariser Klimaabkommen ausgestiegen, weil er den Klimawandel für eine Erfindung der Chinesen und anderer Rivalen zum Schaden der USA hielt und weil die Kosten für die Einhaltung des Abkommens einfach zu groß seien. Und er war der Meinung, dass die verheerenden Waldbrände in Kalifornien nicht auf die Erderwärmung, sondern nur auf eine schlampige Forstwirtschaft zurückzuführen seien, wie sie die Österreicher, die seit Jahrhunderten als »Waldmenschen« mitten im Wald leben, nicht betreiben. Die AfD verleugnet nicht nur den Treibhauseffekt, der durch den weltweit angestiegenen Ausstoß von Kohlendioxid bewirkt wird, sondern begrüßt ihn ausdrücklich:

> »Kohlendioxid ($CO_2$) ist kein Schadstoff, sondern ein unverzichtbarer Bestandteil allen Lebens. […] IPCC und deutsche Regierung unterschlagen die positive Wirkung des $CO_2$ auf das Pflanzenwachstum und damit auf die Welternährung. Je mehr es davon in der Atmosphäre gibt, umso kräftiger fällt das Pflanzenwachstum aus« (Programm der AfD 2016).

Der IPCC, gegen den die Besserwisser von rechts hier antreten, ist immerhin der Weltklimarat (Intergovernmental Panel on Climate Change). Die Verleugnung des Klimawandels ist regelmäßig mit der bösartigen Verspottung der Aktivisten gegen den Klimawandel verbunden. In der Zeitschrift *Zur Zeit*, die der österreichischen FPÖ nahesteht, war am 1. Juni 2019 zu lesen:

> »Klima-Deppen demonstrieren in Wien. Heute schwänzen einige Schüler den Unterricht und demonstrieren gegen den Klimawandel. Mit dabei sein wird auch die psychisch kranke schwedische Göre Greta Thunberg mit dem sauertöpfischen Gesicht. Sie gilt als die Ikone der Eliten und wird vier Tage in Wien weilen.«

Die ab 2019 erfolgreiche Bewegung gegen den Klimawandel wird in die Nähe einer Terrorherrschaft gestellt, vor der wir Angst haben sollen. Noch Ende September 2020 warnte der FPÖ-Chef Norbert Hofer vor einer »Zöpferl-Diktatur«. Der Klimawandel wurde seit fast 50 Jahren, seit dem Erscheinen des Bestsellers *Die Grenzen des Wachstums* im Jahr 1972 und seit dem Alarmruf des Club of Rome immer wieder erfolgreich verleugnet, vornehmlich von Verfechtern der kapitalistischen Wirtschaft und von konservativen Journalisten. Die Verleugnung des Klimawandels und die Abwertung des Kampfes gegen die Umweltzerstörung erfüllt in den letzten Jahren zusätzlich die Funktion, Geflüchtete und Fremde als die größte Gefahr hinstellen zu können. So konnte die These von der »Flüchtlingskrise als die Mutter aller Krisen« weiterhin aufrechterhalten werden.

Dass man durch die Mobilisierung von Realangst, durch Informationen und gezielte Schutzmaßnahmen durchaus bestimmte Aspekte des Klimawandels aufhalten kann, zeigt übrigens das teilweise Verschwinden des Ozonlochs. Ozon in der Erdatmosphäre schützt uns bekanntlich vor zu viel UV-Strahlung im Sonnenlicht. Im internationalen Vertrag von Montreal 1987 hatte man beschlossen, möglichst keine Stoffe mehr zu verwenden, die die uns Menschen schützende Ozonschicht zerstören. Die Sonne wurde zumindest vorübergehend wieder freundlicher. Das Hautkrebsrisiko konnte gemindert werden.

*Artensterben:* Unterhalb der bedrohlichen Sonne sehen die LeserInnen in Abbildung 4 einen auf dem Rücken liegenden Vogel, der eine sterbende Feldlerche darstellt und auf das voranschreitende Artensterben hinweisen soll. Wer niemals den senkrechten, von lautem Gesang begleiteten Balzflug der Feldlerche über unseren Wiesen und Feldern gesehen und gehört hat, wird sich wegen des Verschwindens der Feldlerche nicht ängstigen. Auch den kleinen europäischen Verwandten des Kanarienvogels, den Girlitz, hört und sieht man kaum noch, wie er oben auf einem Baumwipfel singt. Die Grünfinken hat kürzlich, ähnlich wie uns Menschen, ein gefährlicher Virus erwischt.

Alle Singvögel werden durch den massenhaften Einsatz von Insektiziden bedroht, weil sie – auch die Körnerfresser unter ihnen, wie die Finken – die Jungen mit Würmern, Raupen und Insekten füttern, die entweder fehlen oder giftig sind. Dutzende von Arten sind schon ausgestorben. Dass man durchaus etwas dagegen tun kann, hat 1963 die Biologin und Autorin Rachel Carson vorgeführt, die mit ihrem Buch *Der stumme Frühling* aufgezeigt hat, dass das damals weitverbreitete Insektizid DDT bei vielen Vogelarten die Bildung stabiler Eierschalen verhinderte. Der Bestseller führte zum Verbot von DDT. Die Vogelpopulationen erholten sich.

Die kleinen Wesen neben dem Bild der sterbenden Lerche sollen Bienen sein, die bekanntlich auch aussterben. Wenn das Bienensterben voranschreitet, wird uns nicht nur der Honig auf dem Frühstückstisch fehlen, sondern vielen Pflanzen, darunter auch den Obstbäumen, die Bestäubung, ohne die es keine Fruchtbildung und Fortpflanzung gibt. Die Varroamilbe, die die Bienen befällt, ist sicherlich eine Mitursache des Bienensterbens. Dazu kommen die Erderwärmung, die dazu führt, dass die Bienen im Winter nicht durchschlafen und die Milben nicht erfrieren, sowie die industrielle Verbreitung von Insektiziden. Das allgemeine Insektensterben, das nicht nur die Bienen betrifft, sollte eigentlich einen massiven Realangst-Schub auslösen, tut es aber nicht. Autofahrer oder Beifahrer meiner Generation können sich noch gut daran erinnern, dass im Sommerhalbjahr die Windschutzscheiben der Autos regelmäßig mit einem speziellen Kratzer – die normalen Scheibenwischer waren zu schwach – von zerschmetterten Insekten aller Art gereinigt werden mussten, die an der Scheibe festklebten. Unsere erwachsenen Kinder können sich daran noch vage erinnern, unsere Enkel schauen nur verwundert oder hören gar nicht zu, wenn man als Älterer davon erzählt.

In der Umwelt- und Sozialpsychologie ist dieses Phänomen unter der Bezeichnung der *shifting baselines* bekannt. Es wurde anhand von drei Generationen kalifornischer Fischer untersucht (Sáenz-Arrojo et al. 2005). Alle Interviewpartner wussten irgendwie, dass sich die Artenvielfalt verringert hatte. Die älteren Fischer erinnerten sich daran, dass elf Arten verschwunden waren, die jüngsten wussten nur noch von zwei. Der »Referenzpunkt«, von dem aus die Verschlechterung der Umwelt wahrgenommen wird, verschiebt sich innerhalb weniger Jahre. Dadurch wird die Bedrohung entdramatisiert. Eine eigentlich angemessene größere Realangst wird zu leicht verdaulichen Portionen verkleinert oder kommt gar nicht erst auf. Deshalb ist es unter anderem wichtig, den Wandel in unserer Umwelt über Berichte und auch Fotos zu dokumentieren, wie es zum Beispiel mithilfe von Fotoserien über die Verkleinerung der Gletscher geschehen ist. An diesen Themen sind die politischen Bewegungen, die sich mit Vorliebe der Jagd auf menschliche Sündenböcke widmen, überhaupt nicht interessiert. Auch innerhalb einer Generation kann es über den Mechanismus der *shifting baselines* zur schrittweisen oder gleitenden Gewöhnung an Unheil und Unrecht kommen. Was kurz zuvor noch Angst machte, zum Beispiel die Reservierung von Parkbänken für Arier 1935, wird wenig später als Normalität angesehen, auf die dann weitere Schritte folgen können (Welzer 2005, Neitzel & Welzer 2011).

*Geld:* Eine große und komplexe Quelle von Realangst ist die Herrschaft des Geldes über unser Leben, die ich etwas hilflos und altmodisch als Geldsäcke, Geldscheine und ein paar Münzen (unterhalb der Lerche) eingezeichnet habe. Einer, der es wissen muss, der ehemalige deutsche Bundespräsident Horst Köhler und frühere Direktor des Internationalen Weltwährungsfonds, stöhnte kurz vor seinem Rücktritt: »Die internationalen Finanzmärkte haben sich zu einem Monster entwickelt« (zit. n. Schirrmacher 2013, S. 43). Es gibt Experten, die uns das Verhalten dieses Monsters mit seinen verschiedenen Unterabteilungen zu erklären und prognostizieren versuchen. Sie liegen aber oft genial daneben.

Im Sommer 2008 diskutierten österreichische Politiker und Experten, zu denen sich auch Jörg Haider zählte, über ein angebliches brandgefährliches Voranschreiten der Inflation, das dann aber gar nicht stattfand. Das Gegenteil war der Fall. Dafür platzte aber am 15. September 2008 auf dem Gipfelpunkt der Finanzkrise die Bombe mit dem Zusammenbruch der Lehman Brothers und anderer Großbanken. Millionen von kleinen Leuten, Kreditnehmern und Geschäftsleuten wurden ruiniert. Bald mussten alle westlichen Regierungen Einsparungen zum Zwecke der Bankenrettung vornehmen. Griechenland war besonders betroffen. Alle wissen, dass im Kapitalismus die Kluft zwischen den Armen und den Reichen immer größer wird, kaum einer weiß, wie das funktioniert und wie man es verhindern kann. In dieser Situation haben personalisierende Erklärungen eine große Attraktivität. Die Nazis machten die Juden für die kapitalistische Profitwirtschaft verantwortlich. Der Einwand, dass es ja auch einen deutschen Kapitalismus gab, wurde von ihnen durch die Unterscheidung zwischen »raffendem« und »schaffendem Kapital« ausgehebelt. Auch in der Finanzkrise 2008 wurden wieder antisemitische Erklärungen in Umlauf gebracht. Schließlich hatten einige der großen Unternehmen, die Bankrott gegangen waren, jüdische Gründernamen. In Österreich spricht man gern vom Einfluss der »Ostküste«.

Auf der anderen Seite gibt es den Trend, die realen finanziellen Einschnitte und eine gefürchtete Verarmung in der Unter- und Mittelschicht mit der Einwanderung von Geflüchteten und Migranten zu erklären. Man stellt sich dann vor, dass Geflüchtete das Geld bekommen, das eigentlich den Alteingesessenen zusteht: »Die kriegen alles und wir kriegen nichts.« In Österreich hat die türkis-blaue Regierung 2018/19 einen Beitrag zur einer neuartigen »Verteilungsgerechtigkeit« geleistet, indem Einwandererfamilien der Zugang zur Sozialhilfe erschwert wurde. Kinderreiche Familien, von denen man weiß, dass sie bei Migranten besonders häufig vorkommen, werden gezielt benachteiligt. Bei Pflegekräften aus Südost- und

Osteuropa, die in Österreich im mehrwöchigen Turnus die häusliche Betreuung alter und kranker Menschen aufrechterhalten, wurde die Familienbeihilfe (das Kindergeld) für die daheim wartenden Kinder im Vergleich zu den österreichischen Kindern deutlich sichtbar gekürzt, weil im Ausland die Lebenshaltungskosten angeblich geringer sind. Obwohl Österreich deswegen von der EU-Kommission beim Europäischen Gerichtshof erfolgreich verklagt wurde, sind diese Regelungen noch aufrecht. Man hat die praktizierte Missgunst an die Stelle einer sozialpolitischen Innovation gesetzt, die allen zugutekommen würde. So als wäre die Maßlosigkeit der Migranten das finanzielle Hauptproblem der Österreicher. Die Lohnquote, das heißt das Einkommen der Arbeiter und Angestellten in Österreich in Relation zum Volkseinkommen, ist in den letzten 25 Jahren (bis 2019) von 75,5 % auf 68,3 % gesunken, während Unternehmensgewinne und Dividenden im selben Zeitraum deutlich gestiegen sind.[23]

*Autos:* Unter den bisher besprochenen Figuren von Abbildung 4 findet sich ein Bild vom Autoverkehr, auf dem Autos eine dichte Abgaswolke mit der eingezeichneten Formel $CO_2$ ausstoßen. Die meisten Regierungen suchen nach dem Pariser Klimaabkommen nach Wegen zur Reduktion des $CO_2$-Ausstoßes, der eine Hauptursache für den Treibhauseffekt ist. Die AfD ist natürlich gegen eine $CO_2$-Steuer. Interessanterweise stellte sie in einem Antrag im Bundestag erstens überhaupt infrage, dass der $CO_2$-Ausstoß zum Klimawandel beiträgt, und behauptete zweitens, dass China und Indien in dieser Hinsicht die größeren Sünder sind.

> »Selbst wenn der Mensch mit seinen $CO_2$-Emissionen einen maßgeblichen Einfluss auf das Klima hätte, würde nur ein weltweites Handeln, bei dem neben Europa insbesondere die großen $CO_2$-Emittenten wie die USA, China und Indien eingebunden sein müssen, mögliche positive Effekte haben.«[24]

Unlogischer geht es kaum. Psychodynamisch das Wichtigste ist die Verschiebung der Verantwortung nach außen, auf fremde Mächte. Alle rechtspopulistischen Bewegungen scheinen die Parole »Freie Fahrt für freie Bürger« in ihrem Programm zu haben. Dort wo sie Verkehrsminister stellen, versuchen sie, vorhandene Geschwindigkeitsbegrenzungen für

**23** https://kontrast.at/einkommensentwicklung-oesterreich (23.11.2020).

**24** https://dserver.bundestag.de/btd/19/224/1922426.pdf (20.07.2021).

Autos auszuhebeln. In der österreichischen Regierung 2018/19 war es dem FPÖ-Minister Norbert Hofer erst einmal wichtig, auf Autobahnen Streckenabschnitte zu schaffen, wo das Tempolimit auf 140 km/h hinaufgesetzt wurde. Der Unfug wurde von der nachfolgenden Regierung wieder abgeschafft. Die AfD verteidigt konsequenterweise auch die emissionsstarken SUVs gegen die »links-grünen Autohasser« (so der AfD-Chef Jörg Meuthen nach einem tragischen SUV-Unfall in Berlin, zit. n. *Der Westen* 11.09.2015). Zum Glück ist es äußerst schwierig, Geflüchtete für die ungelösten Fragen der Verkehrspolitik und des $CO_2$-Ausstoßes verantwortlich zu machen. Manche Autofahrer nahmen Geflüchteten allerdings die Verkehrsstaus durch die Grenzkontrollen übel, die in und nach der Flüchtlingskrise 2015/16 eingeführt wurden.

*Wohnen:* Jetzt kommen wir zu den Problemen des Wohnraums und der Mieten, die bei den Deutschen und Österreichern durchaus Angst auslösen. Steigende Wohnkosten und Mieten stehen in einer repräsentativen Untersuchung der deutschen »Top-Ängste« regelmäßig auf Platz zwei und drei.[25] In Abbildung 4 sehen wir ein Wohnhaus, vor dem von beiden Seiten Trauben von Wohnungssuchenden Schlange stehen. In manchen großen Städten wie München sind die Mieten fast unerschwinglich. Trotzdem kommen Dutzende von Bewerber auf eine angebotene Wohnung. Von den rechten Bewegungen und in der Vorstellung vieler einfacher Inländer werden nicht die Wohnungsbesitzer, Vermieter und Spekulanten, sondern Geflüchtete und Migranten für den Wohnungsnotstand verantwortlich gemacht. Natürlich gibt es im Niedrigpreissegment eine reale Konkurrenz zwischen Inländern und Migranten. Aber statt mit Wohnbaugrammen für erschwingliche Wohnungen für alle weniger Verdienenden zu sorgen, werden Einwanderer zu Sündenböcken gemacht. So forderte die ÖVP im Wiener Wahlkampf 2020, dass der Einzug von Mietern in die noch relativ erschwinglichen Wiener Gemeindebau-Wohnungen von einer Prüfung ihrer Deutschkenntnisse abhängig gemacht werde solle.

*Arbeitsplätze:* Als nächstes betrachten wir die realistischen Ängste der Menschen um ihren und an ihrem Arbeitsplatz. In Abbildung 4 sehen wir im Vordergrund zwei Menschen an einem Werkstück arbeiten. Vielleicht sind es Instrumentenbauer, Schlosser oder Kfz-Mechaniker, die ein Einzelteil reparieren. Angesichts der Fließbandarbeit, die auch schon wieder im

25 https://www.ruv.de/presse/aengste-der-deutschen/presseinformation-aengste-der-deutschen (10.10.2020).

Aussterben begriffen ist, und angesichts der modernen Büroarbeit ist das natürlich ein veraltetes Bild. Wir wissen aber, dass die Reste handwerklicher Arbeit und Verbundenheit, wo immer sie noch existieren, den Menschen guttun (Sennett 2008, 2012). Das gilt auch für viele digitalisierte Arbeitsplätze.

Doch der Kapitalismus macht alle Arbeitenden austauschbar. Alle, die als zu alt, zu langsam, zu schwach, zu krank, zu unqualifiziert eingeschätzt oder »gerankt« werden, droht das Ausgetauschtwerden. Zuvor wurde bereits angesprochen, wie die neuen Rechten diese Angst, die ja im Kern Realangst ist, verschwörungstheoretisch überformen, wenn sie vom »großen Austausch« sprechen, der den Inländern dadurch droht, dass finstere Mächte wie George Soros Migranten ins Land holen, die dann die Einheimischen ersetzen sollen. Dem Kapital ist es in Wirklichkeit herzlich egal, ob neu eingestellte Arbeitskräfte eine hellere oder dunklere Hautfarbe, glattes oder krauses Haar, eine inländische oder eine ausländische Herkunft haben. Viel wichtiger ist ihr Arbeitswille, ihre Bereitschaft, sich ausbeuten zu lassen, und die Frage, ob sie einen Computerführerschein und weiterführende IT-Qualifikationen haben.

In Abbildung 4 sehen wir rechts im Hintergrund einen Menschen, der die Anforderungen der Digitalisierung erfüllt und an einem Computer-Arbeitsplatz sitzt, und links einen, bei dem das nicht der Fall ist und der (symbolisiert durch einen wegweisenden Pfeil) ins gesellschaftliche Out, in die Arbeitslosigkeit geschickt wird. Das ist eine schlimme Erfahrung, aber in Europa, wo es (bislang noch) soziale Auffangkonstruktionen gibt, noch nicht unmittelbar existenzvernichtend. Die damit verbundene Angst, die es in der früheren DDR so wahrscheinlich nicht gab, kann man mit Jean-Paul Sartre als »Überzähligkeitsangst« bezeichnen. Daran, dass es sie gibt, sind sicher nicht Geflüchtete und Migranten schuld. Aber sie werden dafür verantwortlich gemacht. Die Angst vor Überzähligkeit ist heute noch durch die Angst gesteigert, bei der rapiden Digitalisierung der Arbeitsabläufe im Vergleich zu manchen Kollegen nicht mehr mitzukommen und bald abgehängt zu werden.

*Das Grauen und der Tod:* Unten rechts in der Ecke des Feldes der Realität finden Sie das Bild eines schrecklichen Monsters, das unausrottbar ist und seit ewigen Zeiten zur menschlichen Existenz gehört. Es gibt grauenvolle Ereignisse, Naturkatastrophen, furchtbare Krankheiten, plötzlich auftretende Epidemien, Unfälle oder Verbrechen, denen wir zum Opfer fallen können. Sie alle konfrontieren uns mit dem Tod. Viele dieser Ereignisse, zum Beispiel ein Tsunami oder eine tödliche Seuche, kommen zunächst als ein *not man-made disaster* in unsere Welt. In diesen Fällen gibt es, bei Licht betrachtet, keine menschlichen Urheber oder schuldige Gruppen, auf die man wütend sein und schimpfen kann. Die Nazis hatten allerdings mit Erfolg versucht, die Juden für die Ausbreitung der Syphilis und anderer Infektionskrankheiten verantwortlich zu machen. Gleich zu Beginn der »Flüchtlingskrise« 2015 lehnte der Chef der polnischen Regierungspartei Jarosław Kaczyński die Aufnahme von Geflüchteten strikt ab, weil sie Krankheiten einschleppen würden: »Cholera auf den griechischen Inseln, Ruhr in Wien, alle Arten von Parasiten und Bakterien, die in den Organismen dieser Menschen harmlos sind, können hier gefährlich werden« (zit. n. *FAZ* 15.09.2015).

Als ich vor einigen Jahren Abbildung 4 als Unterrichtsbehelf angefertigt habe, war Corona noch weit weg. Jetzt kann man das Monster auch als das Coronavirus sehen. Das Auftreten der Pandemie zu Beginn des Jahres 2020 hat allen Rechtspopulisten zunächst das Geschäftsmodell zerschlagen, das auf dem Konstrukt beruhte, dass Flüchtlinge und Fremde die größte Gefahr für das Gemeinwesen darstellen und vorrangig bekämpft werden müssen. In den Umfragen und Wahlen des Jahres 2020 mussten die Rechtspopulisten – zumindest in Europa – massive Einbußen hinnehmen. Einige wirkten verwirrt und verzweifelt. Ihre liberalen und demokratischen Gegenspieler hofften schon, dass der Spuk der Fremdenjagd nun vorbei war. Aber bald versuchten die Rechten, zunächst noch ungeschickt, dann aber immer erfolgreicher, das Coronavirus zu ethnisieren. Nachdem es einige Infektionen in einer Wiener Flüchtlingsunterkunft gegeben hatte, sprach der Wiener FPÖ-Chef Dominik Nepp kurzerhand vom »Asylanten-Virus« (*Der Kurier* 05.05.2020). Viktor Orbán in Ungarn brachte auch die neue Bedrohung mit George Soros und der Einwanderung in Verbindung. Für Österreich stellte Bundeskanzler Sebastian Kurz, wie immer etwas vornehmer, im Sommer 2020 fest, dass das Virus von außen »mit dem Auto« und aus dem »Westbalkan« kommt. Und Donald Trump sprach nach anfänglicher Verleugnung der Gefahr und der Beschuldigung der Europäer nur noch vom »China-Virus« und bestrafte die mitbeschuldigte WHO mit dem Austritt der USA.

Die rechtspopulistischen Bewegungen schwanken zwischen völliger Verleugnung der Gefahr und der Mobilisierung neurotisch-paranoider Ängste. Beides passt logisch eigentlich nicht zusammen. Wenn böse Verschwörer unterwegs sind, müsste man sich eigentlich besonders konsequent schützen. Jedenfalls bleibt bei den Rechten die notwendige Realangst zusammen mit einer angemessenen Realitätsprüfung und der Entwicklung von wirksamen Bewältigungsstrategien auf der Strecke. Die Rechten und Rechtsextremen mischten sich unter die demonstrierenden »Coronarebellen«, verbündeten sich mit esoterischen Gruppen, Evangelikalen, zornigen Arbeitslosen, »Querdenkern« und Verschwörungstheoretikern und versuchten, hier die Führung zu übernehmen. Der Angriff auf den Reichstag in Berlin Ende August 2020 war ein warnendes Beispiel. Im Plenarsaal des österreichischen Parlaments bewegten sich die FPÖ-Vertreter trotz geltender Maskenpflicht selbstbewusst ohne Maske. Keiner traut sich, sie ernsthaft zu verwarnen oder zu bestrafen.

Es sei angemerkt, dass Rechtspopulisten und Nationalisten auch in einem allgemeineren Sinne einen Beitrag zur Todesverleugnung leisten. Fremde werden als diejenigen fantasiert, deren Kommen und Bleiben zum Aussterben des eigenen Volkes führt. Wenn man sie nicht hinausschafft oder die Vermischung zulässt, droht dem ansässigen Volk der Tod: »Die Deutschen sterben aus«; »Deutschland schafft sich ab« (Sarrazin 2010). Obwohl man inzwischen, zum Beispiel aufgrund von Genanalysen (Krause & Trappe 2019) weiß, dass auf dem Boden der heutigen Nationen seit Tausenden von Jahren ein ständiges Kommen und Gehen von verschiedenen ethnischen und kulturellen Gruppen stattgefunden hat, die sich auch vermischt haben (ein gutes Beispiel ist Ungarn), stellt man sich das Volk innerhalb der nationalen Grenzen gern als einen uraltes homogenes, irgendwie heiliges Gebilde vor, das möglichst bis in alle Ewigkeit am Leben erhalten werden muss. So kann man die Angst vor dem eigenen Tod auch bekämpfen oder relativieren. Schwer nachvollziehbar für die meisten von uns ist allerdings die Tatsache, dass Attentäter oder Kämpfer sogar ihr eigenes Leben opfern, damit etwas Größeres, die Nation, Rasse oder Gemeinschaft der Gläubigen, gerettet wird und ewig weiterlebt.

*Langeweile:* Am Ende möchte ich noch einen Aspekt unserer Realität behandeln, den ich nicht abbilden konnte, obwohl er eigentlich auch noch ins linke Feld von Abbildung 4 gehört. Ein folgenreiches Problem der Realität, das auch Angst machen kann, ist die strukturelle *Langeweile* oder auch *Tristesse* eines Lebens im Hamsterrad des Kapitalismus. Trotz aller vielfältigen und schrillen Angebote der Unterhaltungsindustrie fehlen in der »analogen« und sinnlich erfahrbaren Alltagswelt Erfahrungen von Abenteuer, Kampf und Bewährung sowie Projekte, die mit Begeisterung verbunden sind. Es ist oft beschrieben worden, dass viele Männer im

Sommer 1914 vor allem deswegen mit Begeisterung in den Ersten Weltkrieg zogen, weil sie den langweiligen Krämergeist des erfolgreichen Vorkriegskapitalismus nicht mehr aushielten. Sogar der bürgerlich-aufgeklärte Soziologe Max Weber war glücklich, dass er noch die Aufbruchsstimmung erleben durfte: »Dieser Krieg ist groß und wunderbar.«[26] Die Welle der Begeisterung zu Kriegsbeginn, das sogenannte »Augusterlebnis« soll allerdings die Arbeiterklasse weniger erfasst haben.

Die rechtspopulistischen Pionier-Politiker Berlusconi und Haider waren vor allem erfolgreiche Unterhaltungskünstler und Showmaster, die es schafften, den gelangweilten italienischen und österreichischen »Normalverbrauchern« beinahe täglich am Morgen in der Zeitung und am Abend im TV einen neuen Aufreger zu liefern. Provokationen, Grenzgänge und Gesetzesverletzungen waren nicht nur erlaubt, sondern erwünscht. Haider ist 1999 nicht etwa gewählt worden, weil Österreich wirtschaftliche Schwierigkeiten hatte oder anderweitig in Not und Ketten lag, sondern, weil viele Menschen inmitten eines funktionierenden Kapitalismus den Wunsch hatten, dass »endlich etwas passieren« müsse. Als Landeshauptmann und oberster Eventmanager in Kärnten organisierte er Brot und Spiele, die der Bevölkerung gefielen, auch wenn das die Pro-Kopf-Verschuldung der Landeskinder weiter in die Höhe trieb. Auch Trump hat nach seiner Wahl 2016 nicht aufgehört, als unterhaltsamer und provokanter Showmaster das amerikanische Publikum in seinen Bann zu ziehen.

Neil Postman hatte bereits 1976 das ebenso prophetische wie realistische Buch *Wir amüsieren uns zu Tode* geschrieben. Die Langeweile gebiert erst eine latente Depression mit erhöhtem Unterhaltungsbedarf und dann eine Bereitschaft zur Destruktion. »Eine besonders gefährliche Folge ungenügend kompensierter Langeweile,« so schreibt Erich Fromm (1974, S. 224),

> »ist Gewalttätigkeit und Destruktivität. Diese Lösung findet meist in passiver Form ihren Ausdruck, indem man sich von Berichten über Verbrechen, tödliche Unfälle und andere blutige und grausame Szenen angezogen fühlt, mit denen Presse, Rundfunk und Fernsehen die Öffentlichkeit füttern. Viele reagieren deshalb so begierig auf solche Berichte, weil man sich auf diese Weise am schnellsten in Erregung versetzen kann und so seine Langeweile

**26** Briefe vom 28. August und 15. Oktober 1914. https://de.wikipedia.org/wiki/Max_Weber (19.11.2021).

> ohne innere Aktivität loswird. [...] Oft organisiert der Gelangweilte ein ›Mini-Kolosseum‹, wo er in kleinem Rahmen Elemente der Grausamkeiten produziert, die im Kolosseum im großen Stil vorgeführt wurden.«

Reality-TV-Shows, wie zum Beispiel Donald Trumps »The Apprentice« (Klein 2017) oder die RTL-Show »Ich bin ein Star, holt mich hier raus!« fungieren als eine Art Mini-Kolosseum, in dem Kandidaten gegeneinander kämpfen müssen und man sich über die Verlierer lustig machen kann. Der Kampf gegen Migranten bietet hier auch einige Möglichkeiten. Der österreichische Vizekanzler H. C. Strache hatte in seiner Rede zum Nationalfeiertag 2018 mit dem Gedanken gespielt, dass für ihn angesichts des Zustroms von Migranten »mittelfristig ein Bürgerkrieg nicht unwahrscheinlich« wäre. Der österreichische Journalist Robert Misik (2019, S. 79f.) schrieb von der »Angstlust vor dem Bürgerkrieg. Dieser Geilheit nach Gewalt, die stets verbunden ist mit totaler Gewalt, die zugleich einen wohligen Schauer auslöst.« Strache hatte schon als junger Mann zusammen mit dem Neonazi Gottfried Küssel an Wehrsportübungen teilgenommen, die auch als eine Art von Mini-Kolosseum gesehen werden können. Derzeit bereiten sich nicht nur in den USA, sondern auch in Deutschland und Österreich rechte Gruppen und milizartige Verbände, deren Größe schwer eingeschätzt werden kann, auf einen »Tag X« vor, an dem die jahrzehntelange »Herrschaft von Volksverrätern« ein Ende finden soll. Der Sturm auf die demokratisch legitimierten Zentralen der Macht ist schon länger angekündigt. Die Gruppe »Nordkreuz«, zu der viele deutsche Polizisten und Bundeswehrangehörige gehören, hat für ihre Gegner bereits 200 Leichensäcke und Ätzkalk bestellt (*Der Tagesspiegel* 26.06.2019). Da hat die Langeweile wirklich keine Chance mehr.

Mit den letztgenannten Themen Tod und Langeweile sind wir in den Bereich der existenziellen Ängste nach Irvin Yalom geraten, die sich um die Themen Tod, Freiheit, Isolation und Sinnlosigkeit bzw. Sinn gruppieren (Yalom 2004, Reddemann 2021). Die Angst vor dem *Tod* und die Angst vor der *Sinnlosigkeit* (Tristesse) wurden auf den vorangegangen Seiten angesprochen. Die Angst vor der *Freiheit* hatte Erich Fromm bereits 1941 in *Escape from Freedom* untersucht (vgl. das Kapitel »Umgang mit Angst: Horst-Eberhard Richter«). Die Angst vor *Isolation und Einsamkeit* spielt unter anderem in der psychologischen Bindungsforschung eine wichtige Rolle. Alle vier Ängste haben einen Realangstkern, weil sie in der realen *conditio humana* des Menschen verankert sind, die man sich nicht einfach wegwünschen kann. Kreative Antworten auf die Ängste gibt es in allen Religionen und Kulturen. Aber in der Neuzeit sind die religiösen Antworten und Rituale, die dem Individuum gegenüber den existenziellen Ängsten Halt und einen gewissen Trost gaben, weitgehend zerbrochen. Der Einzelne muss die Wege jetzt selbst suchen. In vielen Psychotherapien sind – neben der Sexualität im Sinne von Freud – die existenziellen Ängste ein Thema. Luise Reddemann (2021) ist der Meinung, dass sie insbesondere in Coronazeiten noch einmal stärker hervorgetreten sind. Der rechte Populismus und der Nationalismus bieten (ebenso wie der religiöse Neofundamentalismus) wunderbar einfache Lösungen. Diese Bewegungen mindern die Furcht vor der Freiheit durch Unterordnung unter eine Autorität, bieten in der Einsamkeit trügerische »sekundäre Symbiosen« (Fromm) an, finden Schuldige für das sich unausweichlich nähernde Ende unseres Lebens und versprechen den Anhängern Ziel und Sinn, wenn sie unter der Fahne der Bewegung in einen großen Kampf marschieren. Eine differenzierte und realistischen Auseinandersetzung mit den existenziellen Ängsten bleibt auf der Strecke. Anschauliche Beispiele führen uns gegenwärtig die verschiedenen Anti-Corona-Sekten von QAnon in Amerika bis zur Freiheitlichen Partei in Österreich vor.

## Gewissensangst: Zwischen neuer Leichtigkeit und Heuchelei

Im oberen Feld von Abbildung 4 findet man das Über-Ich und verschiedene Aspekte der Gewissensangst, die es produziert und die für den Umgang mit Geflüchteten und Fremden wichtig sind. Ich beginne ganz oben, wo man ein gezeichnetes Auge Gottes findet. Alle, die christlich erzogen wurden, und wahrscheinlich auch noch viele, die lediglich in einem christlichen Umfeld aufgewachsen sind, haben die Vorstellung von einem Gott, der »alles sieht«, in sich abgespeichert. Selbst dann, wenn man eine böse Tat erfolgreich verleugnet oder die Folgen so gut versteckt, dass andere Menschen sie nicht sehen können, bleibt bei den meisten doch ein ungemütliches Gefühl und eine Erwartung von Strafe. Auch alle gläubigen Muslime haben die Vorstellung, dass Gott alles sieht. Die Geschichte von Kain und Abel gibt es leicht abgewandelt im Koran. Freud würde annehmen, dass das göttliche Auge ein Nachfolger der genau beobachtenden elterlichen Augen ist, die einmal von oben über uns gewacht haben.

Unterhalb des Auges sehen wir die beiden Aspekte des Gewissens, das

Strafe androhende Über-Ich, symbolisiert durch ein vergittertes Gefängnisfenster links, und den positiven Aspekt des Ich-Ideals, dem wir nahekommen wollen, in Gestalt eines engelartigen Wesens auf der rechten Seite. Man darf hier an die vielzitierten »besseren Engel unserer Natur« aus der Antrittsrede Abraham Lincolns 1861 denken, die einen Betrag zur Verbundenheit und Versöhnung der Menschen leisten sollen. Einer dieser Engel ist sicherlich der *Engel der Empathie*, von dem der Evolutionspsychologe Steven Pinker (2011) sagt, dass er – gemeinsam mit den drei anderen *better angels:* der *Affektkontrolle*, der *Moral* und der *Vernunft* im Sinne der Aufklärung – im Laufe der menschlichen Geschichte und in der Neuzeit gegenüber der groben Gewalt von Mord und Totschlag immer größer und stärker geworden ist. Pinker hat seine Thesen mit statistischem und historischem Material gut belegt. Er ist optimistisch. Das war allerdings einige Jahre vor dem Wahlerfolg Trumps. Dass es schon bei kleinen Kinder am Beginn des zweiten Lebensjahrs eine Anlage zum empathisch-kooperativen Verhalten gibt, zeigen abgesicherte Experimente des Entwicklungspsychologen und Anthropologen Michael Tomasello (2010): Wenn eine erwachsene Person sich mit einem Stapel Wäsche auf dem Arm einem Wäscheschrank mit einer nur halbgeöffneten Tür nähert, reagieren kleine Kinder, die kaum sprechen können, fast alle so, dass sie die Tür weiter öffnen, damit die Wäsche in den Schrank gelegt werden kann. Sie müssen allerdings später ihr kooperatives Verhalten in unserer Gesellschaft teilweise wieder verlernen.

Flüchtlingshelfer und Geflüchtete sehen in Angela Merkel so etwas wie einen *better angel* in Zeiten der Not. Sie bemühte sich zumindest um ein tätiges Mitgefühl gegenüber verfolgten Menschen, wie es wahrscheinlich im Pastorenhaus der Eltern selbstverständlich war. Ich habe in der Psychotherapie mit arabischen Geflüchteten sicherlich schon einige dutzend Mal den Witz gemacht, dass Angela eigentlich Engel heißt und dass der Name unserer mütterlichen und sehr beliebten Arabisch-Dolmetscherin Malak ist, was auf Arabisch ebenfalls Engel heißt.

Die Paragrafen in der Mitte des Über-Ich-Feldes sollen darauf hinweisen, dass in den neuzeitlichen Rechtsstaaten Gesetze und Strafandrohungen gelten (oder gelten sollten), die für alle gleich sind. Der Rechtspopulismus geht mit dem strafenden Aspekt unseres Gewissens so um, dass für die Führer Straffreiheit gilt, an der auch die Anhänger teilhaben dürfen, während für Geflüchtete, die als kriminell markierten Minderheiten sowie für deren liberale Unterstützer die härtesten Strafen gefordert werden. Das

Über-Ich der Rechtspopulisten ist fragmentarisch und straforientiert – aber immer *extrapunitiv*. Trump ließ erwachsene Geflüchtete an der mexikanischen Grenze umgehend ins Gefängnis stecken und von ihren kleinen Kindern trennen, für die es dann eigene Käfige gab. Auch dem politischen Gegner wird gern das Gefängnis angedroht. Trump ließ im Wahlkampf seine Anhänger immer wieder »Lock her up, lock her up!« skandieren, wobei mit der einzusperrenden Person Hillary Clinton gemeint war. Über sich selbst hatte er allerdings im Januar 2016 gesagt, dass er »in der Mitte der 5$^{th}$ Avenue stehen und jemanden erschießen könnte und trotzdem keine Wähler verlieren würde.« Die Pegida-Demonstranten, Rechtspopulisten und jetzt auch die »Querdenker« führen regelmäßig Plakate mit sich, auf denen Regierungspolitiker, vor allem Angela Merkel, am Galgen hängen, hinter Gittern sitzen oder Sträflingskleidung tragen.

Den rechtspopulistischen Führern gelingt es, bei ihren Followern in Bezug auf das Gewissen neue Standards einzuführen. Dies funktioniert, weil der Führer für die Anhänger, die zu einer Masse verbunden sind und unkritisch für ihn schwärmen, zum Objekt einer Quasi-Verliebtheit geworden ist, wie Freud es in *Massenpsychologie und Ich-Analyse* beschrieben hat. Der Führer setzt sich selbst an die Stelle des Gewissens und des Ich-Ideals seiner Follower. Göring soll gesagt haben: »Wozu brauche ich ein Gewissen? Ich habe ja meinen Führer.« Ähnlich ist es ja auch bei der wirklichen Verliebtheit: Berichte über beträchtliche moralische Verfehlungen der geliebten Person oder über ihre zerrütteten Finanzen werden einfach nicht geglaubt oder heruntergespielt. Wenn es irgendwie möglich ist, versuchen autoritäre Führer ihre Anhängerschaft in einer bestimmten Weise zu erotisieren. Das war bei Berlusconi (Stichwort Bunga-Bunga) und Haider ganz offensichtlich. Strache fiel mit Inszenierung als attraktiver Disco-King und »neuer Mann« spätestens mit dem Ibiza-Video auf die Nase. Kurz warb als Jungpolitiker für sich, indem er mit einem »Geilomobil« durch Wien fuhr, schwarze Präservative verteilte und unter Bezugnahme auf die U-Bahn »Verkehr rund um die Uhr« versprach. Salvini zog im Sommer 2019 in den früher politikfrei gehaltenen italienischen Sommerwochen nur mit Badehose bekleidet über die Urlaubsstrände und durch die Bars, was ihm Bewunderung und Stimmen einbrachte. Trump faszinierte mit dem groben Charme eines unverwüstlichen Frauenhelden und alternden Angebers, der immer noch schöne Frauen an seiner Seite hat. In TV-Interviews sah man Trump-Anhängerinnen weinen, wenn sie von ihrer Zuneigung zum Präsidenten sprachen. Ein befremdlicher Zug an Trumps erotischer Selbstinszenierung, den man sonst nur bei einem bestimmten Typus von Dissozialen findet, ist sein offen gezeigtes Interesse an seiner Tochter (»Sie hat den besten Körper«) bis hin zu der Äußerung, dass er mit ihr Sex haben würde, wenn es nicht vom Gesetz her verboten wäre (*ORF.at* 09.10.2016; *Frankfurter Rundschau* 10.10.2020). Das Inzesttabu und entsprechende Distanzregeln zwischen Eltern und Kindern gehören in allen bekannten Kulturen zur Grundausstattung des familialen Über-Ich und der öffentlichen Moral. Nur Bewohner des Olymp und andere Götter können sich davon befreien.

Berlusconi und Haider lösten in großen Teilen der Bevölkerung Begeisterung aus, nicht obwohl, sondern weil sie immer wieder bestens gelaunt am Gesetzesbruch entlangschrammten und Gesetze verletzten. Haider war unter dem Motto »Der traut sich was, der Jörg« angetreten. Und zu seinem fünften Todestag am 10. Oktober 2013 brachten die *Salzburger Nachrichten* einen Stimmungsbericht aus Kärnten, in dem berichtet wird, dass Haider dort vielen Menschen fehlt: »Viele Kärntner schätzen den Jörg immer noch. Auch wenn sie ihn ›das Gaunerle‹ nennen.« Die Schwächung des Gewissens und die Delegation seiner Restbestände an den Führer geben Followern ein erhebendes neues Gefühl von Freiheit.

Manche LeserInnen können sich daran erinnern, wie es war, wenn sie nach der Schule den schweren Schulranzen abwerfen und sich frei fühlen konnten. Andere vielleicht daran, wie es ist, nach einer anstrengenden Tageswanderung endlich den vollgepackten Rucksack abzusetzen. Das Gefühl danach ist ein wenig wie Fliegen. Man bewegt sich plötzlich leichter durch die Welt. Ähnlich dürften sich viele Anhänger von rechten und autoritären Bewegungen fühlen, wenn sie von oben die Erlaubnis bekommen, die schwere Last des Gewissens einfach abzuwerfen oder es zu delegieren.

Johannes Cremerius hat über die »Psychoanalyse der Reichen und Mächtigen« geschrieben. Diese haben die Möglichkeit, bei Normenkonflikten eher zu »alloplastischen« Lösungen zu greifen, statt zu den mühsamen, oft selbstverformenden »neurotischen« Lösungen, die unter Beteiligung des Gewissens zustande kommen. Beim Abwerfen des Gewissens handelt es sich um einen schrittweisen Lernprozess:

> »Sie lernen [...], daß nichts passiert, wenn man die mitgebrachten Vorstellungen von Moral, Anstand und Sitte übertritt, daß es auch mit weniger Moral geht. Ja, es tritt sehr schnell eine paradoxe Situation ein: die Korrup-

tion des Über-Ich bringt dem Es unmittelbares Triebglück (Zuwachs an Macht, Größe, Geld etc.) ein, und das, was normalerweise dem Ich schadet, verhilft ihm hier zu sozialer Anerkennung und schließlich zu narzißtischem Zuwachs. Die Symbole der Macht – Besitz, Frauen, Autos – werden noch von denen bewundert, die eigentlich als die Ausgenutzten anklagen sollten. Das ist in Moskau und New York dasselbe – nur anders« (Cremerius 1984, S. 229).

Es gibt einen sozialen Trickle-down-Effekt, durch den sich erfolgreiches verwahrlostes Verhalten auch zu gewöhnlichen Bürgern hin ausbreitet. Aus der Psychologie ist seit Langem das Modell- oder Identifikationslernen bekannt (Bandura & Walters 1963). Wenn Kinder sehen, dass ein Erwachsener, der einer Puppe schlägt, belohnt wird, neigen sie dazu, unter den verschiedenen Spielmöglichkeiten, die man ihnen danach anbietet, sich eben diese Puppe herauszusuchen und sie zu schlagen.

Die Korruption des Über-Ichs breitet sich auch dadurch aus, dass viele der angepassten Normalneurotiker von den verwahrlosten oder dissozialen Narzissten, die so ganz anders auftreten als sie selbst, fasziniert sind, sie fördern und manchmal anbeten. Man kann dies das »Proksch-Syndrom« nennen. Udo Proksch war ein österreichischer Designer, Unternehmer, Lebemann und Besitzer der legendären Zuckerbäckerei Demel in Wien, der 1985 verhaftet und später wegen sechsfachen Mordes im Zusammenhang mit einem Versicherungsgroßbetrug verurteilt wurde. Er war in den 70er und frühen 80er Jahren ein bekannter Projektemacher und sehr beliebter Gastgeber mit clownesken Zügen, dem Männer wie Frauen zu Füßen lagen (Thurnherr 2011). Proksch war zeitweise mit der bekannten Chanson-Sängerin Erika Pluhar verheiratet. Kulturschaffende, seriöse Geschäftsleute, Minister und höhere Beamte gingen bei ihm ein und aus. Er machte sich bei den Männern vor allem dadurch beliebt, dass er sie auf ein großes Gelände einlud, wo sie mit richtigen Panzerfahrzeugen und echten Schusswaffen spielen konnten. Im Laufe des »Lucona-Prozesses« (Lucona war das hochversicherte Schiff, das Proksch 1977 samt der Mannschaft im Indischen Ozean versenkt hatte) mussten mehrere Minister zurücktreten. Vertreter aller Parteien hatten sich blenden lassen.

Der angeblich geläuterte Frauenmörder Jack Unterweger hatte in den Jahren vor seiner erneuten Verhaftung und seinem Tod 1994 in seiner Rolle als »Häf'n-Poet« und Sozialrebell die Herzen von Tausenden von Fans erobert. Darunter viele angepasste Sozialarbeiterinnen, Lehrerinnen und bekannte KünstlerInnen aus Österreich und Deutschland. Unterwegers letzte Rechtsanwältin verliebte sich noch in ihn. Ein österreichischer Film von Elisabeth Scharang aus dem Jahr 2015 *(Jack Unterweger. Poet, Verführer, Serienkiller)* knüpfte in einer fragwürdigen Weise an die immer noch vorhandene Täterfaszination im Publikum an, indem er die Frage nach der Schuld des kurz vor seinem Tod vom Gericht verurteilten Protagonisten offenließ.

Jörg Haider hatte eine Freude daran, in der Frage des Schutzes der slowenischen Minderheit im Land Kärnten die Weisungen des Verfassungsgerichts, das die Aufstellung zweisprachiger Ortstafeln verlangte, offen zu sabotieren. Auch für andere Gesetzesübertretungen konnte man ihn nicht bestrafen. Aber die Hälfte seiner Gefolgsleute aus dem Regierungsumfeld und Bankenwesen wurden nach Haiders Tod aufgrund von im Amt begangener Delikten und Korruption zu hohen Gefängnis- und Geldstrafen verurteilt. Auch Berlusconi und Trump hatten Leute, die für sie ins Gefängnis gingen.

Im Zitat von Cremerius heißt es, dass die Mächtigen »lernen, daß nichts passiert, wenn man die mitgebrachten Vorstellungen von Moral, Anstand und Sitte übertritt, daß es auch mit weniger Moral geht«. Ein breitenwirksamer Prozess der Über-Ich-Erosion findet heute aber nicht nur über die Identifizierung mit den Mächtigen (z. B. Donald Trump) statt, sondern auch über die Nutzung der »sozialen Medien«. Auch hier haben viele einfache User über Jahre hinweg die Erfahrung gemacht, dass sie über Twitter, Facebook & Co Hasspostings und wüste Beschimpfungen von öffentlichen und missliebigen Personen verbreiten können und ihnen nichts – aber auch gar nichts – passiert. Beim nächsten Mal kann also die Dosis gesteigert werden. In der analogen, realen Welt bekommen wir in der Regel zumindest den Anflug eines Schuld- oder Schamgefühls, wenn wir das Gesicht der von uns beschimpften und verletzen Mitmenschen vor uns sehen und ihre Gefühlsreaktion auch körperlich spüren. Diese Hemmung ist an der Tastatur und am Bildschirm ausgeschaltet. Die straffreie Eruption von Hass gibt offenbar ein wunderbares Gefühl von Freiheit und Macht, das man sich in wenigen Minuten eigenhändig verschaffen kann (Brodnig 2016).

Unsere Gewissensreaktion und unsere Empathie werden viel stärker als wir denken (und als Kant mit seinem Sternenhimmelvergleich meinte) durch die reale Begegnung mit dem Gesicht und den Augen eines Menschen aufrechterhalten, der uns räumlich nahe ist oder den wir gut erkennen können. Je größer die Entfernung und je komplexer die zwischengeschaltete Technik, desto leichter ist es, einen Menschen zu verletzen oder zu erschießen. Der Philosoph Emmanuel Levinas (2003) hat vom Antlitz des Anderen gesprochen, das uns mehr noch als die ausgestreckte Hand eines Menschen um Schonung und um Hilfe bittet, der wir uns kaum entziehen können. Die Grünenpolitikerin Renate Künast, die von Hassbürgern im Netz mit sadistischer Fantasie beschimpft und sexistisch beleidigt wurde, hat den Mut zu Face-to-Face-Begegnungen mit Absendern der Postings gehabt, indem sie diese unangemeldet zu Hause besuchte. Viele waren höflich, baten sie in die Wohnung und ließen sich auf ein Gespräch ein. Einer der Hassposter hatte gerade seinen syrischen Nachbarn im Wohnzimmer sitzen. Zumindest tat es Künast gut, sich zu wehren. Sie hat auch einige Ratschläge für Betroffene von Hasspostings entwickelt (Künast 2017). Man kann nur hoffen, dass bei den besuchten Hassbürgern ein Lernprozess oder zumindest eine Hemmung entstanden ist. Anfang 2021 wurden in Deutschland wie in Österreich neue Gesetze gegen den Hass im Netz beschlossen. Jahrelang hatte man vonseiten der Politik nichts getan.

Dem Appellcharakter der Gesichter und Augen von leidenden Kindern, die um Schonung und Hilfe bitten, kann sich kaum jemand entziehen. Deswegen findet sich in Abbildung 4 unten links im Über-Ich-Feld das gezeichnete Gesicht eines weinenden Kindes. Die Reaktion auf das »Kindchenschema« (Konrad Lorenz) gehört zum nicht auflösbaren evolutionären Kernbestand unseres Über-Ichs, mit dem sich auch eingefleischte Rassisten und Rechtpopulisten schwertun. Dabei ist es egal, ob das Kind weiß, schwarz oder braun ist. Bekanntlich können sogar Robbenbabys und Hundewelpen den Rettungsreflex auslösen.

Es hat Trump bei seinen potenziellen Wählern eindeutig geschadet, dass er an der mexikanischen Grenze kleine Kinder von ihren Eltern trennen ließ und dass die Bilder von weinenden Kindern, die sich bei der Verhaftung der Mutter an ihren Hosenbeinen festhalten, durch alle Medien gingen. Der österreichische Bundeskanzler Kurz, der stolz darauf ist, dass er die »Balkanroute geschlossen« hat, kündigte an: »Es wird nicht ohne hässliche Bilder gehen« (*Die Welt* 13.01.2016). Zuvor waren in den TV-Berichten Bilder von Babys im Schlamm der Balkanlager gezeigt worden. Der in der Ägäis ertrunkene kleine Alan wurde vorsichtshalber nur von hinten oder von der Seite gezeigt. Im Januar 2009 hatte die österreichische Innenministerin Maria Fekter ein großes Problem mit dem 15-jährigen Flüchtlingsmädchen Arigona Zogaj, das abgeschoben werden sollte, sich versteckt hielt und unter Tränen im Fernsehen um Hilfe gebeten hatte: Die Ministerin ärgerte sich über die anhaltende Unterstützung für Arigona: »Ich habe nach den Gesetzen vorzugehen, egal ob mich Rehlein-Augen aus dem Fernsehen anstarren oder nicht.« Die Abschiebung konnte während der nächsten zwei Jahre nicht durchgesetzt werden. Damals war die Macht der NGOs und der »Gutmenschen« noch zu stark.

Mit den jüdischen Kleinkindern auf dem Arm ihrer Mütter hatten auch die Wehrmachts- und SS-Einheiten, die 1941/42 in Russland Massenerschießungen durchführen sollten, große Probleme. Die Erschießungen der Kinder delegierte man, wenn möglich, an ukrainische Hilfstruppen (Hilberg 1990, Welzer 2005, S. 185). Die Gewissensbelastung in den Erschießungskommandos war ein Grund dafür, die Morde schließlich in die Konzentrationslager mit ihren Gaskammern und Krematorien zu verlagern.

Der Brand im Flüchtlingslager Moria auf Lesbos Anfang September 2020 hat die durch rechte Politiker errichtete innere Mauer gegenüber dem Gewissen und dem Leid der Kinder teilweise wieder brüchig gemacht. Selbst frühere Hardliner wie der deutsche Innenminister Horst Seehofer wollten jetzt doch einige Flüchtlingskinder retten. Deutschland sollte 150 Kinder aufnehmen, ganz Europa 400 oder auch einige mehr. Der österreichischen Bundeskanzler Kurz weigerte sich standhaft, weil dies nun mal zu seinem »Markenkern« gehört – so sein Biograf Paul Ronzheimer (*Kronen-Zeitung* 14.09.2020) –, geriet aber unter erheblichen Rechtfertigungsdruck. Ist der Markenkern eines Menschen der moderne Ersatz für ein steuerndes Gewissen? Der damalige Außenminister Alexander Schallenberg verteidigte diese Linie und sprach von dem lästigen »Geschrei nach Umverteilung«, das in Bezug auf die Flüchtlingskinder regelmäßig von den NGOs und anderen Helfern erhoben werde. Als dies kritisiert wurde, zeigte er sich als empfindsamer Mensch: »Ich bin nicht hartherzig. Die Kinder von Moria rühren mich genauso wie jeden anderen, zumal ich selber Kinder habe. Die Zustände dort sind erschreckend« (*Die Presse* 14.09.2010). Die rechten Politiker tun sich wegen ihres Mitleids vor allem selbst leid. Als großzügige »Hilfe vor Ort« schickte die österreichische Regierung dann in einer riesigen Militärmaschine den Innenminister samt Hilfsgütern für ein neues Lager nach Griechenland. Die Sendung kam nicht bis Moria. Das Material erwies sich als nicht wintertauglich und wurde für viel Geld im Athener Flughafen gelagert. Bald danach waren die häufigsten Verletzungen bei Kleinkindern im Lager auf Lesbos laut »Ärzte ohne Grenzen« Bisse von Ratten, die versuchen, die Kinder anzufressen.

Als im Januar auch noch ein gut integriertes 12-jähriges Mädchen aus Georgien und zwei weitere Kinder aus Armenien von Wien aus in ihre Herkunftsländer abgeschoben wurden und ihre Schulfreunde dagegen demonstrierten, gab es einen ähnlichen Protest von Kirchenvertretern, NGOs, Journalisten und Parteienvetretern außerhalb der ÖVP wie im Fall von Arigona Zogaj 2009. Das Mädchen aus Georgien sprach im Fernsehen. Der Rechtsweg für einen Einspruch gegen die Abschiebung war noch gar nicht ausgeschöpft worden. Die Polizei war schwer bewaffnet noch vor Morgengrauen mit Hunden erschienen, um die Kinder abzuholen. Der Kanzler und Innenminister Nehammer wollten offenbar ihre Härte zeigen.

Zur Abwehr von Gewissensangst bei Tätern und Mitläufern gehört regelmäßig die Täter-Opfer-Umkehr und ein *blaming the victim*. Die Opfer und ihre Kinder können als zukünftige Kriminelle, Eroberer und Terroristen fantasiert werden. Ihre Verfolgung und im Extremfall auch Vernichtung ist für die Akteure dann ein Akt der Notwehr und sieht sogar wie eine gewissenskonforme Handlung aus, wenn man unter Gewissen ausschließlich die Verpflichtung gegenüber dem eigenen Volk versteht.

Die Täter-Opfer-Umkehr, bei der die Gewissensangst neutralisiert wird, gibt es auch in verschiedenen Varianten. Haider verstand es, sich nach dem Auffliegen von Skandalen regelmäßig als Opfer einer »Jagdgesellschaft« darzustellen: »Auch Robin Hood ist von einem korrupten Sheriff verfolgt worden. – Ich trete nicht zurück, sondern wir eröffnen die Jagdsaison auf die Jagdgesellschaft« (zit. n. *Wiener Zeitung* 17.11.2000). Es ist auch eine Opfer-Täter-Umkehr und ein *blaming the victim*, wenn hilfesuchende Geflüchtete pauschal und in konstanter Wiederholung als kriminelle Asylanten oder »illegale Migranten« (Sebastian Kurz) bezeichnet werden, die uns vor allem ausnutzen wollen, indem sie »in unser Sozialsystem einwandern«. Parallel dazu werden einzelne Gewalttaten von Migranten durch rechte Politiker und Medien so dramatisiert und zu einer allgemeinen Gewaltbereitschaft von Geflüchteten stilisiert, dass im Publikum der Eindruck entsteht, sich in einer akuten Not- und Notwehrsituation gegenüber einer Invasion zu befinden. »Tag für Tag verlieren Mensch durch jene, die unsere Grenzen verletzen, vorzeitig ihr Leben«, warb Trump für den Bau seiner Mauer zu Mexiko.

In der von rechts aufgeheizten Stimmung erscheinen konsequenterweise auch die Flüchtlingshelfer, die NGOs, Kirchenvertreter und andere, die an das Gewissen appellieren, als lästige, zwielichtige und schließlich sogar gefährliche Figuren. Die »Gutmenschen« verkörpern die Mahnung an das Gewissen, das die meisten Menschen zum Glück noch haben. Mit der Behauptung, dass es sich bei den Appellen der Gutmenschen um eine Art von Terror, nämlich »Tugendterror« (vgl. Sarrazin 2014) handelt, rückt die Abwehr des Gewissen sogar zu einer heroischen Maßnahme der Terrorbekämpfung auf. In Abbildung 4 sind die »Gutmenschen« durch eine Gestalt mit einem bedrohlich erhobenen Zeigefinder oben auf der rechten Seite symbolisiert. Die altruistische Motivation der Helfer muss bei alledem natürlich infrage gestellt werden. Sie erscheint nur noch als ein dürftig maskierter Egoismus.

Nachdem in Österreich von Vertretern der rechten FPÖ die Initiativen und Einrichtungen der Flüchtlingshilfe bereits länger als »Asylindustrie« bezeichnet worden waren, behauptete die FPÖ Anfang 2019, dass die Caritas mit ihren Betreuungs- und Beratungseinrichtungen von »Profitgier« angetrieben sei, und forderte die Verstaatlichung der Beratung. Bundeskanzler Kurz, der aus einer ausdrücklich christlichen Partei kommt, erwies sich gegenüber den Rechtsextremen in seiner Regierung wieder einmal als Feigling. Er erteilte der Verunglimpfung der Helfer, die seit vielen Jahren für wenig Geld oder für Gotteslohn arbeiten, nicht nur keine Absage, sondern machte sich umgehend daran, die geforderte Entmachtung der unabhängigen kirchlichen Beratungseinrichtungen voranzutreiben. Sie wurden durch eine »Bundesagentur« ersetzt. In Ungarn und in Italien schritt die Kriminalisierung der Helfer noch schneller voran. Orbán und Salvini entschieden sich dafür, die Flüchtlingshilfe und die Rettungsaktivitäten der NGOs als strafbare Handlungen zu verfolgen. Berlusconi hatte dazu allerdings schon Vorarbeit geleistet.

Rechtspopulistische Parteien betreiben die Erosion des Gewissens und unseres Verantwortungsgefühls noch an einer anderen Front, die für die Identität von Deutschen und Österreichern besonders wichtig ist. Die Nazigräuel werden bagatellisiert. Gleichzeitig wird das Gedenken an die Opfer verhöhnt, das in Deutschland spätestens seit der Rede des Bundespräsidenten Richard von Weizäcker am 8. Mai 1985 und in Österreich seit den 90er Jahren (nach der Waldheimaffäre) ein offizieller Teil der Politik ist. Politiker der AfD sprachen vom »Schuldkult«, der ein Ende haben müsse. Björn Höcke nannte in seiner Rede in Dresden am 17. Januar 2017 die Holocaust-Gedenkstätte in Berlin ein »Denkmal der Schande«. Parteichef Alexander Gauland bezeichnete am 2. Juni 2016 in einer Rede den Nationalsozialismus als einen »Vogelschiss« innerhalb der glorreichen tausendjähren Geschichte der Deutschen.[27] Man fordert eine »erinnerungspolitische Wende« und sprach von einer »dämlichen Bewältigungspolitik« (Höcke).

Nicht nur in Deutschland versuchen sich rechte Politiker von der Verantwortung zu befreien, die aus den Verbrechen des Nationalsozialismus für die freie Welt entstanden ist. Haider sprach in seiner denkwürdigen Rede in Krumpendorf 1995 den versammelten ehemaligen Mitgliedern der Waffen-SS, unter denen seine Eltern saßen, seine Anerkennung aus. Berlusconi stellte ausgerechnet in einer Rede zum Holocaust-Gedenktag fest: »Mussolini hat viel Gutes geleistet« (*Die Welt* 27.01.2013). Trump ging gegenüber den amerikanischen Nazis, die ihn unterstützten, niemals auf Distanz. Die rechtsextremen Gewalttäter, durch deren Protestaktivität am 15. August 2017 in Charlottesville ein Mensch getötet wurde, waren für ihn »fine people«. In Polen startete die Regierung 2018 eine Initiative für ein Gesetz, das verbietet, dass darüber geforscht wird, dass auch Polen als Täter in den Holocaust verstrickt waren. Orbán lobte den Faschisten Miklós Horthy, der die ungarische Beteiligung am Holocaust ermöglichte, als »Ausnahmepolitiker« (*Der Spiegel* 26.06.2017). Wo der Rechtspopulismus regiert, verspricht er den Anhängern ein unbefangenes Leben jenseits aller belastender Schuldgefühle und Skrupel, die aus der Beteiligung ihrer Vorfahren an nationalistischen Verbrechen in der Vergangenheit resultieren könnten. In Erdoğans Türkei ist es noch mehr als in den Jahrzehnten zuvor verboten, vom Genozid an den Armeniern in den Jahren ab 1915 zu sprechen.

Die fremdenfeindliche und rassistische Abwurfbewegung gegenüber dem Über-Ich wird fast immer durch eine auffällig witzige Rhetorik unterstützt, die rechte Demagogen und Medien pflegen. Die Rede wechselt zwischen bedeutungsschwangeren Erklärungen oder Geschwurbel und bösartig-humoristischen Sprüchen, die sich gegen politische Gegner, Minderheiten und ihre Unterstützer richten. Jeder Witz versetzt den Erzähler wie das Publikum zumindest für einige Augenblicke in ein Gefühl von Leichtigkeit und Freiheit, weil er in einem trickreichen Überraschungsangriff unsere vom Über-Ich aufgestellten moralischen Hemmungen überspringt und, begleitet vom Lachen, verbotene, aggressive und sadistische Impulse befriedigt, die unser Ich im Alltag mit viel Mühe niederhalten

27 https://www.faz.net/aktuell/politik/inland/zum-nachlesen-gaulands-rede-im-wortlaut-14269861.html (25.07.2021).

muss. Das Ich erspart sich für kurze Zeit einen »Hemmungsaufwand« (Freud). Es wirft für Sekunden oder Minuten den Rucksack ab. Ohne die begrenzte Euphorie, die uns der Witz schenkt, wäre das Leben kaum auszuhalten. Der Schlusssatz von Freuds Schrift über den Witz lautet:

> »Denn die Euphorie, welche wir auf diesem Wege zu erreichen suchen, ist nichts anderes als die Stimmung einer Lebenszeit, in der wir unsere psychische Arbeit überhaupt mit geringem Aufwand zu bestreiten pflegten, die Stimmung unserer Kindheit, in der wir das Komische nicht kannten, des Witzes nicht fähig waren und den Humor nicht brauchten, um uns im Leben glücklich zu fühlen« (Freud 1905b, S. 219).

Freud behandelt in einem eigenen Abschnitt den »feindseligen Witz«. In einer Gesellschaft, in der die tätliche Aggression verboten ist,

> »haben wir [...] eine Form der Schmähung ausgebildet, die auf die Anwerbung eines Dritten gegen unseren Feind abzielt. Indem wir den Feind klein, niedrig, verächtlich, komisch machen, schaffen wir uns auf einem Umweg den Genuß seiner Überwindung, den uns der Dritte, der keine Mühe aufgewendet hat, durch sein Lachen bezeugt« (ebd., S. 98).

Heute würde man von Mobbing sprechen. Freud stellt fest, dass die Witze, die sich über ein körperliches Gebrechen oder die Rothaarigkeit eines Menschen lustig machen, wie dies damals in Wien noch häufig geschah, auf niedrigstem Niveau wirksam sind. (Die rassistischen Rothaarigenwitze entsprechen den heutigen Blondinenwitzen.) Dieses Niveau (»unterhalb der Gürtellinie« würden wir sagen) haben sich gebildete Menschen abgewöhnt. Es komme höchstens noch beim »Schulknaben und beim gemeinen Volk vor, ja auch noch auf der Bildungsstufe gewisser kommunaler und parlamentarischer Vertreter« (ebd., S. 99). Hier deutet Freud an, dass in Österreich der primitive aggressive Witz bereits vor dem Ersten Weltkrieg ein Mittel von Politikern war, die sich beim Volk anbiedern wollten.

Der feindselige und erniedrigende Humor auf Kosten Schwacher und politischer Gegner ist ein Charakteristikum des erfolgreichen Rechtsextremismus und -populismus. Dass er sich während der letzten Jahre auch in den »sozialen Medien« in einem geradezu exponentiellen Wachstum ausgebreitet hat, kommt dem entgegen. Dieser Humor ist ein zentrales Element in der sprühenden Vitalität und im angeblichen Charisma populistischer Führer. Deswegen und wegen ihrer Schlagfertigkeit werden sie von der Masse der Follower und Neugierigen aufgesucht, ob im Bierzelt, in der Versammlungshalle oder online. Mit einer Abfolge von Erniedrigungswitzen und Lachsalven wird das Über-Ich langsam, aber sicher sturmreif geschossen.

Eine intellektuell besonders anspruchslose Variante des Erniedrigungswitzes ist die Verwendung von verspottenden Wortelementen, die mit dem Namen einer missliebigen Person verbunden werden, wie es zum Beispiel Donald Trump praktiziert: Sleepy Joe, Crooked Hillary, Fat Jerry, Little Rocket Man, Cheating Obama, um nur einige Beispiele zu nennen.[28] Rechte Politiker in Österreich, zum Beispiel Peter Westenthaler, verballhornten während der Coronakrise den Namen des Gesundheitsministers Rudolf Anschober zu »Angstschober«. Obwohl nicht der Ansatz eines Arguments verwendet wird, folgt das schadenfrohe Gelächter über die Verspottung einer Person so sicher wie das Amen dem Gebet. Haider bewegte sich in ähnlichen Gefilden des niveaulosen Wortwitzes, wenn er über den Präsidenten der israelitischen Kultusgemeinde Ariel Muzicant sagte: »Wie kann einer nur Ariel heißen, wenn er so viel Dreck am Stecken hat?« Oder über den Präsidenten des österreichischen Verfassungsgerichtshofs: »Wenn einer schon Adamovic heißt, muss man sich erst einmal fragen, ob er eine aufrechte Aufenthaltsgenehmigung hat.« Über eine der höchsten moralischen Instanzen im Land durfte jetzt brüllend gelacht werden.

Auch der Liedtext im Liederbuch der FPÖ-nahen Burschenschaft Germania, der Anfang 2018 in Österreich für Unruhe sorgte, kam als Abfolge von Witzen und in Reimform daher: »Da trat in die Mitte der Jude Ben Gurion: Gebt Gas, ihr alten Germanen, wir schaffen die siebte Million.« Der FPÖ-Politiker Christian Höbart veröffentlichte im November 2015 ein Video mit Bootsflüchtlingen im Meer, das mit dem bekannten Kinderlied unterlegt war: »Eine Seefahrt, die ist lustig, eine Seefahrt, die ist schön [...]. Ho-la-hi, hol-la-ho«. Während der eineinhalb Jahre der ÖVP-FPÖ-Koalition in Österreich 2018/19 gab es im Umfeld der FPÖ fast im Wochentakt eine rassistische Äußerung, die im Gewande eines Cartoons oder eines Witzes daherkam. Bundeskanzler Kurz kam mit dem halbherzigen Distanzieren von den »Einzelfällen« gar nicht mehr nach. Die Nazis hatten bekanntlich eine eigene Zeitschrift für die Verbreitung von

28 https://www.tagesspiegel.de/politik/crooked-hillary-und-little-rocket-man-spitznamen-sind-trumps-gemeinste-rhetorische-waffe/25131336.htm (25.07.2021).

antisemitistischen Karikaturen und humorvollen Hassbotschaften: *Der Stürmer*. (Den Satz »Satire darf alles« kann ich nicht teilen.) Ein Beispiel für menschenverachtenden Humor war es auch, als Herbert Kickl in seiner Eigenschaft als Innenminister der FPÖ-ÖVP-Koalition Anfang 2019 an den Erstaufnahmezentren für asylsuchende Geflüchtete das Schild »Ausreisezentrum« anbringen ließ. Die rechte Terrorgruppe NSU hatte besonders viel Humor. Das Trio erstellte parallel zu seinen Morden einen Videofilm, in dem die Opfer, begleitet von der bekannten Comicfigur des Paulchen Panther, auch noch verspottet werden. Wer starke Nerven hat, kann sich den Film anschauen (»15 Minuten Sadismus«, *Spiegel online* 14.11.2011).

Von Donald Trump sind zahllose Erniedrigungswitze bekannt, die auf Kosten von Frauen und Minderheiten gingen. Einen Höhepunkt des Erniedrigungshumors stellte die öffentliche Verspottung des bewegungsbehinderten Journalisten Serge Kovaleski dar, dessen Behinderung Trump auch noch in einer abstoßenden Weise nachäffte. Das war im November 2015. In jedem anderen demokratischen Land hätte ein einziger Vorfall dieser Art das sofortige Ende der politischen Karriere des Akteurs bedeutet. In den USA gingen offenbar die Uhren damals schon anders.

Der erniedrigende Witz macht doppelt hilflos, erstens wegen seines Inhalts, der auf die Entwürdigung von Menschen abzielt, die sich schwer wehren können, und zweitens, weil demjenigen, der ihn kritisiert, umgehend vorgehalten werden kann, dass ihm offenbar jeglicher Humor abgeht. Niemand möchte als humorlos und als Spaßbremse gelten. Zum Stereotyp des sogenannten Gutmenschen gehört dessen angebliche Humorlosigkeit. Wer die erniedrigenden Witze in den sozialen Medien kritisiert, muss selbst mit einem Shitstorm von dreckigen Witzen rechnen.

LeserInnen werden fragen, was in Abbildung 4 die Flasche mit den zwei Gläsern bedeutet, die unten im Über-Ich-Feld und teilweise auch im Feld des Ichs platziert ist. Dies soll bedeuten, dass das Über-Ich alkohollöslich ist. Nicht zufällig ist in Deutschland und Österreich das Bierzelt oder der Bierkeller der Ort, an dem die Demagogen ausprobieren, wie weit sie mit der verbalen Erniedrigung von Minderheiten und Gegnern gehen können. Franz-Josef Strauß hatte die alljährliche Beleidigungsorgie des »politischen Aschermittwoch« erfunden. Ab 1992 tat Haider es ihm nach und veranstaltete jedes Jahr in Ried im Innkreis eine bierselige Versammlung gleichen Namens, ein FPÖ-Ritual, das dann auch von Strache übernommen wurde.

Als er österreichischer Vizekanzler war, im Frühjahr 2019, bekamen wir von Strache das Geschenk des »Ibiza-Skandals«. Im Video (aufgenommen noch vor der bereits geplanten FPÖ-ÖVP-Regierungsbildung) kann man hören und sehen, wie Strache unter mäßigem Alkoholeinfluss (Vodka mit Red Bull) alle altruistischen Verpflichtungen gegenüber der Republik und moralischen Skrupel zugunsten seiner Selbstdarstellung als Wichtigtuer und Macho vergisst, um eine angebliche reiche russische Oligarchinnen-Nichte zu beeindrucken. Nachher sagte Strache auf Österreichisch, dass das Ganze halt »a bsoffene Gschicht« war. Es war der Beginn des vorläufigen Niedergangs der FPÖ.

Aber wie passt die These vom Abwerfen des Über-Ichs in den rechtspopulistischen Bewegungen mit dem Umstand zusammen, dass fast alle dieser Bewegungen betont religiös auftreten? Hier ein Stimmungsbild aus der Ära Trump:

> »Trump erlaubte den Medien, am Beginn der Kabinettsitzung im Saal zu bleiben, und bat Ben Carson, den Minister für Wohnungsbau, die Anwesenden beim Gebet anzuführen. ›Unser lieber Vater im Himmel‹, begann Carson das Gebet, ›wir danken Dir für die Möglichkeiten, und die Freiheiten, die Du uns in diesem Land geschenkt hast. Wir danken Dir für einen Präsidenten und für Kabinettsmitglieder, die mutig und gewillt sind, sich dem Wind der Kontroversen entgegenzustellen, um denen, die nach uns kommen, eine bessere Zukunft zu hinterlassen.‹ Trump schien, mit gefalteten Händen und geschlossenen Augen, den Worten Carsons innig zu lauschen, als hätte er sie schon viele Male gehört« (Gessen 2020, S. 67).

In Österreich nahm Bundeskanzler Kurz den Segen eines evangelikalen Predigers entgegen: »Gott wir danken dir so sehr für diesen Mann. Für die Weisheit, die du ihm gegeben hast. Für das Herz, das du ihm gegeben hast für dein Volk« (*Die Presse* 17.06.2019). In Italien ließ Matteo Salvini von der regierenden Lega im Sommer 2018 in öffentlichen Räumen Kreuze aufhängen, obwohl die Kirchenvertreter das gar nicht wollten. Markus Söder in Bayern hatte es ihm vorgemacht. H. C. Strache war schon 2009 (ähnlich einem Vampirjäger) mit einem großen Kreuz in der Hand vor eine aufgewühlte Anhängerschaft getreten und ließ in ganz Österreich die Parole »Abendland in Christenhand!« verbreiten. Im gegenwärtigen Polen ist die Regierung extrem katholisch und verbietet die Abtreibung.

Viktor Orbán verteidigt Ungarn als ein besonderes christliches Land, in dem die Verehrung des heiligen Königs Stephan für jeden Bürger verpflichtend ist, und dem der liberale Umgang der EU mit Genderfragen nicht zuzumuten ist (*Der Standard* 02.12.2020). Jair Bolsonaro ließ sich 2018 vor dem brasilianischen Wahlkampf in einem langen weißen Hemd und mit gefalteten Händen im Jordan taufen und brachte damit die evangelikalen Kirchen des Landes hinter sich.

Der religiöse Touch des rechten Populismus ist eine Strömung der letzten Jahrzehnte, von der bei Berlusconi und Haider noch wenig zu merken war. Bei der rechtspopulistischen Religiosität handelt es sich zumeist um eine aggressiv-fundamentalistische Variante des Christentums, die man sowohl bei den evangelikalen Kirchen als auch unter dem Dach der katholischen Kirche findet. Das mit dem Fundamentalismus verbundene Gewissen und Bibelverständnis ist immer bruchstückhaft und inkonsistent, wobei wichtige Passagen des Neuen Testaments, zum Beispiel die Bergpredigt und die Geschichte vom barmherzigen Samariter, wie eingeschwärzt erscheinen. Moralische Verfehlungen der populistischen Führer bleiben unkritisiert. Skandale der Herrschenden werden von den Kirchenvertretern, obwohl sie wie im Falle Trumps deutlich sichtbar sind, einfach verleugnet, als wären sie nie geschehen. Gleichzeitig bleibt die Empathie gegenüber unterdrückten Minderheiten und Verfolgten, die eigentlich das neutestamentarische Christentum ausmacht, auf der Strecke. Der wichtigste Angelpunkt für die moralische Empörung der Fundamentalisten ist das Abtreibungsverbot. Das demonstrative Mitgefühl mit dem Fötus wird zum archimedischen Punkt, von dem aus jegliches Mitgefühl mit den betroffenen Frauen und anderen Menschen, die außerhalb der strengen patriarchischen Ordnung stehen, ausgehebelt wird. Das erleben wir gerade in Polen. Ein großer Teil derer, die dem christlich-populistischen Fundamentalismus anhängen, dürften Heuchler und politische Opportunisten sein. Aber es ist nicht ausgeschlossen, dass viele Anhänger sich tatsächlich einem unbarmherzigen göttlichen Auge und einem sadistischen Über-Ich ausgeliefert fühlen, vor dem sie sich nur retten können, indem sie andere verfolgen. Leider gibt es auch im muslimischen Teil der Welt seit einigen Jahrzehnten den Trend zu einem neuen religiösen Fundamentalismus mit einem strafenden Über-Ich, der sich spiegelbildlich entwickelt hat und den westlichen antiislamischen Neofundamentalismus noch verstärkt.

Die Haltung des österreichischen Bundeskanzlers Kurz und seiner Entourage gegenüber dem christlichen Gewissen, dem seine im Katholizismus verankerte Partei eigentlich verpflichtet ist, ist ebenso heuchlerisch wie rücksichtslos. Die katholische Kirche in Österreich hatte über längere Zeit die rigide Kurz-Politik gegenüber Geflüchteten kritisiert. Laut Chatprotokollen, die im März 2021 an die Öffentlichkeit kamen, überlegte man sich im Kabinett Kurz eine Revancheaktion. Man lud einen Sprecher der Bischofskonferenz ein, um der Kirche die Streichung von Steuervorteilen anzudrohen. Kurz schrieb an seinen in der Sache tätigen Mitarbeiter Thomas Schmid: »Ja super, Bitte Vollgas geben.« Schmid konnte von einem Erfolg berichten: »Er war zunächst rot, dann blass, dann zittrig.« Der Kanzler voller Begeisterung: »Super danke vielmals!« (*Der Kurier* 29.03.2021, *Der Standard* 30.03.2021).

Eine wichtige Rolle beim Kampf gegen die fortschreitende Verwahrlosung spielen die noch funktionierenden unabhängigen Gerichte. Unser Innenleben ist teilweise wie ein Gerichtshof aufgebaut. Man denke nur an die zuvor zitierten Freud-Passagen über das gnadenlos anklagende Über-Ich des Melancholikers. Es gibt verletzte Opfer, uns selbst als mögliche Täter, strenge Ankläger, intelligente oder schmierige Anwälte, die den Täter zu entlasten versuchen oder ein *blaming the victim* betreiben, sowie eine abwägende und um Gerechtigkeit bemühte Instanz. Dieser innere Gerichtshof kann von klaren Urteilen der äußeren Gerichte zumindest teilweise beeindruckt und umerzogen werden.

Nach Haiders Tod kam es mit einer Zeitverzögerung von mehreren Jahren zu den ersten Gerichtsurteilen gegen die von ihm angestifteten Komplizen, in denen das Unrecht und die Millionenschäden infolge der Haider-Politik und Haiders Mittäterschaft klar benannt wurden. Erst danach ging die Zahl der rechtspopulistischen Follower und FPÖ-Wähler in Kärnten um mehr als die Hälfte zurück. In den USA gab es nach den Wahlen 2020 kein Gericht, das sich dem Druck Trumps, seinem Vorwurf des Wahlbetrugs zu folgen, gebeugt hätte. Dabei hatte er viele der Richter selbst noch eingesetzt. Ob er noch straf- oder steuerrechtlich belangt wird, steht derzeit in den Sternen. Die Autokraten in Ungarn, Polen, der Türkei und anderswo wissen genau, warum sie in ihrem Einflussbereich zuallererst die Unabhängigkeit der Gerichte untergraben und mutige Richter in die Pension oder ins Gefängnis schicken.

Ich hoffe, dass ich mit diesem lang gewordenen Kapitel über die Moral und das Gewissen den Lesern nicht für den Rest des Tages den Spaß verdorben habe.

## Neurotische Angst: Der Fremde als Container für verpönte Regungen

Wir kommen nun zur dritten Front, an der das Ich gegen Angst kämpfen und Abwehrmechanismen produzieren muss. Es geht um die Angst vor dem Es, die neurotische Angst (oder »Binnenangst«). Hier spielt die Figur des Geflüchteten und Fremden eine wichtige Rolle. Uns alle überkommt manchmal eine beträchtliche Angst vor unseren eigenen Es-Impulsen und asozialen Neigungen, die wir dann auf Geflüchtete und andere Fremde projizieren und an ihnen bekämpfen können. Diese sind das Triebbündel.

Ich folge im Folgenden (ohne Anspruch auf Vollständigkeit und in grober Einteilung) der alten Freud'schen Unterscheidung der oralen, analen, phallisch-ödipalen und der genitalen Phase der Libidoentwicklung (Freud 1905a). Die genitale Phase ist mit der Fortpflanzungsfähigkeit verbunden, die mit der Adoleszenz entsteht. In meiner Analyse werde ich von einem oralen, analen, ödipalen und genitalen Komplex sprechen, an den ich dann noch den erst später von der Psychoanalyse behandelten narzisstischen Komplex anhänge. Diese Einteilung mache ich nicht, weil ich an die absolute Richtigkeit der Freud'sche Entwicklungspsychologie glaube – sie ist längst ergänzt und korrigiert (vgl. Dornes 1993, Stern 1992) –, sondern, weil die genannten psychologischen Komplexe dem aufmerksamen Beobachter in der rechtspopulistischen und rechtsextremen Rhetorik immer wieder ins Auge springen. So als hätten die Demagogen in einem leicht veralteten Freud'schen Lehrbuch gelesen. In Abbildung 4 finden sich die dazu entsprechenden Figuren.

*Oraler Komplex und Geschwisterneid:* Ich beginne mit dem oralen Komplex: Man sieht einen Säugling mit einer Flasche. Ein Säugling ist zufrieden und freut sich, wenn er gestillt wird, die Flasche bekommt, gefüttert, gehalten wird und Aufmerksamkeit erhält. Als Erwachsene lieben wir ein umfassendes orales Versorgtwerden immer noch, obwohl wir es nur noch begrenzt auf einige Stunden (manchmal Minuten) am Abend und in der Freizeit erleben können. In den vergangenen Jahrzehnten des Konsumkapitalismus wurden die Menschen zu konsumistischen Couchpotatoes oder Riesenbabys herangezüchtet, von denen viele dann wieder das Problem haben, dem gleichzeitig propagierten Ideal des sportlichen und schlanken Körpers zu entsprechen. Beide, der orale Konsumismus und der Fitnesswunsch, eröffnen Märkte. Wir schämen uns immer wieder unseres überversorgten und gierigen inneren Kindes. Diese Figur lässt sich hervorragend auf Geflüchtete projizieren. Sie werden – wie früher auch Juden – als gierige und parasitäre Wesen konstruiert, die nichts anderes im Sinn haben, als sich durch andere versorgen zu lassen. Zu dieser Fantasie tragen rechtspopulistische Politiker und Medien kräftig bei. Man landet dann bei der Aussage: »Die kriegen alles und wir kriegen nichts.« Dass Geflüchtete nicht arbeiten dürfen und in ihren Unterkünften festsitzen, wo es zumeist eine Zentralküche gibt, und sie gar nicht anders können als täglich viele Stunden auf dem Bett zu liegen, wird gegen sie verwendet. Es wird nicht nur der eigene ungeliebte Konsumismus auf Geflüchtete projiziert, sondern sie werden für ihre angeblich gute Versorgung auch noch beneidet. Hierfür steht die schimpfende Figur mit dem erhobenen Zeigefinger. Über verwöhnte Geflüchtete wird in sozialen Medien und von rechtspopulistischen Rednern täglich neuer »Schimpfklatsch« (Norbert Elias) verbreitet, der zumeist als eine Enthüllung über bisher geheim gehaltene Versorgungsprivilegien der Migranten präsentiert wird.

Den Neid auf die nach uns Gekommenen, die uns etwas wegnehmen und die Show stehlen, kennen viele von uns aus ihrer Kindheit sehr gut: Es ist der Neid auf jüngere Geschwister und andere kleine Kinder in unserer Umgebung. Wir sind ihnen gegenüber vorsichtig gesagt zumindest sehr ambivalent. Die Neuankömmlinge in der Familie und Geflüchtete in der Gesellschaft haben einige Gemeinsamkeiten: Man weiß nicht wirklich, wo sie herkommen, und erinnert sich nicht, sie eingeladen zu haben. Sie können kein »ordentliches« Deutsch und plappern stattdessen unverständlich vor sich hin. Sie sind hilflos und erbringen keine Leistung, während andere regelmäßig in die Schule und in die Arbeit gehen müssen. Dabei werden sie von Vater Staat und Mutter Gesellschaft von vorn bis hinten bedient und gefüttert. Sie liegen in gemachten Betten oder in der »sozialen Hängematte«. Auch die Griechen wurden während der griechischen Staatsschuldenkrise von der FPÖ auf Cartoons und Plakaten als in einer Hängematte liegende Figuren vorgeführt, die lachend gebündelte Geldscheine entgegennehmen. Dazu die FPÖ-Parole: »Unser Geld für unsere Leut'!« (*ORF.at* 11.04.2012). Rechtspopulistische und rechtsextreme Bewegungen sind darauf spezialisiert, Neid und Gehässigkeit zwischen Gruppen zu kultivieren, die eigentlich viele Gründe hätten, sich wie Brüder und Schwestern gegenseitig zu unterstützen.

Bereits die Nazis hatten die Juden als bestens versorgte, oral gierige und dickliche Figuren gezeichnet, die auf Kosten der fleißigen Volksgenossen leben. Der »reiche Jude« hatte oft noch eine dicke Zigarre im Mund. Im

August 2012 wurde auf der Homepage von H.C. Strache der Cartoon eines als Jude markierten dicken Bankers gezeigt, der mehrere Kuchen vor sich auf dem Tisch stehen hat und in sich hineinstopft, während ihm gegenüber eine traurige halbverhungerte Person, »das Volk«, sitzt und eine dritte Person, die »Regierung«, dem dicken Mann noch etwas zu trinken nachschenkt. Eine mörderische Variante des oralen Versorgungsneides gegenüber Hilflosen und Bedürftigen fand sich in der Nazi-Propaganda gegen Behinderte, die als »unnütze Esser« bezeichnet wurden.

*Analer Komplex und Aufruf zur Säuberung:* Auch die analen Regungen machen uns Angst. Es geht um die Angst vor Kot, Urin, aber auch vor dem Schmutz in einem moralischen Sinn. In Abbildung 4 ist dieser Komplex durch das Bild eines Kindes auf dem Topf mit einem Reinigungsbesen daneben symbolisiert. Die anale Sauberkeitsdressur für Kinder ab dem zweiten Lebensjahr ist zwar nicht mehr so brutal wie früher, findet aber immer noch statt. Je älter wir werden, desto größer werden Abscheu und Angst vor Ausscheidungen des eigenen Körpers sowie vor Fäkalien und schmutzigen Objekten in unserer Umgebung. Sie rufen Ekel und Abwendung hervor. Die Ekelreaktion des Menschen ist ein universeller angeborener Reflex (Ekman 1975), der aber zunächst noch ruht. Er wird bei Kindern später durch erzieherische Kommentare der Erwachsenen auf bestimmte Objekte gelenkt. In der rassistischen und fremdenfeindlichen Propaganda werden die angeblich minderwertigen Gruppen immer wieder mit dem Analen und Schmutz in Verbindung gebracht und damit als ekelerregend hingestellt. Sie zu bekämpfen und auszusondern, erscheint dann als ein Akt der Hygiene und moralisch gerechtfertigt.

Die Nazis haben es am Bild der Juden vorgeführt. In den Propagandafilmen wurden Aufnahmen von jüdischen Menschen mit Sequenzen vermengt, in denen schmutzige Orte und Ratten gezeigt wurden. Menschen wurden in die »Entlausung« geführt. An dem Tag, an dem ich dies schreibe, wurde ein Video von einem Polizeiübergriff in Frankreich bekannt, in dem die Täter den dunkelhäutigen Musikproduzenten Michel Secer auf dem Weg in sein Studio schwer verletzten und beschimpften: »Dreckiger Neger, halts Maul, wir werden dich kaputtschlagen.« Im Herbst 2015, zu Beginn der »Flüchtlingskrise« zirkulierte in Österreich ein Bericht aus der *Kronen-Zeitung*, nach dem afghanische Geflüchtete in Waggons der Bundesbahn Sitze aufgeschlitzt haben, weil dort zuvor Christen gesessen hätten. Geflüchtete hätten dort ihre Notdurft verrichtet. Die Falschmeldung kam immerhin vor Gericht und führte zu einer

Rüge.[29] Diese Fantasie sagt natürlich mehr über die Erfinder und Kolporteure aus als über die Psyche der Geflüchteten. Das Internet ist voll von solchen Schmutz- und Beschmutzungsfantasien. Es erscheint nur konsequent, wenn dann die Aufforderung zur Säuberung folgt. Im offiziellen österreichischen Unterricht für die Integration von Geflüchteten nimmt denn auch die Aufforderung zur Mülltrennung eine zentrale Stellung ein.

Die anale Thematik ist nach Freud auch mit sadistischen Machtimpulsen aufseiten des Kindes verbunden, das mit den Eltern in einen Machtkampf verstrickt ist. Auch wenn dies einem heute nicht mehr so einleuchtet, ist doch eins auffällig: Das politische Hinaussäubern von Menschen ist entgegen allen Beteuerungen der Akteure, dass es ihnen nur um Sauberkeit und Ordnung geht, eindeutig eine von sadistischen Macht- und Lustgefühlen begleitete Veranstaltung. Der spätere österreichische Vizekanzler Strache entwickelte 2006 auf einer öffentlichen Veranstaltung mit dem Unterhaltungsmusiker Waterloo in ausgesprochen lustiger Stimmung die Vorstellung, dass Geflüchtete zur Abschiebung in Militärtransport-Flugzeuge gesetzt werden sollen, wo sie dann, ohne andere Passagiere zu stören, schreien und sich gegenseitig »anurinieren können« (man findet den Videoausschnitt leicht auf YouTube). Damals hagelte es noch Kritik. Im Sommer 2016 war es dann soweit: die Rot-schwarze Regierung erfüllte Straches sehnlichsten Wunsch. Von Wien aus gingen mit großem Aufwand die ersten Militärtransporter mit Abzuschiebenden in die Luft. Ein teures Projekt. Strache freute sich und wollte gleich noch »alle afghanischen Messerstecher« dazupacken (*Der Standard* 14.07.2016).

Im November 2014 nannte der niederösterreichische FPÖ-Chef asylsuchende Geflüchtete »Erd- und Höhlenmenschen«, woraufhin die Bundespartei ihn sofort gegen Kritiker verteidigte (*Der Standard* 10.11.2014). Im Frühjahr 2019 wurde das von der FPÖ Braunau publizierte »Rattengedicht« bekannt, in dem »die Stadtratte – Nagetier mit Kanalisations-Hintergrund« sich in holprigen Versen Gedanken über ihre eingewanderten Artgenossen macht (*Der Standard* 23.04.2019). 2007/08 hatte es, wie erwähnt, in Graz den Wahlkampf der Haider-Partei unter der Parole »Wir säubern Graz« gegeben. Als Schmutz fungierten die Abbilder unliebsamer Migranten. Im Publikum wurden Besen verteilt. Das Ganze sollte Spaß machen. Und noch einmal Matteo Salvini: »Wir brauchen eine Massen-

29 https://www.diepresse.com/4852574/krone-kommentar-wird-fall-fur-staatsanwaltschaft (23.07.2021).

reinigung, Straße für Straße, Piazza für Piazza, Nachbarschaft für Nachbarschaft. Wir müssen hart sein, denn es gibt Teile unserer Städte, ganz Italien, die außer Kontrolle sind« (Straßeninterview am 18.02.2017, zit. n. Rabinovici 2018, S. 44). Löwenthal und Guterman (1949) hatten bereits in ihrer klassischen Studie über die faschistischen Agitatoren in den USA der 40er Jahre das Motiv des »Hausreinigers« ausgemacht, der verspricht, Juden und Geflüchtete mit einem Besen aus dem Haus zu fegen. Präsident Trump sprach Anfang 2018 von den Einwanderern, die aus *shit hole countries* in die USA kommen. Das wurde von einigen Kritikern als ein Akt von offenem Rassismus gewertet (vgl. *The Atlantic* 13.01.2019), hatte aber zunächst keine Folgen. Die Aufzählung könnte leicht fortgesetzt werden.

Wenn die Sprache der Mächtigen in die Schmutz- und Säuberungssprache hinübergleitet, müssen sofort die Alarmglocken klingeln. Im ersten Teil des Buches sind die ethnischen Säuberungen im jugoslawischen Bürgerkrieg erwähnt worden. Beim Völkermord in Ruanda war das Abschlachten von Menschen als eine lustvolle Säuberung von Unkraut und Kakerlaken inszeniert worden. Auch im Stalinismus und anderen diktatorischen Regimen gab und gibt es Säuberungen, die sich gegen unliebsame Minderheiten richten. So fasste die SED am 29. Juni 1948 einen Beschluss über die »organisierte Festigung der Partei und ihre Säuberung von entarteten und feindlichen Elementen«.[30] Der Nazi-Einfluss ist hier noch spürbar. Die gegenwärtige chinesische Regierung soll in Bezug auf die uigurische Minderheit in ihren internen Dokumenten von der notwendigen »Säuberung ihrer Gehirne« sprechen.[31]

*Ödipaler Komplex, Sexualität und Rivalität:* In diesem Feld geht es um sexuelle Wünsche und Rivalitätsgefühle, die nach Freuds Auffassung zwischen dem dritten und fünften Lebensjahr in der kindlichen Psyche auftauchen, aber auch im weiteren Leben immer wieder neu für Spannung sorgen. Ich muss mich entschuldigen, dass ich im Folgenden vor allem aus der männlichen Perspektive über Sexualität und Rivalität schreibe. Das ist vielleicht dadurch zu rechtfertigen, dass die männliche ödipale Position in Bezug auf die rassistische Aggression eine größere destruktive Sprengkraft in sich trägt.

Wenn wir uns mit der Fremdenfeindlichkeit und dem Rassismus beschäftigen, drängt sich bald der Gedanke auf, dass der männliche Fremde,

30 https://de.wikipedia.org/wiki/Politische Säuberung (15.06.2020).

31 https://www.tagesschau.de/ausland/uiguren-113.html (25.07.2021).

den man auf der bewussten Ebene oftmals für unterlegen und minderwertig erklärt, auf der Ebene unseres Unbewussten vor allem als ein mächtiger Rivale wahrgenommen wird. Adolf Hitler und die Nazis haben die Juden als lauernde Lüstlinge fantasiert, die in Bezug auf die deutschen Frauen übergriffig waren oder (noch schlimmer) für diese als Liebhaber oder Heiratskandidaten attraktiv waren. Ein besonderes Interesse zogen die Genitalien der beschnittenen jüdischen Männer auf sich, die abwechselnd als minderwertig und als überlegen fantasiert wurden. Bei den Jagden auf Juden mussten die Männer und Jungen zu Hunderttausenden ihre Hosen herunterlassen und sich begaffen lassen. Mit den Rassengesetzen von 1935 wurde für Deutsche ein Verbot von Sexualität zwischen jüdischen und als deutsch geltenden Menschen durchgesetzt. In den USA waren es der Ku-Klux-Klan und andere rassistische Gruppen, die zur Jagd auf Afroamerikaner aufriefen, die sich angeblich weißen Frauen genähert hatten. Folter, Kastration und Lynchmord waren die Konsequenz. Donald Trump warnte vor mexikanischen Vergewaltigern, die über die Grenze in die USA kommen.

In Abbildung 4 zur ödipalen Thematik sehen wir eine mehrdeutige Dreierkonstellation. Ein junger Mann schaut unfreundlich auf eine Frau und einen Mann, die etwas von ihm entfernt einander körperlich nähergekommen sind und sich möglicherweise umarmen. Er empfindet Groll und Todeswünsche in Richtung auf den anderen Mann und hat ein Messer in der Hand, mit dem er vielleicht jemanden betrafen oder beschützen will. Er fragt sich, ob die Frau den fremden Mann liebt.

In Bezug auf eine sexuell gefärbte Beziehung zwischen der inländischen Frau und dem fremden Mann gibt es für den Fremdenfeind zwei Horrorfantasien. Die eine ist die, dass der Fremde sich der Frau zum Zwecke einer Vergewaltigung nähert. Dann muss er als richtiger Mann die Frau – mit oder ohne Waffe – umgehend beschützen. Der Beschützer-Komplex wurde zuvor ausführlich behandelt. Die zweite Horrorfantasie ist die, dass die Frau sich die Annäherung des fremden Mannes wünscht und er selbst ausgeschlossen ist. Diese im engeren Sinne ödipale Fantasie macht den Rassisten oder Fremdenfeind einfach rasend. Die Aggression gilt dann beiden: dem fremden Mann und der inländischen Frau. Für Frauen, die aus der eigenen Gruppe stammen und sich mit den Fremden zusammentun, gibt es die ärgsten Beschimpfungen und Drohungen.

Als sich im September 2015 Angela Merkel für ein Selfie Kopf an Kopf mit einem syrischen Flüchtling fotografieren ließ, löste das Bild über Facebook und andere Medien eine langanhaltende Welle von extremen Hassbotschaften aus. Und Peter Boehringer, der nach dem AfD-Wahlerfolg von 2017 zu einem einflussreichen Bundestagsabgeordneten wurde, hatte Anfang 2016 über Angela Merkel geschrieben: »Die Merkelnutte lässt jeden rein, sie schafft das. Dumm nur, dass es unser Volkskörper ist, der hier gewaltsam penetriert wird« (*Der Spiegel* 03.03.2018, S. 32). Merkel wird nicht nur von ihm als Mutter der Familie Deutschland (»Mutti Merkel«) fantasiert, die anderen den Vorzug gibt. Zu dem erwähnten »oralen« Versorgungsneid kommt noch die sexualisierte Aggression, die ödipal eingefärbt ist.

Am 17. Oktober 2015 kam es in Köln zu einer lebensgefährlichen Messerattacke auf die parteilose Politikerin Henriette Reker, die für die Wahl zur Oberbürgermeisterin kandidierte. Der rechtsextreme Täter, der auch andere Personen verletzte, wollte sie wegen ihrer Unterstützung für Geflüchtete zur Rechenschaft ziehen. Obwohl alle Wahlkampfaktivitäten unterbrochen wurden, wurde Reker einige Wochen später zur Oberbürgermeisterin von Köln gewählt. Der Attentäter von Halle, der noch bei seiner Mutter lebte, war angetrieben von der Vorstellung, dass Migranten Leuten wie ihm die Frauen wegnehmen und dass es Juden sind, die diesen Vorgang organisieren. Die Wut darüber war mörderisch (*Der Spiegel* 07.11.2020, S. 58).

Das Bild in Abbildung 4 lässt sich aber auch als ein Kippbild im Sinne des islamistischen Beschützerkomplexes lesen, wie er zuvor behandelt wurde. Nicht nur rechte Extremisten, sondern auch radikale Islamisten wollen die Frauen vor dem Übergriff der fremden Männer schützen, in diesem Fall vor der unsittlichen Verführung durch den westlichen Mann und vor den Gefahren von Pornografie und Ehebruch.

*Der genitale Komplex, Fortpflanzung und Vermischung:* Die Freud'sche Unterscheidung zwischen der ödipalen (phallischen) und der genitalen Phase kommt uns heute etwas seltsam vor. Letztere beginnt für Freud erst (nach der sexuell beruhigten und »braven« Volkschul- oder »Latenzzeit«) mit der Adoleszenz, in der dann die genitale Vereinigung mit einer geliebten Person und die Zeugung eines Babys nicht nur infantile Fantasie, sondern reale Möglichkeit ist. Das sexuelle Interesse gilt nun nicht mehr den innerfamilialen (»inzestuösen«) Liebesobjekten, sondern ist nach außen gerichtet: Es wird »exogam«. Alle Homo sapiens-Kulturen kennen das Exogamiegebot (Levi-Strauss 1949). Inzest ist nur Göttern oder Halbgöttern erlaubt. Der Sexualpartner, mit dem man im Bett oder auf der Matte landet, sollte nicht aus der eigenen Familie stammen. In manchen Kulturen (bspw. mit einer Ausnahmegenehmigung der katholischen Kirche) ist allerdings die Heirat zwischen Cousins und Cousinen erlaubt. Ganz rechts in Abbildung 4 sehen Sie ein Paar, das – verheiratet oder nicht – unter einer Decke glücklich im Bett gelandet ist.

Die Rassisten und Rechtspopulisten fürchten nichts mehr, als dass sich Liebespaare über die von ihnen behaupteten rassischen oder ethnischen Grenzen hinweg bilden und Familien gründen. Sie haben Angst vor der Vermischung. Der Soziologe Zygmunt Bauman (1996) spricht von einer »Mixophobie« bei Anhängern des autoritären Ordnungsstaates, als dessen schlimmste Ausprägung man an die südafrikanische Apartheid-Politik denken kann. Viktor Orbán wehrt sich dagegen, dass Brüssel seinem Land eine »Rassenmischung« aufdrängt. Die Nazis haben sogenannte »Zigeunermischlinge« noch bösartiger beschimpft als Roma und Sinti, die sie für »reinrassig« hielten. Bis in die 1960er Jahre hinein gab es in mehreren Bundesstaaten der USA das Verbot von Ehen zwischen Schwarzen und Weißen. Trotz der Verbote und der sozialen Ächtung von *intermarriages* halten sich die Liebesanwandlungen zwischen Menschen unterschiedlicher Hautfarbe, unterschiedlicher körperlicher Erscheinung und kultureller Herkunft überhaupt nicht an die von oben oder von rechts als natürlich unterstellten Grenzen. Im Gegenteil: Der oder die Fremde mit dem etwas anderen oder exotischen Erscheinungsbild wirken auf viele Normalbürgerinnen und -bürger besonders attraktiv. Das führen uns heute die Werbung und eine große Zahl von Popstars vor. Auch der westliche Männertourismus nach Thailand und anderswohin lebt von der erotischen Attraktion des Fremden. In der südafrikanischen Apartheid gab es allen Trennungsregeln zum Trotz von Anfang an so viele Nachkommen aus gemischten Liebesbeziehungen (manchmal auch aus erzwungenen Beziehungen), dass eine eigene Kategorie der *Coloured* eingeführt werden musste, die etwas mehr Rechte als Schwarze, aber weniger als Weiße hatten. Erst Nelson Mandelas Politik der »Rainbow Nation« hat dem Unfug ein Ende gesetzt. Dass Prinz Harry und Meghan Markle Anfang 2020 das englische Königshaus und Großbritannien verlassen haben, dürfte auch dem offenen oder versteckten Rassismus geschuldet sein, mit dem die britische Boulevardpresse und viele ihrer Leser die Verbindung kommentiert haben. Ein Höhepunkt war ein Cartoon, der nach der Geburt von Baby Archie ein stolzes Paar beim Verlassen des Krankenhauses mit einem kleinen Affen an der Hand zeigte (*Der Standard* 19.01.2019). Erst nach ihrer Auswanderung nach Amerika konnten Harry und Meghan offen über den in England und sogar im Königshaus erlebten Rassismus sprechen.

Verhaltensforscher und Zoologen sind (anders als orthodoxe Freud-Anhänger) der Meinung, dass die besondere sexuelle Attraktion von Partnern aus einer fremden Gruppe, die man bei vielen Menschen findet, ein sinnvolles evolutionäres Erbe ist. Sie findet sich bei vielen höher entwickelten Arten und dient neben der Verhinderung von Erbkrankheiten der Durchmischung des Genpools einer Population, die dadurch gegenüber den sich wandelnden Anforderungen der Umwelt flexibler ist. Zur Bevorzugung des fremden Partners gibt es nicht nur alte Schlagertexte (z. B. *Schöner fremder Mann* von Connie Francis), sondern zahlreiche zoologische Beobachtungen und Experimente mit Affen, Wildhunden, Bibern, chinesischen Zwergwachteln und anderen Arten. Nach Norbert Bischof (1985) wurde die biologisch bereits vorhandene Inzesthemmung beim Menschen kulturell überformt: Es entstand das Inzesttabu (das natürlich auch verletzt werden kann). Die Annahme einer gewissermaßen natürlichen Inzesthemmung widerspricht den Annahmen Freuds über die Determinationskraft unserer frühen Inzestneigung. Der Zoologe Bischof gesteht ein, dass es diese beim Menschen gibt. Aber man kann sagen, dass die Inzestneigung im Normalfall ab der Adoleszenz von einem starken exogamen Drang abgelöst und überformt wird. In einer länger stabilen Partnerschaft geht es dann wahrscheinlich darum, Elemente von (»inzestuöser«) Vertrautheit und Elemente von Fremdheit in der Wahrnehmung des anderen immer wieder neu auszubalancieren. Wenn Paare beim Älterwerden beginnen, einander Mama und Papa zu nennen, ist es schon ein bisschen spät.

Wie dem auch sei: Angesichts des Umstandes, dass die Kraft der Liebe zwischen zwei Menschen – so wie bei Romeo und Julia – immer wieder die Grenzen zwischen unterschiedlichen Gruppen und Kulturen überwindet, führen die Verfechter des »Ethnopluralismus«, die (wie die Identitären und Orbán) jeder Ethnie einen separaten eigenen Lebensraum zuweisen wollen, sowie die Kritiker von Meghan und Prinz Harry einen Kampf gegen Windmühlen, der keinen Erfolg haben kann.

*Der narzisstische Komplex:* Der psychoanalytische Begriff des Narzissmus ist schon seit Längerem, wie kaum ein anderer Begriff aus der Psychoanalyse, Teil unserer Alltagssprache geworden. Nicht zuletzt dank Donald Trump haben viele Menschen inzwischen eine Idee davon bekommen, was Narzissmus ist und was Experten meinen, wenn sie von der gefährlichen Variante des »malignen Narzissmus« reden. In Abbildung 4 ist der Narzissmus im Feld des Es ganz unten querliegend unterhalb der oralen, analen und ödipalen Thematik skizziert. Man sieht einen Menschen vor einem Spiegel stehend, in dem sein Bild strahlend, vergrößert und verschönert ist. Die Figur reißt die Arme hoch, als wäre sie von sich selbst begeistert.

Freud hatte ursprünglich geglaubt, dass es beim Baby in der oralen Phase einen »primären Narzissmus« gibt, in dem sich das Kind noch als ungeschieden von der Mutter erlebt und seine Libido vor allem auf sich selbst richtet. Erst unter dem Druck der Umwelt würde es die Liebe auf die Umwelt ausrichten und lernen, dass die Objekte des Begehrens selbstständige Wesen sind, die dann libidinös besetzt werden. Dieses Konzept haben (spätestens seit Balint 1966) fast alle nachfolgenden Psychoanalytiker als spekulativ aufgegeben. Geblieben ist die Vorstellung von einer späteren Entwicklung des Narzissmus, die in etwa dem entspricht, was Freud den »sekundären Narzissmus« nannte. Das Kind zieht sich nach Enttäuschungen und Kränkungen von seinen Liebesbeziehungen zurück. So kann die Entthronung des Kindes durch ein nachfolgendes Geschwisterchen zu einem lebenslangen narzisstischen Rückzug in Verbindung mit Fantasien von der eigenen Einzigartigkeit und Größe führen (vgl. Argelander 1972). Libido und Wertschätzung wenden sich nun vorrangig der eigenen Person zu.

Als Möglichkeit und vorrübergehende Position gibt es den Narzissmus wahrscheinlich bei allen Menschen. Wenn sich der Narzissmus aber verfestigt, geht die Empathie gegenüber Mitmenschen weitgehend verloren. Das jeweilige Gegenüber wird nicht als eigenständiges Subjekt anerkannt. Der Narzisst hat keine Hemmungen, sich selbst zu loben und seine Einzigartigkeit hervorzuheben (wofür Trump ein auffallendes Beispiel ist). Er hat oft auch eine Teilbegabung, die von einem Elternteil (oder beiden) gefördert und von Außenstehenden bewundert wird. Die Welt polarisiert sich in den Star und sein Publikum. Die Interaktionspartner dienen hauptsächlich als spiegelndes Publikum, Mitglieder eines Fanclubs oder als Diener und Komparsen, die am Glanz des Stars teilhaben dürfen. Der Narzisst ist oftmals sehr charmant und gewinnend, wobei ihm eine Fähigkeit zur »selektiven Empathie« hilft. Er kann aber die von ihm Abhängigen umstandslos wieder fallen lassen, wenn sie ihn nicht ausreichend bewundern oder anderweitig dienlich sind. Man denke an Trumps »You're fired!«, mit dem er im Laufe seiner Amtszeit den größten Teil seiner politischen Entourage ausgetauscht hat. Der Narzisst löst auch die Beziehung zu einem Gegenüber umgehend auf, wenn diese Person ihm die Show zu stehlen droht. Er wird sofort neidisch. Er verhält sich, als wäre er auf die gelingende wechselseitige Anerkennung, die zu einer haltbaren menschlichen Begegnung gehört, nicht angewiesen. Er verleugnet sie. Sein Selbstbezug ist eigentlich unrealistisch. »Es ist geradezu die psychische Abhängigkeit vom anderen, das unstillbare Bedürfnis, anerkannt, beachtet und bewundert zu werden, die sich hinter der Machtausübung verbirgt und gleichzeitig auf eigentümliche Weise sichtbar wird« (Wirth 2002, S. 53). Wenn ein Gegenüber die erwartete Bewunderung verweigert, wird dies als Kränkung empfunden und mit der typischen »narzisstischen Wut« beantwortet, die auf die völlige Vernichtung des kränkenden Objekts zielt (ebd., S. 47, Kohut 1973).

Es gibt sicherlich in vielen von uns einen gutartigen Narzissmus, wie er zum Beispiel bei Künstlern oder Sportlern als eine Erhöhung des Selbstwertgefühls zu finden ist, die manchmal ans Unrealistische grenzt, aber Bedingung ihrer Kreativität/ihres sportlichen Erfolges ist. Der bösartige Narzissmus ist aber immer daran zu erkennen, dass er mit radikaler Entwertung von Kritikern und fremden Gruppen verbunden ist. Die meisten Führer rechtspopulistischer oder nationalistischer Bewegungen entsprechen beinahe lehrbuchartig dem Bild eines solchen rücksichtslosen Machtinhabers. Sie begeistern ihre Anhänger dadurch, dass sie diese an der Entwertung und Verfolgung von Fremdgruppen sowie von ausgesuchten und markierten Gegnern teilhaben lassen. Wir alle sitzen auf Demütigungen und Kränkungen, die bewusst, unbewusst oder vorbewusst sind (Haller 2015) und auf die Gelegenheit lauern, kompensiert zu werden. Aber Anhänger des Rechtspopulismus erhalten ganz direkt von ihrem Führer das Angebot, sich durch ihn »wieder groß« und als Teil einer einzigartigen und wunderbaren Gruppe fühlen zu dürfen: Make America Great Again, America First, Britain first, Österreich zuerst, Prima gli Italiani, Les Francais d'abord usw. usw. Wenn Menschen sich vorstellen, zu einer besonderen Rasse mit einem überlegenen genetischen Potenzial zu gehören, wirkt schon allein diese Vorstellung wie ein Verschönerungs- und Vergrößerungsspiegel. Selbst wenn man sich von außen im Spiegel gerade nicht so schön findet, so hat man in sich die wunderbaren und überlegenen Gene und ein ganz besonderes Potenzial. Es handelt sich in den Worten Freuds um eine Art »Schiefheilung« von mannigfaltigen Gefühlen der Zurücksetzung und von der Angst, unwichtig oder entbehrlich zu sein. Zusammen mit dem Versprechen einer baldigen Kompensation der narzisstischen Kränkungen (»man wird euch nie wieder schlagen«) erteilen die Führer ihren Followern die Lizenz zum Ausagieren ihrer aufgestauten narzisstischen Wut.

Nach der Wahlniederlage Trumps machten sich im Dezember 2020 die von ihm aufgerufenen »proud boys« und andere rechte Gruppen daran, Anhänger der Demokraten auf offener Straße und in ihren Büros zu verfolgen. Am 6. Januar 2021 entlud sich eine gewaltige Welle narzisstischer Wut im Sturm auf das Kapitol, in dem gerade der US-Kongress dabei war, den Wahlsieg Joe Bidens und die Wahlniederlage Donald Trumps zu bestätigen. Sogar die Realität einer Pandemie kann als Kränkung erlebt werden und narzisstische Wut auslösen, wie es derzeit in Deutschland und Österreich bei »Querdenker«-Demonstrationen zu beobachten ist. Man muss dann nur noch die geeigneten Schuldigen finden.

# III Ergänzungen

## Angst vor Empathie oder: *Die dunklen Seiten der Empathie*

Wie ist es möglich, dass Asylbeamte, wie in der zuvor berichteten Geschichte von M. aus Mossul, der seinen Bruder unter der IS-Besatzung verloren hatte,[32] einem aus psychotherapeutischer Sicht eindeutig traumatisierten Menschen einfach nicht glauben, dass seine Erzählung auf realen Erfahrungen beruht? Man könnte antworten, dass dies daran liegt, dass der betreffende Beamte bereits sehr oft Verfolgungsgeschichten gehört hat, die sich später als unwahr erwiesen haben. Das kann sein. Aber im Fall von M., dessen Herkunft aus der besetzten Stadt Mossul unstrittig war, gab es zur Zeit der Asylverhandlung genügend Zeitungs- und Medienberichte darüber, dass der IS in Mossul mit einem grausamen Terror regierte. Aus den Videos, die der IS selbst ins Netz gestellt hatte, wusste man, dass das Abschneiden des Kopfes von Menschen, die der IS als Gegner betrachtete, eine absolut gängige Praxis des IS war. Vielleicht hatte der Beamte auch Angst um seine Karriere, weil man »von oben« erwartete, dass er in der ersten Instanz des Asylverfahrens einen bestimmten Prozentanteil von negativen Bescheiden zu liefern habe. Erst Mitte Juli 2021 wurde bekannt, dass ein Asylbeamter in Österreich für einen negativen Bescheid 1,5 Arbeitspunkte angerechnet bekommt, während ihm für einen positiver Bescheid nur ein Arbeitspunkt angerechnet wird.[33] Aber wie könnte der Beamte eine Orientierung an Punkten im Falle des vor ihm sitzenden hilfesuchenden Mannes mit seinem Gewissen vereinbaren? Auch politisch konservative oder rechte Menschen haben doch noch ein Gewissen oder Restbestände davon.

---

32 Siehe das Kapitel: »Eine arabische Gruppe«.

33 https://www.diepresse.com/6008174/asyl-was-hinter-dem-punktesystem-steht (16.08.2021).

Aus meiner Sicht ist eine andere Erklärung plausibler. Um sie den Lesern näherzubringen, erlaube ich mir ein etwas grausiges Experiment *(Achtung! Trigger-Warnung):* Stellen sie sich vor, Sie leben in einer Stadt, in der bewaffnete und für ihre Grausamkeit bekannte Fanatiker die Macht übernommen haben. Sie vermissen ihren Bruder oder besten Freund, suchen ihn viele Tage oder Wochen und bekommen schließlich im Abstellraum eines Krankenhauses einen Sack ausgehändigt, zu dem Ihnen jemand sagt, dass sich darin der Leichnam des Gesuchten befindet. Beim ersten Öffnen kommt ihnen bereits ein schrecklicher Geruch entgegen. Sie müssen den Sack aber weiter öffnen oder hineinfassen, um zu überprüfen, ob der Tote wirklich der Bruder oder Freund ist, und stoßen dort auf den blutigen und glitschigen toten Körper eines Menschen, neben dem sein abgeschnittener Kopf liegt. Bei näherem Hinsehen ... *Schluss, Aus!* Es ist einfach zu viel und auch irgendwie unanständig, mit der Vorstellung weiterzumachen. Bei den meisten Menschen setzt an einer solchen Stelle der spontane Reflex einer Abwendung von der vorgestellten Szene ein und/oder eine Entwertung dessen, der sie präsentiert. Unsere Empathie wird gestoppt, wenn sie uns zu tief in eine unerträglich grauenvolle Situation hineinführt, von der uns ein anderer Mensch berichtet. Das ist ein Vorgang der Selbstschonung. Er kann durch bestimmte Auslöser erleichtert werden. Etwa dadurch, dass gerade im Büro ein Telefon klingelt, durch feststellbare Unstimmigkeiten in den Angaben des Erzählers, durch einen realen oder eingebildeten Zeitdruck im Gespräch mit dem Gegenüber usw. In Interviewprotokollen zu Asylverfahren, die wir bekommen, kann man regelmäßig sehen, dass die Interviewer nach der Erwähnung eines grauenvollen Ereignisses durch den Asylwerber fast nie vertiefend nachfragen, sondern zumeist rasch zu weiteren Stationen oder Einzelheiten in der Biografie des Befragten übergehen.

Seit mehreren Jahrzehnten wird in unserer Gesellschaft die Fähigkeit zur Empathie als etwas Wünschenswertes und als ein wichtiges menschliches Potenzial betrachtet. Bei Pinker (2011) ist sie einer »unserer vier besseren Engel«. Das amerikanisch-deutsche Wort Empathie fand bei uns mit der westlichen Bildungsreform ab den 1970ern sowie durch den anschließenden Therapieboom große Verbreitung und landete schließlich in der Umgangssprache. Bald wurden die unvermeidlichen Beziehungsdiskussionen in Wohngemeinschaften und Partnerschaften durch wechselseitige Standardvorwürfe bereichert: »Du hast überhaupt nicht empathisch reagiert!« »Das musst ausgerechnet du sagen. Für dich ist Empathie doch ein Fremdwort!« Nach 1996 kam noch die Entdeckung der »Spiegelneuronen« im

Gehirn dazu (Rizzolatti & Arbib 1998), die seitdem als biologische Basis für die Entwicklung von Empathie gelten. *Warum ich fühle, was du fühlst* lautet der Titel eines optimistischen Bestsellers des Neurologen Joachim Bauer (2005). Auch andere Primaten und höhere Wirbeltiere, vor allem unsere Hunde, sind offensichtlich sehr empathiefähig (de Waal 2009). Weniger oft wird diskutiert, dass Homo sapiens auch über sehr wirksame Mechanismen zur Empathie-*Abwehr* verfügt. Es kann sein, dass angestaute Hassgefühle und eine fremdenfeindliche Jagdstimmung die Empathie gegenüber Verfolgten gar nicht erst entstehen lassen oder beiseiteschieben. Man denke an die szenische Analyse von Carolin Emcke im Kapitel über »Willkommenskultur und Flüchtlingskrise«.

In Bezug auf extrem notleidende Menschen, die uns näherkommen, gibt es vor allem drei massive Ängste, die zur Abwehr der Empathie und zu einer Verleugnung einer bedrohlichen Realität führen können: erstens die Angst vor einer völlig verrückten, psychoseartigen Welt, zweitens die Angst vor Versorgungskonkurrenz und drittens die Angst vor einem konsequenten, »ganzjährigen« Gewissen (Ottomeyer 2011a). Zur Erläuterung habe ich eine Zeichnung angefertigt (Abb. 5).

Die erste große Angst ist die vor einem »psychotischen Kosmos«, vor dem Einbruch einer abgründigen, verrückten Welt, eines real gewordenen Albtraums (Eissler 1984, Grubrich-Simitis 1984), in die mehr oder weniger ruhige Welt, in der wir unser Urvertrauen aufgebaut haben und allen beunruhigenden Nachrichten zum Trotz unsere Vertrauensroutinen aufrechterhalten. Die Rede vom psychotische Kosmos entspricht in etwa der zuvor erwähnten *abyss experience* des Traumaforschers Wilson (2004). Normalbürger versuchen immer wieder, den Abgrund möglichst großräumig zu umgehen oder seine Existenz einfach zu verleugnen. Man verdächtigt lieber die Opfer der Übertreibung oder Simulation, als dass man seine beruhigende »Just World Theorie« (Montada & Lerner 1998) aufgibt.

Vor allem Kinder und wohl auch die »inneren Kinder« Erwachsener brauchen immer wieder die Erfahrung, das Gefühl, dass ihre Welt ein sicherer Ort ist. In der Traumatherapie verwenden wir zur (Wieder-)Herstellung eines solchen Gefühls spezielle imaginative Übungen (»Sicherer Ort«, »Innerer Helfer«). Wenn ein kleines Kind zufällig etwas Schreckliches gehört oder im Horrorvideo des großen Bruders gesehen hat, zum Beispiel dass es Kinder gibt, denen die Hände abgehackt wurden (wie im Märchen der Brüder Grimm *Das Mädchen ohne Hände*), und wenn das Kind vor dem Schlafengehen dann zur Mutter sagt: »Mama, ich habe

**Einfühlungsstress → Einfühlungsabwehr**
**ANGST**
**im Falle von Trauma**

**1. Angst vor Psychose**

**2. Angst vor (Versorgungs-)Konkurrenz**

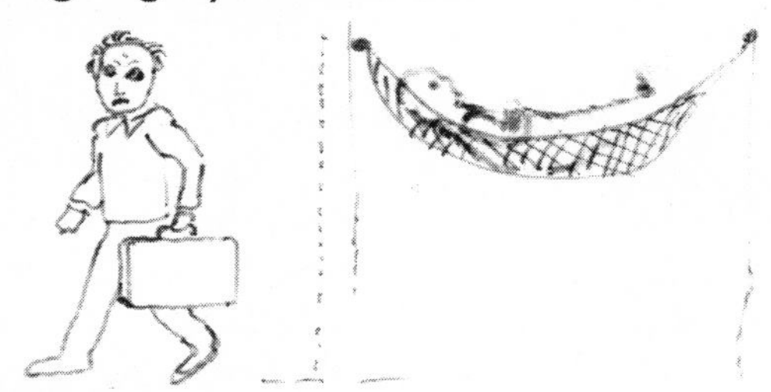

**3. Angst vor dem Gewissen**

Abb. 5: Dreimal Angst vor Empathie

Angst, dass so etwas passieren kann«, dann wird jede vernünftige Mutter das Kind beruhigen: »Das kann nicht passieren, Gartentor und Haustür sind abgesperrt, Papa ist gerade nach Hause gekommen, wir sitzen unten im Wohnzimmer und unser Golden Retriever passt auf.« Sie wird dem Kind nicht erzählen, dass es in Sierra Leone heute noch Tausende von Menschen gibt, denen in ihrer Kindheit von bewaffneten Milizen die Hände abgehackt wurden, wobei man sie vorher noch gefragt hat: »Möchtest du es lieber lang- oder kurzärmelig?« Sie wird dem Kind auch nicht erzählen, dass es vor etwa 120 Jahren in Europa einen sehr reichen König gab, der in Afrika Erwachsenen und Kindern, die sich weigerten, für ihn Kautschuk zu sammeln, die Hände abschlagen ließ (Leopold II., dessen Verbrechen im Kongo die Grundlage für den heutigen Wohlstand in Belgien gelegt haben). Erst viel später, vielleicht in den höheren Schulkassen, wird es sinnvoll und sogar notwendig, mit Heranwachsenden über die albtraumartigen Aspekte unserer Kolonialgeschichte und Gegenwartsgesellschaft zu reden.

In Abbildung 5 sehen Sie auf der linken Seite die heile sonnige Welt einer westlichen Vater-Mutter-Kind-Familie und rechts die reale psychoseartige Welt des Grauens, in Mossul, Kobanê, Ruanda 1994 oder anderswo. Beide Welten sind getrennt. An der Trennwand steht ein TV-Gerät, in dem manchmal begrenzte Berichte aus der Welt des Grauen gezeigt werden, die aber qua Fernbedienung unter Kontrolle gehalten werden können. Manchmal passiert es, dass Opfer aus der Welt der real gewordenen Albträume die Wand zu unserem idyllischen Privatleben oder zu unserem wohlgeordneten Bürobetrieb durchbrechen oder erschüttern und uns ohne Vorwarnung berühren. Dieser Einbruch kann blankes Entsetzen und heftige Verleugnungs- und Abwehrmanöver auszulösen. Die Opfer, die sich uns zu sehr nähern, werden als Boten des Grauens sehr schnell mit einer Hülle der Ignoranz umgeben, kriminalisiert oder attackiert, weil sie unser Vertrauen in die Welt erschüttern. Den angstmachenden Einbruch des Grauens in den friedlichen Alltag, der dann eine heftige Abwehr und auch Aggression gegen die Opfer auslösen kann, versuche ich mit Abbildung 6 dazustellen.

Abb. 6: Der Albtraum kommt in die heile Welt.

Der Schriftsteller Primo Levi, der Auschwitz überlebt hat, berichtet zu Beginn seines Buches *Die Untergegangenen und die Geretteten* (1990) unter Bezugnahme auf Simon Wiesenthal davon, wie die Aufseher die Häftlinge oft zusätzlich mit der Bemerkung quälten und verspotteten, dass ihnen für den Fall ihres Überlebens sowieso niemand glauben würde, was sie im Lager erlebt hatten. Und viele Häftlinge hatten des Nachts im Lager einen ähnlichen und wiederkehrenden Traum:

> »Sie seien nach Hause zurückgekehrt, erzählten mit Leidenschaft und Erleichterung einer ihnen nahestehenden Person von den vergangenen Leiden und sähen, dass ihnen nicht geglaubt, ja nicht einmal zugehört würde. In der typischsten (und grausamsten) Version wandte sich der Angesprochene ab und ging schweigend weg« (ebd., S. 8).

Das Schlimmste war schließlich, dass viele der Geretteten später in der Wirklichkeit ganz ähnliche Erfahrungen machen mussten.

Esther Mujawayo, die die Massaker in Ruanda 1994 überlebt hat und dann als Organisatorin und Helferin in einer Witwenorganisation aktiv war, beschreibt anschaulich die Entwirklichung der traumatischen Erlebnisse, die den Opfern immer wieder begegnet ist und jegliche Einfühlung blockiert:

> »Wenn ein Überlebender vom Völkermord erzählt, spürt er genau, dass die Leute ihm kaum glauben können. Es ist zu viel. Wie gesagt, für die Zuhörer ist es zu viel, es klingt alles übertrieben. Der Überlebende meint zunächst deshalb ständig, man misstraue ihm, weil seine Zuhörer sich oft vergewissern wollen, dass die Wahrheit nicht so schrecklich war, wie er sie darstellt. Es war schrecklich. So schlimm, dass man sich als Überlebender fragt: Ist das wirklich so passiert? Konnte jemand das wirklich tun? Dabei weiß ich ja, dass das passiert ist, aber es scheint, als wolle sogar ich es nicht glauben, weil es zu unvorstellbar ist« (Mujawayo & Belhaddad 2004, S. 105).

Der letzte Satz Mujawayos weist darauf hin, dass die Einfühlungsabwehr sogar die Selbsteinfühlung des Opfers betreffen kann. Es sieht sich – ungläubig – wie von außen. Der Fachterminus dazu wäre dann eine »Dissoziation« oder Spaltung in der Psyche des traumatisierten Menschen, der nur so sich selbst aushalten kann.

Auch Menschen, die inmitten unserer Gesellschaft Opfer von grausamen Verbrechen wurden, machen die Erfahrung der Empathie-Abwehr und Entwirklichung ihrer Person. Natascha Kampusch, die jahrelang buchstäblich in einem Abgrund unter dem Haus ihres Entführers lebte, musste die Erfahrung machen, dass viele Medienkonsumenten, auch prominente Personen, wie der ehemalige Vorsitzende des österreichischen Verfassungsgerichtshofs, nach einem anfänglichen oberflächlichen Interesse an der schrecklichen Geschichte ihr das Erzählte einfach nicht glauben wollten und sie als Simulantin, als Wichtigtuerin, als Geschäftemacherin und sogar als aktiv Mitwirkende bei dem ihr widerfahrenen Unrecht hinzustellen versuchten.

Die Empathie-Blockade gegenüber dem traumatischen Erleben spüren auch Helfer, die mit extremtraumatisierten Personen arbeiten und von deren Schicksal dann den Mitmenschen im friedlichen Alltag unserer Gesellschaft erzählen möchten, wobei sie vielleicht auf eine Teilhabe an ihrer Empörung und ihrem Entsetzen hoffen. Sie machen häufig die Erfahrung, dass sogar nahestehende Menschen sich bald nach Beginn der Erzählung abwenden. Oft geschieht das nur durch kleine Gesten, einen wie zufällig stattfindenden Themenwechsel, zumeist unbewusst und reflexhaft. Zurück bleibt ein eigenartiges Gefühl, durch die Arbeit und die wiederholte Begegnung mit »unwirklichen Existenzen« selbst ein Stück weit in einer Sphäre des Unwirklichen zu leben, und ein schwer adressierbarer Zorn über die, die sich einfach abwenden.

Nun zurück zum zweiten, mittleren Feld in Abbildung 5: zur Angst vor der Versorgungskonkurrenz. Traumatisierte Geflüchtete, aber auch traumatisierte Inländer, zum Beispiel Natascha Kampusch, können als sehr mächtige Rivalen wahrgenommen werden und rasende Wut auslösen. Das hört sich zunächst etwas absurd an – wer möchte schon mit schwer verletzten Menschen tauschen? Es gibt eine tiefsitzende Konkurrenzangst im Ringen um soziale Zuwendung und Aufmerksamkeit, die sich auf die Existenz der Traumatisierten in unserer Nähe oder in den Medien bezieht –, vor allem dann, wenn zeitgleich soziale Leistungen für Inländer und Normalbürger durch »Reformen« abgebaut oder infrage gestellt werden. Wenn Geflüchtete wirklich so entwurzelt, arm und verletzt sind, wie es manchmal berichtet wird, und wenn sie sich nun bei uns im Land befinden, dann würde ihnen eigentlich nach den Regeln von Logik und Moral umgehend das Höchstmögliche an medizinischer, psychologischer und sozialer Hilfe zustehen – so wie es für einige Wochen in Bezug auf die westlichen Urlauber, die den Tsunami in Südostasien überlebt hatten, selbstverständlich war.

Aber wo bleiben wir da mit unseren mehr oder weniger banalen Nöten und Wünschen nach Unterstützung und Aufmerksamkeit? Die, die uns etwas wegnehmen könnten, sollen weg.

Aus Familien, in denen ein Kind sehr krank, behindert oder traumatisiert ist, kennen wir einen ähnlichen paradoxen Neid der Geschwister auf die intensivere Versorgung und »Verwöhnung« des extrem hilfsbedürftigen Kindes. Kinder sprechen die Regungen manchmal noch offen aus: »Papa, ich möchte auch einmal Krebs haben, dann kriege ich Geschenke und alle kümmern sich um mich.« Vernünftige Eltern werden auf die Neidprobleme um das kranke oder sterbende Kind herum nicht moralisierend, sondern mit Information, Verständnis und, wenn sie noch Kraft haben, mit ausgleichenden Fürsorgehandlungen für die anderen Kinder reagieren. Jedenfalls kann unser Unbewusstes von einer infantil anmutenden Naivität und Brutalität gegenüber Verletzten und Schutzsuchenden sein. Das funktioniert besonders gut, wenn – wie zuvor schon behandelt – Politiker und Medien in ihrer Rhetorik Asylwerber pauschal wie parasitenähnliche, verwöhnte Kinder und kleinere Geschwister beschreiben, die nichts tun, während wir arbeiten gehen müssen. In Abbildung 5 sehen wir einen neidisch zurückschauenden Mann, der mit der Aktentasche auf dem Weg zur Arbeit geht, während ein nur leicht verletzter oder simulierender Geflüchteter in der Hängematte im Haus bleiben darf. In Wirklichkeit haben aber Geflüchtete Arbeitsverbot.

Als Drittes kommt schließlich noch die Angst vor unserem Gewissen hinzu, dessen Stimme die meisten Menschen eigentlich klar und deutlich zur Hilfe von verletzten, schwachen und hilflosen Mitmenschen aufruft. In Abbildung 5 sieht man unten einen engelartigen Repräsentanten des Gewissens, der gerade eine verletzte, klägliche Figur an die Tür bringt, während eine andere Person sich gerade ihrer Lieblingssendung im TV samt schmackhaftem Abendbrot und Getränk auf dem Couchtisch zuwenden möchte. Wir alle sind in den Jahrzehnten des Konsumkapitalismus in einem egozentrischen Konsumismus hängen oder kleben geblieben und verfügen über zahlreiche Mechanismen, stressmachende Gewissensappelle und Aufrufe zur Opfer-Empathie zu übertönen, ihnen auszuweichen, sie als absurd und unpraktikabel hinzustellen und den Gehorsam gegenüber unserem Gewissen auf ausgestanzte Zeiträume und Gruppen zu begrenzen. Zu viel Mitgefühl mit den Opfern stört einfach den notwendigen Konsum und die oberflächliche Lebensfreude, an die wir uns im hedonistischen Kapitalismus gewöhnt haben. Nur in der Adventszeit ist ein konsequenteres

Über-Ich willkommen. Dann belebt die Über-Ich-Orientierung sogar das Geschäft. Immerhin geht es um das Schicksal einer bekannten Migrantenfamilie mit einem hilflosen Baby, das Ende Dezember Geburtstag hat und dazu ausersehen ist, später als junger Mann Opfer einer besonders grausamen Folter zu werden. Spätestens zu Silvester sollten die Gewissensanwandlungen und die Opferempathie zugunsten sprühender Lebensfreude, knallender Korken und Feuerwerkskörper aber wieder in den Hintergrund treten. Allzu hartnäckige, ganzjährige Anwälte der verfolgten Geflüchteten oder auch Mahner in Bezug auf die Opfer des Nationalsozialismus erscheinen lästig.

Es gibt also genug Gründe, das einfache Funktionieren von Empathie infrage zu stellen. Angehörige helfender Berufe und Psychotherapeuten sind etwas zu stolz oder »eingebildet« darauf, dass sie in der Gesellschaft als Vorbilder und Experten für Empathie gesehen werden. Alle aufgeführten Ängste und Abwehrvorgänge in Bezug auf eine dauerhafte Empathie finden sich nämlich bei genauerem Hinsehen auch bei ihnen.

Vor einigen Jahren ist ein vielbeachtetes Buch des Literatur- und Kognitionswissenschaftlers Fritz Breithaupt erschienen, das das Konzept der Empathie überhaupt infrage stellt: Es heißt *Die dunklen Seiten der Empathie* (2017). Auf dem Klappentext lesen wir bereits: »Die Liste der Fürsprecher von Empathie ist lang. Wie kann man da gegen Empathie sein? Breithaupts faszinierendes Buch sammelt die Gegenargumente und stellt sie vor.« Breithaupt macht zu Recht auf viele Vereinfachungen im Umgang mit dem Begriff Empathie aufmerksam. So ist Empathie nicht immer spiegelbildliches Mitempfinden mit dem Gegenüber, wie es in der Rede von den wunderbaren Spiegelneuronen, etwa bei Joachim Bauer, nahegelegt wird. Wenn ein Kind einen kleinen oder mittelschweren Unfall hat, verletzt ist und weint, spürt der anwesende Erwachsene vielleicht im Ansatz auch so etwas wie einen körperlichen Schmerz oder ein Ziehen im Bauch, wird dem aber nicht nachgeben, sondern umgehend versuchen, die Fassung wiederzugewinnen und Schritt für Schritt rationale Hilfsmaßnahmen zu organisieren. Bei Psychotherapeuten gibt es in der Begegnung mit einem leidenden Menschen beides: das spiegelbildliche Mitschwingen mit dem Leid des Patienten, das man erst einmal aushalten muss, und zum richtigen Zeitpunkt die Intervention, die tröstet, lindert oder auch thematisch ablenkt. Breithaupt hat recht, wenn er darauf hinweist, dass Empathie immer nur partiell, temporär begrenzt (in der Psychotherapie auf 45 bis 50 Minuten) und selektiv ist. Intensive Dauerempathie führt bei Helfern zum Ausbrennen *(compassion fatigue)*. Zudem ist Empathie oftmals auf die Eigengruppe beschränkt.

Für Breithaupt ist sogar der Sadist empathisch, der genau weiß oder neugierig herausfinden will, in welcher physischen oder psychischen Zone sein Gegenüber besonders empfindlich ist, damit er es wirksam quälen kann. Als Leser kann man hierbei an den bekannten Film *Das Schweigen der Lämmer* von 1991 denken, in dem ein hochempathischer, verurteilter Serienmörder mit kannibalistischen Neigungen einer jungen FBI-Agentin hilft, sich in einen aktuell gejagten Serienmörder einzufühlen. Aber es stellt sich die Frage, ob nicht der Begriff der Empathie bei Breithaupt in einer solchen Anwendung zu sehr in Richtung auf einen verwirrenden Grenzbereich hin ausgeweitet wird. Man gerät dann leicht in ein Dunkel, in dem alle Katzen grau sind. Es gibt unter Menschen eigentlich keine Interaktion, in der Empathie gar keine Rolle spielt. Der publikumssensible und schlagfertige Donald Trump (vgl. ebd., S. 211–213) wäre dann genauso empathisch wie John Biden, der sich jahrelang mit großem persönlichen Aufwand um seine beiden verletzten Söhne gekümmert hat.

Einleuchtend ist Breithaupts Beschreibung der bevormundenden Empathie von »Helikopter-Eltern« oder auch der vampiristischen Empathie, die sich bei manchen Eltern findet. Es handelt sich dabei um den »Vampirismus der Eltern, die ihre eigene, vielleicht nie gehabte Jugend in den Kindern wiederfinden wollen. Empathischer Vampirismus wird dabei verstanden als das miterlebende Aneignen des Lebens eines anderen ohne Rücksicht auf das langfristige Wohlergehen des anderen« (ebd., S. 191). Ich kann aus meiner Erfahrung sagen, dass Vampirismus auch bei (vor allem älteren) Psychotherapeuten vorkommt. Der Unterschied ist vielleicht nur, dass wir gelernt haben sollten, diese Spielart der Empathie zu reflektieren.

Breithaupt ist darin zuzustimmen, dass es sehr verschiedene Formen von Empathie gibt, die stark von einem sozialen Kontext bestimmt sind. Auch die kapitalistische Ökonomie (die Breithaupt nicht behandelt) bringt mindestens drei spezifische Muster der Empathie hervor, die auf unterschiedliche Weise funktional sind: erstens die Empathie auf dem Markt, wo sich Verkäufer und Käufer mithilfe von Empathie und mithilfe eines »liebenswürdigen Scheins« (Karl Marx) gegenseitig zu überlisten versuchen, zweitens die partiell solidarische (manchmal auch intrigante) Empathie zwischen Kollegen und »Kumpeln« in der Arbeitswelt und drittens schließlich die auf eine kompensatorisch-erholsame Harmonie gerichtete Empathie im Familien- und Reproduktionsbereich, die leicht in einer

»Pseudoharmonie« landen kann, aber zumeist auch mit einer echten Besorgnis um den Partner und die Kinder verbunden ist (Ottomeyer 1976, S. 181–261).

Die Frage, ob Empathie gegenüber einem Interaktionspartner gelingt, kann zumeist nicht mit einem einfachen Ja oder Nein beantwortet werden. Empathie ist ein störungsanfälliges Unterfangen, das selten ganz gelingt. Trotzdem ernährt sie ganze Berufsgruppen, Werbepsychologen wie Psychotherapeuten. Das Bemühen um Empathie kann in helfenden Berufen zu Überforderung, Burnout und der sogenannten »Mitgefühlserschöpfung« führen. Generationen von Bewährungshelfern beißen sich immer wieder an der Forderung, dass Straftäter endlich »Opferempathie« entwickeln sollen, die Zähne aus.

Das Empathiegebot kann leicht zu einer Last und zu einer Tyrannei werden. Dies ist jedenfalls die Auffassung Breithaupts, der sich ausführlich auf Nietzsche bezieht. Breithaupt hat vor allem dessen Schriften *Jenseits von Gut und Böse* und *Genealogie der Moral* genau studiert. Bei Nietzsche haben Sklaven den Mächtigen beigebracht, das Leiden der Schwachen oder »Schwächlinge« wahrzunehmen, es mit Sensibilität zu »beobachten« und dabei auch den eigenen ursächlichen Anteil, den die Herren daran haben, zu sehen. Dadurch werden die Mächtigen »selbstlos«, das heißt, sie verlieren ihr Selbst. Breithaupt (2017, S. 59) fasst zusammen:

> »In diesem Prozess wird Empathie zu *Mitleid*, welches für Nietzsche eine pervertierte Form der Beobachtung darstellt. Es ist eine pervertierte Form, denn es richtet sich nicht an die starken Vorbilder, von denen man lernen könnte. Stattdessen projiziert Mitleid das Leiden als Ideal. Wenn Empathie auf Mitleid reduziert wird, verwandelt sich der Herr in einen Sklaven. Echtes *Mitleid*, so warnt Nietzsche, führt zu einer Verdoppelung des Leidens [...] und lässt uns die menschliche Stärke vergessen [...]. Zudem hilft Mitleid dem anderen nur in sehr wenigen Fällen. Empathie und vor allem die pervertierte Form des *Mitleidens* sind die Rache der Schwachen. Empathie ist das Mittel zur Strafe und Unterdrückung der herrschenden Rasse.«

Breithaupt hat die formale »Architektur von Empathie«, auch die Blockaden gegenüber der Empathie und die individuellen Wege bei der Überwindung dieser Blockaden an vielen Beispielen und unter Verwendung von Zeichnungen zutreffend dargestellt. Dasselbe gilt für die verschiedenen Formen der Indienstnahme und der Selektivität von Empathie. Die Psychodynamik, der Einfluss von unbewussten Mechanismen bei der Empathie-Abwehr und bei der Instrumentalisierung von Empathie bleibt eher auf der Strecke. Breithaupt sieht die große Gefahr von Empathie, Nietzsche folgend, in ihrer Verbindung zum Verlust des Selbst, betont aber, »anders als Nietzsche, dass der ›Selbstverlust‹ eher ein Resultat von Empathie als deren Voraussetzung ist. [...] Dennoch ist es Nietzsche, der den Selbstverlust des empathischen Menschen als These in den Raum gestellt hat. Wie sollen wir diesen Selbstverlust bewerten?« (ebd., S. 67).

Breithaupt meint, dass es die Furcht vor dem Verlust des Selbst ist, die die Empathie begrenzt und begrenzen muss. Das hört sich eher nüchtern an, so als gehe es primär um »ein Zuviel oder Zuwenig an Empathie« (ebd., S. 79), das man von Fall zu Fall diskutieren und mit sich selbst und anderen aushandeln kann. Bei der Empathie-Abwehr gegenüber traumatisierten Menschen (zu denen viele Geflüchtete gehören), geht es aber um etwas anderes und mehr: Es geht um unser unwillkürliches Ausweichen und Zurückschaudern vor dem realen Albtraum, den die Opfer erlebt haben. Ist die Abwehr erfolgreich, können fast gleichzeitig der Neid in Bezug auf die mögliche Mittelpunktstellung des Opfers und die heftige Abwehrbewegung gegenüber unserer Gewissenverpflichtung Platz greifen. Das Zurückschaudern und Wegschauen mit seinen Nebenfolgen ist ein unbewusster Vorgang, der aber manchmal auch bewusst gemacht werden kann. Dann ist er »vorbewusst« im Sinne Freuds. Die Reflexion von Empathie-Abwehr und der damit verbundenen Wahrnehmungsverzerrungen gehört heute zum *state of the art* in der Ausbildung und in der berufsbegleitenden Bildung von PsychotherapeutInnen, SozialarbeiterInnen und ÄrztInnen. Empathie in Bezug auf einen Menschen, der etwas Schreckliches erlebt hat, ist oft nur ein Versuch. Aber man kommt doch weiter bzw. dem Opfer näher, wenn man um unsere starke Tendenz zur Empathie-Abwehr sowie unsere Projektionsneigungen weiß und sie in einem Team oder einer Supervision reflektieren kann, statt die Flinte ins Korn zu werfen, wie es vielleicht manche Leserinnen und Leser nach der Lektüre von Breithaupt machen.

Trotz seiner Skepsis gegenüber dem Empathiekonzept glaubt Breithaupt zwischen falscher und wahrer Empathie unterscheiden zu können. Er glaubt, dass die Willkommenskultur gegenüber Geflüchteten, die von Angela Merkels »Wir schaffen das« ausgelöst wurde, auf einer »falschen Empathie« beruht hat, deswegen überfordernd war und zum Abkippen in die Flüchtlingsfeindschaft führen musste (ebd., S. 140ff.). Dagegen ist zunächst einzuwenden, dass die Willkommenskultur einige Wochen oder Monate älter war als der bekannte Aufruf Merkels. So waren die Proteste in Heidenau, wo Merkel am 21. August 2015 obszön beschimpft wurde, durch die bereits aktive Willkommenskultur um das lokale Flüchtlingslager herum ausgelöst worden.

Breithaupt vermutet, dass Merkels Aufruf ein gewissermaßen schräger Versuch der Wiedergutmachung für einen missglückten Empathie-Versuch gegenüber dem libanesischen Flüchtlingsmädchen Reem bei einer Bürgerrunde in Rostock Mitte Juli 2015 war, bei dem aus Merkels Mund der Satz »Das, das können wir auch nicht schaffen« gefallen war. Damit war gemeint, dass Reem, weil sie aus einem Nicht-Kriegsgebiet kam, nicht zum Kreis derer gehören könne, die Asyl bekommen. Als Merkel später sah, dass Reem in der Runde der Versammelten saß und weinte, ging sie zu dem Mädchen und sagte: »Och komm, das hast Du doch prima gemacht.« Sie wisse, wie belastend die Situation sei, und dass Reem ganz »toll dargestellt« habe, »für viele, viele andere, in welche Situation man da kommen kann«. Im Protokoll, das die *Die Welt* am 17. Juli 2015 über den Vorfall präsentiert hat, heißt es: »Das Mädchen wischt sich die Tränen von den Wangen und wird von einem anderen Mädchen umarmt« (zit. n. Breithaupt 2017, S. 142).

Breithaupt hält Merkels Versuch der Empathie für verfehlt, weil es überhaupt nicht darum ging, ob Reem ihren Beitrag im Lichte der Medien »prima gemacht« hat. Dabei habe Merkel etwas vom typischen Politiker-Stress, vor den Medien keine Patzer zu machen, auf das in Not befindliche Mädchen einfach übertragen. »Der Trost, den sie offensichtlich stiften wollte, schlägt ungewollt um in ›false praise‹, also Lob für die falsche Sache und damit in ein deutliches Verkennen der Schülerin. Paradoxerweise kommt es zum Empathie-Versagen gerade dort, wo sie Empathie zeigt« (ebd., S. 143). Das schein mir eine einigermaßen empathische Analyse der Interaktion zu sein. Aber war Merkel von der verbalen Entgleisung wirklich so getroffen? War nicht ihre Körpersprache, die Annäherung an das Mädchen, das Trösten und Streicheln ein Gegengewicht? Reem, die für ihren Auftritt später wegen der Begegnung in Rostock auf offener Straße angeschrien wurde, konnte bis auf weiteres in Deutschland bleiben und ihr Abitur machen.

Breithaupt hält es nach seiner Darstellung der entgleisten Empathie in der Szene mit dem Mädchen Reem für auffällig, dass wenige Monate später aus dem »Das können wir auch nicht schaffen« das »›Wir schaffen das‹ zum Mantra für Merkels Flüchtlingspolitik geworden ist« (ebd., S. 144). Er ist offenbar der Ansicht, dass Merkel aus einer Art von persönlicher Hypersensibilität oder aus schlechtem Gewissen heraus die reale Lage verkannt und mit ihrem Aufruf ein größeres Publikum in den Geist einer falsch-empathischen Willkommenskultur hineinmanövriert hat. Breithaupt kennt eine falsche Empathie, bei der wir uns teilweise »von außen sehen« und gelobt werden wollen. Wir handeln dann besonders hilfreich, weil wir wie Angela Merkel oder Oskar Schindler sein wollen. Er findet *Schindlers Liste* schrecklich (»Überhaupt wird der Film über den Völkermord zu einem Melodrama mit Wohlfühlmomenten.«) und schlägt den Gedanken vor,

> »dass eine weitverbreite Reaktion auf die Flüchtlingskrise gar nicht Empathie, sondern Identifikation mit der helfenden Heldenfigur Angela Merkel gewesen sein könnte. Wer sich nämlich unter Druck sieht, Empathie zu zeigen, der sucht nach Vorbildern. Und statt direkt Empathie zu empfinden, ist es einfacher, sich diesen Vorbildern anzuverwandeln. Identifikation mit Helfern in diesem Sinne ist dann eine Empathie-Vermeidungsstrategie« (ebd.).

Diese Art von Empathie oder »Hyperempathie« kann natürlich nicht nachhaltig sein. »Von der kollektiven Empathie zum Unmut über die Flüchtlinge ist es ein kurzer Weg« (ebd., S. 148). Das ist ein Generalverdacht, der schon deswegen nicht plausibel ist, weil es die Willkommenskultur schon vor Merkels Aufruf am 31. August 2015 gegeben hat. Natürlich kann es ein narzisstisches Schielen auf die Wirkung der Hilfe, die Orientierung am Selbstlob und an großen Vorbildern in einer Helferbewegung geben, aber es nicht legitim, die große Welle der Hilfe 2015/16 darauf zu reduzieren. Was die von Breithaupt sogenannte »direkte Empathie« als Gegenpol zur falschen Empathie sein könnte, bleibt unklar. Könnte man auf sie eine realistische Hilfe für Geflüchtete gründen?

Wenn wir Breithaupt folgen, müssten wir die Welle der Hilfsbereitschaft bei Merkel und den vielen Helfern im Jahr 2015 als Ausdruck einer neurotischen Motivation von Menschen sehen, die mit sich und ihrem Gewissen nicht im Reinen sind und dadurch das real Machbare völlig falsch einschätzen. Aber es ist plausibler und weniger aufwendig, anzunehmen, dass Merkel bei ihren Äußerungen und Entscheidungen Ende August/Anfang September 2015 angesichts der schrecklichen Bilder und der Elendskarawane Richtung Deutschland einfach der Stimme eines autonomen Gewissens gefolgt ist, das von ihrer Herkunft und ihren Erfahrungen in einer DDR-Pastorenfamilie geprägt wurde. O-Ton Merkel: »Gott wollte keine Marionetten, keine Roboter, keine Menschen, die einfach das tun, was sie gesagt bekommen« (Rede zum Reformationstag 31.10.2014). Was wäre, wenn sich bei Merkels Aktionen und Aussagen im Spätsommer 2015 einfach die menschliche *capacity of concern*, die es unter anderem in einer christlichen Variante gibt, mit einer größeren Portion von persönlichem Mut in Bezug auf das real Machbare verbunden hat? Dann würde man keine komplizierten Annahmen über falsche Empathie, untergründige neurotisch-narzisstischen Motive usw. benötigen.

Breithaupt hält es für möglich, dass neben der aus seiner Sicht missglückten Kommunikation mit dem libanesischen Mädchen Reem auch die Bilder von dem toten Jungen Alan Kurdi die deutsche Kanzlerin zu ihrer (überschießenden) Rettungsaktion getrieben haben. Über das Foto, das ihm vor Augen steht, schreibt Breithaupt (2017, S. 147):

> »Auch das bewegende Bild des toten Jungen Alan Kurdi, am Strand hat Aufsehen erregt. Das Bild entspricht dabei durchaus einer westlich geprägten Ikonografie. Der tote Junge trägt westliche Kleider in den Farben rot und blau, also den Farben der Gottesmutter Maria. Es geht um Ankunft, Advent. Doch ebendiese Ankunft scheitert an der Schwelle, am Übergang vom Wasser zum Land. So wie der Junge dort liegt, mit dem Gesicht nach unten, könnte er allerdings auch schlafen oder schlicht kurz ruhen. Die antike Darstellungstradition des Todes als Bruder des Schlafs kommt in den Sinn, denn man wünscht nichts so sehr, als dass dieser Junge doch noch aufspringt.«

Menschen verfügen über verschiedene Möglichkeiten, sich das absolute Grauen, wie es hier ein Kind erlebt hat, vom Leib zu halten. Wie ist es, wenn eine Mutter die Hand des Kindes in den Wellen loslassen muss? Haben die Familienmitglieder sich in irgendeiner Weise verabschieden können? Hat Alan lange kämpfen müssen? Eine Möglichkeit, das Grauenvolle auf Distanz zu halten, es zu derealisieren, besteht offenbar darin, die innere Aufmerksamkeit auf eine bildungsbürgerliche Reise durch verschiedene Stationen der westlichen Kulturgeschichte und Ikonografie zu schicken: Schreckensabwehr durch Ästhetisierung. Die Abfolge der angeführten Assoziationen ist bei genauerem Hinsehen völlig willkürlich, kommt mir vor wie ein »Geschwurbel«: Hauptsache Ablenkung. Die Abwehr des Grauenvollen bei Breithaupt funktioniert aber zum Glück nicht vollständig. Der zitierte Absatz endet mit der lapidaren Feststellung: »Ich zumindest kann dieses Bild nicht ohne Tränen sehen« (ebd.).

Ist das nun gelungene Empathie in ein Gegenüber oder ist es eher Selbstmitleid? Fest steht, dass Breithaupt einen Pessimismus gegenüber der Empathie fördert, der nicht angebracht ist. Empathie kann leicht oder schwer sein, aus Angst vor dem Grauenvollen blockiert sein, neidvoll abgewehrt oder von projizierten Eigenanteilen verzerrt. Aber wir haben als Menschen immer auch die Möglichkeit, die Behinderungen von Empathie metakommunikativ zu reflektieren und eine zunächst nur partielle und bloß hilflos machende Empathie zusammen mit anderen in ein tätiges Mitgefühl zu transformieren. So wie das menschliche Gehirn ein »Sozialorgan« ist, ist es auch die Empathie.

## Fridays for Future

Die Wahrnehmung einer ökologischen Krise, die den ganzen Planeten Erde betreffen könnte, kann mit dem Beginn der 1970er Jahre datiert werden. Mehrere Autoren sind sich einig, dass hierbei ein Foto aus dem Weltall eine besondere Rolle spielte:

> »Diese Vorstellung der Erde als verletzlicher Einheit erhielt ihre Anschauung in dem von Apollo 17 im Dezember 1972 aufgenommenen ikonischen Bild des ›blauen Planeten‹ *(blue marble)*. Dazu passte auch die Metapher von der Erde als ›Raumschiff‹ mit begrenzten Vorräten an Luft und anderen Ressourcen« (Biess 2019, S. 366).

Norbert Bolz spricht in seinem Buch *Die Avantgarde der Angst* (2020) abfällig vom Beginn eines neuen pseudoreligiösen »Gaia-Kults«, der in der Folge das Denken grüner Aktivisten und den grünen Lebensstil prägte. Die Ökologiebewegung wurde schon früh unter den Romantik-Verdacht gestellt, dem sie bis heute ausgesetzt ist.

Ebenfalls im Jahr 1972 war der höchst faktenbasierte Bericht des Club of Rome erschienen, der als Buch *Die Grenzen des Wachstums* (Meadows et al. 1972) in viele Sprachen übersetzt und weltweit verbreitet wurde. Die Studie ist mathematisch anspruchsvoll (Stichwort »exponentielles Wachstum«) und an den damals neuen Methoden der Computersimulation orientiert. Zusammenfassend heißt es: »Wenn die gegenwärtige Zunahme der Weltbevölkerung, der Industrialisierung, der Umweltverschmutzung, der Nahrungsmittelproduktion und der Ausbeutung von natürlichen Rohstoffen unverändert anhält, werden die absoluten Wachstumsgrenzen auf der Erde im Laufe der nächsten hundert Jahre erreicht« (ebd., S. 17). Dazu kam bald noch, dass die Ölkrise von 1973 eine Infragestellung der Vorstellung von einem kontinuierlichen wirtschaftlichem Wachstum verbreitete und die Bewohner der westlichen Länder in Zukunftsangst versetzte.

Die Atomkraft, auf die manche in dieser Situation ihre Hoffnung setzten, machte zusätzliche Angst. Im badischen Wyhl gab es ab 1975 um den geplanten Bau eines Atomkraftwerks einen Konfliktherd, an dem sich eine erste ökologische Protestbewegung entwickelte, an der auch Anti-AKW-Aktivisten aus dem benachbarten Frankreich teilnahmen. Der Protest führte dazu, dass der Bau des AKW gerichtlich verhindert wurde. Es folgten die jahrelang anhaltenden und teilweise militanten Proteste gegen den Ausbau der Atomenergie in Brokdorf, Grohnde und Gorleben. 1980 wurde in der BRD die Partei der Grünen gegründet. 1983 zog sie in den Bundestag ein. In Österreich bildete sich um den Kampf gegen das Atomkraftwerk Zwentendorf 1978 und gegen das Kraftwerk in der Hainburger Au 1984 eine erfolgreich grüne Bewegung. Die grüne Partei zog erst 1986 ins österreichische Parlament ein.

Zusätzlich zur Energie-Debatte waren viele Menschen in Österreich und Deutschland in den 80ern vom »Waldsterben« beunruhigt. Maßnahmen gegen die Bedrohung des Waldes wurden 1983 von 74% der Deutschen befürwortet (Allensbach-Umfrage, zit. n. Biess 2019, S. 383). Das große Waldsterben infolge des »sauren Regens« fand in Deutschland und Österreich zum Glück damals nicht statt – möglicherweise aufgrund der 1985 verordneten Verringerung des Ausstoßes von Stickoxiden und anderer Schutzmaßnahmen. Dafür nahm global gesehen das Waldsterben als Folge der Erderwärmung, von monokultureller Nutzung, Borkenkäferbefall, Waldbränden und rücksichtsloser Abholzung einige Jahrzehnte später ein katastrophisches Ausmaß an. Im Jahr 2021 gibt es niemanden mehr, der das bestreitet. Die Wälder sind bekanntlich die wichtigsten Rezipienten der $CO_2$-Emissionen. Man kann ergänzen: Das Zusammenwirken von Klimawandel, flächendeckendem Einsatz von Insektiziden, Überdüngung und Vermüllung von Landstrichen, Gewässern und Weltmeeren führte zum Voranschreiten des Artensterbens.

Nach Vorarbeiten ab 1997 wurde 2005 das Kyoto-Protokoll zur internationalen Reduktion des Ausstoßes von Treibhausgasen, zur Aufforstung und zur Entwicklung von umweltschonender Technologie unterschrieben. China, Indien und einige Entwicklungsländer blieben aber von den Regelungen »verschont«, Australien, die USA und Kroatien unterschrieben zwar, setzten die Ziele in ihren Ländern aber nicht um. Trotz einiger Erfolge europäischer Länder und mehrerer Anschlusskonferenzen scheiterte das Projekt einer weltweiten globalen Reduktion des Kohlendioxid-Ausstoßes unter anderem deswegen, weil im Westen und in den Schwellenländern die Wirtschaft wuchs und jedes Jahr mehr Autos hergestellt und gefahren wurden als im Jahr zuvor. Die Reduktion der Abgase durch Katalysatoren pro Auto wurde durch die steigende Menge der Autos mehr als kompensiert: »Das Abkommen konnte nur wenig am allgemeinen Wachstumstrend der wichtigsten Treibhausgase ändern. Die Emissionen von Kohlenstoffdioxid und Lachgas steigen weiter an; so war der $CO_2$-Ausstoß 2019 der höchste bisher bestimmte.«[34]

Als eine nüchterne Dokumentationsquelle, in der die einlaufenden Daten zur Umweltzerstörung mehrfach überprüft und nicht dramatisiert aufscheinen, können die Berichte der *Intergovernmental Panel of Climate Change* (IPCC) gelten, einer Einrichtung der Vereinten Nationen (vgl. Welzer 2008, S. 53ff.). Im IPCC-Bericht von 2007 war als eine Zwischenbilanz zu lesen, dass der Klimawandel mit 90 % Wahrscheinlichkeit menschengemacht ist und dass die Kohlenstoffdioxid-Konzentration und die Konzentration von Methan in der Atmosphäre höher liegt als alle Werte in den vergangenen 650 Jahren. Industrie, Verkehr und Viehzucht seien hauptverantwortlich für die schädlichen Emissionen. Die Wassermenge auf der Erde werde sich durch die Erderwärmung und das Schmelzen der Pole und großen Gletscher vergrößern. Es würden sich neue Regenzonen und Wüsten herausbilden. Der Temperaturanstieg auf der Erde könne bis zum Ende des Jahrhunderts um bis zu 6,4 Grad betragen, der Anstieg des Meeresspiegels bis zu 59 Zentimeter. Die ärmeren Regionen seien weltweit wesentlich stärker betroffen. Die Regierungen müssten mit größeren klimabedingten Wanderungsbewegungen rechnen. Zudem wurde festgestellt, dass in vielen Gebieten der Erde das Trinkwasser knapp wird, was die Ausbreitung von Cholera und anderer Epidemien fördert, und dass das Artensterben rapide voranschreitet. Die Forscher hoben hervor, dass die Erd-

**34** https://de.wikipedia.org/wiki/Kyoto-Protokoll (20.07.2021).

erwärmung in den nächsten 50 Jahren auf einen Anstieg um maximal zwei Grad beschränkt werden müsse. Dies erfordere die umgehende Reduktion der Emissionen (ebd., S. 60f.).

Das Kyoto-Abkommen galt als gescheitert. Es wurde durch das Pariser Abkommen von 2015/16 ersetzt, das anders als das Kyoto-Abkommen jetzt von fast allen Staaten getragen und unterzeichnet wurde. Nur die USA unter Donald Trump stiegen kurz nach der Unterschrift aus. Ich zitiere die positive Darstellung des Pariser Abkommens durch das zuständige deutsche Bundesministeriums:

> »In Paris haben sich die Länder auf gemeinsame Ziele geeinigt, die sie mit dem Abkommen erreichen wollen. Die Erderwärmung soll im Vergleich zum vorindustriellen Niveau auf deutlich unter zwei Grad Celsius, idealerweise auf 1,5 Grad begrenzt werden. Diese Obergrenzen sind damit erstmals in einem völkerrechtlichen Vertrag verankert. Um dieses Ziel zu erreichen, dürfen in der zweiten Hälfte dieses Jahrhunderts nicht mehr klimaschädliche Gase ausgestoßen werden, als der Atmosphäre durch sogenannte Senken, also etwa Wälder, entzogen werden. Diese ›Treibhausgas-Neutralität‹ kann nur dann erreicht werden, wenn die Weltwirtschaft rasch und konsequent deutlich weniger Kohlenstoff umsetzt, sich also ›dekarbonisiert‹.«[35]

Ausdrücklich wurde im Pariser Abkommen neben dem Klimaschutz auch der Waldschutz genannt.

Durfte man sich jetzt über einen entscheidenden Schritt zur Rettung unserer Welt freuen? Skepsis war angebracht. Immerhin waren weltweit Klimawandelleugner, von Trump und Bolsonaro bis hin zu europäischen Rechtspopulisten, hochgradig aktiv. Gas-Pipelines, zum Beispiel durch die Ostsee von Russland nach Deutschland, wurden weiter gebaut, der Abbau von Stein- und Braunkohle wurde in Bangladesch, in Nigeria und Deutschland bis auf Weiteres fortgesetzt. Die bereits vor der Pariser Konferenz von Angela Merkel geförderten SUV-Auto-Hersteller erlebten nach 2015 noch einen weiteren Boom. Auf Anfrage erklärte die deutsche Bundesregierung: »Unter den 3,61 Millionen im Jahr 2019 neu zugelassenen Pkw befinden sich 762.490 SUVs und 365.121 Geländewagen. Die Anzahl der neu zugelassen SUVs hat sich damit im Vergleich zu 2015 (340.097) mehr als

35 https://www.bmu.de/themen/klima-energie/klimaschutz/internationale-klimapolitik/pariser-abkommen (26.07.2021).

verdoppelt.«[36] Dem Pariser Abkommen drohte insgesamt ein ähnliches Schicksal wie dem Kyoto-Protokoll. Auf der Klimakonferenz Ende 2019 in Madrid sagte Greta Thunberg: »Hier wird verhandelt, um Schlupflöcher für Staaten zu finden, damit sie ihre Emissionen nicht senken müssen.« Nichts sei geschehen, außer »geschickter Buchhaltung und kreativer PR. Das ist nicht Führen, sondern Irreführen.«[37]

Im August 2018 hatte Greta Thunberg ihren »Skolstrejk för klimatet« begonnen, bei dem sie drei Wochen vor dem schwedischen Reichstag saß. Die internationalen Medien wurden aufmerksam. Der Plan, unübersehbar und mit körperlichem Einsatz für den Klimaschutz zu streiken, wurde später von ihr auf die allwöchentlichen Freitage begrenzt. Bald wurde die Idee »Fridays for Future« von Tausenden von SchülerInnen in Europa und darüber hinaus aufgenommen und publikumswirksam umgesetzt: »Wir sind hier, wir sind laut, weil ihr uns die Zukunft klaut!« Die AktivistInnen der Bewegung forderten nicht mehr und nicht weniger, als dass die Regierungen der Staaten, in denen sie lebten, das Pariser Klimaabkommens ab sofort einhalten und die vorhandenen Schlupflöcher verschließen sollen. Dabei geht es um die Beendigung des Abbaus von fossilen Brennstoffen, das Ende der staatlichen Förderungen für eine zusammenhängende Energieerzeugung, um eine Vervielfachung der Investitionen in erneuerbare Energien und um eine Verkehrswende Richtung Ausbau des öffentlichen Nahverkehrs. Viele einflussreiche Politiker konnten nicht anders, als diesen Einsatz zu würdigen. Angela Merkel erklärte am 2. März 2019:

> »Wir können unsere Klimaschutzziele nur dann erreichen, wenn wir auch Rückhalt in der Gesellschaft haben. Und deshalb begrüße ich es sehr, dass junge Menschen, Schülerinnen und Schüler demonstrieren und uns sozusagen mahnen, schnell etwas für den Klimaschutz zu tun. Ich glaube, dass das eine sehr gute Initiative ist.«[38]

Bundespräsident Frank-Walter Steinmeier äußerte sich bei seinem Besuch einer Fridays for Future-Mahnwache in Neumünster ähnlich, wurde allerdings von den Aktivisten umgehend dafür kritisiert, dass er für den Besuch

---

36 https://www.bundestag.de/presse/hib/710004-710004 (20.07.2021).

37 https://www.heute.at/s/suvs-boomen-in-osterreich-und-europa-46971375 (27.07.2021).

38 https://www.sueddeutsche.de/politik/klimapolitik-rueckhalt-in-der-gesellschaft-1.4352629 (20.11.2021).

mit dem Flugzeug angereist war.[39] Es ist eine Eigenart und ein Erfolgsgeheimnis der Bewegung, dass sie sich bei einflussreichen Unterstützern niemals bedankt. Der Druck soll niemals nachlassen. Keinem der Verantwortlichen wird erlaubt, sich zurückzulehnen, nachdem er kurz applaudiert oder zugestimmt hat. Das Jahr 2019 wurde zum Erfolgsjahr für Fridays for Future. Ab März 2020 konnten die öffentlichen Aktionen wegen der Coronakrise vorerst nicht mehr durchgeführt werden

Welche psychologischen Faktoren haben dazu beigetragen, dass die ökologische Krise, über die seit etwa 50 Jahren viele Daten vorliegen, in den kapitalistischen Ländern, aber auch im Einflussbereich des »realen Sozialismus«, immer wieder bagatellisiert und verleugnet wurde. Wie hat das Angstmanagement funktioniert?

Die Angst wurde zunächst durch gezielte Desinformation beruhigt. Es gab den Einfluss einer problemverschleiernden wissenschaftlichen Auftragsforschung, zum Beispiel beim Energie-Konzern Exxon, der den gleichen Berater beschäftigte, der im Auftrag der Tabakindustrie Forschungsergebnisse zur Ungefährlichkeit des Rauchens zusammenstellen sollte. »Gewonnen haben wir, wenn der Durchschnittsmensch Zweifel an der Klimaforschung hegt«, wird ein Exxon-Experte zitiert.[40]

Über die systematische Desinformation hinaus gab es mindestens vier in unserer Gesellschaft wirkende Einstellungsmuster, die zur Verleugnung der Klima-Gefahren beitrugen: die *Apokalypse-Blindheit* (Günther Anders) des modernen Menschen, der *Last-Minute-Extraktivismus*, der *Zynismus* und die *Doppelmoral.*

Günther Anders hatte von der Apokalypse-Blindheit vor allem im Zusammenhang mit der menschlichen Unfähigkeit, sich die Folgen eines Atomkriegs vorzustellen, gesprochen. In Bezug auf die laufende Umweltzerstörung bedeutet die Apokalypse-Blindheit, dass die bedrohlichen Vorgänge der Umweltveränderung – bis auf einige unfallähnliche Ausnahmen – während der ersten Jahrzehnte des Prozesses mehr oder weniger unsichtbar waren. Man konnte die Vorgänge kaum sehen, hören, spüren oder riechen. Real und messbar waren sie für Forscher, deren Veröffentlichungen kaum jemand lesen konnte oder wollte – so ähnlich wie mit den Briefen vom Finanzamt, die man als störend beiseitelegt und dann vergisst.

39 https://de.wikipedia.org/wiki/Fridays_for_Future (20.11.2021).

40 https://www.spektrum.de/news/wie-exxon-den-klimawandel-entdeckte-und-leugnete/1374674 (27.07.2021).

(Auch da könnte mancher sagen: »Mir sagen diese komplizierten Berechnungen und die seltsame Paragrafensprache einfach nichts.«) Arnold Schwarzenegger hat deshalb vorgeschlagen, nicht abstrakt von Klimawandel, sondern von *Verschmutzung* zu sprechen:

> »Man kann sie sehen, wie sie aus dem Schornstein kommt. Überall sieht man Verschmutzung. Verschmutzung ist das, was die Menschen tötet. Verschmutzung ist der Feind Nr. 1. Verschmutzung lässt die Korallenriffe sterben, sie lässt die Eisberge schmelzen [...]. Wenn wir die Verschmutzung in den Griff kriegen, lösen wir auch alle anderen Probleme« (*Der Spiegel* 07.08.2021).

Die Apokalypse-Blindheit ist in den letzten Jahren aufgrund der doch sichtbaren und spürbaren Umweltschädigung durch Waldbrände mit riesigen Aschewolken, durch Extremregen und Überflutungskatastrophen sicherlich schwächer geworden.

Der nächste psychologische Faktor, der zur Verleugnung beitrug und beiträgt, ist der *Last-Minute-Extraktivismus*. Als »Extraktivismus« wurde die im Wettlauf der großen Unternehmen praktizierte Ausplünderung auch noch der letzten natürlichen Ressourcen auf unserem Planeten bezeichnet (Welzer 2013, S. 18ff.), wie sie von Exxon, Shell oder der brasilianischen Holzindustrie betrieben wird. Das ist das Verhalten der großen »unsterblichen Giganten« (Jean Ziegler). Aber auch das Verhalten der kleinen und sterblichen Subjekte, die wir selbst sind, ist nicht besser. Die meisten von uns kaufen und konsumieren, indem sie dem Skript des Konsumismus folgen. Wir praktizieren bewusst und unbewusst den Last-Minute-Extraktivismus, weil wir Angst haben, dass der Konsum von ökologisch bedenklichen und anderen Waren bald nicht mehr stattfinden kann – entweder weil die Ressourcen aufgebraucht sind oder weil ihr Kauf und Konsum aus Umweltschutzgründen verboten wird. Schnell holt man sie sich noch in die Garage, ins Haus oder auf den Esstisch. Man kann den Last-Minute-Extraktivismus mit dem Verhalten einer Gruppe von Menschen in einem luxuriösen Hotel vergleichen, denen ein reichhaltiges und vielfältiges Buffet angeboten wird und denen man vorher schon mitteilt, dass das Anbot zu einem baldigen Zeitpunkt beendet ist. Einige Gäste werden sich die Teller gleich übervoll laden, andere sicherheitshalber zwischen dem Sitzplatz und dem Buffet schnell noch ein paar Mal hin- und hergehen, was wiederum einen Ansteckungseffekt hat, sodass das Ganze bereits vor dem angekündigten Abräumen in einer nervösen Warteschlange vor fast leeren Schüsseln und Platten endet. Manche nehmen sogar noch die Dekoration mit. Das ist zwar nicht die feine Art, aber man tut es. Es ist nicht so leicht, mit dem Konsumismus aufzuhören. Gesteigertes Kaufen und Konsumieren hilft, ähnlich wie Schokolade, kurzfristig gegen Angst und Depression. Man praktiziert ein Verhalten, von dem man eigentlich weiß, dass es nicht gut ist.

Manche lügen sich dabei etwas in die Tasche und glauben es selbst. Andere landen im Zustand des *Zynismus*. Sie können den Extraktivismus benennen, ändern ihn aber nicht. Zynismus, so schreibt Peter Sloterdijk in seinem Werk *Kritik der zynischen Vernunft* (1983, S. 37f.), ist das

> »aufgeklärte falsche Bewusstsein. Es ist das modernisierte unglückliche Bewusstsein, an dem Aufklärung erfolgreich und vergeblich gearbeitet hat. Es hat seine Aufklärungslektion gelernt, aber nicht vollzogen und nicht vollziehen können. Gutsituiert und miserabel zugleich, fühlt sich dieses Bewusstsein von keiner Ideologiekritik mehr betroffen; seine Falschheit ist bereits reflexiv gefedert.«

Im System des Zynismus wird Hoffnung abgespalten und eine Entmutigung von sich selbst und von anderen gepflegt. Der Zynismus produziert einen »Grenzfallmelancholiker« (Sloterdijk). Unterhalb des heroischen Gestus der Erwachsenen, sich der Realität zu stellen, wie sie nun mal ist, entwickelt sich eine latente Selbstverachtung. Die meisten Zyniker sind bei aller Betrübnis, die sie manchmal überkommt, hochgradig funktionsfähig:

> »Sie wissen, was sie tun, aber sie tun es, weil Sachzwänge und Selbsterhaltungstriebe auf kurze Sicht dieselbe Sprache sprechen und ihnen sagen, es müsse sein. Andere würden es ohnehin tun, vielleicht schlechtere. So hat der neue integrierte Zynismus von sich selbst oft sogar das verständliche Gefühl, Opfer zu sein und Opfer zu bringen. Unter der tüchtig mitspielenden harten Fassade trägt er eine Menge leicht zu verletzendes Unglück und Tränenbedürfnis. Darin ist etwas von der Trauer um die ›verlorene Unschuld‹ – von der Trauer um das bessere Wissen, gegen das alles Handeln und Arbeiten gerichtet ist« (ebd., S. 38).

In der Welt der Mächtigen und Erwachsenen hatte man sich während der letzten 40 Jahren gegenüber der immer deutlicher werdenden Umweltzerstörung mehr oder weniger gemütlich in einer zynischen Balance zwischen einem verbalen Bedauern und einer fortgesetzten extraktivistischen Praxis eingerichtet. Die indigene Aktivistin und Schauspielerin Kay Sara sagte im Mai 2020 bei der Eröffnung der Wiener Festwochen: »Das Problem ist nicht, dass unsere Wälder brennen und dass unsere Völker sterben, sondern dass ihr euch an dieses Wissen gewöhnt habt« (zit. n. *Der Standard* 19.08.2020, S. 27).

Sloterdijk unterscheidet zwischen Kynismus und Zynismus. Kynismus ist eine »Frechheit von unten«, Zynismus eine »Frechheit von oben«. Das Wort Kynismus wird mit Diogenes und mit dem griechischen Wort für Hund, *kyon*, im Genitiv *kynós*, zusammengebracht. Diogenes war ausgesprochen respektlos. Er soll zu Alexander dem Großen, der sich bei ihm mit den Worten »Ich bin Alexander, der König« vorstellte, geantwortet haben: »Und ich Diogenes, der Hund.« Kynisch bezeichnet auch eine Art von Bissigkeit. Diogenes war extrem bedürfnislos, lebte mit nur ein paar persönlichen Dingen ausgestattet neben seinem berühmten Fass auf den öffentlichen Plätzen in Athen oder Korinth und war vor allem ein gnadenloser Skeptiker gegenüber allen, die sich für etwas Höheres hielten. Dem Kynismus geht es darum, den Protest zu *verkörpern*, statt nur zu reden und die Einsichten in ein Verbalbekenntnis abzuspalten, wie es im Zynismus stattfindet. Eine Art der Verkörperung kann damals wie heute das konsequente Sitzen auf öffentlichen Plätzen sein.

Der Kinder- und Jugendbewegung Fridays for Future ist es gelungen, die Gelassenheit der Zyniker und den falschen Frieden nachhaltig zu zerstören. Kinder können nicht zynisch sein und können deswegen auch den Zynismus der Erwachsenen weder verstehen noch akzeptieren. Sie haben auch noch nicht das Problem einer verlorenen Unschuld, wegen der sie sich bedauern müssten. Es ist Greta Thunberg sehr wohl bewusst, dass sie als Kind spricht und dass darauf ihre Wirkung beruht. Das sagte sie in einem Interview, das sie Ende Mai 2019 zusammen mit Arnold Schwarzenegger der Journalistin Lisa Gadenstätter gegeben hat. Der ehemalige Gouverneur Kaliforniens versprach der jungen Aktivistin, ihren Appell mit seiner Art von *action* zu unterstützten.[41]

Auch für hartgesottene Zyniker und Verteidiger des Status quo wird es sehr ungemütlich, wenn sich der Apell, der von einem traurig-wütenden Kindergesicht ausgeht, mit einer Abmahnung »von oben«, durch eine

**41** https://www.youtube.com/watch?v=XkOdMRUQkN8 (20.11.2021).

gut informierte, elternartige Gewissensinstanz verbindet. Vor allem dann, wenn diese Gewissensinstanz auch noch in einem sehr elaborierten Englisch redet. Ein Kind wirft den Erwachsenen Unreife vor. Hier ein übersetzter Auszug aus der Rede Greta Thunbergs beim UN-Klima-Gipfel im September 2019 in New York:

> »Wenn Ihr die Situation wirklich verstehen würdet und uns immer noch im Stich lassen würdet, dann wärt Ihr grausam und das weigere ich mich zu glauben. Wie könnt Ihr es wagen zu glauben, dass man das lösen kann, indem man so weiter macht wie bislang – und mit ein paar technischen Lösungsansätzen? Ihr seid immer noch nicht reif genug zu sagen, wie es wirklich ist. Ihr lasst uns im Stich. Alle kommenden Generationen haben euch im Blick und wenn Ihr Euch dazu entscheidet, uns im Stich zu lassen, dann entscheide ich mich zu sagen: ›Wir werden Euch das nie vergeben! Wir werden Euch das nicht durchgehen lassen!‹ Genau hier ziehen wir die Linie. Die Welt wacht auf und es wird Veränderungen geben, ob Ihr es wollt oder nicht.«[42]

Neben Greta sprachen beim UN-Gipfel auch Angela Merkel und Papst Franziskus. Greta Thunberg wollte nicht mit auf das Selfie von Angela Merkel. Stattdessen ließ sie sich mit ihr in der Kantine fotografieren, wo sie einander gegenübersaßen.

Greta Thunberg hat sich gemeinsam mit ihrer Familie intensiv mit der Diagnose des »Asperger-Autismus« auseinandergesetzt (Thunberg & Thunberg/Ernman & Ernman 2020). Ich war mir bislang nicht ganz sicher, ob es stimmt, dass die meisten Menschen, die als Asperger-Autisten bezeichnet werden, wenig Sinn für Ironie und Zynismus haben. Aber Angehörige von Jugendlichen mit der Asperger-Diagnose, die ich in der Psychotherapie kennengelernt habe, haben mir diese Vermutung bestätigt. Wenn sie zutrifft, dann ist – wie auch bei anderen klinischen Diagnosen – eben die »Störung« als eine besondere Ressource und Begabung zu betrachten. Statt der beliebten Mehrdeutigkeit geht es bei der Bewältigung von Problemen um eine gesteigerte Perseveration und Gradlinigkeit. Greta Thunberg selbst sagt über die Diagnose Autismus: »Sie hat mir geholfen, Unterstützung zu bekommen und zu verstehen, warum ich so bin.« Heute

---

**42** https://www.merkur.de/politik/greta-thunberg-rede-un-klimagipfel-new-york-deutsch-zr-13031691.html (26.07.2021).

beschreibt sie ihren Autismus als »Superkraft, [...] weil er es ermögliche, dass sie so immens konzentriert an einem Thema dranbleibt« (Interview im *Guardian*, zit. n. *Der Spiegel* 01.10.2021). Wir alle können im Umgang mit dem Thema Klima eine Portion Autismus und weniger Ironie und Zynismus gebrauchen.

Jedenfalls betreiben Greta Thunberg und Fridays for Future eine Politik des aktiven Angstmachens. Auf dem Weltwirtschaftsforum in Davos Ende Januar 2019 sagte Greta Thunberg vor prominentem Publikum: »I don't want you to be hopeful, I want you to panic! I want you to feel the fear I feel every day and then I want you to act!«[43]

Bei einem solchen Apell werden Gewissensangst und Realangst in einer Weise miteinander verbunden und mobilisiert, welche die zuvor praktizierten Abwehrstrategien gegenüber der Angst vor dem drohenden Klimawandel erfolgreich unterläuft. Diese Produktion von Angst ist etwas völlig anderes als die Mobilisierung von Angst durch Rechtspopulisten, die durch die Transformation von Realangst in neurotisch-paranoide Angst entsteht und sich gegen Minderheiten und Sündenböcke richtet. Im Falle von Fridays for Future stehen die Mächtigen plötzlich bloß da. Die Aktivisten agieren ihnen gegenüber ohne Mitleid. Alle Versuche, sich bei den jungen Menschen anzubiedern oder ihnen von oben auf die Schultern zu klopfen, werden umgehend als heuchlerisch abgewiesen. Die Machthaber werden niemals gelobt, weil das zu einer Vereinnahmung des Protests, zu einem Pausieren im Schwung der Bewegung und zu einer Schlupflochbildung führen kann.

Im Frühjahr 2021 erlebte Fridays for Future zusammen mit anderen Umweltaktivisten einen ungeheuren Erfolg. Das deutsche Bundesverfassungsgericht bestätigte die Zielvorgaben des Pariser Abkommens bis zum Jahr 2030 und verlangte aufgrund einer Klage von mehreren Gruppen, dass vom Gesetzgeber und von der Regierung wirksame Schutzmaßnahmen über das Jahr 2030 hinaus ergriffen werden müssen. Dies müsse bis Ende 2022 geregelt werden. Hier ein Auszug aus der Pressemitteilung des BVG vom 29. April 2021:

> »Die zum Teil noch sehr jungen Beschwerdeführenden sind durch die angegriffenen Bestimmungen [...] in ihren Freiheitsrechten verletzt. Die Vorschriften verschieben hohe Emissionsminderungslasten unumkehrbar auf

**43** https://www.youtube.com/watch?v=ggKPH746dyw (20.07.2021).

> Zeiträume nach 2030. Dass Treibhausgasemissionen gemindert werden müssen, folgt auch aus dem Grundgesetz. Das verfassungsrechtliche Klimaschutzziel des Art. 20a GG ist dahingehend konkretisiert, den Anstieg der globalen Durchschnittstemperatur dem sogenannten ›Paris-Ziel‹ entsprechend auf deutlich unter 2 °C und möglichst auf 1,5 °C gegenüber dem vorindustriellen Niveau zu begrenzen. Um das zu erreichen, müssen die nach 2030 noch erforderlichen Minderungen dann immer dringender und kurzfristiger erbracht werden. Von diesen künftigen Emissionsminderungspflichten ist praktisch jegliche Freiheit potenziell betroffen, weil noch nahezu alle Bereiche menschlichen Lebens mit der Emission von Treibhausgasen verbunden und damit nach 2030 von drastischen Einschränkungen bedroht sind.«[44]

Zu den Klageeinbringern hatten unter anderem die Kinder von Bauern auf Nordseeinseln gehört, deren Höfe bei einem weiteren Anstieg des Meeresspiegels im Wasser versinken würden. Nach dem BVG-Urteil versprachen alle zuständigen Politiker die sofortige Umsetzung. Bundesumweltministerin Svenja Schulze sprach sogar von Rückenwind, den ihre Politik durch das Höchstgericht erhalten habe. Die deutsche Sprecherin von Fridays for Future, Luisa Neubauer, zeigte sich in der *Tagesschau* am 29. April 2020 von dem Urteil freudig überrascht, erlaubte aber den Politikern für keine Minute, sich auf ihrem Lob für das Urteil oder auf ihren Lorbeeren auszuruhen. Die Regierungsparteien seien »grenzenlos scheinheilig«, hätten »ihren Job nicht gemacht« und »de facto versagt, uns zu schützen«. Und nun gebe es eine »nahezu unendliche Liste von Dingen«, die zu tun sind.[45]

Wir sehen hier deutlich die Strategie von Fridays for Future, den Mächtigen und dem breiteren Publikum keine Selbstzufriedenheit wegen des bereits Erreichten zu erlauben, die zu einem erneuten Beiseiteschieben der notwendigen Realangst und der Gewissensangst führen könnte. Die meisten AktivistInnen würden mir aber hoffentlich zustimmen, wenn ich sage, dass man manchmal aber auch einen äußeren und inneren Erholungsurlaub gegenüber der notwendigen Angst und dem Kampf gegen die öko-

44 https://www.bundesverfassungsgericht.de/SharedDocs/Pressemitteilungen/DE/2021/bvg21-031.html (02.07.2021).

45 https://www.tagesschau.de/inland/klimaschutzgesetz-bundesverfassungsgericht-107.html (05.05.2021).

logische Bedrohung braucht. Besonders geeignet sind hierfür zum Beispiel beruhigende Spaziergänge in der uns verbliebenen Natur. Auch Greta Thunberg besitzt zwei Hunde.

Es ist verständlich, dass die Politik des offensiven Angstmachens von Greta Thunberg und Fridays for Future vielen Menschen, die bisher annehmen konnten, dass sie verantwortungsvoll gelebt haben, ordentlich auf die Nerven geht. Besonders betroffen sind ältere Männer, die auf die Undankbarkeit der bisher so gut versorgten Kinder hinweisen. Der Kabarettist Dieter Nuhr setzte sich in die Nesseln, als er angesichts des Umstands, dass ein Drittel der Emissionen durch Wohnen, Warmwasser und Heizung entsteht, ankündigte, dass er demnächst seine Tochter dadurch unterstützen werde, dass er ihr die Heizung abdreht. Der FDP-Chef Christian Lindner schlug Ende März 2019 vor, die Klima-Aktivisten rasch wieder in die Schule zu schicken, wo sie sich über die größeren Zusammenhänge informieren sollten: »Von Kindern und Jugendlichen kann man nicht erwarten, dass sie bereits alle globalen Zusammenhänge, das technisch Sinnvolle und das ökonomisch Machbare sehen. Das ist eine Sache für Profis.« Der führende CDU-Politiker Friedrich Merz bekannte nach Greta Thunbergs UN-Auftritt freimütig: »Also, ganz ehrlich, meine Tochter hätte ich da nicht hingelassen.« Möglicherweise ist aber seine Tochter ganz anders als Greta Thunberg. Er sagte weiter: »Auf der einen Seite ist das Mädchen bewundernswert, auf der anderen Seite ist sie krank« (*Augsburger Allgemeine* 25.09.2019).

Greta Thunberg weiß von ihrem »Anderssein«. Sie hat darüber mit ihrer Familie viele Seiten in einem gemeinsamen Buch geschrieben. Es zeugt von einem vormodernen Verständnis der Psyche, wenn man glaubt, Menschen so einfach in krank und gesund einteilen zu können.

Einen philosophisch anspruchsvollen Versuch, die Aktivitäten von Greta Thunberg und Fridays for Future als hypersensibel und als eine Realitätsverfehlung darzustellen, hat kürzlich Norbert Bolz mit seinem Buch *Die Avantgarde der Angst* (2020) vorgelegt. Dass er die grüne Bewegung mit ihrer Verehrung der Mutter Erde für spirituell und religiös hält, kann man noch kommentarlos stehen lassen. Problematisch wird aber seine These, dass die große Angst vor der Umweltkatastrophe auf einer inneren Unreife der Aktivisten beruht:

> »Die massenhafte Überbetonung minimaler Risiken führt [...] zu dem, was Odo Marquard einmal das Prinzessin-auf-der Erbse-Syndrom genannt hat: je weniger Gefahren, desto mehr Befürchtungen. Je bequemer und entlas-

teter das Leben, desto größer die Angstbereitschaft und die Erregbarkeit. Man könnte von einem Angsterhaltungssatz sprechen. Auch wenn sich alles bessert, bleiben die schlechten Gefühle konstant« (ebd., S. 66).

Man fühlt sich zurückversetzt in das Jahr 1986, in dem Odo Marquard schon einmal behauptet hatte, dass der damaligen Friedensbewegung eine »arbeitslose Angst« zugrunde liegt, die gewissermaßen herumgeistert und sich einfach ein aktuelles Objekt sucht. Darauf hatte Horst-Eberhard Richter geantwortet, dass aus Sicht der modernen Psychologie und Psychotherapie eine auffallend große Angst realistisch sein kann und dass auch »Ängsten von klinischem Ausmaß eine bislang oft unterschätzte Komponente von Hellsichtigkeit zugesprochen« wird (vgl. das Kapitel »Umgang mit Angst: Horst-Eberhard Richter«). Marquard war damals von Richters Replik offenbar nicht wirklich beeindruckt. Wenn man die Quelle für Marquards bei Bolz zitierten Prinzessinnen-Vergleich sucht, stößt man im Internet auf einen Bericht im *Tagesspiegel* vom 26. Juni 1998. Bei einem Vortrag auf einer Ärztetagung in der Berliner Schlossparkklinik wollte Marquard offenbar die Medizin vor übersensiblen und anspruchsvoll nörgelnden Patienten schützen:

»›Wer unter immer weniger zu leiden hat, leidet unter immer weniger immer mehr‹ lautet das ›Gesetz der zunehmenden Penetranz der negativen Reste‹. Die Karriere des Wortes ›Rest-Risiko‹ sei bezeichnend für ein Leiden an der wirklichen Leidensminderung, das sich auch dann noch gegen Matratzen richte, wenn der Prinzessin die Erbse fehlt.«[46]

Marquard kam dem Zeitungsbericht zufolge bei den Ärzten gar nicht gut an. Diese stellten sich offensichtlich auf die Seite ihrer Patienten.

Die Position von Bolz ist die eines Mannes, der einem tragisch-heroischen Glauben an die Technik anhängt. Er bezieht sich auf Arnold Gehlens (zoologisch fragwürdige) Theorie vom Menschen als »Mängelwesen«, das von der Natur unzureichend ausgerüstet wurde und für seine Selbstbehauptung deswegen eine strenge soziale Ordnung und die Technik braucht, sowie auf den Philosophen Hans Blumenberg, der die Rede von der »Naturbeherrschung« offenbar sehr wörtlich auslegt:

46 https://www.tagesspiegel.de/kultur/vom-restrisiko-der-prinzessin-ohne-erbse/48402.html (20.07.2021).

> »Das Mängelwesen Mensch trifft auf die ›die absolute Feindseligkeit der Natur‹ und dass es diese Konfrontation überlebt, macht es zur ›biologischen Inkonsequenz der Evolution‹. Diese Selbstbehauptung des Menschen gegen die Natur als den absoluten Feind prägt das Wesen. Sie ist prinzipiell Angriff oder doch zumindest Prävention« (Bolz 2020, S. 38f.).

Fortschritt ist nur um den Preis des Glaubens an die Technik und an die Festigkeit der Institutionen sowie mit einem In-Kauf-Nehmen von Risiken möglich. Die erforderliche Disziplin wird bei Bolz vor allem von Erwachsenen aufgebracht: »Kindlich ist demgegenüber ein Verhalten, das ärgerliche Komplexität platt schlagen will. Und stets ist es ein Herz für das Gute, das alles für alle will« (ebd., S. 44). Kindern und Jugendlichen haftet bei Bolz ein Odium mangelnder geistiger Reife an. Es zeigt sich, dass er von E. H. Erikson keine Ahnung hat, wenn er behauptet, das von Erikson sogenannte »psychosoziale Moratorium« der Adoleszenten sei ein Stadium von Verwöhntheit und besonderer Unreife (ebd., S. 32f.). Erikson (1966, S. 125ff.) sieht es in Wirklichkeit so, dass sich im psychosozialen Moratorium eine bemerkenswerte Fähigkeit zur Selbstreflexion und Kreativität entwickelt. Das zeigt er eindrucksvoll am Beispiel der Biografie von G. B. Shaw, der sich erst im Erwachsenalter ein psychosoziales Moratorium erlauben konnte und dadurch zum Schriftsteller wurde.

An manchen Stellen in Bolz' Buch ist deutlich zu erkennen, dass es vor allem der *männliche* Erwachsene ist, dem wir die Gestaltung einer besseren Zukunft überlassen sollten: »Gibt es für unsere Gesellschaft einen Ausgang aus der selbstverschuldeten Infantilisierung? Dies könnte nur gelingen, wenn es zu einer Umwertung der in der postmodernen Kultur am meisten denunzierten Qualitäten käme: Bürgerlichkeit und Männlichkeit« (Bolz 2020, S. 51). Die irrationale Angst, die Bolz an der grünen Bewegung wahrnimmt, ist für ihn also erstens infantil und zweitens weiblich. Mit einer realistischen Zukunftsangst hat sie wenig zu tun. Er versteht die Angst vor der Klimakatastrophe außerdem als eine Projektion von innerer oder neurotischer Angst in die äußere Welt:

> »Man braucht kein Psychoanalytiker zu sein, um zu begreifen, dass die Unheilserwartungen die bösen Wünsche der ›Guten‹ sind. Im Angstraum ängstigen wir uns nämlich nicht vor dem Schrecklichen, sondern vor dem eigenen Wunsch danach. [...] Wenn wir heute also statt auf die archaische Angst vor dem Feind immer wieder auf die Angst vor der ökologischen Ka-

> tastrophe stoßen, dann handelt es sich eigentlich um die Angst vor der eigenen Angst vor dem eigenen Wunsch nach der Katastrophe« (ebd., S. 144).

Obwohl es natürlich richtig ist, dass wir die Realangst auch mit unseren ganz persönlichen neurotischen Ängsten anreichern und aufladen können, wird hier die Psychoanalyse offenkundig zum Zweck einer Psychologisierung und zur Derealisierung der Bedrohungen in der Außenwelt missbraucht. Interessanterweise argumentiert Bolz völlig ohne Zahlen und Daten, die eine Realitätsprüfung in Bezug auf die angeblich neurotischen Zukunftsängste erlauben würden. So kann er hemmungslos psychologisieren. Auch die Gewissensangst, die in der Verbindung mit der Realangst von der ökologischen Bewegung und insbesondere von Greta Thunberg mobilisiert wird, wird bei ihm entwertet, indem er sie unter Narzissmus-Verdacht stellt: »Man könnte von einem Narzissmus der Empörung und des Schuldbewusstseins sprechen« (ebd., S. 167). Und natürlich geht es auch diesmal nicht ohne Nietzsche, der in der »Genealogie der Moral vom schlechten Gewissen als ›der größten und unheimlichsten Erkrankung der Menschheit‹ gesprochen hatte« (ebd., S. 166).

Interessanterweise wurden die angeblich so abwegigen Ängste der Ökologiebewegung nur wenige Wochen nach dem zuvor erwähnten Urteil des deutschen Bundesverfassungsgerichts in einem weiteren Gerichtsurteil als sachlich und moralisch gerechtfertigt angesehen. Das Bezirksgericht Den Haag verpflichtete Ende Mai 2021 den niederländisch-britischen Konzernriesen Shell dazu, seinen $CO_2$-Ausstoß bis 2030 (gemessen an 2019) um 45 % zu senken. So als wollte der Himmel die bahnbrechenden juristischen Urteile bestätigen, schickte er im Sommer 2021 über Europa, Nordamerika, Sibirien und Nordafrika extreme Flut- und Feuer-Katastrophen, angesichts derer kaum noch jemand den Einfluss des menschengemachten Klimawandels leugnen konnte. Die von Fridays for Future verbreitete Angst erwies sich als höchst realistisch – nicht als neurotisch, nicht als hysterisch.

Das hinderte Mitglieder der österreichischen Bundesregierung nicht, den Ernst der Lage wieder herunterzuspielen und Umweltschutz-Initiativen anzugreifen. Laut Landwirtschaftsministerin Elisabeth Köstinger war für die katastrophale Überflutung von Hallein im Salzburger Land der Naturschutzbund verantwortlich, weil er gegen ein geplantes Bachverbauungsprojekt Einspruch eingelegt hatte (*Der Kurier* 19.07.2021). Bundeskanzler Sebastian Kurz plädierte angesichts eines umstrittenen Schnellstraßen-Ausbaus in Vorarlberg für die Bekämpfung des Klimawandels »ohne

Verzicht«. Der Verzicht sei ein Weg zurück in die Steinzeit: »Der einzige richtige Zugang ist auf Innovation und Technologie zu setzen« (*ORF.at* 21.07.2021). Kurz und Köstinger waren offenbar gescheiter als der IPCC, der in seinem letzten Bericht vom August 2021 (beruhend auf 14.000 Forschungsarbeiten) die Situation als noch dramatischer als bis bisher angenommen beschreibt. Das Polareis ist bereits dabei, endgültig abzuschmelzen. Die Erderwärmung wird sich, wenn der Trend anhält, bis 2100 um drei Grad erhöhen, der Meeresspiegel wird im selben Zeitraum um bis zu einem Meter steigen, die Tendenz zu Extremwettereignissen mit Feuer, Dürre und Flut noch weiter zunehmen.

Die Weltklimakonferenz, die bald darauf, begleitet von großen Protestdemonstrationen, ab dem 31. Oktober 2021 in Glasgow stattfand, sollte unter anderem das Ende der Klimazerstörung durch Kohleverbrennung beschließen. Buchstäblich in letzter Minute wurde der ins Auge gefasste weltweite Abschied von der Kohleförderung durch die Vertreter von China und Indien unterlaufen. Sie nutzten das Schlupfloch, das durch den Zeitdruck am Ende der Konferenz entstanden war. Aus dem »Ausstieg« wurde ein schrittweiser Abbau des Kohlebergbaus. Der Präsident der Konferenz, Alok Sharma, musste weinen, als er das verkündete. Einige Tage zuvor hatte Greta Thunberg noch wenig höflich auf Twitter geschrieben: »Dies ist nicht länger eine Klimakonferenz. Dies ist jetzt ein Greenwashing-Festival des globalen Nordens, eine zweiwöchige Feier des Business as usual und des Blablabla.«

Rechtzeitig zum Beginn der Konferenz von Glasgow hatte der prominente *Spiegel*-Autor Dirk Kurbjuweit uns einen Vorschlag gemacht, der es ermöglichen soll, angesichts der Klimakrise die allgemeine Verzweiflung, das heißt den Druck von Real- und Gewissensangst auf unser Wohlbefinden, leichter auszuhalten. Er empfiehlt »eine alte Methode aus dem Westen«: die *Doppelmoral*. Der sympathische ehemalige Formel-1-Weltmeister Sebastian Vettel praktiziere sie: Er liebt nach wie vor schnelle Autos, die 1.000 PS haben und auf 100 Kilometern 40 Liter Benzin fressen, aber er wählt die Grünen, »weil sich etwas ändern müsse«. Die Gründungsväter der USA riefen Demokratie, Freiheit und Menschenrechte für alle aus und hielten sich weiterhin Sklaven. Kurbjuweit möchte sich und uns offenbar ein Leben in permanenter Verbitterung ersparen. Man solle doch versöhnlich sein und nicht gleich »hämisch ›Doppelmoral‹ rufen, wenn jemand, der zum Beispiel regional einkauft und nicht fliegt, weiterhin SUV fährt – Doppelmoral ist ohnehin kein Vorwurf mehr, eher ein

Lob: Du hast verstanden, wie es gehen könnte« (*Der Spiegel* 30.10.2021, S. 54f.). Viele werden sich durch das Lob der Doppelmoral entlastet fühlen. Es ist aber nichts anderes als eine ins Freundliche abgepolsterte Spielart des uns schon bekannten Zynismus, der eine wesentliche Mitursache für die gegenwärtige Fahrt in die Katastrophe ist. Den Aufruf, versöhnlich zu sein, werden die AnhängerInnen von Fridays for Future keine Minute lang teilen.

## Corona

Die Coronapandemie tritt uns zunächst als ein *not man-made disaster* gegenüber, vergleichbar einem Tsunami, einem Erdbeben, einer großen Wetterkatastrophe, einem Lawinenunglück, das dem Leben von Menschen schwere Schäden zufügt, ohne dass wir annehmen, dass Menschen daran ursächlich oder schuldhaft beteiligt sind. Wie bei anderen *not man-made disasters* bietet sich den Betroffenen in all ihrem erfahrenen Leid und gegenüber den kommenden Gefahren aber auch die Möglichkeit, Interessensgegensätze und alte Vorurteile zurückzustellen und miteinander zu kooperieren. So schrieb Hans-Jürgen Wirth nach Beginn des ersten Lockdowns unter Bezugnahme auf das Konzept der *capacity of concern* Donald Winnicotts:

> »In dieser Pandemie ist die Fähigkeit zur Besorgnis ein besonders hohes Gut. Man sorgt für sich selbst, betreibt aber nicht in egoistischer oder rücksichtsloser Weise Hamsterkäufe. Man vergisst nicht andere Menschen, die nicht in der Lage sind, für sich selbst zu sorgen. Und tatsächlich: Nachbarn bieten an, für andere einzukaufen – oder helfen mit Lebensmitteln, mit Kinderspielzeug und -entertainment aus. Sie klatschen, wie in Köln, vom Fenster aus, für die, die in den Krankenhäusern arbeiten. Sie singen von Balkonen, wie in Italien, um sich Mut zu machen.«[47]

Die gängige Alternative zwischen Altruismus und Egoismus schien außer Kraft gesetzt. Das Mitgefühl gegenüber den besonders gefährdeten alten Menschen ging Hand in Hand mit der Sorge um unser aller Gesund-

47 https://www.spiegel.de/psychologie/corona-krise-ist-es-gut-jetzt-besorgt-zu-sein-a-25dbd764-2ef9-484d-9634-6154c662e7ae (14.04.2021).

heitssystem, das an einer Überbelastung der Intensivstationen zerbrechen könnte, wie man es am Beispiel Oberitalien sehen konnte. Sozialdarwinismus war out und ist es zum Glück immer noch. Die Äußerung des Tübinger Oberbürgermeisters Boris Palmer »Wir retten möglicherweise Leben, die sowieso bald sterben würden« löste einen medialen Aufschrei aus. Man kann sagen, dass die Angst in den ersten Wochen der Pandemie in einer Verschränkung der realistischen Angst vor der Ausbreitung des Virus mit einer echten Sorge um schwache und vulnerable Mitmenschen bestand. Realangst und Gewissensangst ergänzten einander. Nach meiner Erinnerung waren auch viele Menschen seltsam ruhig, so als wüssten sie, was zu tun ist. Von neurotischen und paranoiden Ängsten war noch nicht viel zu spüren. Diese breiteten sich erst nach dem Ende des erfolgreichen ersten Lockdowns aus. Dabei spielten Gerüchte und obskure Theorien, die in den neuen sozialen Medien und auch einigen herkömmliche Medien verbreitet wurden, eine wichtige Rolle. Frei nach der Empfehlung des rechtsextremen Trump-Beraters Steve Bannon, der über den Umgang mit Medien sagte: »And the way to deal with them is to flood the zone with shit.« Im deutschen Sprachraum war es unter anderem der Sender *Servus-TV*, der offenbar im Einverständnis mit seinem Besitzer Dietrich Mateschitz auch den obskursten Theorien über Corona Raum bot.

Die Realangst wurde zwischen völliger Verleugnung der Gefahr und abenteuerlichen Verschwörungstheorien mehr oder weniger aufgerieben. Etwas von der realistischen Besorgnis hat sich aber zum Glück bis in die gegenwärtige Stimmung hinein erhalten. Der Diskussionsstil von Journalisten, Experten und Politikern in den meisten deutschsprachigen TV-Runden (mit Ausnahme von *Servus-TV*) war von einer ernsthaften Realangst geprägt, mit der die Argumente der verschiedenen Positionen und Interessen ausgetauscht wurden. Man lernte, dass Wissenschaft in einem um Evidenzbasierung bemühten Austausch unterschiedlicher Ansätze besteht, die manchmal auch in rascher Abfolge korrigiert werden müssen. Bei aller Unterschiedlichkeit der Positionen und Argumente teilten die Teilnehmer das Bemühen um Realitätsprüfung und eine ernsthafte Besorgnis wegen der steigenden Infektionszahlen. Dabei herrschte in der Kommunikation und in der Abfolge der Beiträge ein Tempo vor, dem wahrscheinlich nur wenige im Publikum folgen konnten. Möglicherweise erfüllt die Beschleunigung die Funktion der Angstabwehr, jedenfalls führt sie dazu, dass man leicht die zusätzliche Angst entwickeln kann, im Verständnis nicht mehr mitzukommen. Diese ängstlich-angespannte Aufmerksamkeit überdeckt vielleicht auch eine tiefer liegende Vernichtungsangst. Man fühlt sich unter einem »Regen von Fakten« (Brodnig 2021). Hans-Jürgen Wirth schrieb in einem seiner Kommentare für den *Spiegel*, dass ihm bereits »der Kopf raucht«. Ich dachte manchmal an Klaus Theweleit, der von den »Plappermaschinen« geschrieben hatte, die die Journalisten und Experten nach 9/11 eingeschaltet hatten.

Zu Beginn des Jahres 2021 bezogen sich Besorgnis und Realangst vor allem auf den Lieferengpass bei den Impfdosen, die von den Herstellern zu langsam an die Vertragspartner in der EU ausgeliefert wurden. Statt der 80 Millionen Dosen, die AstraZeneca versprochen hatte, war für den vereinbarten Zeitraum nur mit 30 Millionen zu rechnen. Es wurde spekuliert, dass AstraZeneca andere Länder, die mehr zahlen, bevorzugt hätte. In dieser Situation starb meine 99-jährige Mutter in einer Münchner Seniorenresidenz an Corona. Die Bewohner waren zuvor stolz gewesen, dass sie sich gemeinsam gegen den Virus verteidigt hatten. Ein Impfstoff war schon in Bayern angelangt, aber wurde vorrangig für das ärztliche Personal verwendet. Die betagten Heimbewohner sollten erst danach an die Reihe kommen. Eine Enkelin meiner Mutter, die in München lebt, war als Krankenhausärztin zum Glück schon geimpft und konnte ihre Großmutter bis zum Ende noch in ihrem Apartment besuchen und begleiten.

Im Sommer 2020 hatten nach der repräsentativen Studie der R+V Versicherung die Deutschen immer noch wenig Angst vor Corona: »Nur etwa jeder dritte Befrage fürchtet sich davor, dass er selbst oder die Menschen in seiner Umgebung sich mit dem Coronavirus infizieren könnten.« Die Befragten wirkten relativ gelassen. Sie fürchteten eher materielle Verluste im Zusammenhang mit der Pandemie. Der allgemeine Angstpegel war unter den befragten Personen im Vergleich zu den Vorjahren sogar gesunken.[48]

Dieses erstaunliche Ergebnis könnte auf die Entspannung, auf die kleine Euphorie im Sommer 2020 zurückzuführen sein. In den folgenden Monaten meldeten aber Psychotherapeuten und psychologische Untersuchungen einen beträchtlichen Anstieg depressiver Störungen und Angststörungen in der Bevölkerung. Am 27. Januar 2021 präsentierte der Österreichische Bundesverband für Psychotherapie zusammen mit dem Autor Christoph Pieh von der Universität Krems die Ergebnisse einer aktuellen Studie. Laut dieser »leidet rund ein Viertel der Bevölkerung (26 Prozent) an depres-

**48** https://www.ruv.de/presse/aengste-der-deutschen/presseinformation-aengste-der-deutschen (27.07.2021).

siven Symptomen, 23 Prozent an Angstsymptomen und 18 Prozent an Schlafstörungen. Die Studie rund um den Jahreswechsel umfasst eine repräsentative Bevölkerungsstichprobe von rund 1500 Personen. ›Seit der letzten Erhebung im September kam es zu einer neuerlichen deutlichen Verschlechterung der psychischen Gesundheit.‹« 2019 betrug der Anteil der Depressionen nur 5 Prozent. Anfang 2021 ist es mehr als ein Viertel. Der Anstieg betrifft vor allem junge Menschen, weniger die alten. Schwere depressive Fälle haben sich laut Pieh sogar verzehnfacht.[49] Die zweite und die dritte Welle der Coronapandemie haben immer mehr Menschen an eine Belastungsgrenze gebracht.

Obwohl ich keine Untersuchung dazu kenne, glaube ich, dass mit Beginn des Jahres 2021 auf viele unserer Mitmenschen (auch auf mich selbst) die Diagnose einer mehr oder weniger ausgeprägten, von Corona verursachten »Anpassungsstörung« zutrifft. Ich zitiere aus dem einschlägigen klinischen Manual ICD-10:

> »*F43.2 Anpassungsstörungen:* Hierbei handelt es sich um Zustände von subjektiver Bedrängnis und emotionaler Beeinträchtigung, die im Allgemeinen soziale Funktionen und Leistungen behindern und während des Anpassungsprozesses nach einer entscheidenden Lebensveränderung oder nach belastenden Lebensereignissen auftreten. Die Belastung kann das soziale Netz des Betroffenen beschädigt haben (wie bei einem Trauerfall oder Trennungserlebnissen) oder das weitere Umfeld sozialer Unterstützung oder soziale Werte […]. Die individuelle Prädisposition oder Vulnerabilität spielt bei dem möglichen Auftreten und bei der Form der Anpassungsstörung eine bedeutsame Rolle; es ist aber dennoch davon auszugehen, dass das Krankheitsbild ohne die Belastung nicht entstanden wäre. Die Anzeichen sind unterschiedlich und umfassen depressive Stimmung, Angst oder Sorge (oder eine Mischung von diesen). Außerdem kann ein Gefühl bestehen, mit den alltäglichen Gegebenheiten nicht zurechtzukommen, diese nicht vorausplanen oder fortsetzen zu können. Störungen des Sozialverhaltens können insbesondere bei Jugendlichen ein zusätzliches Symptom sein. Hervorstechendes Merkmal kann eine kurze oder längere depressive Reaktion oder eine Störung anderer Gefühle und des Sozialverhaltens sein.«

49 https://www.donau-uni.ac.at/de/aktuelles/news/2021/psychische-gesundheit-verschlechtert-sich-weiter0.html (02.02.2021).

Anpassungsstörungen sind ebenso wie andere Belastungsstörungen psychotherapeutisch behandelbar, oder zumindest zu lindern, vor allem mit ressourcenstärkenden Methoden, wie sie auch in der Traumatherapie Verwendung finden (vgl. Reddemann 2021). Die Krankenkassen müssen bei dieser Diagnose ganz oder teilweise die Behandlung bezahlen. Die einen kippen im Spektrum von »depressiver Stimmung, Angst oder Sorge« mehr zur Depression hin ab, die anderen mehr in Richtung Angststörung. Natürlich gibt es daneben oder zusätzlich auch andere und traumatische Verläufe der Gesundheitsbelastung durch Corona. Ein großer Teil derer, die aus dem Krankenhaus zurückkommen, entwickelt eine posttraumatische Belastungsstörung. Der Abschied von den Lebenden und von den Toten findet unter extrem traurigen und für die Angehörigen traumatisierenden Bedingungen statt.

Viele Menschen sind in einer Weise, die ihnen zuvor nicht bekannt war, mit den angesprochenen vier existenziellen Ängsten – vor dem Tod, vor der Freiheit, vor der sozialen Isolation und vor der Sinnlosigkeit des Lebens – konfrontiert und von diesen aufgescheucht worden (ebd.). In einer Situation, in der große Religionen und staatliche Institutionen nur wenig Beruhigung und Trost bieten konnten, gelang es den spontan auftretenden Sekten und Verschwörungstheoretikern, die freigesetzten Ängste teilweise wieder zu binden und ihren Followern Halt zu bieten.

Die Pandemie produziert auch bei den Nicht-Infizierten eine beträchtliche Belastung durch sozialen Stress, hat aber auch Chancen eröffnet. Sie hat die im Kapitel »Angst vor Identitätsverlust« skizzierte Ordnung zwischen *Homo oeconomicus*, *Homo faber* und *Homo amans* gründlich durcheinandergebracht, ohne sie freilich ganz aufzuheben. Die entstandene »Anomie«, das Durcheinander und Ineinander der sonst getrennten Lebensorte mit ihren jeweiligen sozialen Regeln produziert eine beträchtliche innere Unsicherheit und Identitätskrisen. Die Balance zwischen den drei räumlich und zeitlich separierten Teilidentitäten, an die sich die Menschen während der letzten Jahrzehnte gewöhnt hatten, wurde mit dem Beginn der Coronakrise von ganz neuen Normen überlagert und verkompliziert. Für viele wurden der Arbeitsplatz, das schulische Lernen und teilweise auch die Einkaufsaktivitäten von der Außenwelt in den engen Raum des Familienlebens hineinverlagert. Die Enge beeinträchtigte die von allen Bewohnern dringend benötigte Entspannung und Erholung sowie auch deren biologischen Tag-Nacht-Rhythmus. Man trat sich plötzlich mit seinen drei oder vier zusammengepferchten Teilidentitäten selbst und auch anderen ständig auf die Füße. Die um sich greifende Müdigkeit dürfte ein verzweifelter Versuch der Entspannung, ein innerer Fluchtversuch sein. Zugleich sollen sich Schlafstörungen nach einer internationalen Untersuchung in etwa verdoppelt haben.[50]

All dies ist für ärmere, beengt wohnende Menschen natürlich viel schlimmer als für die Wohlhabenden mit Garten und Pool. Dazu kommt noch, dass die neuen Regeln und Vorschriften »von oben« auch noch alle paar Wochen verändert werden. Die einfachste Lösung wäre ein Zurück zu einer Einfach-Identität, in der die Bedrohung überhaupt verleugnet und das Maskentragen verweigert werden können. Die entsprechenden Demagogen sind erfolgreich unterwegs. Im Zueinander der ökonomischen und sozialen Teilsysteme ist das auf Gewinn ausgerichtete Marktsystem als Leitsystem zumindest vorübergehend hinter das Gesundheitssystem zurückgetreten, in dem wiederum das Ziel der Rücksicht auf die am meisten vulnerablen Gruppen, die Alten und Schwachen, die höchste Priorität bekam. Für manche entstand auch ein psychosoziales Moratorium, in dem sie den Sinn des Hamsterrades, in dem man sich bisher bewegt hatte, infrage stellten (»Das Innere der Karriereleiter ist das Hamsterrad.«). Nach der wirtschaftlichen Erholung im Frühjahr und Sommer 2021 wunderten sich die Arbeitsämter, dass sich viele Arbeitslose nicht zurückmeldeten. Viele Betriebe fanden keine Arbeitskräfte.[51]

Noam Chomsky sagte Ende Januar 2021 in einem Interview über die Coronakrise.

> »Europa hatte die erste Welle ziemlich gut unter Kontrolle. Dann entschieden die Europäer: ich will den Urlaub, ich will an den Strand. Sie hatten ihren Urlaub und die Zahlen stiegen steil an. So ist das mit der Verantwortungslosigkeit. Es liegt nicht nur an den Institutionen. Mangelnde kollektive Rücksichtnahme und fehlende Solidarität führten zur Katastrophe« (*Der Standard* 26.01.2021, S. 6).

Was hat nach dem Erfolg des ersten Lockdowns dazu geführt, dass wir gegen Ende des Jahres 2020 (und dann wieder im Herbst 2021) bei einem so hohen Anstieg von Inzidenzraten und Todesfällen gelandet sind? Neben

50 https://science.orf.at/stories/3208642 (23.11.2021).

51 https://www.tagesschau.de/investigativ/panorama/corona-arbeitskraeftemangel-101.html (20.11.2021).

dem Auftauchen der mutierten Varianten des Virus aus England und Südafrika im Herbst 2020 dürften es mehrere Faktoren im Verhalten der Bevölkerung gegeben haben, die zum Rückfall beitrugen und immer noch beitragen:

1. die Wiederkehr des neoliberalen Konsumismus und des geradezu triebhaften »Last-Minute-Extraktivismus«
2. das Sich-in-die-Quere-Kommen unserer zwei Systeme der Gefahrenwahrnehmung
3. das Mitspielen von inneren Figuren aus unserem Trotzalter und der Adoleszenz
4. eine neurotische Angst vor dem Impfen
5. ein »epistemisches Misstrauen« als Basis von Verschwörungstheorien
6. das Kapern des Protests durch einen aggressiven Rechtsextremismus mit der Folge eines weiteren Anstiegs der Anzahl an Impfverweigerern und Infektionen

1. In Chomskys Zitat ist eine konsumistische Rücksichtslosigkeit in der europäischen Bevölkerung angesprochen. Die gibt es schon lange, auch in den USA. In den neueren kapitalistischen Systemen, insbesondere im Neoliberalismus, befinden sich die Menschen in einer extremen, eigentlich unmöglichen Wertespannung: Wir finden auf der einen Seite den (»protestantischen«) Asketismus samt Anstrengungsbereitschaft und Geduld, der immer noch oder sogar verstärkt in der Produktionssphäre, in der Arbeitswelt verlangt wird. (In Österreich wurde noch 2018 die gesetzliche Möglichkeit des 12-Stunden-Tages durchgesetzt!) Auf der anderen Seite finden wir den hedonistischen Konsumismus, der in der Freizeit- und Privatwelt, der Reproduktionssphäre gefördert wurde, damit die produzierten Waren und Dienstleistungen Absatz finden. Der funktionierende Kapitalismus braucht unbedingt beide Wertorientierungen. Die eine Teilidentität soll idealerweise mit großer Disziplin und funktionierender Impulskontrolle verbunden sein. Die amerikanische Psychologie spricht von einem *differred gratification pattern*, das Erfolg verspricht und das möglichst schon die Kinder lernen sollen. Diese Orientierung hatte für einige Wochen, im ersten Lockdown deutlich die Oberhand. Die zweite Teilidentität, ebenso dringend gebraucht, ist – etwas überspitzt gesagt – vergnügungs- und kaufsüchtig. Sie drückt immer wieder gegen Staumauer des verordneten Asketismus. Zu ihr gehören der Event- und Erlebnishunger und die Rei-

selust. »Ich will den Urlaub, ich will an den Strand« – oder eben, wie jedes Jahr, in die alpinen Skigebiete der Österreicher. Einige Leute haben offenbar das Grundrecht auf Konsum, auf den »Spaß ohne Ende« und größere Partys so verinnerlicht, dass sie sich dafür sogar mit der Polizei anlegen, was dann wieder einen eigenen Unterhaltungswert hat. Im Winter 2020/21 dachte man über die Absperrung von ganz Tirol nach, weil hier trotz aller Kontaktverbote die Freizeit- und Vergnügungsveranstaltungen einfach weitergegangen sind. So wurden Ski-Touristen aus England als Teilnehmer an einem »Skilehrer-Ausbildungskurs« eingeschleust, gesperrte Ferienwohnungen zu Zweitwohnsitzen umfunktioniert. Gewissensangst und Realangst waren nicht stark genug, um das Profitstreben und die Triebdurchbrüche des Publikums nachhaltig einzubremsen. Zu Beginn des neuen österreichischen »Lockdown für alle« Ende November 2021 liest man mit Erstaunen, dass es für die Skilifte eine Sonderregelung geben wird. Sie dürfen in Betrieb gehen. Die Hüttengastwirte forderten umgehend dasselbe Recht für sich. Die Seilbahnlobby folgt einer in sich zwingenden hedonistischen Logik: »Wenn das Wetter umschlägt und Sie befördern weiter auf 2500, 3000 Meter auf den Gletscher, dann geht das an die Gefährdung der Skifahrer heran, wenn man nachher nicht (…) Gastronomie zur Verfügung stellt«, so Franz Hörl, Tiroler ÖVP-Politiker und Vertreter der Seilbahnwirtschaft (zit. n. *Der Standard* 25.11.2021, S. 1, Ausl. i. O.).

Bundeskanzler Kurz in Österreich gefiel sich in Bezug auf Corona abwechselnd als Kassandra und als Befreier der unterdrückten Hedonisten – in einer Rolle, die er bereits als Jungpolitiker in seiner »Geilomobil«-Phase entdeckt hatte. Er kündigte (jedenfalls für Geimpfte) die Rückkehr des Lustprinzips an: »Alles was Spaß macht, am Abend und in der Nacht, kann wieder stattfinden. […] Es ist wunderschön, dass wir endlich wieder zur Normalität zurückkehren können« (zit. n. *Der Standard* 17.06.2021). Immer wieder wurde die »Nachtgastronomie« genannt, die jetzt wieder offen sei. Im Sommer 2021 plakatierte Kurz' Partei: »Die Pandemie gemeistert, die Krise bekämpft, endlich wieder miteinander« (*Die Presse* 01.10.2021, *Kleine Zeitung* 25.06.2021). Dazu sah man auf einem Foto eine kleine Gruppe glücklicher Menschen, die einen schräg von hinten gezeigten Kanzler Kurz von unten anhimmeln. Die Schaukelpolitik zwischen verordnetem Asketismus und nachdrängendem Hedonismus, der dann bis in den Herbst 2021 hinein die Oberhand behielt, verminderte die Glaubwürdigkeit der Gesundheitspolitik und spielte den Coronaleugnern und -verharmlosern, zum Beispiel der FPÖ unter Herbert Kickl, in die Hände.

Zwei Varianten einer populistischen Gefahrenverleugnung unterstützten einander auf dem Weg in die vierte katastrophale Coronawelle, in der die Österreicher im November 2021 aufwachten. Zwischen dem optimistisch-hedonistischen Angstmanagement der rechten ÖVP unter Kurz und der aggressiven Angstverleugnung der extrem rechten FPÖ unter Kickl blieb die Realangst auf der Strecke. Die Aufrechterhaltung einer angemessenen Realangst hätte für die Zwecke einer genaueren Realitätsprüfung und eines unaufgeregt-kontinuierlichen Coronamanagements genutzt werden können. Die israelischen Erfahrungen mit die Schutzwirkung der dritten Coronaimpfung wurden verspätet rezipiert. Es wäre sinnvoll gewesen, ab Sommer 2021 eine behutsame und konsequente Beratung der Impfskeptiker sowie der vielen unvorsichtigen Hedonisten zu organisieren und für weitere Impfungen zu werben, statt Geld für Eigenwerbung auszugeben.

2. Wir verfügen über zwei Systeme der Gefahrenwahrnehmung und des Denkens, die sich im Umgang mit der Coronapandemie – vor allem auch in den Phasen der beruhigenden Rückkehr in den Alltag – ständig in die Quere kommen und uns stolpern lassen. Das eine ist in der Sprache des Nobelpreisträgers Daniel Kahneman »System 1«, das schnell, »instinktiv«, gefühlshaft-assoziativ und auf der Basis von Intuition funktioniert, das andere ist »System 2«, das langsam, nach logischen Regeln, bewusst, kalkulierend, faktenbasiert und nach Möglichkeit auch mit einer statistischen Untermauerung funktioniert. Kahneman (2011) spricht vom »schnellen Denken« und vom »langsamen Denken«:

> »System 1 arbeitet ziemlich schnell und mühelos, ist instinktiv und quasi der Autopilot, mit dem wir meist recht gut durch den Tag steuern. System 2 arbeitet langsamer, es ist ein anstrengender Prozess. Bei dem man seine Aufmerksamkeit willentlich auf etwas richtet und häufig das Gefühl des konzentrierten Nachdenkens verspürt« (Brodnig 2021, S. 54).

System 2 ist nichts für denkfaule Menschen und solche, die eine Aversion gegen Mathematik und Statistik haben. Die sprachliche Bezeichnung der Systeme ähnelt nicht zufällig der Freud'schen Unterscheidung von »Primär-« und »Sekundärprozess«. Der Primärprozess kennt keine formale, ausschließende (»aristotelische«) Logik, ist mit Bildern verbunden, die sich wie im Traum übereinander schieben und verdichten können, und ist sehr stark mit unseren momentanen Körpererfahrungen und unseren unbewussten Impulsen verknüpft. Im Idealfall ergänzen sich

System 1 und 2 oder korrigieren sich gegenseitig, nachdem sie für einige Zeit in Spannung und Widerspruch geraten sind. Das Zusammenwirken würde dann »Risikokompetenz« im Sinne Gerd Gigerenzers (vgl. zuvor) ergeben. Bei der Frage ob Liebes- und Freundschaftsbeziehungen gefährlich oder glückbringend sind, können wir uns meistens auf unsere Intuition und System 1 verlassen. Allerdings nur meistens, weil erfolgreiche Heiratsschwindler ebenso wie politische Verführer es gelernt haben, die Gefahrenmeldungen, die von der Intuition und unserem Bauchgefühl ausgehen, auszutricksen und zu überspielen. Bei der Einschätzung des Risikos, das mit der Benutzung eines Flugzeugs verbunden ist, mit der Entscheidung für oder gegen eine Prostata-Operation im fortgeschrittenen Alter (vgl. Gigerenzer 2013) oder vor dem Trinken von Wasser in einem Cholera-Gebiet sollte man auf jeden Fall System 2 in Betrieb setzen.

Ich habe zuvor die Untersuchungen Gigerenzers zu den Verkehrsrisiken nach 9/11 zitiert. System 2 hilft auch, eine festgefahrene Überzeugung, die aufgrund von System-1-Entscheidungen entstanden ist, zu revidieren. Brodnig (2021, S. 55f.) referiert psychologische Untersuchungen, die nahelegen, dass Verschwörungstheoretiker den Zumutungen von System 2 ausweichen. In Coronazeiten ist es aber auch im Alltag harmloser Mitbürger, die keine Verschwörungstheoretiker sind, recht schwierig, sein Leben zwischen den beiden Systemen zu managen. Im zweiten Halbjahr 2020 hatten sich in Österreich die Cluster der Neuinfektionen weg von den Städten auf die ländlichen Regionen verlagert. Wien hatte Ende des Jahres eine vergleichsweise niedrige Infektionsrate.[52] Auch im Herbst 2021 war dies wieder der Fall. Auf dem Land und in kleineren Ortschaften ist einfach die Wahrscheinlichkeit größer, dass Menschen, die sich räumlich begegnen, einander schon lange kennen und leichter dem Reflex ihres Bauchgefühls folgen, das ihnen sagt, dass der andere freundlich und daher ungefährlich ist. Auf einer unbewussten oder vorbewussten Ebene empfinden wir es als unhöflich und ungehörig, dem, der vor der Gartentür steht, nicht die Tür zu öffnen oder beim Aufeinanderzugehen zugleich eine Maske aufzusetzen. Der Satz »Möchtest Du einen Kaffee?« kommt schneller über die Lippen als wir denken können, jedenfalls früher als unser System 2 des realistischen langsamen Denkens hochgefahren ist. Menschen, die sich momentan einsam fühlen, sind besonders gefährdet. Das Paradoxe in den

52 https://www.tuwien.at/tu-wien/aktuelles/news/news/covid-19-stadt-und-land-in-der-pandemie (25.02.2021).

Begegnungen macht großen Stress. Wir sind ständig versucht, die Dinge wieder zu vereinfachen und uns der Schwerkraft des intuitiven Denkens hinzugeben. Der Konflikt ist überwiegend unbewusst. Man könnte solche Situationen in der Schule und in anderen Einrichtungen über Rollenspiele auf einer Bühne bewusster machen und bessere Lösungen einüben. Insbesondere in tragischen Momenten kann das Gefühl, das vom Bauch oder vom Herz kommt, verhängnisvoll werden. In dem im *ZDF* Mitte November 2021 ausgestrahlten Corona-Spielfilm *Die Welt steht still* umarmt die Heldin, eine Ärztin, die unter strikter Einhaltung aller Regeln gegen das Virus kämpft, am Ende spontan eine völlig verzweifelte Hinterbliebene. Sie kann offenbar nicht anders. Als Zuschauer kann man das verstehen und zittert mit. Die nächsten Bilder zeigen dann, wie die Ärztin am Sauerstoffgerät um ihr Leben kämpft.

3. Manche Menschen verhalten sich inmitten der Coronagefahr wie trotzige Kinder oder pubertierende Jugendliche. Die meisten von uns haben Erfahrungen mit zwei- oder dreijährigen Kindern gemacht, die bestimmte Maßnahmen, die sich Erwachsene ausgedacht haben, zum Beispiel bei Minusgraden Wollhandschuhe anzuziehen, eine bestimmte TV-Sendung auszuschalten oder im Supermarkt die auf Augenhöhe platzierte Süßigkeit wieder zurückzulegen, nicht akzeptieren. Häufig folgt ein lauter Protest oder Wutanfall, gern auch mitten im Supermarkt. Ähnlich sind später die Erfahrungen mit pubertierenden Kindern, die unbedingt etwas unternehmen wollen, was Erwachsenen ihnen partout nicht erlauben möchten: abends länger ausgehen, möglichst auf eine Party mit völlig unbekannten Leuten, Alkohol oder andere Drogen konsumieren, »ganz ohne Maulkorb« unkorrekte Reden führen und unanständige Wörter verwenden, dumme Witze über Schwache machen, mit dem Moped herumrasen, Kleidungsvorschriften missachten usw. Der Hinweis auf die überprüfbaren Fakten und der Appell an die Realangst nützen überhaupt nichts. Die Erwachsenen werden als überängstlich, bösartig kontrollierend oder schikanös attackiert. Meistens kriegen sich die jungen Rebellen wieder ein, in der weiteren Entwicklung gewinnen realistische Rollen und Argumente die Oberhand. Unter bestimmten Bedingungen, zum Beispiel durch den suggestiven Einfluss von Gruppen und ermutigt durch Führergestalten oder Rattenfänger, kann aber der pubertär-rebellische Ego-State ebenso wie der darunterliegende Ego-State des Trotzalters wieder reaktiviert und mobilisiert werden. Das erleben wir derzeit im öffentlichen Protest gegen die Maskenpflicht. Diese wird ebenso wie das Abstandsgebot und die Hy-

gieneregeln wie eine willkürliche Maßnahme oder Schikane von machtgierigen Erwachsenen behandelt, die die Vitalität und Lebensfreude ihrer Untertanen einzuschränken versuchen. Man lebt gewissermaßen nach dem Motto: »Ich lasse mir doch von Frau Merkel nicht vorschreiben, wie oft ich mir die Hände zu waschen habe!« Die schützende Maske wurde mit dem Erstarken der Anti-Corona-Proteste immer häufiger als Maulkorb bezeichnet und als unmännlich wahrgenommen. In den USA war Donald Trump das große Role-Model, jetzt ist es in Österreich FPÖ-Chef Herbert Kickl. Es kann noch hinzukommen, dass (wie zuvor schon behandelt) die kontraphobische Aktion inmitten einer objektiven Gefahrenlage ihren ganz eigenen Reiz hat: Das Empfinden von Thrill und Angstlust gibt ein Gefühl von Lebendigkeit. Oft entstehen eine Spaltung und eine Inkonsistenz im Denken. Die Bedrohung durch das Virus wird einerseits anerkannt, andererseits herrschen die Bagatellisierung und die Annahme, dass die eigene Person und die sie umgebende Clique auf geheimnisvolle Weise geschützt ist. Und viele werden sich erinnern: Die beliebteste Strafe der Erwachsenen gegenüber rebellischen Jugendlichen war der Hausarrest, eine frühe Variante des Lockdowns, der als eine besondere Gemeinheit empfunden wurde.

4. Auch die Vorstellung vom »Impfzwang« beruht sehr stark auf Erinnerungen aus der Kindheit und Jugend. Am 23. November 2020 erschien in der Zeitung *Weekend* ein Interview mit dem damals erfolgreichsten deutschsprachigen Popstar, dem österreichischen »Volks-Rock'n-Roller« Andreas Gabalier, in dem er sich als moderater Coronaskeptiker und Impfgegner zu erkennen gab:

»**Andreas Gabalier:** Man hört von den wenigsten Medien mal eine andere Meinung zu dem Thema. Es gibt auch nur noch Corona, keine anderen Krankheiten.

**Weekend:** Hältst du das Virus für weniger gefährlich als es dargestellt wird?

**Andreas Gabalier:** Ich kann nicht beurteilen, wie gefährlich das Virus ist. Ob die Impfung eine Lösung bringt, weiß ich nicht.

**Weekend:** Wirst du dich impfen lassen?

**Andreas Gabalier:** Nein.

**Weekend:** Weil du dich generell nicht impfen lässt?

**Andreas Gabalier:** Ich glaube, dass man uns als Kind viel zu viel hineingespritzt hat. Das weiß man ja heute. Vom Hausverstand her glaube ich, dass ein Medikament, das bei schweren Verläufen hilft, besser wäre.«

Der *Standard*-Kolumnist Hans Rauscher merkte am 12. Januar 2021 dazu an:

> »Sicher, in den kleinen Gabalier hat man so viel hineingespritzt, dass er nicht an Tetanus elendiglich zugrunde gegangen ist oder an Polio gestorben ist oder gelähmt wurde, wie viele, viele Kinder vor gar nicht so langer Zeit. – Nun muss man hoffen, dass die Aktion ›Österreich impft‹ gegen Aberglauben immunisiert.«

Die Bereitschaft, sich gegen das Coronavirus impfen zu lassen, war Anfang 2021 in Österreich erschreckend gering. Man suchte prominente Role-Models, um die Bevölkerung zur Impfung zu motivieren. Gabalier war das Gegenteil. Er war zwar nicht so verrückt wie der (mit ihm befreundete) deutsche Popstar Xavier Naidoo, der die Existenz des Virus leugnete und unter Tränen die QAnon-Theorie von den unterirdisch gefangenen Kindern verbreitete, denen eine böse Elite zum Zwecke ihrer Verjüngung das Blut abzapft. Aber auch in Gabaliers Statement sind abgedämpft einige typische Positionen der Querdenker-Bewegung enthalten. Er entwertet (ohne das Wort Lügenpresse zu verwenden) die Medienberichte über Corona als einseitig. Man solle doch – gewissermaßen gleichberechtigt – auch über andere Krankheiten berichten. »Andere Meinungen« würden unterdrückt. Er stellt die Gefährlichkeit des Virus infrage sowie auch den Sinn einer Impfung und verneint die Frage, ob er sich impfen lassen will. Auf die Frage, ob dies generell für das Impfen gilt, antwortet er mit einem Hinweis auf die ohnmächtige Situation in »unserer Kindheit«, in der man »uns viel zu viel hineingespritzt hat«. Auf wen er sich beruft, wenn er sagt »das weiß man ja heute«, bleibt unklar. Durch den Hinweis auf das Wissen einer neuen alternativen Autorität wird die ältere Autorität des medizinischen Mainstreams einfach ausgehebelt. Eine weitere Autorität ist der eigene »Hausverstand«, der Gabalier glauben lässt, dass bei schweren Verläufen der Coronaerkrankung ein Medikament besser hilft als eine Impfung. Da diesen Hausverstand bekanntlich jeder in sich trägt, können sich die zustimmenden Rezipienten des Interviews als trotzige Rebellen gegenüber der angemaßten Autorität von Eliten fühlen, die sich auf die präsentierten Daten und die naturwissenschaftlichen Verfahren des Medizinbetriebs berufen. Gabalier verhält sich hier als Rebell gegen die Autorität, der sich aber bei näherem Hinsehen auch nur auf eine diffuse Gegenautorität (die gesichert von einer Über-Impfung weiß) und auf die Autorität einer inneren Stimme (den Hausverstand) beziehen kann.

Rauscher vertritt gegenüber dieser Position einen ironisch gefärbten Appell an unsere Realangst, indem er an die Realität und die Folgen einer fehlenden Polio- und Tetanus-Impfung erinnert. Es erscheint aber fraglich, ob er die Position von Gabalier erreicht, weil sich dieser im Interview auf der Ebene seiner Kindheitserinnerungen befindet, in einem Ego-State, in dem er sich sicher ist, dass man »in uns als Kind zu viel hineingespritzt« hat. In der Sprache der Transaktionsanalyse von Eric Berne (1970) würde man sagen, dass Rauscher auf der Ebene des Erwachsenen-Ich argumentiert und Gabalier auf der Ebene eines Kindheits-Ich, dem man Gewalt angetan hat und das sich von der Meinung der Großen unterdrückt fühlt.

Ein paar Tage nach dem Rauscher-Kommentar konnte man jedoch ein kleines Wunder erleben: Gabalier, der in den sozialen Medien bereits zur Galionsfigur der Impfgegner geworden war, änderte seine Meinung. Er wolle sich nun impfen lassen und nicht zum medialen Spielball werden. An die Stelle der neurotischen Kindheitsängste war offenbar eine größere Portion Realangst getreten: »Ich möchte wieder in den großen Stadien stehen und Musik machen für diesen großen Fankreis in ganz Europa« (*Der Kurier* 15.01.2021). Das geht natürlich nicht ohne Impfung. Vielleicht hat Gabalier auch Rauschers Glosse im *Standard* gelesen. Oder es haben gute Freunde mit ihm geredet. Eigentlich ein ermutigendes Beispiel für einen Lernprozess und dass wir doch über eine größere Beweglichkeit zwischen unseren Ego-States und unseren Ängsten verfügen, als manchmal angenommen wird. In der *Weekend*-Ausgabe vom 24./25. Juni 2021 wurde bereits als irritierte Frage der Gabalier-Fans getitelt: »Ist Andreas Gabalier jetzt ein Gutmensch?«

Die harten Impfgegner bleiben aber in die Welt der kindlichen Ego-States und der neurotischen Angst eingeigelt. Dass das Impfen mit einer gefährlichen Gewalttat gegenüber dem Kind gleichgesetzt wird, ist zunächst nachvollziehbar, weil kleine Kinder sich manchmal gegen eine Impfung wehren, schreien, von einem zweiten Erwachsenen beim Impfvorgang festgehalten werden müssen, nachher noch Schmerzen haben usw. Davon gibt es viele Abbildungen und Fotos. Aber dahinter steht noch etwas anderes. Das Impfen steht überhaupt für den Vorgang der »Introjektion« von Vorstellungen über ein erwünschtes Verhalten, die die Erwachsenen haben, in die Psyche des Kindes hinein, wo dann die Fremd- zur Selbststeuerung wird. Es gab populäre Autoren, zum Beispiel Alice Miller (1994), die meinten, dass dadurch das Kind sich selbst fremd wird. Darüber kann man streiten. Fest steht aber, dass das Wort Impfen in unserer Umgangssprache mit der Fremdbestimmung durch Erziehungspersonen und mit der erzwungenen Verinnerlichung von Verhaltensnormen verbunden wird. Viele werden sich daran erinnern, mit welcher Intensität und Penetranz unsere Eltern oder wir selbst versucht haben, Kindern einzuimpfen, dass im Alltag ein bestimmtes Verhalten stattfinden und funktionieren muss, auch wenn am Anfang bei den Kindern Geschrei und Widerstand auftreten. Ziel kann sein, dass sich die Kinder »ohne Diskussion« abends wie morgens automatisch die Zähne putzen, dass sie niemals und schon gar nicht während der Fahrt eigenständig den Gurt des Kindersitzes oder die hinteren Autotüren öffnen, dass sie nur an der Hand eines Erwachsenen die Straße überqueren, niemals grob mit dem Baby-Geschwisterchen spielen usw. usw. Natürlich wurde und wird Kindern auch vieles eingeimpft, was bei Licht betrachtet unsinnig ist und uns heute repressiv erscheint, so wie etwa das Verbot, mit den Genitalien zu spielen oder beim Mittagstisch ungefragt zu sprechen. Eine typische Strafe zur Festigung des Eingeimpften war in Österreich das »Scheitelknien«, das angeordnete Knien auf einem eckigen Holzscheit, das Gabalier verharmlosend in seinem Heimatsong *Kleine Steile Heile Welt* besungen hat: »Schnitzel aus der Pfann' und Holzscheitelknien …« Durch wiederholtes Bestrafen und Einimpfen entstehen im Kind scheinbar selbstständige, »automatische« Introjekte, denen man sich unterordnet, die aber auch Unwohlsein verursachen und die man manchmal gern loswerden würde. Wenn Kinder in der Familie Gewalterfahrungen machen und von Erwachsenen missbraucht wurden, ist das besonders dramatisch. Manchen Kindern werden Schweigegebote eingeimpft, die zum Beispiel lauten können: »Wenn Du das und das erzählst, dann passiert etwas Schreckliches« oder »… dann macht Papa etwas Furchtbares«. So wird die Autorität zu einem Introjekt, das sich auch in Abwesenheit der Erwachsenen selbstständig meldet und dem sich das Kind antizipatorisch fügt. Die Gewalt kann nach innen wandern.

In diese Reihe gehört auch der Abwehrmechanismus der »Identifizierung mit dem Angreifer«, wie ihn Anna Freud beschrieben hat. Die Herkunft des Introjizierten ist nur teilweise bewusst. Psychotherapie besteht über weite Strecken darin, die Macht des Eingeimpften oder der Introjekte bewusst zu machen und zu schwächen, die der Patientin oder dem Patienten die Lebensfreude und den Lebensmut verderben. In Österreich und vielleicht auch in Bayern gibt es den Spruch »Da geht einem das Geimpfte auf«, der besagt, dass jemandem gegenüber einer übergriffigen Person oder Instanz der Kragen platzt. Ich glaube, dass vielen der Coronarebellen, die gegen den Impfzwang demonstrieren, wirklich der Kragen geplatzt ist oder zu platzen droht. Sie wissen nur nicht genau warum. Das Bild der gefährlichen medizinischen Impfung beruht auf einer zum großen Teil nicht bewussten Verschiebung und Verdichtung verschiedener Erfahrungen des sozialen Drucks durch die Mächtigen, die dann auch noch mit der Zumutung verbunden sind, diesen äußeren Druck zu übernehmen und gegen die eigene Person gewendet in sich zu tragen. Im zornigen Hinausschreien von Parolen werden die Unterdrücker externalisiert und zumindest für eine gewisse Zeit verjagt und besiegt. Wahrscheinlich erleben manche Teilnehmer, denen man viel Unsinn eingeimpft hat und denen manchmal der Kragen zu platzen droht, bei den Querdenker-Demonstrationen so etwas wie eine befreiende Gruppentherapie unter Anleitung von selbsternannten Heilern.

Die unterdrückerische Instanz stellen sich Impfgegner typischerweise als mehrere mächtige Personen vor, die sich verbredet haben, um hinter verschlossenen Türen böse Pläne gegenüber den kleinen Leuten zu schmieden. Auch das ähnelt Erfahrungen, die viele von uns in der Kindheit gemacht haben. Sind es nicht die Eltern, die sich hinter Türen, gern auch ins Elternschlafzimmer, zurückziehen, um dort geheime Dinge zu besprechen und sich Pläne zur wirksamen Steuerung der Kinder ausdenken? Nur zufällig bekommt man mit, was sie untereinander reden. Das ist dann so wie im Märchen von Hänsel und Gretel. Es ist immer wieder von einer Impfmafia die Rede, aber manchmal ist es ein Paar, gegen das sich der Verdacht der Impfgegner ganz besonders richtet. Weltweit sind es Bill und Melinda Gates, in Deutschland Angela Merkel und der Virologe Christian Drosten, denen die schlimmsten Absichten unterstellt werden. Sie stecken doch »alle unter einer Decke«, ein Bild, das wirklich sehr an die Erwachsenen im Schlafzimmer erinnert.

Herbert Kickl, der wichtigste Anführer der Anti-Impf-Bewegung in Österreich, hat die machtvollen unbewussten Fantasien und Ängste, die das Thema Impfen umgeben, offenbar gut verstanden. Bei seiner Kritik der 3G-Regelungen am Arbeitsplatz nannte er die Impfung eine »Vergewaltigung«. Auf die Radikalität der Wortwahl angesprochen, führte Kickl auch die psychologischen Aspekte ins Feld: »[F]ür mich ist das ein zulässiges Bild dafür, dass einem Menschen mit dieser Impfung etwas widerfährt, eine Form von Gewalt und Verletzung körperlicher Unversehrtheit. Dieser Zwang kann ja auch psychologisch sein« (*Kleine Zeitung* 06.11.2021).

Der Demagoge betreibt »umgekehrte Psychoanalyse«, so wie es zuvor im Anschluss an Löwenthal und Guterman (1949) angesprochen wurde.

Er ist im Hinblick auf die vielfältigen unbewussten Ängste seiner Follower, in Bezug auf ihr trotziges inneres Kind, in Bezug auf den rebellischen Adoleszenten und das potenzielle Gewaltopfer in ihnen hochgradig sensibel. Während die Psychoanalyse darauf gerichtet ist, die verborgenen Ängste zu erspüren und zu benennen, um die Menschen mündiger zu machen, erspürt und verstärkt der rechte Demagoge die Ängste, um die Menschen unmündiger zu machen. Kickl betätigt sich als Psychologe, der die unbewussten, oft nur vage gefühlten Erfahrungen von Gewalt in den Biografien der Zuhörer anspricht, die er dann im Bild der Impfung als Vergewaltigung bündelt. So kann er erfolgreich als Retter und Rächer von zahllosen inneren Kindern wahrgenommen werden, die in der einen oder anderen Form vonseiten der Erwachsenen Gewalt erfahren haben und ihre Empörung lange zurückhalten mussten. Wahrscheinlich hatten auch die Bürger der Stadt Hameln ihre Kinder über längere Zeit so schlecht und ungerecht behandelt, dass diese schließlich mit Freude einem Rattenfänger folgten, der ihnen eine Zukunft in Freiheit versprach.

Die Traumaexpertin Luise Reddemann (2021), die während der Coronazeit mit zweifelnden und unsicheren PatientInnen gearbeitet hat, schlägt vor, zunächst einmal die aktuellen Befindlichkeiten und Ängste der Ratsuchenden ernst zu nehmen:

> »Später, wenn ich mich ausreichend um das erwachsene Ich gekümmert habe, frage ich häufig sehr allgemein nach der Biographie. ›Würden Sie sagen, dass Ihre Kindheit/Jugend belastend war?‹ Im Falle eines ›Ja‹ frage ich, ob ich noch mehr fragen darf. Kommt dann ein erneutes ›Ja‹, frage ich: ›Gab es Gewalt, gab es sexualisierte Gewalt, gab es Vernachlässigung?‹ Und: ›Sie brauchen mir keine Details zu erzählen, wenn Sie es nicht möchten, jedoch können Sie mir alles erzählen, was sie möchten‹« (ebd., S. 59).

Auf die oft schwer erzählbaren Ängste der Impfskeptiker ist man bisher zu wenig eingegangen. Man hätte für sie spätestens im Sommer 2021 ein Beratungsangebot aufbauen müssen, bei dem psychoanalytisch orientierte Ärzte, SozialarbeiterInnen und TherapeutInnen mit den nachdenklichen Impfunwilligen biografisch sensible Gespräche über die Hintergründe für ihre Hemmung führen. Vielleicht ist es angesichts der im Jahr 2022 drohenden allgemeinen Impfpflicht noch nicht zu spät. Die Regierung könnte auch von Psychologen und Motivationsforschern entwickelte Werbespots in Auftrag geben, die behutsam den möglichen Einfluss von Kinderängsten und traumatischen Vorerfahrungen im Zusammenhang mit der Impfangst thematisieren. Unter den Skeptikern überwiegen derzeit die Frauen, von denen wiederum viele Angst um die Integrität ihres Körpers und ihre Fruchtbarkeit haben.

Wie der Missbrauch von realitätsbezogenen und traumabedingten Ängsten für die Herstellung eines neurotisch-paranoiden Angstgemischs funktionieren kann, hat uns Ende November 2021 eindrucksvoll der österreichische Bundesratsabgeordnete Andreas Spanring von der Kickl-FPÖ vorgeführt. Dieser stellt sich offenbar die Impfung ganz im Sinne von Kickls Äußerung als eine spezielle Art von Vergewaltigung vor:

> »Was passiert denn bei der Impfpflicht? Schicken sie mir die geheime Impfpolizei nach Hause? Kommen sie dann mit einer Armbinde, wo zwei überkreuzte Impfungen drauf sind, treten mir in einer Nacht- und Nebel-Aktion die Tür ein, zerren mich aus dem Bett, hauen sie mich nieder und drücken mir die Spritze rein, die ich nicht will? Und rufen sie dann vielleicht zum Abschluss ›Impf Heil?‹ « (*Der Standard* 25.11.2021, S. 10).

Hier wird unter anderem auch die eigene Aggressivität auf einen fiktiven Gegner projiziert. Wenn es diesen wirklich gäbe, würde das natürlich alle Mittel zu seiner Vernichtung rechtfertigen.

Nach den Angaben des *Corona-Panels* der Universität Wien lag in Österreich der Anteil von hartnäckigen Impfverweigerern, die sich bis auf Weiteres nicht impfen lassen wollen, bis in den Oktober 2021 hinein auffällig unverändert, nämlich bei 14%. Zögerlich und unentschlossen waren zur selben Zeit etwa 9%. Gewissermaßen »auf dem Sprung« zur Impfung, aber noch nicht geimpft, war etwa 1% der Befragten: »Zusammengenommen sind rund 10 Prozent […] für Impfungen eher noch erreichbar.«[53] Über die Motivation der hartnäckigen 14% wissen die Forscher erstaunlich wenig. Unter diesen Befragten waren jedenfalls 48%, die bei der nächsten Wahl FPÖ wählen wollten. Klar ist, dass diese Gruppe wenig Vertrauen in die Politik und die traditionellen Medien hat. Befragte Wissenschaftler vermuten neben dem rechtsextremen Gedankengut einen starken Einfluss der anthroposophischen Tradition, der Homöopathie, des New Age-Denkens und einer allgemeinen Wissenschaftsskepsis, die in Österreich besonders verbreitet ist (*Der Standard* 27./28.11.2021). Den Einfluss von An-

**53** https://viecer.univie.ac.at/corona-blog/corona-blog-beitraege/blog132 (02.11.2021).

thropsophen, Grünen und Linksalternativen auf die südwestdeutschen Impfgegner hebt auch die aktuelle Interviewstudie »Politische Soziologie der Corona-Proteste« von Oliver Nachtwey, Robert Schäfer und Nadine Frei hervor.[54] All diese Befragungen sind wichtig und informativ. Aber ich glaube, dass man beim Versuch, die tieferliegenden Ängste und Wünsche der Coronarebellen zu verstehen, ohne Tiefenhermeneutik und ohne Psychoanalyse nicht weiterkommt.

5. Coronaskeptiker und Verschwörungstheoretiker, die es in einer rechten wie in einer linken oder auch esoterischen Variante gibt, können kein Vertrauen in die Großen unserer Welt entwickeln. Warum können die einen Vertrauen fassen und die anderen nicht? Hier hilft der Begriff des »epistemischen Misstrauens« weiter, wie ihn Hans-Jürgen Wirth (2020c) verwendet. Kinder und Heranwachsende brauchen zunächst ein Urvertrauen (Erikson) für ihre Entwicklung. Dazu gehört auch das Vertrauen in das Wissen (Episteme) und die Erkenntnisse, die Erwachsene dem Kind vermitteln: Die Theorie des epistemischen Vertrauens stammt aus der der Mentalisierungsforschung Peter Fonagys und geht davon aus,

> »dass der menschliche Säugling über eine instinktive Offenheit verfügt, soziales Wissen von seinen besser informierten Bindungspersonen aufzunehmen. Dadurch wird er in die Lage versetzt, von dem komplexen Gebäude menschlichen Wissens, das ihm in seiner unmittelbaren Kultur zur Verfügung steht, zu profitieren. Diese Fähigkeit, soziales Wissen zu lehren und zu lernen, ist die Basis der menschlichen Kultur und der kulturellen Evolution« (Fonagy et al. 2017, zit. n. Wirth 2020c, S. 6).

Wirth führt die Gedanken Fonagys weiter aus:

> »In Situationen, in denen das frühe Umfeld eines Kindes stark von unzuverlässigen und instrumentalisierenden Bindungspersonen bestimmt ist, wird die Offenheit für Erfahrungen des epistemischen Vertrauens problematisch. Es kann dann für die eigene Entwicklung besser sein, beharrlich wachsam und misstrauisch zu bleiben und sich vor neuen Erfahrungen zu verschließen. Stattdessen versteift man sich auf die einmal gefundenen Überzeugungen und Ansichten von der Welt und den Menschen. Statt epistemisches

54 https://soziologie.philhist.unibas.ch/de/forschung/forschungsprojekte/politische-soziologie-der-corona-proteste (28.11.2021).

> Vertrauen entwickelt das Kind epistemisches Misstrauen als eine gebotene Form der Anpassung. Epistemisches Misstrauen äußert sich in einer übertriebenen Wachsamkeit gegenüber allen Ereignissen in der Umgebung. Es entwickelt sich eine Überinterpretation der Motive anderer Menschen, denen in der Regel böse Absichten unterstellt werden« (ebd., S. 9f.).

Man kann sich ein Kind vorstellen, dem die Mutter und vielleicht auch die Großeltern sagen: »Du hast einen Papa, der dich lieb hat. Wir wissen, dass er Seemann auf einem großen Schiff ist, wo man ihn dringend braucht. Zu Weihnachten kriegt er aber Urlaub und kommt dich dann sicherlich besuchen.« Wenn der Vater dann Weihnachten nicht kommt und auch nicht nächstes Weihnachten, weil er in Wirklichkeit eine längere Haftstrafe absitzt, kann man sich vorstellen, dass das Kind den Geschichten und den Informationen, über die die Erwachsenen zu verfügen behaupten, so schnell nicht wieder glaubt. Ich habe das Beispiel in Anlehnung an eine reale Geschichte im Umfeld der Bewährungshilfe konstruiert, mit der ich eine Zeit lang zu tun hatte.

Wirth weist darauf hin, das ein epistemisches Misstrauen nicht immer aus der Kindheit kommen muss. Es kann sich auch noch im Erwachsenenalter herausbilden. Wir leben ja in einer Betrugs- und Betrüger-Wirtschaft. In Deutschland und Österreich haben Millionen von Menschen jahrzehntelang an den VW-Konzern und an die deutsche Automobilindustrie geglaubt. Sie waren stolz darauf, ein Produkt dieser Konzerne zu besitzen, und hatten Freude daran, in ihrem Marken-Auto herumzufahren. Dann kam der Abgas-Betrugs-Skandal bei VW. Und nachdem man sich gerade damit beruhigt hatte, dass dies vielleicht ein Einzelfall war, kam Schritt für Schritt heraus, dass die ganze Branche in eine Verschwörung zum Zwecke des Kundenbetrugs und der Profitmaximierung verstrickt war. Sogar den Herstellern unserer vertrauten Haushalts- und Elektrogeräte konnte man nicht mehr vertrauen: »Auch der Druck auf Bosch erhöht sich: Der Zulieferer steht unter Verdacht, seine Abschalt-Vorrichtung nicht nur an VW, sondern auch an andere Konzerne geliefert zu haben« (*Süddeutsche Zeitung* 22.04.2016). Auch die Pharmaindustrie ist am Profit orientiert. In den 60er Jahren gab es den Skandal um das stark beworbene Medikament Contergan, das gegen Schwangerschaftsbeschwerden helfen sollte und Missbildungen bei Babys verursachte. Dass die Pharmaindustrie schon seit Längerem Krankheiten erfindet oder medienwirksam übertreibt, um mit ihren Produkten ein Riesengeschäft zu machen, ist bekannt. Ein aktuelles

Beispiel für eine reale Geschichte, die so manche Verschwörungsfantasie in den Schatten stellt, ist der Milliarden-Betrugs-Skandal um Wirecard, in den Spitzenpolitiker, hoch bezahlte Wirtschaftsprüfer, jede Menge Lobbyisten wie der CSU-Politiker Karl-Theodor zu Guttenberg sowie auch Geheimagenten des österreichischen Bundesamtes für Verfassungsschutz und Terrorbekämpfung verwickelt sind.

Aber nicht nur im Kapitalismus, sondern auch in Gesellschaften mit einem schon länger etablierten autoritären Regime hat sich ein großer Bodensatz von epistemischem Misstrauen entwickelt. In Putins Russland und anderen Ländern des ehemaligen Ostblocks ist die Impfbereitschaft der Menschen extrem schwach. In Bulgarien ist es derzeit am schlimmsten. Unter autoritär-korrupten Machthabern ist es geradezu überlebensfördernd, dem, was von oben als gesichertes Wissen und Notwendigkeit präsentiert wird, erst einmal zu misstrauen.

Auch das epistemische Misstrauen hat also einen Realangst-Kern oder mehrere Realangst-Kerne, die aus der biografischen Erfahrung und/oder permanent schlechten Erfahrungen mit der staatlichen Autorität entstanden sind und die dann von den Impfgegnern und Coronaleugnern aufgenommen und in eine neurotisch-paranoide Angst transformiert werden können. Es gibt hartnäckige Gegner und Leugner, mit denen man nicht mehr reden möchte. Aber vielleicht kann man mit den weniger hartnäckigen nach dem »Jiu-Jitsu-Prinzip« reden, das die Medienexpertin Ingrid Brodnig in ihrem Buch *Einspruch* (2021) empfiehlt. Ich verstehe sie so: Man prüft, ob es eine Wertebasis gibt, die man (gerade noch) mit dem Gegenüber teilen kann, zum Beispiel die Auffassung, dass nicht ein paar reiche Milliardäre, sondern offizielle Gremien den Gang der wissenschaftlichen Forschung bestimmen sollten und dass man sich gegen die großen Betrüger, die zum Beispiel in der Auto- und Pharmaindustrie unterwegs sind, unbedingt wehren sollte. Man nutzt dann die Energie der Empörung, die beim Gegenüber vorhanden ist, zur Erreichung des eigenen Ziels aus:

> »Denn bei der Kampfkunst Jiu-Jitsu tritt man dem andern nicht frontal entgegen, sondern man leitet ihre Kraft und ihr Momentum um, um den gewünschten Effekt zu erzielen. Und auch beim Jiu-Jitsu-Diskussionsstil nutzt man die bestehenden Wünsche oder Wertvorstellungen der anderen Person, um diese auf ein Argument zu lenken, dass sie sonst weniger ernst nehmen würden« (ebd., S. 24).

Man sollte laut Brodnig den Jiu-Jitsu-Diskussionstrick gegenüber dem Kontrahenten möglichst nicht vor anderen Anhängern seiner Verschwörungstheorie anwenden, weil dies das Festhalten an der Gruppenmeinung des Coronaskeptikers und sein Verbleiben in der »Blase« nur noch verstärken würde. Und man sollte versuchen, so empfiehlt Brodnig, den Diskussionspartner in keiner Weise zu beleidigen, zum Beispiel als »Covidioten«, auch wenn einem dies manchmal auf der Zunge liegt: »Selbst das Einstreuen harmloser Schimpfworte kann eine spaltende Wirkung haben – die Forschenden nennen das den ›Nasty-Effekt‹, den ›fiesen Effekt‹« (ebd., S. 32). Man teilt den Realangst-Kern im Verschwörungsmythos, um dann das neurotisch-paranoide Argument höflich, aber bestimmt zu entkräften. Mir würde das Niederhalten des Ärgers schwerfallen. Aber ich könnte einem Verschwörungstheoretiker vielleicht sagen, dass ich ebenso wie er durchaus glaube, dass wir von mächtigen Kräften zum Zwecke der Ausbeutung manipuliert werden, und dass Unternehmen sowie politische Parteien versuchen, unsere Daten und unsere Psyche auszuspionieren, um uns zu steuern. Aber ich müsste an einer Stelle doch sagen, dass ich anders als der Diskussionspartner denke, dass es in diesen Plänen und zwischen diesen Plänen auch reichlich Chaos und Widersprüche gibt, und dass man überhaupt nicht weiterkommt, wenn man in diesem System einzelnen Personen persönliche Bösartigkeit unterstellt und diesen eine Art Lynchjustiz androht.

Wahrscheinlich gibt es auch in den völlig verrückten Verschwörungstheorien einen kleinen Wahrheitskern, wie in dem QAnon-Märchen von den bösen Menschen, die unter der Erde Kinder gefangen halten, um sich mit deren Körperflüssigkeit zu verjüngen, oder in der Geschichte vom Ehepaar Gates, das uns alle erstens durch eine Impfung vernichten will und uns zweitens bei der Impfung mit kleinen steuerbaren Microchips ausstatten möchte. Das QAnon-Märchen entspricht vage der Erfahrung mancher Kinder, dass sie in ihrer Familie festgehalten werden und mit ihrer Vitalität die schwindende Vitalität von ausgelaugten und narzisstischen Eltern kompensieren müssen. Auch das nach außen friedlich wirkende *Drama des begabten Kindes* (Miller 1994) kann in eine ausbeuterisch-sadistische Richtung gehen. Man kann einen solchen Missbrauch durchaus Vampirismus nennen. Aber das wäre dann nur eine Metapher für den psychologischen Albtraum, in dem manche Kinder leben müssen. Und ebenso ist der Gedanke, dass Bill Gates uns über das Betriebssystem Windows steuert, ohne dass dies für uns nachvollziehbar ist, auch nicht völlig abwegig. Man kann sich darüber durchaus ärgern. Sogar die verschwörungskritische Plattform Mimikama sieht solche Berührungspunkte: »Für die einen ist es ein Betriebssystem, für die anderen das größte Virus der Welt.«[55] Fragmente von Realangst und neurotische Angstfantasien gehen in den Verschwörungsvorstellungen der Coronagegner wild durcheinander.

Wirth weist darauf hin, dass es auch linke Verschwörungstheoretiker gibt, die zusammen mit den Coronarebellen in den neuen Medien und auf der Straße unterwegs sind:

> »Es ist kein Zufall, dass sich Verschwörungstheoretiker linker Couleur oft auf die Theorien von Agamben und Foucault berufen. Trotz ihrer Komplexität und teilweise schweren Verständlichkeit zeichnen diese Theorien ein eingängiges, aber monolithisches Bild der sozialen Wirklichkeit, eine kafkaeske Welt, aus der es kein Entrinnen gibt. Gut und böse sind klar definiert. Die Mächtigen, die Reichen, die Privilegierten, die Eliten, die Wissenschaft, natürlich die Regierung sind die Ursache allen Übels. Auch ihr Menschenbild ist dem entsprechend ausgerichtet. Sie nehmen grundsätzlich an, dass die Menschen, insbesondere diejenigen, die erfolgreich sind oder über Macht, Einfluss und Geld verfügen, insgeheim Böses und Hinterhältiges im Schilde führen« (Wirth 2020c, S. 9).

Slavoj Žižek (2020, S. 71) hat sich von den Coronathesen seines geschätzten Kollegen Agamben distanziert und betont, dass die Menschen angesichts der Todesgefahr einander eher wieder näherkommen können und dass dies ein utopisches Potenzial ist. Auch Anhänger der »Frankfurter Schule« können für das Verschwörungsdenken anfällig werden. Manche berufen sich dabei auf den (aus dem Zusammenhang gerissenen) Satz Theodor W. Adornos (1962, S. 44f.): »Es gibt kein richtiges Leben im falschen«, der verallgemeinernd so interpretiert wird, dass der Kapitalismus mit seinen Agenten auch die kleinsten Aspekte unseres Alltaglebens durchplant und uns beständig manipuliert. In der Wirklichkeit gibt es jedoch zumindest »ein richtigeres Leben im falschen« (Welzer) und Spielräume für selbstverantwortliches Handeln.

Ein gutes Mittel gegen Verschwörungstheorien ist eine kritisch-realistische Analyse von Wirtschaft und Gesellschaft, die sich nicht scheut, in

55 https://www.mimikama.at/aktuelles/coronavirus-die-haupt-verschwoerungstheorien (21.04.2020).

den großen Systemen auch »Ross und Reiter«, das heißt die wichtigsten Akteure zu benennen. Man kann dann versuchen, diese in die Verantwortung zu nehmen. So macht es etwa Greta Thunberg, wenn sie in Davos und anderswo die mächtigen Bosse direkt und kritisch anspricht. So machen es auch Jean Ziegler und Naomi Klein, wenn sie die großen Konzerne und ihre Manager kritisieren, die weltweit Schaden anrichten. Das sind Analysen, die nachweislich eine Wirkung gehabt haben. Ein unabhängiger investigativer Journalismus, bei dem seriöse Medien weltweit ihre Ressourcen miteinander vernetzen, hat in den letzten Jahren immer wieder Fälle von verschwörerischem Großbetrug, zum Beispiel 2016 bei den Panama-Papers und 2020 bei Wirecard aufgedeckt und (zumindest partiell) abgestellt. Die allerbesten Mittel, um Verschwörungstheorien das Wasser abzugraben, sind aber eine funktionierende Justiz und öffentlich begleitete Strafprozesse gegen Cliquen, die sich bereichert haben. Dafür braucht man einen langen Atem. Der Prozess gegen den früheren österreichischen Finanzminister Karl-Heinz Grasser und seine Freunde wegen eines Millionenbetrugs bei der Privatisierung von Bundeswohnungen dauerte acht Jahre, bis es Ende des Jahres 2020 zu einer (noch nicht rechtskräftigen) Verurteilung zu acht Jahren Haft kam.

6. Bei den Verschwörungstheorien, denen wir in der Bewegung der Querdenker und Coronarebellen begegnen, steht deutlich der Hass mit einer Tendenz zur Selbstjustiz im Zentrum. Die derzeit von psychologischen Experten vorgetragenen Thesen stellen harmlosere kognitive und soziale Motive in den Vordergrund. So bezieht sich Brodnig (2021, im Folgenden S. 44f.) auf die Autoren Douglas und Kollegen (2019). Es werden mindestens drei Motive für die Attraktivität der Verschwörungstheorien hervorgehoben:

Die Verschwörungstheorien verhelfen zu einer *kognitiven Vereinfachung* der Welt: Die Theorien »liefern eine schlüssig scheinende, umfassende Erklärung der Welt – gerade in Zeiten von Ungewissheit scheint die Attraktivität solcher großen Erklärungen stärker zu sein.« Die Verschwörungstheorien ermöglichen eine *Überwindung der Machtlosigkeit:* »Menschen, denen es an Handlungsmacht und Kontrolle fehlt, können ein Gefühl von Kontrolle zurückgewinnen, indem sie an Verschwörungstheorien glauben, weil diese die Chance bieten, offizielle Erzählungen abzulehnen, und Menschen das Gefühl ermöglichen, dass sie eine bessere Erklärung haben.« Ein dritter Aspekt ist die *narzisstische Selbstaufwertung*, die die Besitzer des Wissens über die verborgene Wahrheit empfinden: »Kollektive NarzisstInnen sehen ihre Nation oder Gruppe als Opfer, deren Großartigkeit und Einzigartigkeit nicht genug geschätzt wird. Dieses Gefühl, dass die eigene Gruppe nicht den Raum erhält, den sie angeblich verdient, führt dazu, dass negative Gefühle auf Verschwörer externalisiert werden und ihnen die Schuld am Scheitern der eigenen Gruppe zugeschoben wird« (Lamberty 2021, o. S.).

Der oder die Wissende hält sich für mutig. Durch die Belehrung der anderen kommt man leicht in die Rolle des bewunderten Lehrers oder Professors, der Schüler oder Jünger hat. Das hatten sich viele von uns immer schon gewünscht. Die Figur des besserwisserischen Professors geht nahtlos über in die Figur des *Scharlatans*, die nach Beginn der Neuzeit den Prozess der wissenschaftlichen Aufklärung wie ein Schatten oder wie eine Karikatur des Aufklärers begleitet hat. Sie wird bereits 1771 in der *Encyclopédie ou dictionnaire universel des connaissance humaine* von M. de Felice erwähnt. Ich zitiere diese Enzyklopädie aus dem Standardwerk *Die Macht des Charlatans* von Grete de Francesco von 1937 (Neuauflage 2021, S. 14f.):

> »Keck spricht er über das, was seine Zuhörer nicht kennen, ohne zu zögern gebraucht er Fachausdrücke, deren Bedeutung er ebenso wenig versteht, wie seine Zuhörer; bald bewundert die Unwissenheit den Schwindler und redet sich ein, dass er all das wisse und könne, was ihr unbekannt ist.«

De Francesco fährt die Enzyklopädie zitierend fort:

> »Die Menge wird ›eine Herde, zur Bewunderung immer bereit‹ genannt. Aber sogar eine soziologische Bestimmung der Anhängerschaft, und zwar eine sehr zutreffende, wird bei M. de Felice versucht: ›Eine große Anzahl von Personen, die nicht dem Volke zuzuzählen, aber auch nicht vollkommen ungebildet sind, (sondern eher halbgebildet) lassen sich durch die Reden des Volkes (den volkstümlichen Ton) leicht verführen‹« (ebd., Erläuterungen in Klammern von der Autorin).

Die Halbbildung ist also für die Figur des Scharlatans konstitutiv.

Wie erwähnt, fehlt bei den neueren Erklärungen für die Attraktivität von Verschwörungstheorien und Scharlatanerie oftmals der Aspekt des Hasses, den sie mobilisieren – so als wären sie lediglich skurrile Meinungen, die uns von der Suche nach Wahrheit ablenken. Der Hass wird vergessen, weil er bedrohlich ist und es vielen von uns Angst macht, ihm ins Auge zu sehen. Wir müssten dann vielleicht aufstehen und kämpfen. Verschwörungstheorien sind niemals harmlos. Ich erinnere an die zuvor referierte Analyse des Cäsarismus von Franz Neumann (1954) und an den Sturm auf das Kapitol am 6. Januar 2021. Die »Lizenz zu Hassen« und das Ausagieren von Hass kann Menschen eine erhebliche Befriedigung verschaffen. Der Hass auf Verschwörer führt beinahe zwangsläufig zu Verfolgungshandlungen. Wenn die als Verschwörer aufgeführten Minderheiten oder Eliten wirklich so verbrecherisch sind, wie sie gezeichnet werden, und wenn die gegenwärtige Regierung sie offenkundig nicht bestraft, dann muss eben die Bewegung oder der Mob die Bestrafung vornehmen und »selbst Hand anlegen«. Die Hassobjekte sind projektiv aufgeladen.

Verschwörungstheoretisches Denken findet sich überproportional häufig bei Menschen mit einer Neigung zum Autoritarismus (Decker & Brähler 2018, S. 122ff.). Der klassische »Autoritäre Charakter« hat eine psychologische Schwäche im Bereich der Selbstempathie oder Introspektion (Adorno et al. 1950), unter anderem auch deswegen, weil er die Selbstkritik und Selbstunsicherheit nicht aushält, die daraus entstehen kann. Die eigenen negativen Züge und Impulse werden dann auf die Gruppe der Feinde und Verschwörer projiziert und dort mit größter Energie bekämpft. Die anderen, zum Beispiel die Juden, verkörpern die menschlichen Eigenschaften, die man bei sich selbst nicht sehen will: die finanzielle und sexuelle Gier, die Lust auf »verbotene Früchte«, die anderen vorenthalten werden, die Neigung zu gemeinem Betrug und Hinterlist, den Wunsch, zu einer überlegenen Elite zu gehören, den Drang, die Welt zu beherrschen, usw.

Eine Galionsfigur für die Coronaleugner war monatelang der Infektiologe Sucharit Bhakdi, der regelmäßig im *Servus-TV* des Red Bull-Millionärs Mateschitz auftreten und ein »Standardwerk« über Corona publizieren durfte. Bei ihm traten die neurotisch-paranoide Angst und der Antisemitismus in der Protestbewegung schließlich deutlich hervor. Bhakdi wurde in Interview von radikalen Coronaleugnern gefragt, ob es sich bei der Impfkampagne der Bundesregierung um kalkulierten Mord handele. Er antwortete:

> »Das Volk, das geflüchtet ist aus diesem Land, aus diesem Land, wo das Erzböse war, […] und haben ihr Land gefunden, haben ihr eigenes Land in etwas verwandelt, was noch schlimmer ist, als Deutschland war. […] Das ist das Schlimme an den Juden: Sie lernen gut. Es gibt kein Volk, das besser

lernt als sie. Aber sie haben das Böse jetzt gelernt – und umgesetzt. Deshalb ist Israel jetzt ›living hell‹ « (*Der Standard* 14.07.2021).

*Servus-TV* konnte jetzt nicht anders, als die Kooperation mit Bhakdi offiziell aufzulösen. Monatelang hatte der Sender ihn ungestraft reden lassen – angeblich um der Ausgewogenheit der wissenschaftlichen Positionen Rechnung zu tragen. Im ersten Halbjahr 2021 verdoppelten sich in Österreich die gemeldeten antisemitischen Vorfälle laut Statistik der Israelitischen Kultusgemeinde im Vergleich zum Vorjahr. Selbst der in diesen Dingen eher zurückhaltende Innenminister Karl Nehammer sah sich zu einer Erklärung genötigt: »Nicht selten vereinigen sich seit Beginn der Corona-Epidemie krude Verschwörungstheorien mit antisemitischen Einstellungen und manifestieren sich in einer demokratiefeindlichen Haltung« (*Der Standard* 03.09.2021, S. 2). Bei der bislang größten Demonstration in Wien gegen die Coronamaßnahmen der Regierung am 20. November 2021 kam es im Zweiten Bezirk zu eine Bedrohung von jüdischen Personen: »Wo sind die Gaskammern, wenn man sie braucht.« – Diese Äußerung bezeugte Bini Guttmann vom Jüdischen Weltkongress im *Standard*. An den großen Umzügen waren die Rechtsextremen nicht nur am Rande, sondern maßgeblich beteiligt. »Sie wurden von Menschen mit teils antisemitischen Wahnvorstellungen und deklarierten Neonazis organisiert und angeführt« (Oskar Deutsch, Präsident der Israelitischen Kultusgemeinde, in *Der Standard* 22.11.2021).

Die Kehrseite der Konstruktion und der Bekämpfung eines Hassobjekts ist immer die Selbststilisierung der Akteure zu einem verfolgten und diskriminierten Opfer. Der Verfolger tritt als Märtyrer auf, sieht sich als Opfer einer schrecklichen Diktatur, derzeit der »Corona-Diktatur«. Das Selbstmitleid erbringt einen zusätzlichen narzisstischen Gewinn. In der neueren Geschichte waren, wie jeder weiß, Juden die größten Opfer. So kommen heute manche Anhänger der Verschwörungstheorie dahin, sich Judensterne mit der Aufschrift »Impfgegner« an die Kleidung zu nähen. Bekannt wurde auch »Jana aus Kassel«, die sich auf einer Querdenker-Protestveranstaltung in Hannover am 21. November 2020 am Mikrofon lautstark mit Sophie Scholl verglich. Bereits H.C. Strache von der FPÖ hatte am 29. Januar 2012 auf einem rechten Burschenschaftler-Ball in Wien erklärt: »Wir sind die neuen Juden.«

Im Coronajahr 2020 wollten viele Journalisten wissen, wie Verschwörungstheorien funktionieren. Dabei waren Rechtspopulisten und -extremisten schon lange vor Corona als Experten für die Konstruktion und Verbreitung von Verschwörungstheorien tätig gewesen. Jörg Haider hatte immer wieder von den finsteren Gestalten an der amerikanischen »Ostküste« gesprochen, die uns in Europa wie Marionetten steuern wollen. Nach Haiders Unfalltod im Herbst 2008 grassierten unter seinen Anhängern noch jahrelang (und teilweise bis heute) Verschwörungstheorien. Man war sich nur unsicher, ob es eher dieser oder jener ausländische Geheimdienst oder doch die Illuminaten waren, die ihn umgebracht hatten. Man denke auch an die Theorie vom großen Austausch, an Orbán, Strache, Pegida, die AfD und die Identitären. Sie alle waren jahrelang sehr gut ohne Corona ausgekommen. Dass die NS-Ideologie eine einzige große Verschwörungstheorie ist, hätte eigentlich auch schon bekannt sein können. Die Verschwörungstheorie der neuen rechten Bewegungen ab 2015 beruhte auf der Annahme, dass die Flüchtlingskrise die Mutter aller Krisen sei und dass eine finstere kosmopolitische Elite, allen voran George Soros, diese Krise geschaffen hätte und sie aufrechterhalten würde. Natürlich spielten in der Vorstellung vom großen Komplott einer Elite auch die Geflüchteten selbst und ihre Helfer, die Gutmenschen, eine wichtige Rolle als Hassobjekte.

Nachdem die Fridays for Future-Bewegung schon 2019 dazu beigetragen hatte, die These von der Flüchtlingskrise als der größten Gefahr zu relativieren, mussten die rechten Gruppen ab März 2020 in Bezug auf ihr Hauptthema einen herben Verlust hinnehmen. Nach der erwähnten repräsentativen Umfrage der R+V Versicherung vom Sommer 2020 war in Deutschland die Angst vor Geflüchteten in der Reihung der Ängste weit nach hinten, nämlich auf Platz 6 oder 7 gerutscht. Ganz vorn lag, wie schon im Jahr 2018, die Angst vor der Politik Donald Trumps. Die europäischen rechtsextremen Bewegungen haben die Gefahr ihres Bedeutungsverlust so verarbeitet, dass sie in den Anti-Corona-Protest eingestiegen sind und sich an seine Spitze gestellt haben.

Die demokratischen Kräfte und die Medien haben im Jahr 2020 die Gefahr zu spät erkannt. In Berlin, in Washington und in Wien gab es bald große Märsche auf die Zentren der demokratisch legitimierten Macht, an denen Coronaleugner, QAnon-Anhänger, »besorgte Bürger«, Rechtsextreme und auch Vertreter von rechtspopulistischen Parlamentsparteien beteiligt waren. Bei den Massendemonstrationen in Wien wurde deutlich gegen die Maskenpflicht verstoßen, ohne dass die Polizei eingriff. Herbert Kickl, vor eineinhalb Jahren noch österreichischer Innenminister, verteidigte den Regelverstoß. Er befindet sich in Gesellschaft des führenden österreichischen Neonazis, Gottfried Küssel, und des Chefs der Identitären, Martin Sellner.

Am 17. Mai 2020 gab es in Klagenfurt bereits die zweite verschwörungstheoretische Protestversammlung vor der Kärntner Landesregierung, die in einen Autocorso gegen die »Corona-Diktatur« überging. Organisiert wurde sie von Martin Rutter, einem früheren Landtagsabgeordneten und deklarierten Haider-Fan. Er hatte in den Wochen davor schon zahlreiche Facebook-Follower um sich gesammelt, die zum Beispiel ohne Maske in die Supermärkte gingen und sich nachher für diese mutige Aktion gegenseitig bewunderten. Die Redaktion der Sendung »Thema« im ORF 2 hatte mich gebeten, bei der Demonstration am 17. Mai als Beobachter dabei zu sein, um dann vor der Kamera meine Einschätzung abzugeben. Es sprachen mehrere Redner, die sich immer mehr in Hassparolen und Drohungen gegen die Regierung hineinsteigerten (»Wir sind die zweite Welle!«). Unter den Teilnehmern waren neben Tierfreunden und Öko-Aktivisten auch solche, die sich als QAnon-Anhänger zu erkennen gaben. Über der Versammlung hing an einem Mast ein großes Fahnentuch, auf dem Kanzler Kurz als ein Satan bezeichnet wurde, der verschwinden muss. Es blieb nach dem Abgang der Demonstranten noch hängen. Im TV-Interview gleich nach der Veranstaltung machte ich deutlich, dass eine solche Bewegung nicht nur skurril ist, sondern auch einen Hass mobilisiert, der eine ernste Gefahr darstellt. Beim Anschauen der TV-Sendung etwa zehn Tage später ärgerte ich mich, dass mein warnendes Statement gegen Ende einer ziemlich langatmigen Sendung über Angst und Corona nach einigen Bildern von der Demonstration nur kurz eingeschnitten war und dann gleich von Aufnahmen eines Gesprächs mit den Organisatoren des Protests abgelöst wurde, die mit ihrer Aktion sichtlich zufrieden waren. Die Sendung wurde in der Szene als Erfolg gewertet und von vielen »geteilt«. Rutter wurde in den folgenden Monaten neben den Identitären und Neonazis der wichtigste Organisator der Anti-Corona-Proteste in Österreich. Man konnte später lesen, dass er auf einer der großen Anti-Corona-Demonstrationen Ende Januar 2021 in Wien kurzzeitig von der Polizei festgenommen und später wegen Verhetzung verurteilt, aber dann wieder freigesprochen wurde.

Einige Wochen nach der Kärntner Demonstration war ich in Klagenfurt mit dem Fahrrad auf dem Weg zu meiner Praxis, als plötzlich von hinten kommend ein Auto sehr dicht bis über die markierte Grenze des

Fahrradweges neben mir herfuhr und mich ein jüngerer Mann durch die heruntergelassene Seitenscheibe anbrüllte: »Der Herr Ottomeyer – die Volksverräter-Obersau!« Das Auto verschwand dann so schnell in einer Seitenstraße, dass ich mir die Nummer nicht merken konnte. Ich war zunächst ganz ruhig und vor allem stolz, mit dem Fahrrad nicht umgekippt zu sein, was für einen älteren Mann ohne Helm nicht lustig ist. Erst später kam ich zu dem Schluss, dass die Situation eigentlich gefährlich war und dass die Attacke wohl mit meinem etwas missglückten TV-Kommentar zur Corona-Demonstration zusammenhängen musste. Meine öffentlichen Kommentare zum System Haider, über die sich einige Kärntner geärgert hatten, lagen immerhin schon zehn Jahre zurück.

Am 6. März 2021 gab es in Wien die bis dahin größte Anti-Corona-Demonstration mit Zehntausenden von Teilnehmern, darunter auch solche, die aus Deutschland angereist waren. Es gab über Wien verteilt mehrere Versammlungen. Die größte war im Prater und stand unter dem immer wieder skandierten Motto »Kurz muss weg«, das auch auf zahllosen Plakaten verkündet wurde. Identitäre und Neonazis waren dabei, als der frühere Innenminister Kickl seine Rede hielt. In der Rede (die über YouTube abrufbar ist) hieß es an zentraler Stelle:

> »Wir alle, wir alle haben ein intaktes Immunsystem. Und ein intaktes Immunsystem das macht den Menschen stark gegen jede Art von Virus mit samt all den Mutationen die jetzt von irgendwelchen Leuten plötzlich neu entdeckt worden sind. Das war schon immer so, dass wir auf unser Immunsystem zählen können. Und jetzt sind wir das Immunsystem für unsere Demokratie und unseren Rechtsstaat und dieses Immunsystem wird von Tag zu Tag stärker und die Gegner werden schwächer [Jubel]. Ich, ich freue mich auf jeden Fall heute schon auf den Tag, wo wir den Sieg ausrufen werden, wo wir den Sieg verkünden werden, den Sieg im Zusammenhang mit unserem Kampf, den wir führen um die Rückgewinnung unserer Freiheit und um die Rückgewinnung unseres ganz normalen Lebens, wie wir es immer gehabt haben. Der Sieg wird uns gehören liebe Freunde [Jubel].«

Während der Begeisterungsstürme standen die Kundgebungsteilnehmer dichtgedrängt und ohne die vorgeschriebenen Schutzmasken. Im Fortgang seiner Rede forderte Kickl ein »Ende der Testerei«, ein »Ende des Maskenwahns«, weil die Maske nur ein Symbol der Unterdrückung und ein großes Geschäft sei, sowie die Verweigerung der »Zwangsimpfung«. Das

»gelobte Impfland Israel« sei in Wirklichkeit ein Land der Unfreiheit und Apartheid. Neben ihrem starken Willen, den man von oben nicht beugen könne, hätten die Protestierenden inzwischen auch die Wissenschaft und die evidenzbasierte Fakten auf ihrer Seite. Ein »Professor aus Stanford« wurde als prominenter Unterstützer dieser Thesen angeführt. Dessen Namen wollte oder konnte Kickl allerdings nicht nennen.

Die Rede im Prater war von einem quasi-philosophischen Freiheitspathos durchzogen, so als ginge es um nichts Geringeres als die endgültige Befreiung der Menschheit aus der Diktatur. Bald nach Beginn der Ansprache zitierte Kickl den ersten Satz aus dem »Gesellschaftsvertrag« von Jean-Jacques Rousseau, den er noch aus seinem Studium kannte: »Der Mensch wird frei geboren und überall liegt er in Ketten.« Laut Kickl sei »jetzt die Zeit gekommen«, in der es um die Alternativen »Freiheit oder Knechtschaft – Arbeit oder Abhängigkeit – Lebensfreude oder Panikmodus« geht. Der Redner appellierte an den »Willen zur Freiheit« und an den »Willen zur Lust und zur Freude am Leben«. Mit dem Versprechen von neuer Lebensfreude und Lebenslust knüpfte Kickl an den egozentrischen konsumistischen Hedonismus an, der während der Pandemie von den Abstands- und den Lockdown-Regelungen der Gesundheitspolitik in Grenzen verwiesen wurde. Interessant ist, dass Kickl offenbar dem Vorwurf entgegenwirken will, dass er und seine Anhänger rücksichtlose Egoisten sind. So zollte er der Gewissensangst einen rhetorischen Tribut:

> »Und deshalb und deshalb und deshalb ist es so, dass, wenn wir uns zur Wehr setzen, so wie wir es tun, dass wir eine zweifache Schuld einlösen. Wir lösen eine Schuld ein gegenüber denjenigen, die es vor uns gegeben hat, die vor uns gekämpft haben für die Freiheit, die dafür Verfolgung in Kauf genommen haben, die dafür entrechtet und geknechtet worden sind. Und viele haben dafür den höchsten Preis bezahlt, den man bezahlen kann, und ihr Leben für diese Freiheit gelassen. Mit unserem Widerstand lösen wir ihnen gegenüber eine Schuld ein und wir lösen eine zweite Schuld ein in die andere Richtung. Wir lösen eine Schuld ein gegenüber denjenigen, die nach uns kommen werden, gegenüber denjenigen, die jetzt noch nicht für sich selbst handeln und entscheiden können. Ich spreche von unseren Kindern und unseren Kindeskindern, von den kommenden Generationen, die auch ein Recht darauf haben, in Freiheit, Sicherheit und Menschenwürde zu leben [...]. Ich glaube, ihr nehmt es mir ab und es kommt vom Herzen. Ich bin bereit, diese Schuld einzulösen, ihr seid bereit, diese Schuld einzulösen,

> wir sind bereit, diese Schuld einzulösen. Das ist die stärkste Kraft, die es auf dieser Welt gibt, und das werden die Jungspunde in der Bundesregierung noch von uns lernen.«

Der Bezug auf die höhere Verpflichtung, der den Zuhörern ein gutes moralisches Gefühl geben soll, ist historisch völlig hohl. Wer die Geknechteten und Entrechteten sind, die in der Vergangenheit für die Freiheit gekämpft haben und dafür teilweise »ihr Leben gelassen haben«, bleibt völlig unklar. Hier kann man gleichermaßen an die Revolutionäre von 1848 denken, an antifaschistische Widerstandskämpfer und Partisanen, an die Wehrmachtssoldaten in Stalingrad, die ihr Leben im »Kampf gegen den Kommunismus« gaben oder an die alten Nazis, die in Österreich nach 1945 von den Alliierten verfolgt wurden, sich erfolgreich gegen die »Umerziehung« wehrten und dann die Vorläuferpartei der heutigen FPÖ gründeten. Auch wer mit den »kommenden Generationen« gemeint ist, denen sich Kickl »von Herzen« verpflichtet fühlt und denen gegenüber »wir bereit sind, diese Schuld einzulösen«, bleibt völlig unklar. Die grüne Bewegung oder Fridays für Future können es wohl nicht sein, weil diese von der FPÖ explizit abgelehnt werden. Aber das hindert Kickl nicht, das Zukunftspathos, das durch den Kampf gegen den Klimawandel entstanden ist, aufzunehmen und als Wind in seinen Segeln zu benutzen. Die Zuhörer bekamen auf jeden Fall das erhebende Gefühl, an einer historischen Schnittstelle zu stehen und Einfluss nehmen zu können. Kickls Rede im Prater endete mit einem von ihm selbst verfassten Freiheitsgedicht, dessen letzte Verse lauteten:

> »Doch Licht durchbricht die dunkle Nacht / Nicht alle beugen ihr Haupt / Im ganzen Land wächst Widerstand / Statt leise sind wir laut / Weg mit dem Joch der Tyrannei! / ertönt der Jubelschrei / aus tausend Kehlen voller Freud' / Statt Knechte sind wir frei!«

Die Rede dieses ehemaligen österreichischen Innenministers, die umgehend im Internet von Tausenden geteilt wurde, ist ein Beispiel dafür, wie eine Realangst, die viele Menschen empfinden – in diesem Fall die Angst vor den coronabedingten Freiheitseinschränkungen –, zielsicher angesprochen wird und über das Konstrukt einer böswilligen und schuldigen Personengruppe, an deren Spitze ein namentlich benannter Tyrann steht, in eine neurotisch-paranoide Angst überführt wird. Dabei ist auch das hypnotische Element deutlich zu spüren. Die Parolen wurden suggestiv wiederholt und lautstark zwischen Redner und Publikum ausgetauscht. Kickl versucht zudem, die »affektive Identifizierung« oder libidinöse Bindung zwischen ihm und den Mitgliedern der Masse zu festigen, indem er ihnen als mutige Vorkämpfer für die Freiheit Komplimente macht und sie immer wieder mit »meine lieben Freunde« anspricht. Die Verbundenheit und ein emotionaler Höhenflug werden vor allem durch ein Überlegenheitsgefühl derer hergestellt, die sich durch ihr »gutes Immunsystem« als Auserwählte und über den anderen Gesellschaftsmitgliedern stehend wähnen dürfen. Das ist praktizierter Sozialdarwinismus: *survival of the fittest*. Eine dabei möglicherweise aufkommende Angst vor einem schlechten Gewissen wird durch das leere Gerede von einer einzulösenden Schuld niedergehalten.

Wer nun dachte, dass die öffentlich verkündete Extremposition Kickls die im Sinkflug befindliche FPÖ endgültig ins politische Abseits befördern würde, wurde bald eines Besseren belehrt. Die Anzahl potenzieller FPÖ-Wähler stieg laut Umfragen im Gefolge der Rede im Prater wieder auf etwa 20 Prozent an und wuchs dann noch weiter. Das Hoch hielt bis Ende des Jahres 2021 an. Im Parlament folgten die FPÖ-Abgeordneten der Linie des Fraktionsführers Kickl, indem sie die Maskenpflicht verweigerten, deren Einhaltung vom Präsidium des Nationalrats verlangt wurde, in dem auch der FPÖ-Fraktionschef Norbert Hofer saß. Kickl stieg innerhalb weniger Wochen zum De-facto-Chef der Partei auf, obwohl oder weil kurz nach der Praterrede der dritte starke Mann in der FPÖ, der oberösterreichische Vizelandeshauptmann Manfred Haimbuchner schwer an Corona erkrankt war und auf der Intensivstation lag.

Haimbuchner überlebte knapp und plädierte schüchtern und erfolglos für eine Maskenpflicht im Parlament. Der damalige Parteivorsitzende Hofer, der ebenfalls eine Coronainfektion hinter sich hatte, befürwortete ebenfalls ohne Erfolg das Tragen der Maske im Parlament und das allgemeine Impfen. Kickls Trotz war stärker. Als der kränkliche Hofer im Mai 2021 in eine Rehaklinik gehen musste, bewarb sich Kickl öffentlich als Spitzenkandidat für die Partei und hob hervor, dass er »gut im Saft stehe«. Nach der Rückkehr aus dem Krankenhaus trat Hofer dann als Parteivorsitzende zugunsten Kickls zurück. Haimbuchner verkündete seine Skepsis und zog sich nach Oberösterreich zurück. Später fand er zu der Formulierung: »Das Impfen ist kein Game Changer.« Ein eleganter Anglizismus kann offenbar jedes Argument ersetzen. Zumindest auf der kleineren Bühne der österreichischen Parteienlandschaft ist Kickl mit dem Ritt auf der Coronaleugner-Welle ein cäsaristischer Putsch gelungen. Kickl verkündete nun mehrfach, für immer ungeimpft bleiben zu wollen, und empfahl statt der Impfung für alle »Präventionsmaßnahmen«, die das Immunsystem stärken: »›Es gibt viele Möglichkeiten‹, etwa ›Vitaminpräparate‹, die Empfehlung, ›mit Bitterstoffen zu arbeiten‹, sich möglichst viel an frischer Luft zu bewegen ›und einen zwischenmenschlichen Umgang zu pflegen, der nicht von Angst dominiert ist‹.«[56] Als ein politischer Kommentator meinte, dass Kickl nur deshalb so mutig sei, weil er in Wirklichkeit schon geimpft sei, inszenierte Kickl vor laufender Kamera eine Blutabnahme durch einen Arzt, der nachher bestätigen musste, dass in Kickls Blut keine Spuren einer Coronainfektion zu finden seien.

Kickl inszeniert sich ähnlich wie Trump als der kontraphobische Held, auf den das von Ängsten geplagte Publikum immer schon gewartet hat. Er gibt sich unverletzlich. Der archetypische Held kann bekanntlich nur durch die Heimtücke anderer zu Tode kommen. Für die Österreicher tritt Kickl damit in die Fußstapfen von Jörg Haider (»Jörgi der Drachentöter«). Indem Kickl – wie Trump – als alternativmedizinischer Ratgeber auftritt, überschritt er die endgültig die Grenze zum »Obskurantismus« (Hans Rauscher, *Der Standard* 12.08.2021). Er wurde zu einem Scharlatan, wie er im Zitat zuvor aus Grete de Francescos Buch beschrieben wird. Wiederholt empfahl Kickl dem Publikum das Entwurmungsmittel *Ivermectin*, das bei Pferden und Hunden verwendet wird, aber für die Covid-19-Behandlung nicht zugelassen ist. Ärztliche Experten, die WHO und auch der Hersteller warnten eindringlich vor seinem Einsatz beim Menschen. Trotzdem fand es monatelang reißenden Absatz. Die Apotheken konnten gar nicht mehr nachliefern.

Im oberösterreichischen Ort Rohrbach gab es Ende Oktober den Fall einer ganzen Familie, die an die Wirkung von Ivermectin geglaubt hatte und schwer erkrankte. Eine Sprecherin der Gesundheitsholding des Landes Oberösterreich bestätigte auf Anfrage am 18. November die bereits kursierenden Berichte:

> »Damals seien der Vater und der Schwiegervater auf der Intensivstation, die Mutter und der Sohn der Familie auf der Normalstation wegen Covid-19

56 https://www.sn.at/politik/innenpolitik/kickl-kritisiert-impfdruck-und-will-weiter-ungeimpft-bleiben-107869843 (18.08.2021).

> behandelt worden. Der Schwiegervater starb sehr schnell, der Vater wenig später. Die Mutter und der Sohn überlebten. Das Spital konnte die beiden mittlerweile entlassen. Bei der Behandlung hätten die Patienten angegeben, sie hätten eben zu wenig Ivermectin eingenommen, deswegen habe es nicht gegen Covid-19 geholfen.«[57]

Intensivstationen in der Steiermark mussten bereits Patienten aufnehmen, die nicht etwa Covid-19 hatten, sondern infolge einer zu hohen Dosis Ivermectin dem Tode nahe waren.[58]

In Österreich war es vor allem das Bundesland Oberösterreich, von dem aus sich die neue Coronawelle ausbreitete. Am 26. September 2021 hatte es in Oberösterreich Landtagswahlen gegeben, bei denen Kickls FPÖ knapp 20 % der Stimmen erhielt, was nach dem landesweiten Absturz der Partei infolge von Straches Ibiza-Skandal ein erstaunlicher Erfolg war. Die FPÖ bildete, angeführt von Haimbuchner – zu diesem Zeitpunkt einzigartig in Österreich – eine Koalitionsregierung mit der ÖVP. Im Windschatten der FPÖ hatte die MFG (Menschen – Freiheit – Grundrechte), eine weitere Anti-Impf-Partei, die teilweise noch radikaler war als die FPÖ, 6,23 % der Stimmen bekommen, sodass mehr als ein Viertel der Bewohner Oberösterreichs als Impfgegner gelten konnten. Über mehrere Wochen lag die Impfquote in Oberösterreich deutlich unter der Impfquote von Niederösterreich, von Wien, des Burgenlandes und auch unter dem Bundesdurchschnitt (27. Oktober 2021: in Oberösterreich 57,3 %, in Niederösterreich 65,1 %, in Wien 61,6 %, im Burgenland 69,7 %). Gleichzeitig gingen die Neuinfektionen durch die Decke. Am 24. November 2021 schließlich lag in Oberösterreich die Inzidenzrate bei 1.648, im benachbarten Salzburg bei 1.727, in Wien nur bei 631 und im Bundesdurchschnitt bei 1.107.[59] Im Vergleich dazu lagen die Inzidenzwerte in Deutschland am selben Tag (23.11.2021) sehr viel niedriger. Der bundesweite Durchschnittswert lag in Deutschland bei 399, war also fast um zwei Drittel niedriger als in Österreich. Noch nicht einmal die absoluten Hotspots in bestimmten Land-

---

**57** https://www.sn.at/panorama/oesterreich/muehlviertler-setzten-auf-anti-wurmmittel-starben-an-corona-112668700 (26.11.2021).

**58** https://www.derstandard.at/story/2000131258432/ivermectin-vergiftungen-konsequenzen-fuer-kickl (18.11.2021).

**59** https://de.statista.com/statistik/daten/studie/1218066/umfrage/coronainfektionen-covid-19-in-den-letzten-sieben-tagen-in-oesterreich (26.11.2021).

kreisen und AfD-Hochburgen in Sachsen und Thüringen reichten an die Spitzenwerte Oberösterreichs und Salzburgs heran.[60]

Österreich befand sich auf einer gefährlichen Überholspur. Das ganze Land galt ab dem 12./13. November für Deutschland und Frankreich als »Hochrisikogebiet«, was für den Wintertourismus eine Katastrophe war. Bis kurz davor hatten in Österreich einflussreiche Politiker und Medien lieber den Kopf in den Sand gesteckt. Es überwog die Angst, sich mit dem mächtigen Führer der landesweiten Coronaleugner anzulegen. Kickl galt als gefährlich und intelligent. Immerhin hatte er, wie regelmäßig berichtet wurde, eine akademische Abschlussarbeit über die Dialektik bei Hegel beinahe fertig geschrieben. Außerdem standen manche ÖVP-Politiker noch unter einer Art posthypnotischem Gehorsam gegenüber ihrem Exkanzler Kurz, der bis in den Herbst hinein den Menschen neue Lebensfreude durch die Überwindung von Corona versprochen hatte. Allerdings hatte auch Kurz' Freund Bundesgesundheitsminister Spahn in Deutschland zugelassen, dass die Impfzentren geschlossen wurden.

In der dritten Novemberwoche ging plötzlich alles sehr schnell: Nachdem die österreichischen Regierungsverantwortlichen ein paar Tage lang nur Salzburg und Oberösterreich in einen Lockdown schickten und für den Rest des Landes einen Teil-Lockdown (für Ungeimpfte) durchsetzen wollten, wurde nach einer Konferenz der Landeshauptleute und der Bundesregierung in Tirol am 19. November 2021 ein zweiwöchiger Lockdown für ganz Österreich und eine bundesweite Impfpflicht ab dem 1. Februar 2022 beschlossen. Die FPÖ und einige andere Impfkritiker fielen aus allen Wolken. Die FPÖ verkündete umgehend: »Österreich ist mit dem heutigem Tag eine Diktatur.«[61]

Für den nächsten Tag, den 20. November, war eine Großdemonstration der Impfgegner in Wien angekündigt worden. Sie bekam angesichts der aktuellen Beschlüsse einen ungeheuren Zulauf. Es sollen 40.000 Teilnehmer gewesen sein. Die rechtsextremen Identitären, die sich inzwischen »Die Österreicher« nennen, setzten sich buchstäblich an die Spitze des Protestzuges und führten ihn an. Sie trugen ihr bekanntes Lambda-Zeichen mit sich, das sich auf die todesmutigen Spartaner bezieht und seit dem Sommer 2021 in Österreich als ein demokratiefeindliches Symbol verboten ist (*Der*

---

**60** https://www.rki.de/DE/Content/InfAZ/N/Neuartiges_Coronavirus/Situationsberichte/Nov_2021/2021-11-23-de.pdf (25.11.2021).

**61** https://www.fpoe.at/fpoe-tv (25.11.2021).

*Standard* 22.11.2021, S. 2). Auf den mitgeführten Transparenten war zu lesen: »Großer Austausch, Great Reset – Stoppt den Globalistendreck!« Man verteilte Steckbriefe von missliebigen Journalisten, auf denen diese als Denunzianten bezeichnet wurden (ebd.). Die Polizei sah offenbar keinen Grund einzuschreiten. Von einer Videowall wurde eine Botschaft von Herbert Kickl zugespielt, der inzwischen am Coronavirus erkrankt war (wie zuvor auch schon die AfD-Chefs Alice Weidel und Tino Chrupalla): »Die Regierung muss akzeptieren, dass die überwiegende Mehrheit der Bevölkerung völlig gesund ist und nach menschlichem Ermessen nicht ernsthaft und lebensgefährlich bedroht ist« (O-Ton Kickl).

Die Verbindung einer populistischen Führerinszenierung mit einer kontraphobischen und fahrlässigen Coronapolitik stellt eine weltweite Gefahr dar. In Brasilien unter dem Neo-Macho Jair Bolsonaro und in Indien unter dem hinduistischen Guru-Präsidenten Narendra Modi hat diese Verbindung im Frühjahr und Sommer 2021 Hundertausende von Toten gefordert. Die prominente AfD-Politikerin Beatrix von Storch besuchte Ende Juli 2021 Bolsonaro und ließ sich als glückliche Verbündete mit ihm fotografieren, während zur selben Zeit auf den Straßen Brasiliens Zehntausende gegen Bolsonaros Coronapolitik protestierten (*FAZ* 25./26.07.2021). Die Halbe-Millionen-Grenze von Coronatoten in Brasilien war gerade erreicht worden. Im Oktober 2021 schlug ein Untersuchungsausschuss des brasilianischen Parlaments vor, Bolsonaro wegen »Verbrechen gegen die Menschlichkeit« vor Gericht zu bringen: Aufgelistet wurden unter anderem: »Verstoß gegen Gesundheitsmaßnahmen, Scharlatanerie, Anstiften zu Straftaten, Fahrlässigkeit, Fälschung von offiziellen Dokumenten« (zit. n. *Der Standard* 22.10.2021). Gegen Herbert Kickl wird es keine Anklage wegen Scharlatanerie geben. Kurpfuscherei ist in Österreich zwar strafbar, aber nur, wenn bewiesen werden kann, dass sie zum Zwecke des Gelderwerbs praktiziert wird. In Kickls Gefolgschaft scheint allerdings die geistige Verwirrung voranzuschreiten. Die FPÖ-Gesundheitssprecherin Dagmar Belakowitsch setzte bei einer Corona-Protestversammlung Anfang Dezember 2021 die Behauptung in die Welt, dass die Intensivstationen gar nicht wegen der vielen ungeimpften Coronapatienten überfüllt seien, sondern wegen einer anderen Gruppe von Patienten: »Oh nein, das sind ganz viele Geimpfte, die aufgrund eines Impfschadens behandelt werden müssen.«[62] Nicht nur die Ärztekammer wies das umgehend zurück.

62 https://zackzack.at/2021/12/06/aerztekammer-weist-fake-news-von-belakowitsch-zurueck (12.12.2021).

## Der Fluch der Marke Ich: Regierungskrise in Österreich

In Österreich kamen wir im Oktober 2021 in die makabre Situation, dass Kickls Forderung »Kurz muss weg«, die in Verbindung mit der Annahme einer Verschwörung im Land präsentiert wurde, plötzlich auch von Nicht-Kickl-Anhängern geteilt werden konnte. Durch aufgetauchte Chatprotokolle flog eine verschwörungsartige Verabredung einer machtorientierten Gruppe jüngerer Männer um Bundeskanzler Sebastian Kurz auf. Diese Art von Verschwörung (intern »Projekt Ballhausplatz«) hatte mit der Coronakrise nichts zu tun, war aber eine Realität. Sie erwies sich als ein Realangst-Kern hinter den paranoiden Feinbildkonstruktionen von Herbert Kickl und den Coronarebellen. Neben dem grob-aggressiven Putschversuch gegen die demokratische Ordnung, der von Kickl betrieben wird, konnte man nun deutlich noch einen zweiten versuchten »Putsch mit gefälligem Antlitz« erkennen, den Kurz mit einer loyalen Gefolgschaft in Richtung auf eine Autokratie und Schwächung der liberalen Demokratie über Jahre hinweg betrieben hatte. Die bis dahin glänzende und erfolgreiche Marke Ich von Bundeskanzler Kurz stürzte mit einem großen Krach ab, der weit über die Grenzen Österreichs Wellen schlug. Nicht nur die österreichischen Boulevardmedien, sondern auch die deutsche *Bild*-Zeitung hatten Kurz hofiert. *Bild*-Chef Julian Reichelt hatte noch Ende Juni die Entschiedenheit und Klarheit von Kurz in Bezug auf die Gefahr des Islamismus bewundert und ihn als Vorbild für ganz Europa empfohlen.

Wenn man der Staatsanwaltschaft folgt, hat Kurz zusammen mit seiner Entourage zu seinem Vorteil gefälschte Umfragewerte und positive Zeitungsberichte bei der Zeitung *Österreich* mit Steuergeld gekauft, illegalen Postenschacher betrieben und Falschaussagen gemacht sowie Erfolge seines Amtsvorgängers Reinhold Mitterlehner hinterrücks torpediert, um auf dem Weg zum Parteichef und Kanzler besser dazustehen. Als Belege gelten Hunderte von beschlagnahmten Chats, die zwischen Kurz und seinen Freunden ausgetauscht wurden.[63]

Am 9. Oktober 2021 trat Bundeskanzler Kurz zurück. Der bekannte *Standard*-Kolumnist Hans Rauscher hatte in seinem Beitrag am 8. Oktober gefragt, wie es möglich ist, dass Österreich nach Haider und Grasser nun schon auf den dritten »jugendlichen Blender« hereingefallen ist? Alle

63 Die nachfolgende Darstellung findet sich großteils in einem Artikel von mir, der in der *taz* vom 27.10.2021 unter dem Titel »Gefährliche Liebschaften« erschienen ist.

drei seien mit einem Erlösungsanspruch aufgetreten (zur Erinnerung für deutsche LeserInnen: Grasser war 2000–2007 Finanzminister). Wie lassen sich die psychologischen Hintergründe besser verstehen? Es ist hilfreich, wenn man auf das trügerische Programm der »Marke Ich« (Ottomeyer 2014a, S. 178–184) und auf Freuds Massenpsychologie Bezug nimmt.

Während des neoliberalen Schubs ab dem Ende des letzten Jahrhunderts bekamen der schon ältere kapitalistische Zwang für die Individuen, ihre Arbeitskraft oder Dienstleistung auf einem Markt erfolgreich zu verkaufen und zu bewerben, und die damit verbundene »Selbstverdinglichung« des Menschen noch einmal eine neue Qualität. Dies geschah in etwa zeitgleich mit der Hinwendung der großen Konzerne zur Herstellung und Präsentation von prestigeträchtigen Marken, bei der die Produktion der realen brauchbaren Güter in den Hintergrund trat, zum Beispiel in Billiglohnländer, *sweat shops* und in Subunternehmen verlagert wurde. Die Show und die fantasievollen Gebrauchswertversprechen um die Produkte herum wurden wichtiger als ihre Herstellung und ihr manchmal recht dürftiger Gebrauchswert. Man denke hier an Red Bull. Naomi Klein hat das für Amerika in ihrem Buch *No Logo* (1999) eindrucksvoll beschrieben. Auch dem Arbeitskraftbesitzer wurde bald nahegelegt, einen inneren PR-Berater zu entwickeln, der ihm als ständiger Begleiter dabei hilft, sich zu einer möglichst auffälligen Marke zu stilisieren, die aus der Konkurrenz mit den anderen Anbietern hervorsticht. Ein amerikanischer Berater mit Namen Tom Peters kreierte zunächst die »Marke Du«. Später nannte er sie »Marke Ich«. Für den deutschen Sprachraum waren es die österreichischen Autoren Conrad Seidl und Werner Beutelmeyer, die mit ihrem Buch *Die Marke Ich* (1999, Neuauflage 2006) einen Bestseller landeten. Die Menschen sollten als Erstes lernen, von sich ostentativ begeistert zu sein, ja sich selbst zu lieben. Diese Selbstverliebtheit würde dann die potenziellen Kunden anstecken und die Beliebtheitswerte, den Wert der Ich-Aktie steigern. »Ebenso bewusst sollten Sie die Liebe zu Ihrer Marke Ich® pflegen – und sich nicht Ihrer Selbstliebe schämen« (ebd., S. 239). Das läuft auf ein Aufgeben der christlichen Hemmungen gegenüber unserem Narzissmus hinaus. »Durchforsten Sie Ihren Kleiderschrank – was nicht zum Stil der Marke-Ich passt, spenden Sie am besten der Altkleidersammlung« (ebd.). Das könnte auch von Heidi Klum stammen. Nur durch ein »geradezu erotisches Verhältnis zur Marke« kann es gelingen, erfolgreich die Einzigartigkeit des Markeneigentümers hervorzuheben. Dieser soll an seiner eigenwilligen Frisur, an Barttracht und Kleidung und an einer durchgestylten Ästhetik des Auftretens möglichst im Bruchteil einer Sekunde vom Publikum erkannt und wiedererkannt werden. In einer unvollständigen Reihung können wir hier an Karl-Heinz Grasser, Sebastian Kurz, Jörg Haider, Boris Johnson, Donald Trump oder auch den früheren CSU-Starpolitiker Karl-Theodor zu Guttenberg mit seiner nach hinten gekämmten Gelfrisur denken. Trump ist der größte und gefährlichste Vertreter des Marke-Ich-Programms, der den Wert seiner Marke selbst auf drei Milliarden Dollar schätzt. *Forbes* schätzte sie allerdings nur auf 125 Millionen Dollar.[64]

Wenn die Menschen ihre Unverwechselbarkeit konsequent betonen, würden sie, so wurde uns versprochen, bald so bekannt sein wie Coca-Cola, Johnny Walker oder Mercedes. Allerdings vergaßen die Berater und Coaches, die ihre Schüler das Marke-Ich-Programm lehrten, dass der selbstbewusste Akteur leicht in die Kluft zwischen dem immer glänzenderen Ideal-Ich und dem fleischlichen Real-Ich mit all seinen Schwächen, Fehlleistungen, Alterungsprozessen und Schattenseiten hineinfallen und sich selbst an die Wand fahren kann. »Ich bin eben auch nur ein Mensch mit Emotionen und auch mit Fehlern«, hieß es kleinlaut in einer Rücktrittsrede von Sebastian Kurz. Wer hätte das gedacht? Für den Sturz in die Kluft reicht es schon, wenn man nur einmal vergisst, seine Chats zu löschen, oder geschönte Passagen im Lebenslauf auffallen. Coca-Cola und Johnny Walker können keine narzisstische Krise bekommen oder suizidal werden, wohl aber Menschen, die daran geglaubt haben, wirklich eine herausragende und unzerstörbare Marke zu sein, die dauerhaft in Höchstform ist. Mancher große Star hat die Kluft mit Drogen oder Alkohol zu überbrücken versucht und ist dabei zerbrochen. Seit ein paar Jahren wird angesichts der Risse und der durchscheinenden Unglaubwürdigkeit, die sich immer wieder an der Marken-Oberfläche zeigen, von den Coaches das neue Heilmittel »Authentizität« empfohlen. Es wird zum Beispiel gern von »Ecken und Kanten« gesprochen, die man als Politiker und Führungskraft zeigen soll. Auch Authentizität und natürlich wirkendes Auftreten können inzwischen als Teil der Marke trainiert werden.

Die Neuauflage von *Die Marke Ich* im Jahr 2006 wurde mit dem Zusatz *Jetzt mit Herold-Prinzip* präsentiert – was sich wie eine Waschmittelwerbung anhört. Die Autoren hatten entdeckt, dass ein ständig wiederholtes Lob des eigenen Ich dann doch etwas unglaubwürdig wirkt. Deshalb sollte man dafür sorgen, dass Herolde im ganzen Land Geschichten von der her-

64 https://www.wlw.de/de/inside-business/aktuelles/trumps-reich (15.11.2021).

vorragenden Qualität der Marke verbreiten. Blöd ist es nur, wenn herauskommt, dass der Herold beauftragt oder bezahlt worden ist. Die Kurz'sche Anwendung des Herold-Prinzips war außerordentlich erfolgreich, bis aufflog, dass (laut dem Bericht der Ermittler) die geschönten Zeitungberichte über Kurz von seinen Leuten bestellt und vom Steuerzahler bezahlt worden waren. Manche verhalten sich beim Organisieren von Herolden recht ungeschickt. Mitte November 2021 tauchte in der österreichischen Öffentlichkeit ein 17-seitiges juristisches Gutachten von einem Professor Lewisch auf, das die erhobenen Korruptionsvorwürfe gegen Kurz »in keiner Weise nachvollziehen konnte«. Ein Schönheitsfehler war nur, dass dieses Gutachten von Kurz bzw. der ÖVP in Auftrag gegeben und zumindest indirekt bezahlt worden war und dass Professor Lewisch die Schrift auf jeder einzelnen Seite mit dem offiziellen Zeichen der Universität Wien versehen hatte, um den Eindruck zu erwecken, dass diese höchst respektable Institution hinter dem Entlastungswerk steht. Die Uni Wien distanzierte sich umgehend. Als Karl-Heinz Grasser Anfang 2011 in juristischen Schwierigkeiten war, zog er in einer TV-Diskussion den Brief einer einfachen Frau aus dem Volke aus seiner Tasche und las ihn vor: »Sie sind für diese abscheuliche Neidgesellschaft zu jung als Finanzminister gewesen, zu intelligent, zu gut ausgebildet, zu aus gutem wohlhabendem Haus, zu schön und was für alles der Punkt auf dem i ist: auch noch mit einer schönen und reichen Frau verheiratet.« Dieser Versuch, das Herold-Prinzip anzuwenden, hatte für Grasser nur Hohn und Spott zur Folge. In der narzisstischen Krise, die eintritt, wenn unsere Marke angekratzt ist, kann die Intelligenz offensichtlich leicht auf der Strecke bleiben. Manche Betroffene schlagen in dieser Krise auch wild um sich.

Die narzisstische Supermarke oder Zentralfigur auf der politischen Bühne hat um sich herum in der Regel eine Entourage von »Sekundärnarzissten« (Hans-Jürgen Wirth) versammelt, die sich im Glanz der Zentralfigur sonnen und für die sie unangenehme Dinge erledigen oder abfangen. Eine solche »Prätorianergarde« (so der Kurz-Vertraute Thomas Schmidt in einem seiner Chats) hat aber auch die Aufgabe, der Zentralfigur immer wieder verstärkende positive Rückspiegelungen (in unserem Fall inklusive Liebeserklärungen und »Bussis«) zu übermitteln – was dann deren Selbstüberschätzung verstärkt und das Scheitern befördern kann.

Unter Bezug auf Freud wurde zuvor schon mehrfach beschrieben, wie die Individuen, die in der Masse für eine Führerfigur oder einen großen Star schwärmen, ihre Kritikfähigkeit verlieren. Die Verführung und Verblendung, die in den neuen Medien und ihren Echokammern nur noch verstärkt wird, vollzieht sich durch die Mobilisierung von »zielgehemmter Libido«, über die Quasi-Verliebtheit in den großen Star, dem manchmal sogar die Qualitäten eines Messias zugeschrieben werden. Die geteilte zielgehemmte Libido verbindet dann die vordem isolierten Einzelnen wieder zu einer Masse, in der sie sich wohlfühlen und umarmen können. Das hilft gegen unsere existenzielle Angst vor Einsamkeit. Unterstützt wird dieser Vorgang durch das Bild eines gefährlichen Außenfeindes, den man nicht hereinlassen darf: zum Beispiel in Gestalt der Flüchtlinge, die nichts anderes vorhaben als »in unser Sozialsystem einzuwandern« (O-Ton Kurz). Die angeführten Führerfiguren haben das Publikum und ihre Entourage auf eine je eigene Weise erotisiert. Dabei ist es laut Freud im Falle der zielgehemmten Libido weitgehend egal, ob sie eher hetero-, homo- oder bisexuell gefärbt ist. Es ist wie in der wirklichen Verliebtheit, die wir alle kennen. Das Gegenüber wird idealisiert und zu einer inneren Instanz, kann sogar das Gewissen ersetzen. Die Schattenseiten des Liebesobjekts, seine Verstrickungen in Schuld und Schulden werden von den Gläubigen, so lange wie irgend möglich, verleugnet oder bagatellisiert. Der Prozess des Umlernens oder der Trauer nach dem Verlust des idealisierten Objekts dauert erfahrungsgemäß Monate oder Jahre. Ordentliche Strafverfahren können diesen Prozess unterstützen.

## Was tun?

Die Nachricht von der neuen Omikron-Variante des Coronavirus, die Ende November 2021 um die Welt ging, hat uns einen weiteren massiven Schub von Realangst gebracht. Wird es je ein Leben ohne das Virus geben? Dazu kommt die Bedrohung durch den Klimawandel, bei dem zu Lebzeiten der meisten LeserInnen mit einem »Licht am Ende des Tunnels« kaum zu rechnen ist, sondern höchstens mit einem Abbremsen des Temperaturanstiegs auf einen Wert von etwa 2 Grad oder etwas mehr, bei dem menschliche Zivilisationen – am Rande benachbarter Katastrophengebiete – gerade noch existieren können. Ebenso bedrohlich ist die Renaissance der autokratischen Regime und des Patriarchats, die auf die Zerstörung der liberalen Demokratie und der bereits erkämpften Rechte der Frauen und der sexuellen Minderheiten hinarbeiten. Das dürfen wir nicht zulassen. Das Schlimmste wäre eine Rückkehr Donald Trumps oder einer von ihm abhängigen Figur in das Präsidentenamt der USA. In Frankreich gibt es einen Präsidentschaftskandidaten, der in puncto Nationalismus, Fremden- und Frauenfeindlichkeit Trump noch übertrifft. Währenddessen diskutieren PhilosophInnen in nächtlichen TV-Runden darüber, ob wir uns in den letzten Jahren nicht zu sensibel gegenüber dem Leid (oder angeblichen Leid) der verschiedenen Minderheiten im Land verhalten haben. Marquards Prinzessin auf der Erbse geistert immer noch herum.

Alle angeführten Bedrohungen machen Angst, und zwar Realangst. Man kann nicht anders, als in irgendeiner Form Widerstand gegen die Bedrohungen zu leisten, jeder an seinem Platz, jeder auf seine Art. Das Kopf-in-den-Sand-Stecken funktioniert nicht wirklich. Die Bewältigungsmechanismen der Verleugnung und der Bagatellisierung sind beliebt und auch verständlich, rächen sich aber zumeist bitter. Das hat man spätestens im Umgang mit der Bedrohung durch den Klimawandel lernen müssen.

Auf der einen Seite steht die Notwendigkeit zum Widerstand, der oft von einer gemeinschaftlichen Empörung begleitet ist, auf der anderen unser Wunsch nach einem sicheren und angenehmen Leben, das immer auch mit einer Anpassung an die Gegebenheiten verbunden ist. Auch die Unterstützung von verfolgten Gruppen und die Entzauberung des Autoritarismus mithilfe von sozialpsychologischer Aufklärung und Psychoanalyse kann man als eine Form des Widerstandes sehen. Peter Brückner, ein kritischer Psychologieprofessor und Psychoanalytiker, der Ende der 70er Jahre als angeblicher RAF-Sympathisant in Schwierigkeiten mit der BRD-Staatsmacht geriet, hat auf die unhintergehbare »Dialektik von Widerstand und Anpassung« hingewiesen (z. B. Brückner & Sichtermann 1974), in der wir leben. Wer sich an entwürdigende Verhältnisse zu sehr anpasst, sich zu sehr unterwirft, wird mit großer Wahrscheinlichkeit depressiv oder anderweitig krank. Wer den Widerstand verabsolutiert und das kleine Glück der Menschen als Komplizenschaft mit dem Kapitalismus oder mit dem »Schweinesystem« denunziert (wie es z. B. die RAF gemacht hatte), kann leicht in einem »Amoklauf der Abstraktionen«, in Selbstüberforderung oder einem menschenverachtenden Terror landen.

Widerstand ist oftmals gefährlich. Aber es kann auch die zu starke Betonung der Anpassung – das Ausbleiben oder Aufgeben des Widerstandes gegen die voranschreitende Dummheit und die offenkundige Entwürdigung von Menschen – zu Autonomieverlust und Unheil führen. Wenn man mit dem Widerstand zu lange wartet, ist es oft schon zu spät. Die Barbarei walzt dann den Zaun unseres sorgsam gepflegten Schrebergartens nieder. Um einen kurdischen Jugendlichen aus dem Bekanntenkreis meiner Frau zu zitieren: »Man muss den Mund aufmachen, bevor es einen den Kopf kostet!« – Ich rede hier wohlgemerkt vom Widerstand gegenüber realen Bedrohungen, nicht vom Widerstand gegen ein Hirngespinst wie die Soros-Verschwörung, die finsteren Pläne von Bill Gates oder die Corona-Diktatur.

Eine praktikable Balance zwischen Anpassung und Widerstand muss letztlich jeder selbst leisten. Das Gelingen der Balance hängt sehr vom politischen System und der Epoche ab, in der man lebt, aber auch vom persönlichen Befinden, von der Gesundheit und vom Familienstand. Man sollte sich hier nicht gegenseitig Vorschriften machen. Es macht zum Beispiel einen Unterschied, ob man ein kleines Kind hat oder nicht. Alt sein als solches ist kein zwingender Grund, sich aus dem Widerstand zurückzuziehen: »Omas gegen rechts« heißt eine erfolgreiche Initiative, die zum Beispiel mit Mahnwachen gegen die österreichische Flüchtlingspolitik protestiert. Es gab und gibt Zeiten und Orte, wo die Spannung zwischen Widerstand und Anpassung dramatische Formen annimmt. Soll man so weiterleben wie bisher (mehr schlecht als recht) oder soll man in einen Widerstand gehen, der mit der Gefahr von körperlicher Verletzung oder mit Lebensgefahr, mit einem Gefängnisaufenthalt, mit einer Trennung von der Familie und mit einem Verzicht auf Erholung, Schlaf, Bequemlichkeit verbunden sein kann? Menschen, die in den Widerstand gegen den Nationalsozialismus gegangen sind, standen vor solchen Alternativen. In Kärnten riskierten die Menschen, die in den 1940er Jahren als antifaschistische Partisanen in die Wälder gingen, ihre Gesundheit und ihr Leben. Auch für die Frauen und Männer im gegenwärtigen Weißrussland ist es extrem riskant, Widerstand gegen den Diktator Lukaschenko zu leisten. Im Vergleich dazu riskieren wir, wenn wir in Mitteleuropa einen demokratischen Widerstand gegen den Autoritarismus und die Dummheit leisten, sehr wenig.

Im Sommer 2021 wurde uns in Ungarn, wo die Autokratie fortgeschritten ist und die Opposition schon weitgehend stumm gemacht wurde, vorgeführt, dass Widerstand doch noch (oder wieder) möglich ist. Nachdem Premierminister Orbán eine kritische Universität und alle Genderstudien aus dem Land verwiesen hatte, sollte eine regimetreue chinesische Großuniversität in Budapest gebaut werden. Dafür sollten geplante Studentenwohnungen weichen. Als 10.000 Demonstranten auf die Straße gegangen waren und man die Zugangsstraßen zum Baugelände kreativ in Dalai-Lama-Straße, Freies-Honkong-Straße, Straße der uigurischen Märtyrer usw. umbenannt hatte, ruderte Orbán kleinlaut zurück. Die Pekinger Botschaft beschwerte sich über die »brutale Einmischung in die inneren Angelegenheiten Chinas« (*Der Standard* 09.06.2021). Orbán wird sicher einen zweiten Anlauf machen. Aber die Demonstration hat eine Wirkung gehabt. Mit Großdemonstrationen und Straßenaktionen kann man auch bei uns die Mächtigen in Politik und Wirtschaft immer noch beeindrucken. Fridays for Future hat uns das vorgemacht: »Wir sind hier, wir sind laut, weil ihr uns die Zukunft klaut!« Auch die Großdemonstrationen gegen die Atomraketenstationierung in den 1980ern und das Lichtermeer gegen Fremdenfeindlichkeit in Wien 1993 konnten einen Beitrag zu einer friedlicheren Welt leisten. Damals gab es noch nicht die Möglichkeit, sich mithilfe sozialer Medien täglich und ohne großen Aufwand an Widerstandsinitiativen zu beteiligen.

Seit etwa zehn Jahren ist bei uns der Begriff der Resilienz en vogue. Er bezeichnet die flexible Widerstandsfähigkeit einer Person oder Gruppe. Resilienz soll den Menschen helfen, in Zeiten schwerer Belastung ihre eigenen Kräfte zu spüren, um sich an die neuen Gegebenheiten anzupassen und gesund zu bleiben. Ein flexibler Baum wie die Weide oder das Stehaufmännchen werden als Symbole für Resilienz bemüht. Der Widerstand gegen prinzipielles Unrecht in den großen Systemen und die Frage der Menschenwürde bleiben bei diesem Ansatz eher auf der Strecke. Das Resilienzkonzept wurde zu Recht verdächtigt, angesichts von erwarteten Katastrophen lediglich die Menschen für den Überlebenskampf fit zu machen. Bekannt wurde der Vorschlag von Resilienzexperten an die Küstenbewohner in Bangladesch, »von der Hühner- auf die Entenzucht umzusteigen, um so für die bevorstehenden Überflutungen gewappnet zu sein« (Gebauer 2017, S. 18). Die Idee der Resilienz ist auch dadurch in Verruf gekommen, dass die U.S. Army unter Mithilfe der »Positiven Psychologie« (von Martin Seligman u. a.) ein Programm zur Herstellung des perfekten resilienten Soldaten entwickelte, der selbst in Folter und Haft nicht zerbricht und später wieder aufsteht.

Trotzdem kommt man ohne das Konzept der Resilienz nicht aus. Während der Coronakrise waren oder sind es sehr verschiedene Dinge, die den Menschen geholfen haben, in der veränderten Situation »über die Runden zu kommen« und nicht in einer Negativspirale zu versinken. Die Beschäftigung mit alten oder neuen Hobbys, Lesen von Büchern, regelmäßiges Indoor-Fitnesstraining, Entwicklung einer Tagesstruktur, frühes Aufstehen, Reduktion der Zeiten vor dem Bildschirm, Telefonieren mit bestimmten

Freunden, Sich-Kümmern um andere, denen es noch schlechter geht, Balkon- und Gartenpflege und vor allem Kontakt mit Tieren aller Art, vom Meerschweinchen bis zum Riesenschnauzer. Die Tierheime leerten sich, der Tierhandel boomte, einige Tiere sind inzwischen schon wieder in die Heime zurückgebracht worden. Die Ratschläge der Resilienzexperten klingen oft hochgradig banal. Macht nichts. Wichtig ist es, die Ratsuchenden selbst zu fragen, was ihnen guttut und dies aufzulisten. Das kann man auch außerhalb der Coronakrise machen. Es gibt kaum jemanden unter meinen PatientInnen (ob mit und ohne Fluchthintergrund) bei dem ich nicht nach wenigen Sitzungen die individuelle Liste der für sie erfreulichen Tätigkeiten und Dinge im Kopf habe, an die ich sie oder ihn mit einer gewissen Penetranz in späteren Sitzungen wieder erinnere.

Es empfiehlt sich, auch mit sich selbst so umzugehen. Das Erstaunliche ist nur, wie leicht man wichtige Punkte dieser Liste immer wieder vergisst. Der Grund dafür sind oft Schuldgefühle. Dürfen wir es uns so gut gehen lassen? Bei vielen Geflüchteten ist das verständlich. Wie kann man regelmäßig im See schwimmen gehen oder eine Wanderung mit Picknick machen, wenn nahestehende Personen im Heimatland mit Verfolgung oder Folter bedroht sind oder nicht wissen, wie sie heute ihre Kinder sattbekommen? Wir müssen uns ja nicht wie in einem Schlaraffenland hängen lassen oder einen sinnlosen Party-Hedonismus praktizieren – aber wenn wir es uns mit einer gewissen Konsequenz selbst gut gehen lassen, kann das durchaus unsere Fähigkeit stärken, gegen die Systeme der Menschenverachtung und der neurotischen Dummheit anzukämpfen, die uns danach mit Sicherheit wieder gegenübertreten. Auch der Widerstand selbst kann in manchen Fällen Spaß machen – vor allem dann, wenn er punktuell erfolgreich ist.

# Literatur


Adorno, T.W. (1962). *Minima Moralia. Reflexionen aus dem beschädigten Leben.* Frankfurt/M.: Suhrkamp.

Adorno, T.W., Frenkel-Brunswik, E., Levinson, D.J. & Sanford, R.N. (1950). *The Authoritarian Personality.* New York: Harper & Brothers.

Aichhorn, A. (1925). *Verwahrloste Jugend.* Leipzig, Wien, Zürich: IPV.

Ainsworth, M. & Bowlby, J. (2001). *Frühe Bindung und kindlichen Entwicklung.* München, Basel: Reinhardt.

Antonovsky, A. (1997). *Salutogenese. Zur Entmystifizierung der Gesundheit.* Tübingen: DGVZ.

Argelander, H. (1972). *Der Flieger. Eine charakteranalytische Fallstudie.* Frankfurt/M.: Suhrkamp.

Balint, M. (1959). *Angstlust und Regression.* Stuttgart: Klett.

Balint, M. (1966). *Die Urformen der Liebe und die Technik der Psychoanalyse.* Stuttgart: Klett.

Bandura, A. & Walters, R.H. (1963). *Social Learning and personality development.* New York: Holt, Rinehart & Winston.

Bauer, J. (2005). *Warum ich fühle was du fühlst.* Hamburg: Hoffmann und Campe.

Bauer, T. (2011). *Die Kultur der Ambiguität. Eine andere Geschichte des Islam.* Berlin: Verlag der Weltreligionen.

Bauman, Z. (1996). *Moderne und Ambivalenz. Das Ende der Eindeutigkeit.* Frankfurt/M.: Fischer.

Bauriedl, T. (1986). »Weil nicht sein kann, was nicht sein darf ...« Über die Verleugnung der Realität vor und nach Tschernobyl. In J. Thompson, *Nukleare Bedrohung. Psychologische Dimensionen atomarer Bedrohung* (S. 232–245). München, Weinheim: PVU.

Beck, U. (1986). *Die Risikogesellschaft.* Frankfurt/M.: Suhrkamp.

Berghold, J. (2002). *Feindbilder und Verständigung.* Wiesbaden: Verlag für Sozialwissenschaften.

Berne, E. (1970). *Spiele der Erwachsenen.* Reinbek: Rowohlt.

Bernfeld, S. (1974 [1929]). Der soziale Ort und seine Bedeutung für Neurose, Verwahrlosung und Pädagogik. In ders., *Antiautoritäre Erziehung und Psychoanalyse. Ausgewählte Schriften, Bd. 2* (S. 209–224). Frankfurt/M.: Ullstein.

Bettelheim, B. (1960). The ignored lesson of Anne Frank. *The Harpers Monthly, 221*(1326), 45–50.

Biess, F. (2019). *Republik der Angst. Eine andere Geschichte der Bundesrepublik.* Reinbek: Rowohlt.

Biess, F. (2020). *Corona-Angst und die Geschichte der Bunderepublik.* https://www.bpb.de/apuz/314351/corona-angst-und-die-geschichte-der-bundesrepublik (02.12.2021).

Bion, W.R. (1971). *Gruppenprozesse. Wege zur Anwendung der Psychoanalyse in Behandlung, Gruppentherapie, Lehre und Forschung.* Reinbek: Rowohlt.

Bischof, N. (1985). *Das Rätsel Ödipus. Die biologischen Wurzeln des Urkonflikts von Intimität und Autonomie.* München: Piper.

Blom, P. (2011). *Der taumelnde Kontinent.* München: dtv.

Bolz, N. (2020). *Die Avantgarde der Angst.* Berlin: Matthes & Seitz.

Breithaupt, F. (2017). *Die dunklen Seiten der Empathie.* Frankfurt/M.: Suhrkamp.

Brodnig, I. (2016). *Hass im Netz.* Wien: Brandstätter.

Brodnig, I. (2021). *Einspruch. Verschwörungsmythen und Fake News kontern – in der Familie, im Freundekreis und online.* Wien: Brandstätter.

Brückner, P. & Sichtermann, B. (1974). *Gewalt und Solidarität.* Berlin: Wagenbach.

Butler, J. (2020). *Die Macht der Gewaltlosigkeit. Über das Ethische im Politischen.* Berlin: Suhrkamp.

Carson, R. (2019 [1963]). *Der stumme Frühling.* München: C.H. Beck.

Cremerius, J. (1984). Die psychoanalytische Behandlung der Reichen und der Mächtigen. In ders., *Vom Handwerk des Psychoanalytikers, Bd. 2* (S. 219–262). Stuttgart: frommann-holzboog.

Decker, O. & Brähler, E. (Hrsg.). (2018). *Flucht ins Autoritäre. Rechtsextreme Dynamiken in der Mitte der Gesellschaft.* Gießen: Psychosozial-Verlag.

DeMause, L. (1984). *Reagans Amerika. Eine psychohistorische Studie.* Basel: Stroemfeld.

de Francesco, G. (2021 [1937]). *Die Macht des Charlatans.* Berlin: Die andere Bibliothek.

de Waal, F. (2009). *Das Prinzip Empathie.* München: Hanser.

Dornes, M. (1993). *Der kompetente Säugling.* Frankfurt/M.: Fischer.

Douglas, K.M., Uscinski, J.E., Sutton, R.M., Cichocka, A., Nefes, T., Siang Ang, C. & Deravi, F. (2019). Understanding Conspiracy Theories. *Advanced Political Psychology, 40*(1), 3–35.

Ebner, J. (2018). *Wut. Was Islamisten und Rechtsradikale mit uns machen.* Darmstadt: Theiss.

Ebner, J. (2019). *Radikalisierungsmaschinen. Wie Extremisten die neuen Technologien nutzen und uns manipulieren.* Frankfurt/M.: Suhrkamp.

Eissler, K.R. (1984). Die Ermordung von wie vielen seiner Kinder, muss ein Mensch aushalten können, um einen normale Konstitution zu haben? In H.M. Lohmann (Hrsg.), *Psychoanalyse des Nationalsozialismus* (S. 159–209). Frankfurt/M.: Fischer.

Ekman, P. (1975). *Unmasking the face.* Englewood Cliffs/NJ: Prentice-Hall.

Emcke, C. (1916). *Gegen den Hass.* Frankfurt/M.: S. Fischer.

Erikson, E.H. (1966). *Identität und Lebenszyklus.* Frankfurt/M.: Suhrkamp.

Erkurt, M. (2020). *Generation haram.* München: Zsolnay.

Faludi, S. (1991). *Backlash. The Undeclared War against American Women.* New York: Crown Publ. Group.

Faludi, S. (2001). *Männer. Das betrogene Geschlecht.* Reinbek: Rowohlt.

Fenichel, O. (1954). The counter-phobic attitude. In H. Fenichel & D. Rapaport (Hrsg.), *The collected papers of Otto Fenichel* (S. 163–173.) London: Routledge & Kegan.

Freud, S. (1905a). *Drei Abhandlungen zur Sexualtheorie.* In ders., *Studienausgabe, Bd. V* (S. 37–145). Frankfurt/M.: Fischer.

Freud, S. (1905b). *Der Witz und seine Beziehung zum Unbewussten.* In ders., *Studienausgabe, Bd. IV* (S. 9–201). Frankfurt/M.: Fischer.

Freud, S. (1915–17). *Vorlesungen zur Einführung in die Psychoanalyse,* 25: Die Angst. In ders., *Studienausgabe, Bd. I* (S. 380–397). Frankfurt/M.: Fischer.

Freud, S. (1921). *Massenpsychologie und Ich-Analyse.* In ders., *Studienausgabe, Bd. IX* (S. 61–134). Frankfurt/M.: Fischer.

Freud, S. (1927). Der Humor. In ders., *Studienausgabe, Bd. IV* (S. 276–282). Frankfurt/M.: Fischer.

Freud, S. (1930). *Das Unbehagen in der Kultur.* In ders., *Sudienausgabe, Bd. IX* (S. 61–270). Frankfurt/M.: Fischer.

Freud, S. (1932). *Neue Folge der Vorlesungen zur Einführung in die Psychoanalyse,* 31: Die Zerlegung der psychischen Persönlichkeit. In ders., *Studienausgabe, Bd. I* (S. 496–516). Frankfurt/M.: Fischer.

Freud, S. & Pfister, O. (1963). *Briefe 1909–1939.* Hrsg. v. E. I. Freud & H. Meng. Frankfurt/M.: Fischer.

Fromm, E. (1941). *Escape from Freedom.* New York: Farrar & Rinehart.

Fromm, E. (1974). *Anatomie der menschlichen Destruktivität.* Stuttgart: dva.

Fukuyama, F. (2019). *Identität.* Hamburg: Hoffmann und Campe.

Gebauer, T. (2017). Fit für die Katastrophe. In medico international (Hrsg.), *Fit für die Katastrophe? Kritische Anmerkungen zum Resilienzdiskurs im aktuellen Krisenmanagement* (S. 13–22). Gießen: Psychosozial-Verlag.

Gessen, M. (2020). *Autokratie überwinden.* Berlin: Aufbau.

Gigerenzer, G. (2013). *Risiko.* München: Bertelsmann.

Gilmore, D. (1993). *Mythos Mann.* München: dtv.

Goffman, E. (1961). *Asylums: Essays on the Social Situation of Mental Patients and Other Inmates.* New York: Doubleday Anchor.

Goffman, E. (1963). *Über Techniken zur Bewältigung beschädigter Identität.* Frankfurt/M.: Suhrkamp.

Grubrich-Simitis, I. (1984). Extremtraumatisierung als kumulatives Trauma. In H. M. Lohmann (Hrsg.), *Psychoanalyse des Nationalsozialismus* (S. 210–236). Frankfurt/M.: Fischer.

Habermas, J. (1976). Moralentwicklung und Ich-Identität. In ders., *Zur Rekonstruktion des Historischen Materialismus.* Frankfurt/M.: Suhrkamp.

Habermas, J. (2016). Für eine demokratische Polarisierung. *Blätter für deutsche und international Politik,* (11), 16.

Haffner, S. (2000). *Geschichte eines Deutschen.* München: dtv.

Haider, U. (2014). *Vögeln ist schön.* Berlin: Rotbuch.

Haller, R. (2015). *Die Macht der Kränkung.* Salzburg: Ecowin.

Harari, Y. N. (2011). *Eine kurze Geschichte der Menschheit.* München: DVA.

Hausbichler, B. (2021). *Der verkaufte Feminismus.* Salzburg, Wien: Residenz.

Haslinger, J. (2007). *Phi Phi Island. Ein Bericht.* Frankfurt/M.: S. Fischer.

Hilberg, R. (1990). *Täter, Opfer, Zuschauer. Die Vernichtung der Juden 1933–1945.* Frankfurt/M.: Fischer.

Honneth, A. (1992). *Der Kampf um Anerkennung.* Frankfurt/M.: Suhrkamp.

Hüetlin, T. (1998). Rambo – fett in der Vorstadt. *Der Spiegel*, 5/1998, 166–169. https://magazin.spiegel.de/EpubDelivery/spiegel/pdf/7810149 (29.09.2021).
Janoff-Bulman, R. (1992). *Shattered Assumptions*. New York: Free Press.
Kahneman, D. (2011). *Thinking, fast and slow*. London: Allen Lane.
Kaser, K. (1992). *Hirten, Kämpfer, Stammeshelden. Ursprung und Gegenwart des balkanischen Patriarchats*. Wien: Böhlau.
Klein, N. (1999). *No Logo*. Toronto: Knopf Canada.
Klein, N. (2017). *Gegen Trump*. Frankfurt/M.: Fischer.
Kleindienst, J. (2000). *Ich gestehe. Was ein Polizist über die Exekutive weiß*. St. Andrä-Wördern: Mediatrix.
König, H.D. (1987). Rambo. Zur Sozialpsychologie eines den amerikanischen Pioniergeist wendenden antikommunistischen Reagan-Films. *psychosozial, 10*(I), 19–48.
Kohut, H. (1973). Überlegungen zum Narzissmus und zur narzisstischen Wut. *Psyche, 27*(6), 513–554.
Krappmann, L. (1971). *Soziologische Dimensionen der Identität*. Stuttgart: Klett.
Krause, J. & Trappe, T. (2019). *Die Reise unserer Gene. Eine Geschichte über uns und unsere Vorfahren*. Berlin: Propyläen.
Künast, R. (2017). *Hass ist keine Meinung. Was die Wut in unserem Land anrichtet*. München: Heyne.
Lackner, G. (2014). »Eure Zelte wärmen nicht wie das Kuscheln meiner Mutter«. Psychotherapie mit Barzan aus Syrien. *psychosozial, 37*(IV), 89–98.
Lamberty, P. (2021). Verschwörungserzählungen im Kontext der Coronapandemie. *Psychotherapeut, 66*, 203–208.
Latané, B., & Darley, J.M. (1970). *The Unresponsive Bystander: Why Doesn't He Help?* New York: Appleton-Century Crofts.
Levi, P. (1990). *Die Untergegangenen und die Geretteten*. München: Hanser.
Levi-Strauss, C. (1949). *Le structures élémentaires de la parenté*. Paris: Presses Universitaires de France.
Levinas, E. (2003). *Totalität und Unendlichkeit*. Freiburg, München: Karl Alber.
Levine, P. (1998). *Trauma-Heilung. Das Erwachen des Tigers*. Essen: Synthesis.
Lilla, M. (2017). *The Once and Future Liberal: After Identity Politics*. New York: Harper Collins.
Lifton, R.J. (1967). *Death in Life. Suvivors in Hiroshima*. New York: Random House.
Lifton, R.J. (1988). *Ärzte im Dritten Reich*. Stuttgart: Klett-Cotta.
Lifton, R.J. & Markusen, E. (1990). *Die Psychologie des Völkermordes. Atomkrieg und Holocaust*. Stuttgart: Klett.
Lind, M., Renner, W. & Ottomeyer, K. (2006). Die Wirksamkeit psychodramatischer Gruppentherapie bei traumatisierten MigrantInnen – eine Pilotstudie. *Zeitschrift für Psychotraumatologie und Psychologische Medizin, 4*, 75–91.
Löwenthal, L. & Guterman, N. (1949). *Prophets of Deceit*. New York: Harper & Brothers.
Lohlker, R. (2016). Dschihadistischer Terror als Kompensation von Inferioritätsgefühlen? In W. Benz (Hrsg.), *Vom Alltagskonflikt zur Massengewalt* (S. 105–115). Schwalbach: Wochenschau Verlag.
Mabeyo, Z. (2012). *Addressing Trauma and Distress among Orphaned Children Living in Children's Homes: A Possibility for Intervention*. Dissertation. Alpen-Adria-Universität Klagenfurt.
Mahler, M. (1972). *Symbiose und Individuation*. Stuttgart: Klett.

Mamdani, M. (2002). *When Victims Become Killers. Colonialism, Nativism and Genocide in Rwanda.* Kampala, Dar es Salaam: Fountain Publ. E & D Ltd.

Mansour, A. (2015). *Generation Allah. Warum wir im Kampf gegen religiösen Extremismus umdenken müssen.* Frankfurt/M.: Fischer.

Marcuse, H. (1968). Das Veralten der Psychoanalyse. In ders., *Kultur und Gesellschaft, 2* (S. 85–106). Frankfurt/M.: Suhrkamp.

Marquard, O. (1986). Die arbeitslose Angst. *Die Zeit*, 51/1986, S. 47f.

Marx, K. (1968 [1844]). Auszüge aus Mills »Élémens d'économie politique. In ders., *MEW 40, Erg.-Bd. I* (S. 445–463). Berlin: Dietz.

Meadows, D.H., Meadows, D.L., Randers, J. & Behrens, W.W. III (1972). *Die Grenzen des Wachstums.* München: dva.

medico international (Hrsg.). (2017). *Fit für die Katastrophe? Kritische Anmerkungen zum Resilienzdiskurs im aktuellen Krisenmanagement.* Gießen: Psychosozial-Verlag.

Menschik-Bendele, J. & Ottomeyer, K. (Hrsg.). (2002 [1998]). *Sozialpsychologie des Rechtsextremismus.* 2. Aufl. Opladen: Leske + Budrich.

Miller, A. (1994). *Das Drama des begabten Kindes.* Frankfurt/M.: Suhrkamp.

Misik, R. (2019). *Herrschaft der Niedertracht.* Wien: Picus.

Montada, L. & Lerner, M. (1998). *Responses to victimizations and belief in a just world.* New York: Plenum Press.

Mujawayo, E. & Belhaddad, S. (2004). *Ein Leben mehr.* Wuppertal: Peter Hammer.

Neitzel, S. & Welzer, H. (2011). *Soldaten. Protokolle vom Kämpfen, Töten und Sterben.* Frankfurt/M.: Fischer.

Neumann, F.L. (1954). *Angst und Politik: Vortrag.* Tübingen: J.C. Mohr (Paul Siebeck).

Neumann, F.L. (1957). Anxiety and Politics. In ders., *The Democratic and the Authoritarian State* (S. 270–330). Glencoe/IL: Free Press.

Osel, J. (2017). Als Bayern Aids den Kampf ansagte. *Süddeutsche Zeitung*, 25.02.2017. https://www.sueddeutsche.de/bayern/ein-paukenschlag-von-gauweiler-das-letzte-mittel-1.3394240-0# (16.09.2021).

Ottomeyer, K. (1976). *Anthropologie und marxistische Handlungstheorie.* Gießen: Focus.

Ottomeyer, K. (1987). *Lebensdrama und Gesellschaft.* Wien: Deuticke.

Ottomeyer, K. (2009). *Jörg Haider. Mythenbildung und Erbschaft.* Klagenfurt, Celovec: Drava [aktual. Taschenbuchausg.: (2010). *Jörg Haider. Mythos und Erbe.* Innsbruck: Haymon].

Ottomeyer, K. (2011a). *Die Behandlung der Opfer. Über unseren Umgang mit dem Trauma der Flüchtlinge und Verfolgten.* Stuttgart: Klett-Cotta.

Ottomeyer, K. (2011b). Rassismus. In A. Pelinka (Hrsg.), *Vorurteile* (S. 169–204). Berlin, Boston: De Gruyter.

Ottomeyer, K. (2014a). *Ökonomische Zwänge und menschliche Beziehungen. Soziales Verhalten und Identität im Kapitalismus und Neoliberalismus.* Neuaufl. Münster: LIT-Verlag.

Ottomeyer, K. (2014b). Psychotherapie mit traumatisierten Flüchtlingen unter Bedingungen von Diskriminierung und Verfolgung. *psychosozial, 37*(IV), 74–87.

Ottomeyer, K., Preitler, B. & Spitzer, H. (Hrsg.). (2010). *Look I am a Foreigner. Interkulturelle Begegnung und psychosoziale Praxis auf fünf Kontinenten.* Klagenfurt, Celovec: Drava.

Parin, P. (19996). Ex-Jugoslawien: vom National-Kommunismus zum »National-Sozialismus«. In Das Faschismus-»Syndrom«. Zu den politisch-psychologischen Vorausset-

zungen totalitärer Herrschaft und dem Aufschwung der Neuen Rechten in Europa. Sonderheft des *Journal Zürich*, 15–27.
Pek, H. (2009). *I heard the feet shout. Mehrfachtraumatisierungen und pschosoziale Arbeit in Ampara, Sri Lanka*. Diplomarbeit im Fach Psychologie. Alpen Adria Universität Klagenfurt.
Pek, H. (2018). *Zwischen Mehrfachtraumatisierung und Blick in die Zukunft. Psychodramatische Lebenslinienarbeit und Gruppenarbeit mit arabischsprachigen Flüchtlingen*. Masterthese. Donau Universität Krems.
Pinker, S. (2011). *Gewalt. Eine neue Geschichte der Menschheit*. Frankfurt/M.: Fischer.
Postman, N. (1976). *Wir amüsieren uns zu Tode*. Frankfurt/M.: Fischer.
Rabinovici, D. (2018). *Alles kann passieren. Ein Polittheater*. Nach einer Idee und mit einem Nachwort von F. Klenk. Wien: Zsolnay.
Rainer, P. (2010). Persönliche Erfahrungen, Eindrücke und Reflexionen psychosozialer Tätigkeit in Thailand nach dem Tsunami – Zehn Tage und vier Monate. In K. Ottomeyer, B. Preitler & H. Spitzer (Hrsg.), *Look I am a Foreigner. Interkulturelle Begegnung und psychosoziale Praxis auf fünf Kontinenten* (S. 220–236). Klagenfurt, Celovec: Drava.
Rau, M. (2011). *Hate Radio*. Berlin: Verbrecher-Verlag.
Reddemann, L. (2001). *Imagination als heilende Kraft*. Stuttgart. Klett-Cotta.
Reddemann, L. (2011). *Psychodynamisch Imaginative Traumatherapie. Das Manual*. 6., überarb. Aufl. Stuttgart. Klett-Cotta.
Reddemann, L. (2021). *Die Welt als unsicherer Ort. Psychotherapeutisches Handeln in Krisenzeiten*. Stuttgart: Klett-Cotta.
Reuter, C. (2015). *Die schwarze Macht. Der »islamische Staat« und die Stragegen des Terrors*. München: DVA.
Richter, H.-E. (1964). Herz und Psyche. *Hippokrates, 35*, 165.
Richter, H.-E. (1969). *Eltern, Kind und Neurose*. Reinbek: Rowohlt.
Richter, H.-E. (1970). *Patient Familie*. Reinbek: Rowohlt.
Richter, H.-E. (1979). *Der Gotteskomplex*. Reinbek: Rowohlt.
Richter, H.-E. (1982a). *Zur Psychologie des Friedens*. Reinbek: Rowohlt.
Richter, H.-E. (1982b). *Sich der Krise stellen*. Reinbek: Rowohlt.
Richter, H.-E. (1990). *Leben statt Machen*. Hamburg: dtv.
Richter, H.-E. (1992). *Umgang mit Angst*. Hamburg: Hoffmann und Campe.
Richter, H.-E. & Beckmann, D. (1969). *Herzneurose*. Stuttgart: Thieme.
Riesman, D. (1950). *The Lonely Crowd*. New Haven/CT: Yale Univ. Press.
Rizzolatti, G. & Arbib, M. A. (1998). Language without grasp. *TINS*, (21), 188–194.
Roosevelt, F. D. (1941). State of the Union Address to the Congress, 06.01.1941 [Rede].
Sáenz-Aroyo, A., Roberts, C. M., Torre, J., Cariño-Olvera, M. & Enríquez-Andrade, R. R. (2005). Rapidly shifting environmental baselines among fishers of the Gulf of California baselines. *Proceedings of the Royal Society. Biological Sciences, 272*(1575).
Šarić, M. (1994). *Keraterm*. Klagenfurt, Celovec: Drava.
Sarrazin, T. (2010). *Deutschland schafft sich ab*. München: DVA.
Sarrazin, T. (2014). *Der neue Tugendterror*. München: DVA.
Schirrmacher, F. (2013). *Ego. Das Spiel des Lebens*. München: Karl Blessing.
Schwartz, R. (1997). *Systemische Therapie mit der inneren Familie*. Stuttgart: Klett-Cotta.
Seidl, C. & Beutelmeyer, W. (2006). *Die Marke Ich*. München: Redline.
Sen, A. (2006). *Die Identitätsfalle*. Berlin: Berlin-Verlag.

Sennett, R. (2008). *Das Handwerk.* Berlin: Berlin-Verlag.

Sennett, R. (2012). *Zusammenarbeit.* Berlin: Hanser-Verlag.

Shatan, C.F. (1989). Happiness is a Warm Gun. Militarized Mourning and Ceremonial Vengeance. *Vietnam Generation, 1*(3), 127–151.

Sloterdijk, P. (1983). *Kritik der zynischen Vernunft, 2 Bde.* Frankfurt/M.: Suhrkamp.

Slovic, P. (1987). Perception of risk. *Science, 236*, 280–285.

Spitz, R. (1970). *Nein und Ja. Die Ursprünge der menschlichen Kommunikation.* Stuttgart: Klett.

Spitzer, H. (2010). Als Gott woanders schlief. Auf den Spuren des Völkermords. In K. Ottomeyer, B. Preitler & H. Spitzer (Hrsg.), *Look I am a Foreigner. Interkulturelle Begegnung und psychosoziale Praxis auf fünf Kontinenten* (S. 133–158). Klagenfurt, Celovec: Drava.

Stern, D. (1992). *Die Lebenserfahrung des Säuglings.* Stuttgart: Klett-Cotta.

Strache, H.C. (2006). *Neue Männer braucht das Land.* Mit A. Mölzer. Ohne Ort: Zur Zeit.

Tajfel, H. (1982). *Gruppenkonflikt und Vorurteil.* Bern: Hans Huber.

Theweleit, K. (2002). *Der Knall.* Berlin: Stroemfeld/Roter Stern.

Theweleit, K. (2015). *Das Lachen der Täter: Breivik u.a. Psychogramm der Tötungslust.* St. Pölten Salzburg: Residenz.

Thunberg, G. & Thunberg, S./Ernman, B. & Ernman, M. (2020). *Szenen aus dem Herzen. Unser Leben für das Klima.* Frankfurt/M.: Fischer.

Thurnherr, I. (2011). *Auf den Spuren des Udo Proksch. Der Zuckerbäcker, der eine ganze Republik verführte.* Salzburg: Ecowin.

Tomasello, M. (2010). *Warum wir kooperieren.* Berlin: Suhrkamp.

Volkan, V.D. (1999). *Das Versagen der Diplomatie. Zur Psychoanalyse nationaler, ethnischer und religiöser Konflikte.* Gießen: Psychosozial-Verlag.

Wagenknecht, S. (2021). *Die Selbstgerechten.* Frankfurt/M., New York: Campus.

Welzer, H. (2005). *Täter. Wie aus ganz normalen Menschen Massenmörder werden.* Frankfurt/M.: Fischer.

Weiß, V. (2017). *Die autoritäre Revolte.* Stuttgart: Klett-Cotta.

Welzer, H. (2008). *Klimakriege.* Frankfurt/M.: Fischer.

Welzer, H. (2013). *Selbst Denken. Eine Anleitung zum Widerstand.* Frankfurt/M.: Fischer.

Wilson, J.P. (2004). Broken Spirits: Traumatic Injury to Culture, the Self and Personality. In ders. & B. Drozdek (Hrsg.), *Broken Spirits. The Treatment of Traumatized Asylum Seekers, Refugees, War and Torture Victims* (S. 107–157). New York, Hove: Brunner-Routledge.

Winnicott, D.W. (1990). *Reifungsprozesse und fördernde Umwelt.* Frankfurt/M.: Fischer.

Wirth, H.-J. (2002). *Narzissmus und Macht: zur Psychoanalyse seelischer Störungen in der Politik.* Gießen: Psychosozial-Verlag.

Wirth, H.-J. (2017). Von der »Unfähigkeit zu trauern« bis zur »Willkommenskultur«. *psychosozial, 40*(III), 101–119.

Wirth, H.-J. (2020a). Ist es gut, jetzt besorgt zu sein? *Spiegel Psychologie*, 19.03.2020. https://www.spiegel.de/gesundheit/psychologie/corona-krise-ist-es-gut-jetzt-besorgt-zu-sein-a-25dbd764-2ef9-484d-9634-6154c662e7ae (01.08.2021).

Wirth, H.-J. (2020b). Warum fallen wir so schnell in alte Verhaltensweisen zurück? *Spiegel Psychologie*, 02.07.2020. https://www.spiegel.de/psychologie/corona-krise-warum-faellt-es-uns-so-schwer-unser-verhalten-zu-veraendern-a-c8af643a-fcda-447d-a80b-d547fa7b78f4 (01.08.2021).

Wirth, H.-J. (2020c). Die Corona-Pandemie als Herausforderung für Psyche und Gesellschaft. Überlegungen aus Sicht der psychoanalytischen Sozialpsychologie. Online-Vortrag im Rahmen der Web-basierten Fachveranstaltung der DGBT »Psychoanalyse in Zeiten von Corona – Dynamik einer Bedrohung in Gesellschaft und Behandlungspraxis«, 25.09.2021 [Manuskript].

Wurmser, L. (1998). *Die Maske der Scham*. Berlin, Heidelberg: Springer.

Yalom, I. D. (2004). *Liebe, Hoffnung, Psychotherapie*. München: btb.

Zeichen, S. (2010). *»Weltreisende sind wir.« Belastungen und Handlungsräume im Lebenskontext tschetschenischer Jugendlicher in Österreich. Sozialpsychologische, interkulturelle und psychotherapeutische Zugänge*. Dissertation im Fach Psychologie. Alpen Adria Universität Klagenfurt.

Ziehe, T. (1975). *Pubertät und Narzissmus*. Frankfurt/M.: EVA.

Žižek, S. (2020). *Pandemie! COVID-19 erschüttert die Welt*. Wien: Passagen.

Steven Taylor

# Die Pandemie als psychologische Herausforderung

## Ansätze für ein psychosoziales Krisenmanagement

*2020 · 185 Seiten · Broschur*
*ISBN 978-3-8379-3035-1*

**»Eine wertvolle Grundlage für politische Entscheidungsträger.«**
*Dean McKay*

**»Ein umfassender Überblick über die psychologischen Zusammenhänge und Folgen von Pandemien.«**
*Bunmi O. Olatunji*

Schon lange vor dem neuartigen Coronavirus wurden Szenarien für die Bekämpfung von Pandemien entworfen. Psychologischen Faktoren und emotionalen Belastungen wurde dabei bemerkenswert wenig Aufmerksamkeit zuteil. Mit der Zielsetzung, diese psychosoziale Dimension stärker zu beleuchten, erschien im Herbst 2019 die englischsprachige Originalausgabe dieses Buches – nur wenige Wochen vor dem Ausbruch von COVID-19 im chinesischen Wuhan.

Auf der Grundlage der wissenschaftlichen Literatur zu früheren Pandemien untersucht Steven Taylor die psychologischen Folgen von Pandemien und ihrer Bekämpfung. Er verdeutlicht, dass die Psychologie bei der (Nicht-)Einhaltung von Abstandsregelungen und Hygieneempfehlungen sowie beim Umgang mit der pandemischen Bedrohung und den damit verbundenen Einschränkungen eine wichtige Rolle spielt. Anhand zahlreicher Fallberichte erörtert er die vielfältigen Reaktionen: weitverbreitete Ängste vor Ansteckung und wirtschaftlichem Ruin, Panikkäufe, Verschwörungstheorien, Rassismus, unangepasstes Verhalten sowie Abwehrreaktionen, aber auch die Zunahme von Altruismus.

Ayline Heller, Oliver Decker, Elmar Brähler (Hg.)

## Prekärer Zusammenhalt

### Die Bedrohung des demokratischen Miteinanders in Deutschland

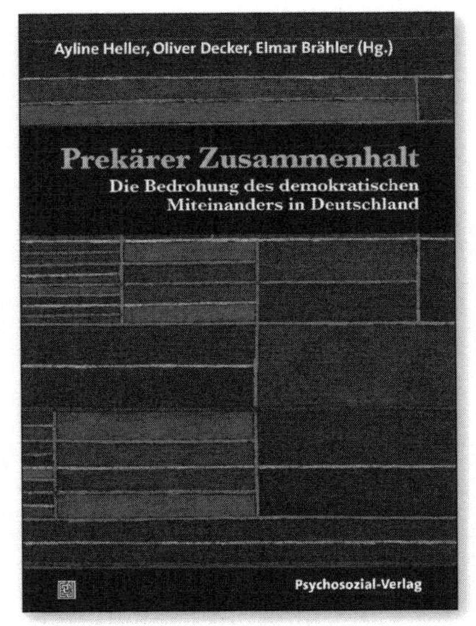


*2020 · 362 Seiten · Broschur*
*ISBN 978-3-8379-3050-4*

Die Demokratie in Deutschland steht unter Druck: Soziale und kulturelle Ungleichheit, Fremdenfeindlichkeit und Antisemitismus sowie von vielen Seiten infrage gestellte demokratische Grundwerte machen es notwendig, Vereinigungs- und Integrationsprozesse nach 1989 von Neuem zu beleuchten.

Im Dialog zwischen Theorie und empirischer Analyse vermessen die Autor_innen das Feld neuer und alter Bruchlinien im demokratischen Diskurs, zeigen die Ambivalenzen des gesellschaftlichen Zusammenhalts auf und nehmen dabei insbesondere rechtspopulistische und rechtsextreme Denkmuster in den Blick. Indem die Autor_innen die fragile Annäherung von Ost und West und die gegenwärtig viel beschworenen Gefahren für die Demokratie auf diese Weise zusammendenken, ermöglichen sie die fundierte Bestandsaufnahme einer prekär gewordenen Solidarität.

Mit Beiträgen von Marc Allroggen, Laura Beckmann, Hendrik Berth, Manfred Beutel, Elmar Brähler, Johanna Brückner, Oliver Decker, Jörg M. Fegert, Daniel Gloris, Ayline Heller, Johannes Kiess, Sören Kliem, Yvonne Krieg, Dominic Kudlacek, Lars Rensmann, Peter Schmidt, Silke Schmidt, Julia Schuler, Yve Stöbel-Richter, Ana Nanette Tibubos, Wolf Wagner, Stefan Weick, Hans-Jürgen Wirth, Andreas Witt, Alexander Yendell, Markus Zenger und Carolin-Theresa Ziemer